CATHERINE ODDIE

ENKOPAI

MEIN LEBEN MIT DEN MASSAI

CATHERINE ODDIE

ENKOPAI

MEIN LEBEN MIT DEN MASSAI

Aus dem Englischen von
Cécile G. Lecaux

Bechtermünz
Verlag

Die australische Originalausgabe erschien unter dem Titel
ENKOP AI bei Simon & Schuster, Australia

Lizenzausgabe mit Genehmigung der
Bastei Verlag Gustav H. Lübbe GmbH
und Co., Bergisch Gladbach
für Weltbild Verlag GmbH, Augsburg 2000

Einbandgestaltung: Peter Gross, München
Umschlagmotiv: THE STOCK MARKET, Düsseldorf/
Neil Holbrook, Woman's Day
Gesamtherstellung: Clausen & Bosse, Leck
Printed in Germany
ISBN 8289-6708-6

Widmung

Für Mesianto
Möge *Enkai* mir beistehen, dich zu führen,
und dir beistehen, mich zu führen.

Wenn wir wollen, daß alles bleibt, wie es ist, dann ist es nötig, daß alles sich verändert. Habe ich mich deutlich ausgedrückt?

Giuseppe Tomasi di Lampedusa, *Der Leopard*

Inhalt

Vorbemerkung der Autorin

Dieses Buch wurde unabhängig von der staatlichen Stromversorgung geschrieben, unter Verwendung eines Apple Powerbook 140, den Apple Australia mir großzügigerweise zur Verfügung gestellt hat. Sonnenenergie wurde mit Hilfe eines M16-Solarmoduls (16 Watt) eingefangen, eine Leihgabe von Showa Solar Energy Far East Pty Ltd., und mit Hilfe einer in Nairobi gekauften 75 AH Karbid Exid Solarzelle in Strom umgewandelt. Die gesamte Anlage wurde an einen Auto-Zigarettenanzünder der Rainbow Power Company und einen von Fosh Australia Pty Ltd. speziell für Macintosh Powerbooks entwickelten 12-Volt-Autoadapter angeschlossen.

Dieses Buch erhebt nicht den Anspruch, ein umfassendes Porträt der Massai-Kultur von Kenia und Tansania zu sein. Die von mir beschriebenen Bräuche und Traditionen entsprechen nur dem, was ich in einem kleinen Winkel Kenias bei den Nkidongi, einem Unterstamm des Ilaiser-Stammes des Volkes der Loita-Massai beobachtet habe. Ich möchte mich bei jedem Massai-Leser für mein begrenztes Wissen und Verständnis ihrer reichen Kultur entschuldigen. Alle Ansichten und selbstverständlich auch Fehler sind ausschließlich mir selbst zuzuschreiben.

Roberts Familienstammbaum

(beginnend mit seinem Großvater väterlicherseits)

Senteu ole Mbatiany m Intereshet *(vierte Frau von etwa 15)*

Redeti (w)
Nalaron (w)
Seine (w)

Mengoru Lekuta Rerente Ololoreshe/Papa (Drittgeborener)
verheiratet mit Siabe/Kinyikita/Mumai* ***(Hauptfrau)***

1. Morintat/	2. Nakariso/	3. Olkilia	Sianoi/ Nolkiseeyia (w)
Nolarianga (w)	Nolmunai (w)		
h	h	h	h
Ole Nairowa	Lenaiposha Numbaso	Mertu/Meiyoki/ Yeiyio Kiti	Ole Keser
* Arambow	* Saingo (w)	* Sembeta	* Musiere
* Nakato (w)	* Saiyui (w)	* Narotiai (w)	* Nanakoi (w)
* Shilato (w)	* Nankaiya (w)	* *Enkaiyoni* b 1992	
* Senue			

Verheiratet mit Nenkokwain ene Sunge/Noltetian/Mam
(zweite Frau)

Ol Morijoi	Ntanin/ Nolmeshuki (w)	Sinante (w)	Daniel Njoie
h	h	h	h
Nailole/Helen	Lomali ole Koiye	Ole Sepere	Esele/Narygunkishon
* *Entito* b 1992		* Olkamasie	* Sintiman
		* Ngoto Inkerra (w)	(h Ole Keriase)
		(h Sendura Ole Murrianga)	* Leseamon
			* Sitaiyo (w)
			* Gunisai (w)
			* Mesianto/ Ndoondo (w)
			* Melubo

Langisa	James Ilampala Nkaroya	Nasango/ Noongishu (w)	Robert Oloimooja
h	h	h	h
1. Toris/Nadupoi	1. Lesiato/ Nosotua	Ole Numbaso	1. Catherine/ Nasha
* Sanare	* Lendoiyan	* Namoshe	* Mesianto (Ndoondo)
* *Enkaiyoni* b 1992	* Nashunyi	* Ranan	
		* *Enkaiyoni* b 1992	
2. Nolmedotie	2. Nasango ene Numbaso		2. Nakoiyaan/ Enoolomala

verheiratet mit Nolterito/Yeiyio/Kokoo *(dritte Frau)*

Schwiegertochter Samuken/Nolmemeri/Memi

* David Pariken

* Singua/Niroshi (w)

(h Ole Njapeet)

* Peter Saitoti Loldudula

* Toonga/Naisua (w)

(h Ole Kiyiook)

* Nataiya (w)

* James Momposhe

* Hannah und Napalell (Zwillinge w)

* Matanga (w)

* *Enkaiyoni* b 1993

verheiratet mit Kwosenga/Paashe *(vierte Frau)*

Ngaiyo Shangwa

h

1. Nolkipenperia/Mary

* Lenkenya

* Merise (w)

* *Entito*

2. Nelengon/Joyce

Die Namen von Roberts Vater und dessen vier Frauen sind durch Fettdruck in diesem Familienstammbaum hervorgehoben. Ihre Kinder sind in normaler Schrift aufgeführt, während *deren* Kinder – die Enkel von Roberts Vater – mit einem Sternchen gekennzeichnet sind. Die Frauen der Enkel stehen in Klammern unter dem Namen ihres Gatten. Um Verwirrung zu vermeiden, habe ich die Urenkel von Roberts Vater nicht aufgeführt.

Massai-Frauen haben gewöhnlich drei Namen; den Namen, den ihre Eltern ihnen als Kind geben (*Enkarna apa* – der Name für vor langer Zeit), den Namen, den die Männer der Altersgruppe ihres Mannes ihnen am Hochzeitsabend geben (*Enkarna ol Porror*) und einen Kosenamen, den die Kinder ihnen geben. Zusätzlich können sie noch einen Schulnamen haben.

Auch die Männer bei den Massai erhalten im Laufe ihres Lebens verschiedene Namen, jedoch bleibt der Name, den ihre Eltern ihnen gegeben haben, immer ihr Rufname. Außerdem werden sie in der höflichen Form als Sohn ihres Vaters angesprochen (oder zuweilen auch als Sohn eines anderen Mannes, dessen Vieh sie hüten). Sie haben Herdennamen, die von Freunden und Familie benutzt werden, Kosenamen, mit denen die Kinder sie ansprechen, und einen Schulnamen. Außerdem erhalten die Männer im mittleren Alter einen zusätzlichen Namen bei ihrer *Olkiteng-Lorrbaa*-Zeremonie.

Junge und noch unverheiratete Kinder werden mit *Enkaiyan* oder *Entito* angesprochen. Diese Bezeichnungen habe ich durch Kursivschrift markiert.

Ich habe alle Namen angegeben, die mir bekannt sind.

KENIA

SUDAN
ÄTHIOPIEN
Turkana-See
UGANDA
SOMALIA
Kenia
5199 m
Massai-Land
NAROK-
DISTRIKT
Magadi-See
Loita-Berge
KAIJADO-
DISTRIKT
Natron-See
TANSANIA
Klimandscharo
5895 m
MOMBASA
INDISCHER OZEAN

Vorwort

Olpapa oibos inkera.

Kinder
sind der strahlende Mond.

Massai-Sprichwort

Die Wärme des Feuers tat Noltetian gut, die auf die Ellenbogen gestützt auf dem harten Bett aus Rinderhäuten lag. Sie hatte jetzt seit sechs Stunden Wehen. Sie war bereits über vierzig, und diese Schwangerschaft war für sie unerwartet eingetreten. Sie hoffte, daß dies das letzte Mal war, daß sie das alles durchmachen mußte. Sie hatte ihrem Mann mehr Kinder geboren als seine anderen drei Frauen zusammen. *Enkai* hatte sie wahrlich gesegnet, und dieses winzige Leben, das sich seinen Weg in die Welt kämpfte, würde die Nummer acht sein. Ihr erster Sohn, Ol Morijoi, war ihr geschenkt worden, als sie noch eine junge Braut war. Er war inzwischen ein junger Mann, hatte jedoch nicht geheiratet, weil er blind war. Es war schwer, für einen blinden Mann eine Frau zu finden. Ihre erstgeborene Tochter war vor fünf Jahren verheiratet worden und war mit der Familie ihres Mannes weit weggezogen – so wie zwei Jahre später ihre Schwester. Ihr zweitältester Sohn, Njoie, war ein Krieger und ebenfalls im heiratsfähigen Alter. Die nächsten beiden Kinder waren beide Jungen; Langisa war zehn und Nkaroiya erst vier. Beide schliefen im Kinderhaus in einem anderen Teil des *Enkang*. Ihr jüngstes Kind, ein Mädchen, war erst vierundzwanzig Monate alt und schlief auf dem Bett am anderen Ende des Raumes. Man hatte das Mädchen bei seiner *Enkarna Enkerai* (Namensgebungszeremonie) vor inzwischen anderthalb Jahren auf den Namen Nasango getauft.

Noltetians Schwester, die von weither gekommen war, um bei der Entbindung zu helfen, und Mumai, die erste Frau ihres Mannes, waren auch in der verräucherten Hütte. Mumai hatte vier Kinder; sie war eine erfahrene Hebamme und außerdem eine liebe Freundin Noltetians. Sie war die erste und somit älteste Frau des Dorfes, aber sie war nicht die Lieblingsfrau ihres Gatten. Noltetian selbst war die zweite Frau. Außerdem waren alle Frauen des *Enkang* zugegen; sie waren gekommen, die werdende Mutter moralisch zu unterstützen und die Geburt zu feiern.

Die Schwangerschaft war anstrengend gewesen; vor allem gegen Ende hatte Noltetian unter schrecklichen Rükkenschmerzen gelitten. Mumai und Kokoo hatten den Großteil der schwereren Arbeiten wie das Tragen des Feuerholzes übernommen, aber von Noltetian war dennoch erwartet worden, daß sie täglich fast einen Kilometer weit zum Fluß ging und dreißig Liter Wasser auf dem Rücken zurück ins Dorf schleppte – und selbstverständlich hatte sie beim Melken helfen müssen. Sie lechzte nach frischer Milch, aber es war ihr nicht gestattet gewesen, welche zu trinken, damit das Kind nicht zu dick wurde, was die Geburt erschwert hätte. Es war für Mutter und Fötus gleichermaßen oberstes Gebot, schlank zu bleiben, und wie alle

Massai-Frauen hatte Noltetian während der ganzen Schwangerschaft sehr genau darauf geachtet, was sie aß. Eine geringe Menge geronnener Milch war gestattet, da das Kind diese Milch nicht »unmittelbar« über den Magen der Mutter aufnahm. Um den Verzicht auf Milch auszugleichen, hatte Noltetian ihrem grenzenlosen Appetit auf Fleisch nachgegeben. Ihr Mann, einer der Dorfältesten, war großzügig und freute sich unbändig auf das neue Familienmitglied. Er schlachtete mehrere Ziegen, damit Noltetian reichlich Fleisch bekam und nahrhafte Suppe aus Eingeweiden und ausgesuchten Waldpflanzen. Schwangere Frauen sind darüber hinaus angehalten, bestimmte Kräuter und Wurzeln zu essen, die das Blut reinigen und den Magen gesund halten. Noltetian war mit den verschiedenen Anwendungsmöglichkeiten sämtlicher Pflanzen des Waldes vertraut und hatte sie während der gesamten Dauer ihrer Schwangerschaft entsprechend angewandt.

Sie nahm verschwommen wahr, daß die jungen Kälber im *Olale* (Kälberpferch) neben ihrem Bett sich regten. Die Morgendämmerung war nicht mehr fern. Noltetian schrie nicht, als die Schmerzen schlimmer wurden. Nicht weil sie besonders tapfer gewesen wäre, sondern weil sie gelernt hatte, auch starke Schmerzen stumm zu ertragen. Auch war sie so eitel, daß ihr stoisches Schweigen ihr eine gewisse Genugtuung bereitete. Schon als junges Mädchen vor über 25 Jahren hatte sie sich geweigert zu schreien, als sie im Haus ihrer Mutter beschnitten worden war. Ihre Großmutter hatte sie angefleht zu schreien, damit ihr Mut die Krieger nicht beleidige, aber sie hatte sich im Geiste bereits zu sehr von den Schmerzen gelöst und die Worte ihrer Großmutter gar nicht gehört.

Mumai beobachtete von ihrem Platz am Feuer aus den Verlauf der Geburt. Als nun der Kopf des Kindes erschien, rückte sie näher. Der schleimige schwarze Körper glitt rasch in Mumais Hände. *»Enkaiyoni«*, summte sie, *»Ashe Enkai.«* Danke, Gott, ein Junge. Der winzige Junge wurde auf den

Bauch seiner Mutter gelegt, während die Nachgeburt ausgestoßen wurde. Mumai machte sich bereit, die Nabelschnur zu durchtrennen. Sie musterte das Baby eingehend, als sie die Worte aussprach, mit dem jedes Massai-Kind begrüßt wird: »Du bist jetzt ebenso für dein Leben verantwortlich wie ich für das meine.« Später wurde die Nachgeburt nach draußen gebracht und in die Mitte des Rinderpferches geworfen, um das Leben des Neugeborenen mit der Herde zu verknüpfen. Diese Verknüpfung symbolisiert das Band zwischen Kind und Herde, *Enkais* Geschenke an sein Volk, die beiden Reichtümer der Massai.

Als die Sonne an einem Tag im August 1964 über dem Great-Rift-Tal aufstieg, wurde Mengoru Lekuta Rerente und Noltetian ene Sunge vom Unterstamm der Nkidongi ein Massai-Junge geboren. Er war der letztgeborene Sohn seines Vaters, seiner Mutter besonderer Gottessegen, ein Mitglied der geheiligten Iloibonok-Familie und mein zukünftiger Ehemann.

MASSAI-LAND
NAROK-DISTRIKT

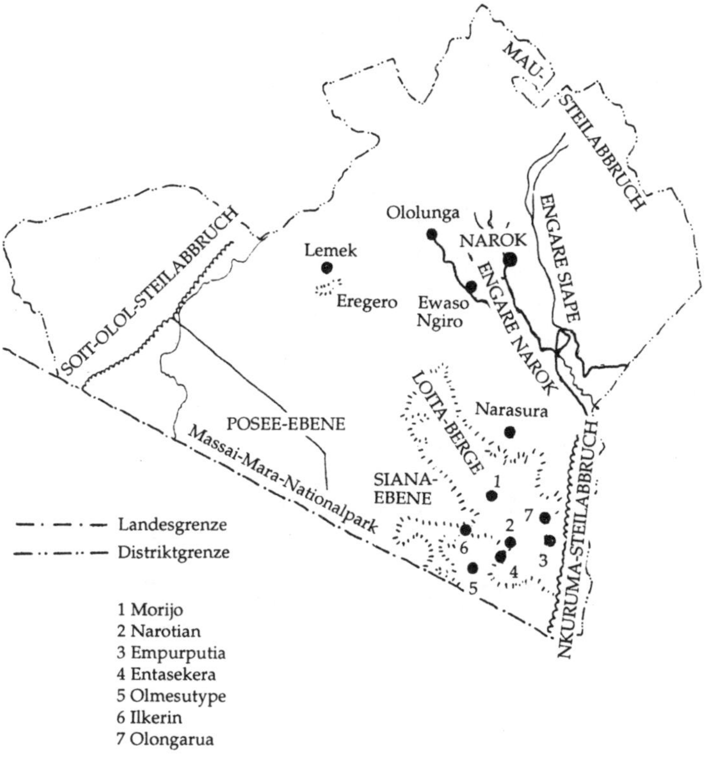

I
Enkiterunoto – Anfang
August 1989

. . . und wäre ich in eben diesem Augenblick
ohne Hund oder Pferd in meiner Obhut, käme es mir vor,
als hätte ich den Kontakt zur Erde verloren.
Dann wäre ich so voller Sorge
wie ein buddhistischer Mönch, der den Kontakt
zum Nirwana verloren hat.

Beryl Markham, *West with the Night*

Ich wollte schon immer nach Afrika, so wie ich es mir damals vorstellte. Wie die meisten Menschen aus der westlichen Welt betrachtete ich Afrika als ein einziges großes Land anstatt als einen Kontinent mit einer unglaublichen Vielfalt von Hautfarben, Kulturen und Sprachen. Heute, fast fünf Jahre nach meinem ersten Keniaaufenthalt, bin ich nicht mehr ganz so unwissend, wenngleich ich nur von mir behaupten kann, einen winzigen Teil jenes Landes zu kennen, das mein Zuhause geworden ist.

Meine Mutter führt meine Begeisterung für Afrika darauf zurück, daß ich mir während meiner Kinderjahre zu viele Folgen der Zeichentrickserie *Kimba, der weiße Löwe* angesehen habe. Ich denke, es war eine Kombination aus

Kimba, der weiße Löwe, Königreich der Tiere und *Frei geboren.* Eine meiner frühesten Erinnerungen ist die an ein Kästchen dicker Filzstifte, die ich geschenkt bekam und mit denen ich Löwen malte, bis die Tinte verbraucht war. Jahre später ließ Sidney Pollacks Kinofilm *Jenseits von Afrika,* in dem die neurotische Baronesse von Blixen und das Kenia der Kolonialzeit verewigt wurden, meinen Wunsch, dorthin zu pilgern, wiederaufleben. Der Film hatte auf Tausende Menschen der westlichen Welt die gleiche Wirkung, und so reisten sie in Scharen nach Kenia, so zahlreich wie die Flamingos, die zu fotografieren sie auszogen.

Mein Hauptinteresse galt den Wildtieren. Ich träumte davon, die riesigen Herden und die Raubtiere zu sehen, bevor sie ausstarben wie in anderen Regionen dieser Erde.

Tiere sind, so lange ich denken kann, ein wichtiger Bestandteil meines Lebens gewesen. Jede Phase meines Lebens war eng mit den Katzen und Hunden verbunden, die wir zu Hause hatten, sowie auch mit jenen, die nicht uns gehörten. Als kleines Mädchen hatten unsere Nachbarn gleich nebenan einen wunderschönen goldbraunen Labrador namens Pepper. Der Hund spazierte regelmäßig eigenständig bis in die Einkaufsstraße. Wenn wir ihm dort begegneten, brachten wir ihn in unserem Wagen den Hügel hinauf zurück nach Hause. Nicht weit von dort, wo wir lebten, im ländlichen Epping, befand sich ein winziger Paddock mit einem Palomino, und ich erging mich in ausschweifenden Phantasien, daß das Pferd mir gehöre. Im Kindergarten begann ich so zu tun, als wäre ich eine Katze. Ich überwand diese Phase, bevor ich in die Grundschule kam, wo ich dann während der Pausen und in der Mittagszeit um den Schulhof herumgaloppierte, als wäre ich ein Pferd.

Tasha war unsere erste Katze. Ich erinnere mich, daß meine Mutter mir erzählt hat, daß mein Vater, als es ihm aufgrund des Krebsleidens, dem er letztendlich erlag, sehr schlecht ging, gelegentlich darum bat, daß man Tasha an sein Bett brachte. Irgendwie fühlte er sich besser, wenn er die Katze um sich hatte. Ich habe mich in der Gesellschaft von Tieren ebenfalls immer sehr wohl gefühlt. Tatsächlich käme ich mir ganz verloren vor ohne einen Hund, eine Katze, ein Pferd oder sonst ein Tier in meinem Leben. Ich muß also rundheraus gestehen, daß ich ein wenig verrückt bin, was Tiere anbelangt. Ich liebe es, sie um mich zu haben, sie zu zeichnen, mir Dokumentarfilme über Wildtiere anzusehen, sowie Romane oder wahre Geschichten über Tiere und Menschen, die mit Tieren arbeiten, zu lesen. Als ich noch ein kleines Mädchen war, spielte ich nie mit Puppen, sondern nur mit Stofftieren. Als ich ein wenig älter war, waren meine tierischen Freunde dann echt und nicht mehr aus Plüsch, und im großen und ganzen zog ich sie den Menschen vor. Kein Wunder, daß ich davon träumte, nach Afrika zu reisen.

Ich bin in Sydney geboren und aufgewachsen. Wir waren zwei Geschwister, ich und mein Bruder Mark, der 18 Monate jünger ist als ich. Meine Eltern waren beide intelligente Menschen, politisch informiert und begeisterte Leser. Sie haben meinem Bruder und mir die Liebe zur Literatur und zur Musik vermittelt sowie ein tiefes Interesse an humanitären Werten und Politik. Die wichtigste Botschaft, die meine Eltern mir mit auf den Weg gaben, war die, daß ich alles erreichen könne, was ich nur wolle.

Ich war sieben, als mein Vater starb. Der Schmerz ist immer noch zu groß, um ausführlicher davon zu schreiben. Ich habe vieles verdrängt und mich immer zu sehr davor gefürchtet, die Tiefen meines siebenjährigen Ichs zu erforschen. Ich empfinde den Tod meines Vaters bis heute jeden Tag wieder als schmerzlichen Verlust.

Nach seinem Tod reisten wir, meine Mutter, Mark und ich und die Katzen, viel umher. Ich schätze, das lag wohl daran, daß wir uns damals sehr lange Zeit verloren fühlten. Und so kommt es, daß ich vier verschiedene Grundschulen besuchte, und die häufigen Umzüge und Veränderungen festigten meine damals bereits recht stark ausgeprägte Unabhängigkeit. Meine Mutter mußte wieder arbeiten gehen, nachdem sie lange Jahre Hausfrau und Mutter gewesen war. In den 25 Jahren nach dem Tod meines Vaters hatte sie verschiedene stumpfsinnige Jobs als ungelernte Kraft bei Philips, Hoover, in der ABC-Kantine und einer Fabrik mit ganz üblem Arbeitsklima.

Als ich neun Jahre alt war, begann meine Mutter, in die Oper zu gehen. Ich erinnere mich, daß sie sich fein zurechtmachte, gewöhnlich in einem langen Knüpfbatikkleid, und nach Arpège duftete. Sie brachte Mark und mir immer eine kleine Überraschung mit, beispielsweise ein Täfelchen Pfefferminzschokolade, und ich las begierig das auf Hochglanzpapier gedruckte Opernprogramm. Das war mein erster Kontakt zum Theater. Mein zweiter war total überwältigend. Ich durfte mit in eine Vorstellung von *Jesus Christ Superstar* und saß von Anfang bis Ende wie gebannt da. Die Musik, die Technik, die Beleuchtung und die Aufführung elektrisierten mich. Das Musical machte einen unauslöschlichen Eindruck auf mich, und war eine wundervolle Einführung in die Welt des Theaters, das für mich noch viele Jahre ein Ort blieb, dem etwas Magisches anhaftete.

Ich habe nur noch bruchstückhafte Erinnerungen, wie mein Bruder Mark während unserer Schulzeit war. Wir hatten gewissermaßen den mentalen Kontakt verloren, bis wir uns Anfang zwanzig wieder näherkamen. Aber ich erinnere mich noch sehr gut an Esther, eine sandfarbene Labradorhündin, die meine Mutter mir schenkte, als ich elf Jahre alt war. Esther war mein erster Hund. Wir gingen jeden Sonntagnachmittag in die Hundeschule in Brush Farm, einem großen Park in West Ryde, wo wir zwei Jahre bei meiner Tante Judy und ihrer Familie wohnten. In der Hundeschule lernte ich die zwölfjährige Virginia Warren kennen, die mit ihrer Cockerspaniel-Hündin Lacey an den Gehorsamsübungen teilnahm. Vier Jahre lang, von der sechsten Grundschulklasse bis zum dritten Jahr auf dem Gymnasium, waren Virginia und ich die besten Freundinnen. Wir teilten die Liebe zu Hunden, zum Theater und zu den Skyhooks.

Bei Virginia zu Hause war immer etwas los. Sie hatte mindestens vier Geschwister, und da ihre Eltern als Hobby Cockerspaniel und Königspudel züchteten, kam gelegentlich die doppelte Anzahl an Hunden hinzu. Ich erinnere mich an das Haus der Warrens als an ein warmes Heim, in dem es recht locker zuging. Die Art von Zuhause, in dem ein schlafender Hund von einem guten Sessel gescheucht wird, um einem menschlichen Gast Platz zu machen. Ich bin mit Virginia und ihrer Familie kreuz und quer durch New South Wales gereist. Wir wohnten auf Campingplätzen und stellten die Hunde einschließlich Lacey auf Ausstellungen vor. Mrs. Warren, eine Akademikerin, erteilte uns beiden Sprechunterricht und Lektionen in dramatischer Literatur, und während wir durch die Lande zogen, übten wir Monologe, Dialoge, Reden und Gedichte. Wir traten sogar auf kleinen Festivals auf. Mit unserer Vorführung von Alice und der Raupe hatten wir bescheidenen Erfolg. Sogar Bernard King gab uns in der originellen australischen Talentshow *Pot of Gold* gute Noten. Ich war die Raupe.

Obwohl wir in meinen Teenagerjahren noch weitere viermal umzogen, gelang es mir, immer auf derselben Highschool zu bleiben, der Cheltenham-Schule für Mädchen, an der mein Vater Wirtschaft und Erdkunde unterrichtet hatte. Ich war die einzige in meiner Clique, deren Familie die Laborpartei wählte. Ich mochte Englisch, Geschichte und Kunst, verabscheute Mathe und schaffte es meist, den Sport- und Religionsunterricht zu schwänzen.

Mit 15 Jahren schloß ich mich der nächsten Großfamilie an, dem Australian Theatre for Young People. Die meisten jungen Leute, die an den Workshops und Produktionen dieses Jugendtheaters teilnahmen, waren ein wenig exzentrisch und frühreif und lebten bei einem alleinerziehenden

Elternteil, so daß ich bestens in diesen Kreis hineinpaßte. Ich verbrachte meine ganze Zeit mit Proben, Produktionen, Workshops und dem neuen Freundeskreis, dem ich mich angeschlossen hatte – mit einigen von ihnen bin ich bis zum heutigen Tag eng befreundet.

Nachdem ich die Highschool abgeschlossen hatte, wurde ich an der Western Australian Academy of Performing Arts angenommen. Unser Heim war in den letzten Jahren von verschiedenen betrunkenen Freunden meiner Mutter beherrscht worden. Zu Hause fühlte ich mich isoliert, zornig und deprimiert, und so zog ich gern nach Perth, wo ich ein Diplom in Theater- und Kunstwissenschaft machte. In Perth bekam ich dann auch Gelegenheit, einen Königspudelwelpen zu kaufen, Raa. Seit meiner Freundschaft mit Virginia Warren hatte ich Königspudel besonders gern (die großen Pudel, nicht diese kleinen Kläffer). Da sie etwa die Größe eines kleinen Ponys erreichen, dachte ich mir wohl, sie kämen einem eigenen Pferd am nächsten – ein Lebenstraum von mir.

Nach meinem Hochschulabschluß bekam ich eine sehr gute Stelle als Verwalterin eines Jugendkunstzentrums in Melbourne. Anfangs fühlte ich mich in dieser Stadt sehr einsam. Da ich noch keine eigene Wohnung hatte, war Raa bis auf weiteres bei meinem Ex-Freund in Sydney geblieben. Ich war fest entschlossen, mir meine erste Stellung nicht zu vermasseln, und so steckte ich meine ganze Energie in die Arbeit. Glücklicherweise ließen sich einige meiner Kollegen von der undurchdringlichen Mauer aus Arbeitseifer, die ich um mich herum errichtete, nicht abschrecken. Vor allem eine Kollegin, die festangestellte Journalistin Carolyn Logan, ließ nicht locker und lud mich immer wieder ein, mir die Band anzusehen, die sie managte, Zurich Zoo. Ich habe die Band nie zu sehen bekommen, aber Carolyn und ich wurden dennoch mit der Zeit sehr gute Freundinnen. Als ich der Abteilung Jugendkunst den Rücken kehrte und für das kommerzielle Theater tätig wurde, folgte Carolyn meinem Beispiel und wechselte in die Musikindustrie. 1988 zog sie mit in die wunderschöne Wohnung im Stil der 50er Jahre im Melbourner Vorort Prahan ein, die ich mir mit Raa teilte, den ich inzwischen wieder zu mir geholt hatte.

Ich hatte in meinen Jugendjahren bis Anfang zwanzig drei für mich wichtige Beziehungen. Mein erster Freund war schwul, der zuvor bereits erwähnte zweite Freund war absolut heterosexuell, aber 18 Jahre älter als ich, und der dritte war ein Schauspieler und tendierte, glaube ich, in beide Richtungen, obwohl ich das nicht mit Sicherheit sagen kann. Nicht eben eine aufwärtsstrebende Kurve, werden Sie sagen. Und doch habe ich viel gelernt und hatte Gelegenheit, das Zusammenleben zu üben, so daß ich dieses Kapitel meiner Entwicklung abgeschlossen hatte. Mit 25 lebte ich glücklich in Melbourne, mit einem interessanten neuen Job, guten Freunden, meinem Hund, einer Katze und endlich auch einem eigenen Pferd. Mein Leben war so ausgefüllt, daß ich mehr als nur zufrieden war mit meinem Singledasein. Ich schwor mir jedoch, daß der nächste Mann in meinem Leben eine wirklich außergewöhnliche Persönlichkeit sein würde. Vor allem jemand, der mehr wußte als ich. Ich dachte mir, ein Ozeanologe oder ein Tierforscher wäre nett, ein Mann, der mir eine weitere Facetten der Natur näherbringen konnte.

Aber es gab in dieser Zeit natürlich auch Männer in meinem Leben: fünf extravagante Plateausohlen-Rocker, um genau zu sein, die Melody Lords, eine Glam-Rock-Band, die sich auf bissige Parodien der 70er Jahre spezialisiert hatte. Ich gehörte zu ihrem Managementteam und kümmerte mich um die Publicity und das Tourneeprogramm. Die Melody Lords waren meine dritte große Familie, und es gelang mir, sie mit Carolyn, anderen Freunden, Raa und meiner Anglo-Araber-Stute Siska unter einen Hut zu bringen. Den Großteil meiner Freizeit widmete ich Siska und meinen Reitstunden, die ich über alles liebte. Für mich war Reiten zu lernen wie das Erlernen einer neuen Sprache. Sogar wenn ich mit einer Theatervorstellung in Sydney und Adelaide gastierte, gelang es mir, Zeit für den Reitunterricht zu finden. Anfang 1989 hatte ich mir bei einem Sturz den linken Arm gebrochen, was mein Selbstvertrauen erschüttert und meine Fortschritte ein wenig gebremst hatte. Da ich aber zu dieser Zeit mit meiner Arbeit, meinem Privatleben und meinem übrigen sozialen Kontakten rundherum zufrieden war, machte mir das nicht viel aus. Ich erwartete vom Leben, daß es wunderbar wäre, und das war es auch. Ich nutzte sogar die Zeit, in der ich den Arm in Gips hatte, um mich selbst besser kennenzulernen. Mitte 1989 bot sich mir eine Gelegenheit, einen Traum zu verwirklichen.

Jahrelang hatte ich sorgfältig allerlei Zeitungsausschnitte über Afrikareisen gesammelt, in der felsenfesten Überzeugung, daß ich eines Tages dorthin fliegen würde. Ostafrika schien das Mekka der Wildtierbeobachtung zu sein, und so galt mein Interesse vornehmlich Kenia und Tansania. Die Gelegenheit, dorthin zu gelangen, bot sich mir unerwartet, als ich von einer Gruppe Frauen hörte, die planten, zu Pferd das Massai-Mara-Wildreservat in Kenia zu durchqueren. Bei der von Linda Tellington-Jones organisierten Expedition würde ich mein Interesse an der Natur mit meiner Reitleidenschaft verbinden können. Linda organisiert jedes Jahr mit einer Gruppe, die sie als Animal Ambassadors (Botschafter der Tiere) bezeichnet, Wanderritte in den verschiedensten Teilen der Erde. Sie ist Amerikanerin, und ich bewundere sie sehr für ihre sanften Ausbildungs- und Heilmethoden bei Pferden. Sie selbst führt dies auf ihre Kenntnisse der Feldenkrais-Technik zurück. Ihre Organisation, TEAM (Tellington-Jones Equine Awareness Method), führt auf der ganzen Welt Workshops durch. Ich hatte ein Jahr zuvor an einem solchen Seminar in der Nähe von Melbourne teilgenommen. Als mein Reitlehrer mir von Lindas Pferdesafari erzählte, beschloß ich spontan, daran teilzunehmen. Die Gelegenheit, Lindas Techniken aus erster Hand zu erlernen, war beinahe ein ebenso großer Anreiz wie die Tour selbst. Noch an diesem Abend rief ich Linda in New Mexico an und sicherte mir den letzten Teilnehmerplatz.

Ich wollte mir außerdem den Ngorongoro-Krater und die Serengeti-Ebenen in Tansania ansehen, und so organisierte ich im Rahmen meiner Möglichkeiten meine eigene Safari. Die Flüge von Australien nach Kenia waren (und sind) sehr teuer, und so stellte ich ein umfangreiches Programm für diese Reise zusammen. Ich erinnere mich, daß ich, als ich eine Campingsafari in Tansania buchte, dem Reisebüroangestellten erklärte, daß ich mich nur für die Fauna des Landes interessiere – nicht für die einheimischen Stämme. Ich hatte einiges über die Massai, den bekanntesten Stamm Ostafrikas, gelesen, eine Begegnung reizte mich jedoch nicht. Kultur? Welche Kultur? Ich wollte zu den Zebras und sonst nichts.

Die Melody Lords pausierten über Weihnachten und im Januar, es war also der ideale Zeitpunkt für einen Trip nach Übersee. Das einzige Problem waren die Finanzen. Ich hatte kein Geld, und so nahm ich bei meiner Bank einen Kredit auf und ließ mir von einem zweiten Institut eine Kreditkarte ausstellen. Ich plante nur einen Urlaub, und so war ich überzeugt davon, das Darlehen rasch zurückzahlen zu können. Dann mußte ich mich noch darum kümmern, daß Siska und Raa während meiner Abwesenheit versorgt wurden. Bei Siska war das kein Problem, da sie im Stall meines Reitlehrers gleich außerhalb von Melbourne bestens untergebracht war. Raa mußte ich zu meiner Mutter an die Central Coast von New South Wales bringen. Carolyn würde sich die sechs Wochen um unsere gemeinsame Wohnung kümmern. Nachdem ich alle finanziellen, arbeitstechnischen und häuslichen Einzelheiten geregelt hatte, blieben noch fast vier Monate bis zu meiner Abreise.

Ein paar Wochen später wachte ich eines Morgens mit sehr hohem Fieber auf. Meine Lymphdrüsen waren geschwollen, und ich fühlte mich, als wäre ich von einem

LKW überrollt worden. Ein Bluttest bestätigte den Verdacht auf Pfeiffersches Drüsenfieber. Ich war von meinem ständigen Arbeitseinsatz für die Melody Lords körperlich erschöpft und nach einer schweren Krankheit meines Königspudels Raa, der beinahe an Darmblähung gestorben wäre, auch emotional am Ende. Die tiefe Traurigkeit, die ich in den Tagen, während derer er sich langsam von der Operation erholte, empfunden hatte, hatte mein bereits überlastetes System vollends erschöpft und anfällig gemacht. Ich war fix und fertig und zum erstenmal in meinem Leben ernsthaft krank. Nachdem Raa aus der Tierarztpraxis zurück war, müssen wir beide ein jämmerliches Bild abgegeben haben, wie wir »erschlagen« auf dem Bett lagen. Raa hatte postoperative Schmerzen, und ich war zu schwach, mich zu rühren. Carolyn tat ihr Bestes, mich mit Hühnersuppe und warmen Bädern wieder auf die Beine zu bringen. Als mein Zustand sich jedoch weiter verschlechterte, sprach sie davon, mich ins Krankenhaus bringen zu wollen. An diesem Punkt rief ich die Kavallerie in Gestalt meiner Mutter zur Hilfe.

Sie flog am nächsten Tag aus Sydney herüber, sammelte alle meine gebrauchten Taschentücher vom Fußboden meines Schlafzimmers auf und päppelte Raa und mich soweit wieder hoch, daß wir uns aus eigener Kraft im Wohnzimmer lustige Fernsehserien ansehen konnten. Das Lachen war meiner Genesung förderlich. Der Arzt verordnete mir zwei Monate völliger Ruhe. Mum mietete einen Wagen und brachte Raa und mich nach New South Wales an die Küste. Ich bestand darauf, in einem Eimer Wasser die wunderschönen Blumen mitzunehmen, die Freunde mir geschenkt hatten. Wir übernachteten unterwegs in Gundagai und schmuggelten Raa in unser Motelzimmer. Er hatte das Schlimmste überstanden und genoß die Fahrt.

Im Strandhaus meiner Mutter gönnte ich mir die ärztlich verordnete völlige Ruhe. In den ersten Wochen war ich sogar zum Lesen zu schwach. Ich lag einfach nur im Bett und dachte nach. Es war meine erste Arbeitsunterbrechung, seit ich mit 19 in der Unterhaltungsindustrie angefangen hatte. Ich konnte meine Gedankenprozesse in dieser Zeit des Nichtstuns nicht verstehen, bis mir eines Tages klar wurde, daß ich einfach nur lebte, anstatt zu planen, mir Gedanken zu machen, umherzuhetzen oder Listen all jener Dinge aufzustellen, die ich unbedingt an diesem Tag erledigen mußte. Ich lebte einfach jeden Augenblick für sich. Es war eine Offenbarung für jemanden, der irgendwann einmal geschworen hatte, daß sich seiner Karriere nichts und niemand in den Weg stellen würde.

Das Leben stellte uns immer wieder vor neue Herausforderungen. Obwohl ich mir dessen nicht bewußt war, war diese Zeit der Rekonvaleszenz für mich von größter Wichtigkeit, da sie mir die Gelegenheit gab, in aller Ruhe mein Leben zu überdenken. Ideen, die mir vage durch den Kopf gegangen waren, konkretisierten sich. Ich ging als veränderter Mensch aus dieser erzwungenen Auseinandersetzung mit mir selbst hervor. Der tägliche Streß und die Hektik des Showbusineß erschienen mir plötzlich oberflächlich. Als Glam-Rock-Gruppe wurden die Melody Lords früher oder später ganz automatisch Auslaufmodelle werden. Sie waren eine willkommene Abwechslung in meiner Karriere, würden jedoch irgendwann von der Bildfläche verschwinden, und ich würde wieder dort stehen, wo ich im Showbusineß angefangen hatte.

Nachdem mir dies erst einmal klargeworden war, empfand ich eine Tätigkeit in der Unterhaltungsbranche nicht mehr unbedingt als zufriedenstellend. Ich hatte einen Kurs eingeschlagen, dem ich nicht länger folgen wollte. Ich begann, davon zu träumen, dem Showbusineß den Rücken zu kehren und mit meinem Pferd aufs Land zu ziehen. Vielleicht könnte ich eine neue Karriere als Verwalterin des örtlichen Ponyclubs starten.

Nachdem ich wieder völlig genesen und an die Arbeit

zurückgekehrt war, gingen alle davon aus, daß ich die für Dezember geplante Afrikareise abblasen würde. Sie irrten sich.

Zum Entsetzen meiner Mutter und Freunde hielt ich an meinen Reiseplänen fest. Sie alle waren überzeugt, daß ich während der Safari einen Rückfall erleiden und mitten im Busch einen tragischen Tod sterben würde. Zumindest aber würde meine Reise sich aufgrund meines geschwächten Zustandes als Reinfall erweisen. Um wieder zu Kräften zu kommen, begann ich, regelmäßig lange Spaziergänge zu unternehmen und nahm sogar an einem Aerobic-Kurs teil (ich bin eigentlich kein Gymnastiktyp). In den folgenden zwei Monaten schränkte ich alle gesellschaftlichen Aktivitäten drastisch ein, reduzierte mein Arbeitspensum und ging jeden Abend um halb neun ins Bett.

Diese Opfer fielen mir leicht, da ich von Beginn an gespürt hatte, daß diese Reise nach Afrika überaus wichtig für mich war. Ich hatte das unbestimmte Gefühl, daß neben dem Fotografieren von Zebras und dem Herumpreschen zu Pferde dort noch etwas anderes auf mich wartete. Ich dachte, dieses »Etwas« stünde vielleicht in Zusammenhang mit meinem Traum, mit Pferden und Linda Tellington-Jones zu arbeiten, und in gewisser Weise traf das auch zu – wenn auch völlig anders, als ich es erwartet hatte. Mit diesen Gedanken im Hinterkopf brach ich pünktlich nach Kenia auf, zu meiner Verabredung mit dem Schicksal.

II
Safari – Reise
Dezember 1989

Iyiolo wening'uaa nimiyiolo enilo.

Du weißt, wo du herkommst,
aber nicht, wo du hingehst.

Massai-Sprichwort

In den letzten Wochen vor meiner Abreise konzentrierte ich meine gesamte Energie darauf, ins Flugzeug zu steigen und nach Afrika fliegen zu können. Ich freute mich auf den Wanderritt und sogar noch mehr auf die Fauna, die ich dort zu sehen bekommen würde. Bald war es soweit. Ich fuhr zu meiner Mutter an die Küste von New South Wales, um mich von ihr zu verabschieden. Dann brachte mein Bruder Mark mich zum Flughafen, und es ging los.

Würden Preise für den am übertriebensten vorbereiteten Touristen vergeben, ich hätte den Hauptgewinn bekommen. Ich hatte so viele Bücher über das Reisen im Allgemeinen und über Ostafrika im Besonderen gelesen, wie ich in die Finger kriegen konnte. Ich wußte, daß ich auf dem Flug reichlich Flüssigkeit trinken, mein Gesicht in regelmäßigen Abständen mit Wasser besprühen, Unterwäsche zum Wechseln in meinem Handgepäck haben und Beinübungen machen sollte, um den Kreislauf in Schwung zu halten. Ich war gründlichst informiert, was ich in Afrika essen und trinken durfte und was ich unbedingt vermeiden sollte, wenn ich den Aufenthalt unbeschadet überstehen wollte: kein Leitungswasser, keine Eiswürfel in den Getränken, keinen Salat, keine nicht abgekochte Milch, keine Meeresfrüchte, nur frisch Zubereitetes, durchgebratenes Fleisch und Obst, das ich selbst schälen konnte. Ich hatte mir eingeprägt, daß man zweifelhaftes Besteck mit einem Spritzer brühendheißen Tees säubern konnte und sofern man mit den Fingern essen mußte, das, was man angefaßt hatte, nicht essen sollte.

Den allerersten Blick auf Afrika erhaschte ich aus 3 220 Metern Höhe, als wir Madagaskar überflogen. Die Insel sah runzlig und alt aus. Ein sandiger Fluß schlängelte sich durch den grün-braunen Dschungel. Kurz darauf näherten wir uns dem Ende des 16stündigen Fluges, und die Stewardessen lächelten wieder. Auf dem Rollfeld in Harare verkündete ein rotes Neonschild WILLKOMMEN IN ZIMBABWE. Dies ist gewöhnlich der erste Flughafen, auf dem Australier landen, die nach Afrika reisen. Mein Anschlußflug nach Kenia startete erst am nächsten Morgen, so daß ich die Nacht in Harare verbringen mußte. Als ich endlich den Zoll passiert, ein Taxi bestiegen und mein Hotelzimmer bezogen hatte, war es bereits vier Uhr früh australischer Zeit, wenn auch erst halb neun Ortszeit. Übervorsichtig beschloß ich, auf ein getoastetes Sandwich vom Zimmerservice zu verzichten – mangelhafter Sicherheitsfaktor – und bestellte statt dessen eine Cola ohne Eis. Ich gab Jod in den Wasserkrug in meinem Zimmer und riskierte es, mir die Zähne zu putzen. Dann lag ich mit meiner blühenden Phantasie im Bett und lauschte den Schritten, die den Flur hinauf- und hinunterschlichen.

Um vier Uhr dreißig wachte ich auf und hörte Vogelschreie. Sie klangen so anders als zu Hause. Der Himmel war von wunderschönem Taubengrau. Ich blieb am Fenster stehen und beobachtete fasziniert, wie die Dämmerung ihn ganz langsam dunkel aprikosenfarben färbte. Eine schmale silbrige Mondsichel stand noch am Himmel. Ich vermißte meinen Hund, Raa. Ich hörte ein Rascheln vor meinem Zimmer: Kam derjenige, zu dem die Schritte gehörten, um mich zu ermorden? Nein, es wurde nur eine Ausgabe des *Zimbabwe Herald* unter meiner Tür hergeschoben. Die Schlagzeile lautete: »69 Tote bei Busunglück«. Den schauerlichen Artikel ergänzten anschaulich schreckliche Fotos. Ich aß eine Packung Fruchtdrops und las die Zeitung zu Ende. Es würde ein heißer Tag werden. Ich war froh, in Afrika zu sein, und sagte mir, daß ich versuchen sollte, die Sache mit mehr Ruhe anzugehen.

Ich beobachtete von meinem Fenster aus, wie fein zurecht gemachte Kinder und Büroangestellte zur Schule beziehungsweise zur Arbeit gingen. Nachdem ich gebadet und mich angezogen hatte, nahm ich ein Frühstück zu mir, das sich mit meinen Vorsichtsmaßnahmen vereinbaren ließ: eine eisgekühlte Grapefruit, schwarzen Tee und Toast mit leuchtendroter, widerlich süßer Marmelade. Ich rührte die Milch nicht an und ließ auch die Ecke des Toasts liegen, die ich gehalten hatte. Mir blieb nur noch Zeit für einen kurzen Spaziergang, bevor ich zum Flughafen zurück mußte, und so hastete ich hinaus, um den ersten afrikanischen Sonnenschein zu kosten. Harare ist eine ausgesprochen saubere Stadt mit dem Charakter einer großen ländlichen Ortschaft. Die Straßen sind breit und die Bürgersteige ungepflastert. Die Jacarandabüsche blühten, und ich schritt über einen Teppich aus malvenfarbenen Blumen. Außerdem gab es creme- und pinkfarbene Jasminbäume und Flaschenbäume mit orangefarbenen Blüten.

Bald war es an der Zeit, wieder zum Flughafen zu fahren. Der Flug der Air Zimbabwe nach Nairobi dauerte nur zweieinhalb Stunden, und die Maschine landete gegen 16 Uhr Ortszeit. Das Taxi, das ich am Flughafen bestieg, war ein 27 Jahre alter Volvo, der zweimal liegenblieb, bis wir das Zentrum von Nairobi erreichten. Mein erster Eindruck war, daß diese Stadt viel schmutziger und bevölkerter war als Harare. Überall wimmelte es von Menschen. Mein Ziel war das Ambassadeur Hotel im Stadtzentrum. Eine passende Bleibe, wie ich gedacht hatte. Heute, vier Jahre später, habe ich die Fähigkeit entwickelt, überall bequem zu schlafen und bin nicht mehr von Luxus im westlichen Stil abhängig. Damals jedoch, im November 1989, war das Ambassadeur Hotel, wie ich rückblickend gestehen muß, nicht die beste Wahl für eine naive alleinreisende Touristin. Es war laut, schäbig und befand sich in einem der belebtesten Viertel der Innenstadt von Nairobi. Am ersten Tag erlitt ich einen gewaltigen Kulturschock. Alle waren schwarz. Ich weiß, daß sich das dumm anhört, aber das war mein erster Gedanke. Zum erstenmal in meinem Leben gehörte ich einer Minderheit an. Diese lehrreiche Erfahrung empfehle ich jedem. Meine Reaktion hierauf war jedoch damals, mich für zwei Tage in meinem Hotelzimmer zu verschanzen.

Auf Anraten eines britischen Ehepaares, das ich dort kennenlernte, zog ich um ins Milimani Hotel abseits des Stadtzentrums. Die ruhige Atmosphäre und das viele Grün der Umgebung hatten sofort eine beruhigende Wirkung auf mich. Ich fing an, mich zu entspannen. Ich lernte, Ruhe zu bewahren, mit dem Strom zu schwimmen und so zu tun, als gehöre ich dazu – auch wenn ich es nicht so empfand.

Nach zwei Tagen stand das Treffen mit der amerikanischen Gruppe unter Leitung von Linda Tellington-Jones im Norfolk Hotel an. Plötzlich war ich nicht mehr allein. Da ich bereits vier Tage in der Stadt war, wußte ich mehr über Nairobi als die anderen Mitglieder unserer Reisegesellschaft. Wir waren insgesamt 16, alles Frauen, 14 Amerikanerinnen, eine Engländerin und ich.

Wir verbrachten den Rest des Tages mit einem Besuch bei

Daphne Sheldrick und den verwaisten Elefantenkälbern auf ihrem Anwesen im Nairobi-Nationalpark. Daphne hat nach Jahren herzzerreißender Enttäuschungen gelernt, wie man verwaiste Elefanten aufzieht, die jünger sind als zwölf Monate. Die Kälber, die wir dort sahen, waren alle Opfer der Elfenbeinwilderer. Nachdem sie die erwachsenen Tiere abgeschossen haben, sägen die Wilderer ihnen mit Kettensägen die Stoßzähne ab. Die stoßzahnlosen (und somit wertlosen) Kälber müssen hilflos dem Massaker und der Verstümmelung ihrer Mütter, Schwestern, halbstarken Brüder, Vettern, Tanten und Großmütter zusehen. Wenn sie zu Daphne kommen, befinden sie sich in akutem Schockzustand, und es kommt vor, daß sie über zwölf Monate trauern. Daphne, ihre Familie und ihre Mitarbeiter helfen ihnen durch diese Phase und wecken ihren Lebenswillen neu, indem sie zur Ersatzfamilie für die Waisen werden. Elefantenbabys sind Menschenbabys nicht unähnlich, was bedeutet, daß sie nicht nur Nahrung und Schutz brauchen, sondern außerdem sehr viel Liebe. Nachdem sie von Daphne hochgepäppelt worden sind, werden sie in den Tsavo-Nationalpark gebracht und dort mit viel Geduld wieder ausgewildert. Sie schließen sich ihrer eigenen Herde an, die von Eleanor angeführt wird, einer ebenfalls verwaisten Elefantenkuh und selbsternannten Adoptivmutter der Waisenkinder.

Es war traumhaft, die Elefantenkälber Olmeg, Dika, Edo und Taur kennenzulernen sowie das junge Rhinozeros und die Warzenschweine. Aber für mich war der Höhepunkt des Besuches die Begegnung mit der engagierten Daphne Sheldrick selbst. Ihr Heim war von einer grasbewachsenen Ebene mit vereinzelten Akazienbäumen umgeben, dem Zuhause frei umherziehender Wildtiere. Es kam mir vor wie der Himmel auf Erden.

Als nächstes besuchten wie das Langata-Giraffe-Centre, um uns die seltene Rothschild-Giraffe anzusehen. Dieses Zentrum, das gleichzeitig auch Ausbildungsstätte ist, trägt in nicht unerheblichem Maße dazu bei, kenianischen Schulkindern die Notwendigkeit des Naturschutzes näherzubringen. Außerdem ist es ein lohnendes, sehr empfehlenswertes Ausflugsziel für Giraffenfreunde aller Altersklassen. Die erhöhte Aussichtsplattform gestattet eine Begegnung Auge in Auge mit einer der fazinierendsten und schönsten Tierarten Afrikas.

Am folgenden Tag brachen wir in Geländewagen zu einer Safari auf. Unmittelbar außerhalb der Stadt geht die Teerstraße in eine Piste voller Schlaglöcher über; die Skyline der Stadt verblaßt, und das ländliche Afrika beginnt. Wir fuhren durch das fruchtbare Kikuyu-Gebiet, in dem Tee und Kaffee angebaut werden. Das kräftige Grün der Pflanzen hob sich in krassem Kontrast von der blutroten Erde ab. Dann lag urplötzlich die schier unendliche Weite des Great-Rift-Tales vor uns. Nirgendwo in Afrika ist das Rift – der Senkungsgraben – so klar definiert wie in Kenia, wo es auch »Gregorian Rift« genannt wird, nach dem Geologen Gregory, der es als erster beschrieb. Die hochaufragenden Wände können eine Höhe von bis zu 1 200 Metern erreichen, und der Grund ist förmlich übersät mit Vulkanen, darunter Olorgesailie, Suswa, Longonot, Menengai und Londiani. Wie die Namen der meisten Orte in der Umgebung des Great-Rift-Tales, stammen auch diese aus der Massai-Sprache.

Der Blick über die Talsohle war atemberaubend. Als wir hinabfuhren und Kurs auf Tansania nahmen, sah ich die ersten Vertreter eines Tierreiches, wie es auf der ganzen Welt kein vergleichbares gibt. Gazellen, Weißschwanzgnus und Zebras grasten friedlich nebeneinander. Sekretärvögel und Kraniche mit wunderschönem gefiederten Kopfputz stakten auf langen Beinen vorbei. Giraffen neigten die eleganten Hälse, um an niedrigen Akazienbüschen zu knabbern. Es ist eine Sache, eine Giraffe im Fernsehen oder im Zoo zu sehen, aber es ist etwas völlig anderes, sie mitten in der Steppe stocksteif neben der Straße stehen zu sehen. Ich werde den Anblick dieser ersten Giraffe, die ich in freier Wildbahn gesehen habe, niemals vergessen. Sie war goldfarben mit braunen Abzeichen, unbeschreiblich schön und blinzelte mich mit Wimpern an, für die ein Starlet morden würde.

Nachdem wir Narok, die geschäftige Handelsstadt der Massai, passiert hatten, fuhren wir in südwestliche Richtung und hinauf in die Loita-Berge nahe an der Grenze zu Tansania. Als wir auf der unbefestigten Piste an weiteren Wild- und Viehherden vorbeifuhren, die zu ihren Massai-Heimstätten zurückgetrieben wurden, erkannte ich, daß alle Klischees über Afrika der Realität entsprachen. Es war wirklich ein magisches Land.

Bei Anbruch der Dunkelheit erreichten wir unser Lager in Narotian. Die Pferde waren bereits hergebracht worden und grasten angepflockt auf einem kleinen Hügel. Unsere Zelte standen auf einer kleinen Lichtung in einem Akazienwald, am Ufer eines Baches. Am blaßgrauen Himmel glitzerte ein einzelner Stern. Vögel und Affen schnatterten in einem letzten Schub abendlicher Aktivität. Es war der wundervollste Ort, den ich je gesehen hatte. Natürlich ahnte ich damals noch nicht, daß diese Gegend meine Heimat werden würde. Wir wurden einem Massai-Ältesten vorgestellt, Daniel ole Mengoru. In der zunehmenden Dunkelheit schüttelte er jeder von uns die Hand und begrüßte uns feierlich mit dem Wort: »*Supa*«. Ich hatte mein erstes Massai-Wort gelernt.

Es wurde sofort deutlich, daß wir uns an einem ganz besonderen Ort befanden. Ich erfuhr später, daß in den Loita-Bergen die Nkidongi-Dynastie beheimatet ist – die konservativste und traditionellste Stammesgruppe der kenianischen Massai. Die Nkidongi sind die geistigen Führer des gesamten Massai-Volkes. Dies hat gemeinsam mit ihrer geographischen Isolation dazu beigetragen, ihre Kultur vor westlichen Einflüssen zu schützen, weshalb die Loita-Berge bis heute die letzte Bastion der traditionellen Massai-Bräuche in Kenia sind. Wir waren im Herzen des Massai-Landes eingetroffen.

Am nächsten Morgen wurden uns die Pferde zugeteilt. Linda ermutigte uns, das Striegeln und Satteln selbst zu übernehmen, Aufgaben, die gewöhnlich den Pferdepflegern oder *Syces,* wie sie in Kenia genannt werden, obliegen. Die Pferde reagierten sofort auf die sanfte Massagetechnik, die Linda uns lehrte. Ihre Pionierarbeit basiert auf der Feldenkrais-Technik, nur daß sie gelernt hat, diese bei Tieren anzuwenden. Die Pferde waren in riesigen Transportern mit Allradantrieb in die Loita-Berge gebracht worden. Die Piste ist sehr steil und holprig. Eigentlich erstaunlich, daß es den Fahrern überhaupt gelingt, mit ihren Fahrzeugen so weit zu kommen. Die Pferde mußten hinten auf der Ladefläche ziemlich durchgerüttelt worden sein.

Linda zeigte mir die Symptome des Schocks, den sämtliche Pferde erlitten hatten, vornehmlich zitternde Gliedmaße, stumpfsinniges Starren und Lustlosigkeit. Es widerstrebte mir, mein Pferd zu satteln, nach allem, was es am Vortag durchgemacht hatte, aber gleichzeitig reizte mich die Vorstellung, in ein unbekanntes Land hinauszureiten.

Wir sollten unsere Pferde über eine kurze Strecke führen und sie dann tränken. Auf diese Weise war sichergestellt, daß Sattel und Trense in eine bequeme Lage fanden, ehe wir aufstiegen. Trotz dieser Vorsichtsmaßnahme, den zusätzlichen Schaffelldecken und der Sattelpolsterung hatten viele der Pferde vor Ende des zwölftägigen Rittes böse Scheuerstellen an Widerrist und Rücken.

Wir stiegen auf und ritten los. Ich hatte eine lebhafte kleine Stute, an deren Namen ich mich nicht mehr erinnere. Langsam ritten wir hinauf in die Berge, die das Narotian-Tal umgaben. In den Bäumen über uns krächzten Colobus-Affen, und die Schreie der Hochlandvögel erfüllten die Luft. Als wir schließlich mittags eine Rast einlegten, war mir übel. Ich führte das Unwohlsein auf die Höhe und die entsprechend dünne Luft zurück. Die Loita-Berge beginnen bei etwa 1 800 Metern, was recht hoch ist für jemanden, der gewöhnlich auf Höhe des Meeresspiegels lebt.

Linda und ihre Freundin Copper, ein texanischer Rotschopf mit einer Schwäche für alles Australische, führten mich in den Schatten und wandten ihre auf der Feldenkrais-Technik basierende Heilmethode an meinen Füßen und meinem Kopf an. Besondere Aufmerksamkeit widmeten sie meinen Ohrläppchen, die sie kräftig zupften und rieben. Später lernte ich, daß man durch Ohrläppchenmassage Schock und Übelkeit vorbeugen kann.

Als es Zeit war, wieder in den Sattel zu steigen, kam ich zu dem Schluß, daß ich für den Ritt zurück ins Camp ein ruhigeres Pferd bräuchte. Hierauf wurde ich mit Kisima bekannt gemacht, einem sanften Riesen von einem Pferd, auf den heraufzukommen eine ziemliche Herausforderung war. Der Wallach hatte ein Stockmaß von etwa 1,70 Meter, und ich bin gerade mal 1,52 groß. Als ich jedoch erst im Sattel saß, trug er mich sanft zurück ins Lager. Für ein so großes Pferd hatte er einen überraschend kurzen und vorsichtigen Schritt. Schließlich kamen wir dahinter, daß dies auf einen schlecht sitzenden Sattel zurückzuführen war, und wir konnten den Druck mildern, indem wir den Sattel mit speziellen Schaumstoffpolstern unterlegten, die die Amerikanerinnen mitgebracht hatten. Wir zeigten den *Syces,* wie man mit Hilfe zusätzlicher Polster den falschen Sitz eines Sattels korrigierte. Kisima war ein echter Gentleman, der zu spüren schien, daß ich mich unwohl fühlte. Ich brauchte auf dem steinigen Pfad abwärts zum Camp auf seinem Rücken keine Minute um meine Sicherheit zu bangen.

An diesem Abend aßen wir im Freien unter den Sternen. Der Tisch wurde mit buntem Stoff und Kerzen geschmückt. Nach einer Suppe gab es Braten mit Gemüse und zum Nachtisch einen warmen Pudding. Die Mahlzeit wurde uns mit peinlicher Sorgfalt von Jasper und John serviert, zwei Kenianern, die für den Safariorganisator Tony Church arbeiteten. Aber so sehr ich das Essen und den romantischen

Rahmen genoß, ich fühlte mich unwohl dabei, mich von Afrikanern bedienen zu lassen. Die ganze Szenerie war für meinen Geschmack viel zu kolonialistisch. Ich hätte lieber mit dem Personal am Lagerfeuer gesessen, ein schlichteres Mahl mit den Kenianern geteilt und mich mit ihnen unterhalten, anstatt mich von ihnen bedienen zu lassen.

Am nächsten Tag hatte ich Fieber, so daß ich auf den Ritt verzichten mußte, und es schien tatsächlich, als würden die Warnungen meiner Freunde sich bewahrheiten. Ich fuhr mit Linda im Wagen zum nächsten Lager und sah staunend zu, wie das dortige Team in weniger als zwei Stunden ein komplettes Safaricamp aufbaute. Ich wurde auf ein Feldbett unter einem ausladenden gelben Fieberbaum gelegt. Linda massierte gerade Akupressurpunkte an meinen Füßen, als ich in meinem fiebrigen Zustand einen Massai-Krieger vorbeischreiten sah. Er trug eine rote Toga, einen Speer und Turnschuhe am Ende seiner endlos langen Beine. Er blieb stehen, blickte eine Weile aufmerksam auf uns herab und fragte dann auf Englisch, ob ich krank sei. Linda erklärte, was sie tat, und nach einigen Minuten entfernte er sich. Dies war, im Fieberwahn und unter klarem afrikanischem Himmel, meine erste Begegnung mit Robert Oloimooja ole Rerente.

In den nächsten Tagen kamen häufig Krieger oder *Moran* des örtlichen Stammes in unser Lager. Sie waren ausgesprochen umgänglich und posierten willig für unsere Fotos. Eine Frau aus unserer Gruppe, Nancy, hatte eine Polaroidkamera bei sich, von der die *Moran* grenzenlos begeistert waren. Einer nach dem anderen knipsten sie mit dem Apparat. Ich war zu schüchtern, mich an dem fotografischen Spaß zu beteiligen und gab mich damit zufrieden, sie aus der Ferne zu bewundern. Im Vergleich zu den eleganten, farbenfrohen Massai kam ich mir unscheinbar vor, und so sprach ich nicht mit Robert und seinen Freunden.

Eine Woche später, gegen Ende unserer zweiwöchigen Safari, waren wir lange unterwegs, etwa sechs Stunden im

Sattel. Wir ritten die Loita-Berge hinunter und hinaus in die weite Loita-Ebene, an die das Massai-Mara-Wildreservat grenzte. Wir ritten durch Herden von Zebras und Weißschwanzgnus. Da wir zu Pferde waren, ließen sie sich durch uns nicht stören und grasten friedlich weiter. Auch waren da Hunderte von Thomson-Gazellen und seltsam gefärbte Topis, größere Antilopen mit grauen Beinen und karamelfarbenem Körper. An einem Punkt umkreisten uns drei Hyänen in sicherem Abstand, bevor sie schließlich davonstoben. Das war unser einziger Kontakt mit Raubtieren. Die Sonne brannte auf die schier endlose Weite der Ebene herab. Ich ritt ein wenig abseits, und plötzlich fiel mir auf, daß alle 15 Teilnehmerinnen unserer Expedition schwiegen (und das kam ausgesprochen selten vor!). Offenbar machte die Hitze uns allen zu schaffen. Dann nahm ich einen Rhythmus, ein spürbares Vibrieren wahr, das vom Boden ausging. Ich streckte die Hand aus und fühlte die pulsierende Energie. Ich schwöre, daß das, was ich fühlte, der Herzschlag Afrikas war.

Als wir ins Lager zurückritten, sah ich, daß wir Besuch hatten. Eine große Gruppe Massai-Frauen hatte sich in einer Reihe auf den Boden gesetzt und bot bunten Perlenschmuck zum Verkauf an. »Shopping!« riefen meine amerikanischen Freundinnen, sprangen von ihren Pferden und eilten zu den Massai hinüber. Ich hatte nur sehr wenig Taschengeld und bemühte mich, der Versuchung zu widerstehen, aber schließlich schlenderte auch ich hinüber. Hinter den Frauen stand eine Gruppe Krieger, wie gewöhnlich distanziert vom geschäftigen Handeln. Unter ihnen befand sich der schönste Mann, den ich ich je gesehen hatte. Mir klappte förmlich der Unterkiefer herunter! Ich war überwältigt allein von dem Vergnügen, ihn zu betrachten. Er hatte etwas beinahe Ägyptisches an sich, etwas Katzenhaftes. Es dauerte nicht lange, und er bemerkte mein Starren. Ganz offensichtlich durchschaute er, was mich faszinierte, denn er stolzierte herüber, um sich mir vorzustellen (*Moran* gehen niemals wie Normalsterbliche, sie stolzieren oder schreiten). Dies erwies sich jedoch als schwierig, da keiner von uns des anderen Sprache beherrschte, und so rief er jemanden herbei, der dolmetschen sollte. Dieser Mann mit den katzenhaften Augen und dem strahlendsten Lächeln der Welt hieß Ntiapati. Nachdem wir einige Zeit mit Hilfe des Dolmetschers geflirtet hatten, meinte er, wir sollten heiraten.

Obwohl wir beide nur scherzten, war es schmeichelhaft, daß ein so umwerfender Krieger um meine Hand anhielt – ich wäre seine dritte Ehefrau gewesen! Immerhin kam es nicht alle Tage vor, daß jemand mir so spontan einen Antrag machte!

Da es höchste Zeit zum Melken war, waren die Frauen bereits wieder zu ihrem *Enkang* aufgebrochen. Als die Nacht hereinbrach, verließen auch die Krieger das Lager. Ich nahm Abschied von Ntiapati und sah zu, wie die Krieger einer nach dem anderen mit den Bäumen verschmolzen und verschwanden. Die Fähigkeit der Massai, trotz ihrer roten Decken scheinbar aus dem Nichts aufzutauchen, versetzt mich immer wieder in Erstaunen. In der einen Sekunde blickt man auf den Waldrand, und in der nächsten erscheinen großgewachsene Männer mit Speeren, die man nicht hat kommen sehen.

Am nächsten Morgen kam Ntiapati wieder, diesmal mit seiner Mutter und noch einigen weiteren Frauen. Seine Mutter hielt einen Stoffbeutel voller Perlenschmuck auf und bedeutete mir, etwas auszusuchen. Ich wählte ein Armband. Es war das erste von vielen Geschenken, die ich von den Massai bekommen sollte.

Ich kann mich noch genau daran erinnern, wie ich von dieser Gruppe Frauen umringt war. Mir fielen sofort die zahlreichen milchigen, blinden Augen und Zahnlücken auf. Als nächstes bemerkte ich, daß sie bis hin zu den Füßen mit grünem Kuhdung bespritzt waren. Verständlicherweise umschwirrte uns ein dicker Schwarm Fliegen. Wenn ich ehrlich bin, muß ich gestehen, daß ich abgestoßen war.

Seit damals habe ich vieles verstehen gelernt. Massai-Frauen erledigen sämtliche schwere Arbeiten, und das Versorgen der Kinder und des Viehs läßt ihnen wenig Zeit für den Luxus gründlicher Körperpflege. Diese Frauen sind unglaublich schamhaft. Wenn sie im Fluß die Wäsche waschen, waschen sie sich selbst gleich mit, jedoch ohne ihre Kleider abzulegen, einen Körperteil nach dem anderen. Wenn sie genügend Wasser zum Waschen nach Hause schleppen, waschen sie erst ihre Kinder. Die Männer haben so viel Freizeit, daß sie oft zum Fluß gehen können, um zu baden. Die Frauen, die Ntiapati begleiteten, kamen vermutlich gerade vom Melken, weshalb ihre Füße dungverkrustet waren. Es dauerte nicht lange, bis ich lernte, hinter den Kuhdung und Schmutz zu blicken und die Schönheit und Wärme der Massai-Frauen und ihrer Heime zu erkennen.

Ntiapati kam noch ein weiteres Mal in unser Lager. Ich wollte ihm auch ein Geschenk machen. Linda gab mir ein grünes T-Shirt, auf das ein Bär gedruckt war, und das schenkte ich ihm. Am nächsten Morgen reisten wir weiter. Ntiapati war nur eine schöne Erinnerung, die jedoch Eindruck auf mich gemacht hatte. Unser Flirt hatte irgendwie meine Beziehung zu dem Land verändert, durch das ich reiste. Er hatte eine Tür geöffnet, und fortan fühlte ich mich Kenia näher, enger verbunden. Und ich hatte mir eine schwere Massaiitis eingefangen, einen Virus, der europäische Kolonialisten befiel, die sich in die Massai verliebten. Es gibt kein Heilmittel gegen diesen Virus, und mich hatte es sehr gründlich erwischt.

Ich hatte vor meiner Abreise aus Australien schon von den Massai gehört, mich jedoch nicht im geringsten für dieses Volk interessiert — ebensowenig wie für irgendeinen anderen afrikanischen Stamm. Ich denke, ich war schon als Kind zu dem Schluß gekommen, daß ich Menschen nicht besonders mochte, und ich war ziemlich sicher, daß dies auf alle zutraf, unabhängig von Hautfarbe und Kultur. Und so war ich selbst am meisten verblüfft über meine plötzliche Wandlung. Ich war fasziniert von diesen Menschen und fühlte mich unwiderstehlich zu ihnen hingezogen. Und was für Menschen sie waren: Auch aus der Ferne strahlten die Massai Humor, Verspieltheit, Stolz, Würde, erstaunliche Schönheit und Anmut aus. Aber ihr Zauber – denn ich empfand es wie einen Zauber – ging noch darüber hinaus: Ganz sicher hatte mich jemand mit einem Bann belegt. Mit der Zeit erkannte ich, daß das Bemerkenswerteste an den Massai war, daß sie vollauf zufrieden mit sich und ihrem Dasein waren. Sie waren überzeugt davon, die edelste Menschenrasse der Erde zu sein, und es war schwer, ihnen darin zu widersprechen. In den nächsten Tagen quälte ich den Safarileiter mit Millionen Fragen über die Massai. Beim Reiten hielt ich Ausschau nach ihren rotgekleideten Silhouetten in der Savanne. Ich ging schnurstracks auf jeden Massai zu, der unser Lager betrat, und unterhielt mich häufig mit Daniel, der uns als Führer begleitete, und einem Massai, der als *Syce* die Pferde versorgte.

Außerhalb des Massai-Mara-Reservates wurde unser Lager in einem Akazienhain zwischen zwei Flußarmen aufgebaut. In einem Baum am oberen Ende unseres Camps lebte eine große Pavianfamilie. Es war ein idealer Ort, den Pferden Erholung zu gönnen und das Wild vom Wagen aus zu beobachten. Ich hatte das Glück, an unserem ersten Morgen dort eine Nashornkuh mit ihrem Kalb zu Gesicht zu bekommen. Sie standen unter dem Schutz der Rhino Surveillance Unit, der Rhinozeros-Überwachungseinheit. Wir begegneten einem Ranger dieser Einheit, einem jungen Massai namens Joseph. Er war sehr stolz auf seine Arbeit. Mit der charakteristischen Gastfreundlichkeit der Kenianer lud er uns alle in sein kleines Haus in der Nähe des Haupttores ein, um uns mit seiner neuen Frau bekannt zu machen.

Der Anblick eines Dutzends *Wazungu*-Frauen auf ihrer Schwelle war zu viel für das Mädchen, das sich scheu ins Haus zurückzog, jedoch erst, nachdem es ein Perlenarmband von seinem Handgelenk gestreift und mir umgelegt hatte. Ich war nicht sicher, was das bedeutete. War es ein Geschenk oder wurde von mir erwartet, dafür zu bezahlen? Ein Mensch, der mir völlig fremd war, hatte mich auf den ersten Blick ins Herz geschlossen und mir spontan ein wundervolles Geschenk gemacht. So etwas überstieg mein Begriffsvermögen. Joseph half mir auch nicht weiter, und so fragte ich ihn schließlich, ob ich seiner Frau das Armband zurückgeben solle. »O nein«, entgegnete er lachend. »Das ist ein Geschenk für dich!« Ich habe Josephs junge Frau nie wiedergesehen und ich habe auch ihren Namen nie erfahren, aber ich hüte das blaue Armband, das sie mir schenkte, immer noch wie einen Schatz. Ich habe es immer als Glücksbringer betrachtet.

Das Armband war nicht mein einziges Geschenk an diesem Tag. Ich bekam von Linda einen Bildband über die Massai. Später an diesem Nachmittag tauchte Robert wieder auf. Er kam ins Lager, um Daniel zu besuchen, der, wie sich herausstellte, einer seiner älteren Brüder war. Er sah großartig aus in einer rot- und pinkgestreiften Decke, den schwarzen Plastiksandalen und roten Socken. Er sah das Buch und setzte sich zu mir, um sich mit mir gemeinsam die Bilder anzusehen. Wir unterhielten uns, und ich erfuhr, daß er etwa 25 war, obwohl er nicht ganz sicher sein konnte, da die Massai ihrem Geburtstag keine große Bedeutung beimessen. Er war anerkannter Krieger und noch unverheiratet. Er erzählte mir, daß er eine Freundin hätte, die jedoch bald mit einem älteren Mann verheiratet werden sollte. Roberts Englisch war ziemlich gut, aber er war sehr schüchtern. Auf einem Foto in dem Buch war eine Gruppe nackter *Moran* abgebildet, die sich gegenseitig für eine Zeremonie bemalten. Er blätterte hastig um und sagte, ich solle so etwas nicht sehen!

Als Robert uns das nächste Mal im Camp besuchte, bat ich, ihn fotografieren zu dürfen. Er posierte bereitwillig und drehte sich mal so, mal so; er bewegte sich vor der Kamera wie ein erfahrenes Fotomodell. Er lächelte schief, und seine braunen Augen lächelten mich schüchtern an. Plötzlich schien mir ein Foto nicht genug zu sein als Erinnerung an diesen sanften jungen *Morani.* Ich fragte ihn, ob er mir seine Decke verkaufen würde. Er erklärte sich bereit, sie mir für 400 kenianische Schilling zu überlassen (etwa 26 australische Dollar), allerdings erst am nächsten Tag, wenn er sich etwas anderes zum Anziehen besorgt hätte.

Früh am nächsten Morgen erschien er mit der Decke im Lager, als wir gerade beim Frühstück saßen. Ich stellte ihm weitere Fragen zu seiner Kultur und erzählte ihm, wie sehr ich mir wünschte, eines Tages ins Massai-Land zurückzukehren. Er schrieb sehr bedächtig und ein wenig krakelig seinen Namen und seine Kontaktadresse in mein Notizbuch und erklärte mir, Robert wäre sein »Schulname«. Er schrieb noch das Massaiwort *Enhorit* dazu, was, wie ich später erfuhr, »Freund« bedeutet. Dann lud er mich ein, bis zu meiner Rückkehr nach Australien bei seiner Familie zu wohnen. Heute weiß ich, daß die Massai Westlern sehr gern ihre Kultur näherbringen, und Roberts Einladung war ein Beispiel der traditionellen Gastfreundschaft, wie sie in vielen Teilen des ländlichen Afrika praktiziert wird. Im Laufe der Jahre müssen Tausende solcher Einladungen ausgesprochen worden sein. Und Tausende Bitten mehr, zu schreiben oder einen Abzug des einen oder anderen Fotos zu schikken. Ich schätze, die meisten Leute hätten wohl höflich abgelehnt, aber Afrika und die Massai hatten bereits ein so magisches Netz um mich gewoben, daß ich die Einladung annahm. Ganz sicher haben mich die Freundlichkeit und Spontaneität der Massai dazu bewogen. Mir blieb noch eine gute Woche, bis ich mich über die Weihnachtstage einer Campingsafari in Tansania anschließen sollte, und ich konnte mir nichts Schöneres vorstellen, als bis dahin hier bei den Massai zu bleiben. Der Gedanke, sie zu verlassen, hatte bereits begonnen, mich zu bedrücken, und wenn ich ganz ehrlich bin, muß ich zugeben, daß ich insgeheim hoffte, Ntiapati wiederzusehen. Robert fragte, ob er mich in Nairobi abholen solle. Nein, entgegnete ich, ich würde einen Wagen mieten und nach Narotian zurückfahren.

Als ich den anderen Teilnehmer der Expedition von meinen Plänen erzählte, reagierten sie unterschiedlich. Linda und einige andere fanden es großartig und ermutigten mich zu diesem Abenteuer. Andere mahnten mit besten Absichten zur Vorsicht. Du bist nicht mit ihrer Kultur vertraut, warnten sie mich, was, wenn dir *etwas Schreckliches* zustößt? Was war das Schlimmste, das mir widerfahren konnte? Ich konnte von einer Horde wilder Krieger vergewaltigt, von eifersüchtigen Frauen verprügelt oder von einem Löwen gefressen werden. Aber irgendwie konnte ich diese Horrorszenarien nicht mit den Massai in Verbindung bringen, die ich bislang kennengelernt und die auf mich einen so sanften Eindruck gemacht hatten. Einige Frauen aus der Gruppe meinten düster, sie hätten gehört, daß Massai-Männer ihre Frauen verprügelten; ein Mann hätte seine Frau sogar ins Feuer geworfen. Was ist mit der Beschneidung der Frauen? Was wirst du essen? Was, wenn du krank wirst?

Mir bereiteten eher die praktischen und finanziellen Aspekte meines Versprechen, nach Loita zurückzukehren, Sorgen. Obwohl ich ein bißchen mit Robert geflirtet hatte, hegte ich keine ernsthaften Absichten, strebte kein romatisches Abenteuer an. Ich wollte Robert, Daniel und ihre Familie für ein paar Tage besuchen, um mehr über ihre Lebensweise zu erfahren, und dann eventuell auf der Rückfahrt einen Abstecher über Ntiapatis *Enkang* unternehmen. Ich sprach mit Tony, unserem Safarileiter, über meine Pläne, zu den Massai zurückzufahren, und er erklärte sich einverstanden, mir für wöchentlich 1 300 Dollar Wagen, Fahrer, Zelt, Ausrüstung und sogar einen Koch zu überlassen.

Nach zwölf Tagen war unsere wunderbare Safari zu

Pferde leider zu Ende. Wenn es auch teuer gewesen war, war dies doch die allerbeste Art gewesen, Landschaft, Geräusche und Gerüche Ostafrikas kennenzulernen. Expeditionen zu Fuß vermitteln einem ebenfalls einen sehr authentischen und intensiven Eindruck des afrikanischen Buschs, aber durch wildlebende Herden hindurchzureiten und die freie Natur vom Rücken eines anderen Lebewesens aus zu erleben – das ist einfach wundervoll. Es verleiht einem ein eigentümliches Gefühl von Verbundenheit mit der Natur und hebt dieses noch hervor. Ich konnte von Glück sagen, eine so körperliche Annäherung an Kenia erfahren zu haben, und zweifellos stellten diese Erfahrung und die offene Atmosphäre, die Linda innerhalb unserer Gruppe verbreitet hatte, die Weichen für mein nächstes Abenteuer bei den Loita-Massai. Hätte ich zwei Wochen lang mit anderen Touristen, die Löwen piesackten und sich jeden Abend betranken, in einem Kleinbus verbracht, hätte ich die kostbarsten Eindrücke unserer Reise versäumt.

Unser letztes Camp wurde am Ufer des Mara-Flusses aufgeschlagen. In den braunen Fluten prusteten, planschten und kämpften Flußpferde, während auf den sonnigen Uferbänken Krokodile dösten. An unserem letzten Abend beehrte uns ein einsamer Elefantenbulle, der am gegenüberliegenden Ufer entlangschlenderte, mit seiner Anwesenheit. Am nächsten Morgen ging ich zu den Pferden hinüber, um mich von meinem Freund Kisima zu verabschieden. Während er graste, dankte ich ihm stumm, daß er mich sicher durch die Wildnis getragen hatte. Als ich mich gerade zum Gehen wandte, hob Kisima seinen langen Schädel vor mein Gesicht. Er blies mir sanft seinen warmen Atem ins Gesicht, bevor er sich wieder dem Gras zuwandte. Ein Pferdeabschied.

Es bereitete mir körperliche Schmerzen, dem Massai-Land den Rücken zu kehren und nach Nairobi zurückzufahren. Noch am selben Tag flog unsere Gruppe an die Küste, wo ich zwei gräßliche Tage in einem Touristenhotel voller alternder, übermäßig gebräunter Deutscher verbrachte und mich nach roten Decken und dem Läuten von Kuhglocken sehnte. An einem Nachmittag segelten wir am Shimoni-Riff südlich von Mombasa vorbei. Delphine begleiteten unser Boot. Allein der Anblick ihrer schimmernden Leiber machte den Umweg über die Küste lohnenswert.

Wir kehrten mit dem »Lunatic Express«, dem geschichtsträchtigen Zug von Mombasa nach Uganda nach Nairobi zurück.

Wieder in Nairobi brachen die Amerikanerinnen im Kaufrausch zum Shopping auf, während ich zu American Express ging und versuchte, die 1 300 Dollar für Tony Church aufzubringen. Aus purem Glück oder durch göttliche Intervention gestatteten sie mir, einen Scheck auszustellen, gegen den sie mir Travellers-Schecks überreichten. Mein Bankkonto in Australien war leergeräumt. Ich hatte bereits einen Kredit über 6 000 Dollar aufgenommen, um die Keniareise und den Wanderritt zu bezahlen. Ich hielt während der ganzen Transaktion die Luft an und mußte an mich halten, nicht die Beine in die Hand zu nehmen und aus dem Büro zu hetzen, sobald man mir die Schecks ausgehändigt hatte. Jetzt hatte ich genügend Geld, ins Massai-Land zurückzukehren. Um so profane Angelegenheiten wie die Überziehung meines Kontos würde ich mich später kümmern. Ich hatte noch mein ganzes Leben lang Zeit, mich wegen Geld zu sorgen, aber im Augenblick riet, nein befahl mir mein Instinkt, meinem Herzen zu folgen und zu den Massai zurückzukehren.

III
Moran – Krieger
Dezember 1989

Oltungani oiyo nebikoo, talama o supuko oinukunuk oti inkesen Iloibonok.

Ihr Leute, wenn ihr ein langes Leben wollt,
kommt nicht in unseren Bergwald.
In dieser Gegend Leben die Iloibonok.

Lied der Ilkishili Moran

Zwei Tage später holte mich ein Fahrer in einem von Tonys Auto im Norfolk Hotel ab. Unserem kleinen Safariteam gehörten Raymond, der Fahrer, Wilson Sitobi, ein wundervoller, verschrumpelter alter Koch, und Musolia, ein erfahrener Safariführer vom Kamba-Stamm an, der bei den Massai sehr beliebt war. Ich glaube, Tony schickte ihn mit, damit er ein Auge auf mich hatte. Wir machten in Narok Halt, um Vorräte einzukaufen, und dann noch einmal am heruntergekommenen Handelszentrum Narosura. Hier hatte ich Gelegenheit, eine rot-blaue Decke für Daniel, Baumwollstoff für Robert, einen *Kanga* – einen Stoffumhang – für Daniels Frau sowie einige weitere Geschenke für diverse andere Familienmitglieder zu kaufen.

Als wir in die Loita-Berge hinauffuhren, kam es mir vor, als kehre ich nach langer Abwesenheit nach Hause zurück. Mein Herz tat einen Sprung, als ich die ersten roten Decken der Hirten bei den Viehherden sah. Die Fahrt hinauf in die Berge beansprucht einen ganzen Tag. Die Piste ist in der Regenzeit unpassierbar, aber auch bei Trockenheit bedarf es eines kundigen Fahrers, die steile und gefährliche »Straße« zu bewältigen. Bei Sonnenuntergang kam das Weideland mit grasenden Zebras und Weißschwanzgnus in Sicht. Die Rinder der Massai waren um diese Zeit bereits alle sicher in den *Enkangs* untergebracht.

Wir erreichten unseren Lagerplatz in Narotian nach Einbruch der Dunkelheit. Es tat unbeschreiblich gut, Afrikas schützende Arme um mich zu fühlen und die Geräusche der Nacht zu hören. Bald hatte Musolia ein loderndes Feuer in Gang gebracht und machte sich daran, unsere Zelte aufzubauen. Ich sah in der Dunkelheit den flackernden Schein einer Fackel und wußte gleich, daß es Daniel war.

»*Supa siangiki*«, sagte Daniel, als er in den Schein des Lagerfeuers trat.

»*Supa*«, entgegnete ich.

Es kam mir vor, als begrüße ich einen sehr guten alten Freund. Daniel stellte mich einem *Morani* vor, Moseka ole Potot, der ungefähr im gleichen Alter war wie Robert. Wir saßen eine Weile am Feuer und unterhielten uns, ehe Daniel sich entschuldigte und mich meiner von Sitobi zubereiteten Mahlzeit überließ: frische Hühnersuppe mit Gemüsestücken, Brot und eine Orange, die geschält und hübsch auf einem Teller angerichtet war. Am Lagerfeuer im afrikanischen Busch schmeckte diese schlichte Mahlzeit wie das köstlichste Mahl. Anschließend kuschelte ich mich auf mein kleines Feldbett, rundum glücklich und zufrieden.

Ich erwachte um fünf Uhr früh und lauschte dem Morgen. Ich hörte Sitobi leise im Lager umhergehen und kurz darauf das Prasseln des Feuers. Dann das Knirschen der Schaufel, als er die heißen Kohlen auf eine Seite häufte. Im nahe gelegenen Dorf oder *Enkang* muhte eins von Daniels Rindern, und das leise Läuten einer Kuhglocke ertönte. Musolia brachte warmes Wasser an mein Zelt, und ich dankte im stillen Afrika dafür, daß ich hier sein durfte.

Wir wollten an diesem Morgen zum Lager einer Safarigesellschaft ganz in der Nähe fahren und Robert abholen. Er hatte sich bereit erklärt, sich der Safarigruppe bis zu meinem Eintreffen als Führer zur Verfügung zu stellen. Daniel hatte bereits einen Ersatz für Robert gefunden und erklärte mir, daß sein jüngerer Bruder in den nächsten Tagen in Narotian bleiben würde, um auf mich aufzupassen.

Ich wußte nicht recht, was ich erwarten sollte, als ich Robert wiedersah, aber sein breites Lächeln beruhigte mich. Es war ziemlich unverschämt von mir gewesen, daß ich allein aufgrund unserer wenigen Gespräche seiner vielleicht nur aus Höflichkeit ausgesprochenen Einladung gefolgt war. Aber jetzt war es zu spät, sich darüber den Kopf zu zerbrechen. Auf der Rückfahrt saß Robert im Wagen neben mir. Ich fühlte, wie sich aus unserer lockeren Flirterei eine stärkere Anziehung entwickelte. Ich war mir auf der Fahrt jeder Berührung bewußt, wenn unsere Arme oder Beine durch das Schaukeln des Wagens auf dem holprigen Gelände gegeneinander stießen.

Wir machten an einem anderen *Enkang* halt, wo Daniel fragte, ob wir an einer *Emorata* (Beschneidungszeremonie) am kommenden Tag teilnehmen dürften. Wir bekamen die Erlaubnis. Dann fuhren wir zu einem weiteren *Enkang,* um einen Freund von Daniel zu besuchen. Kaum daß wir eingetroffen waren, wurde ich von einer lächelnden Frau begrüßt, die mich am Arm in ihr Haus führte. Das war das erstemal, daß ich ein Massai-Haus betrat, und ich war ein wenig nervös. Die Hütte war im traditionellen Stil gebaut, hatte ein flaches Dach und bestand aus einem Holz- und Astgeflecht, das mit Kuhdung abgedichtet war. In der Mitte eines Kreises aus etwa einem Dutzend Hütten befand sich eine Art Hof, auf dem nachts das Vieh untergebracht war. Der Häuserring und ein dichter Zaun aus dornigem Gestrüpp bot dem Vieh Schutz vor Raubtieren.

Massai-Frauen sind selbst verantwortlich für den Bau und die Erhaltung ihres Heims. Das Material – Holz, Äste, Ranken und Kuhdung – ist im Überfluß vorhanden und billig. Eine Frau kann ein mittelgroßes Haus in etwa einer Woche fertigstellen. Wie man das macht, lernen sie als junge Mädchen, indem sie erst aus Spaß Miniaturhütten bauen und später ihrer Mutter beim Bau einer richtigen Hütte helfen. Die Hütten werden als Besitz der Frauen betrachtet. Kein Mann im Massai-Land ist Besitzer seines eigenen Heims; es gehört seinen Frauen (die einzige Ausnahme mag sein, wenn ein Mann ein Haus im westlichen Stil baut, dem es im Vergleich zu den einheimischen Behausungen an Wärme und Seele mangelt). Das traditionelle Heim einer Massai-Frau und vor allem ihr abgetrennter Schlafbereich sind heilig. Niemand darf das Haus betreten, ohne ausdrücklich dazu aufgefordert worden zu sein.

Um zu einem Massai-Haus zu gelangen, muß man gewöhnlich ein wahres Minenfeld von Kuhfladen überwinden, aber wie die Massai sagen: »Wer in Kuhdung tritt, wird nicht daran sterben«. Nachdem ich die Kuhfladen hinter mich gebracht hatte, mußte sogar ich mich bücken, um durch die niedrige Türöffnung einzutreten. Im Inneren der Hütte war es sehr dunkel. Es gab keine Fenster, und das durch die Türöffnung einfallende Licht wurde von einer Art s-förmigem Flur abgeblockt, der ins Hausinnere führte. Ich tastete nach einer Sitzmöglichkeit und entdeckte eine Bank. Langsam gewöhnten sich meine Augen an die Dunkelheit. Es waren mehrere Frauen anwesend, die mich alle freundlich anlächelten. Ich konnte im Dämmerlicht ihre Zähne schimmern sehen. Keine von ihnen sprach Englisch, so daß wir einfach dasaßen und einander anlächelten, bis Daniel hinzukam.

Ein peinlicher Augenblick war, als man mir einen Becher Milch anbot, die ich als von Ängsten geplagte Westlerin ablehnte. Heute weiß ich, daß Milch der Lebenssaft der Massai ist. Milch ist ihr kostbarstes Nahrungsmittel, das ihnen von Gott (Enkai) geschenkt wurde, als er den Massai die Rinder dieser Erde anvertraute, zumindest der Legende zufolge. Wie sehr wünschte ich heute, die Zeit zurückdrehen zu können, um dankbar die Milch zu trinken, die mir so großzügig angeboten worden war. Aber damals wußte ich es nicht besser. Ich lehnte ab, weil ich glaubte, daß ich, wenn ich nicht abgekochte Milch trank, an einer furchtbaren Krankheit sterben würde. Daniel fragte, ob ich gehen wolle, da ich offenbar wütend wäre — er konnte einfach nicht begreifen, warum irgend jemand Milch ablehnen sollte. Es gelang mir, ihn davon zu überzeugen, daß ich überhaupt nicht böse wäre. Ich denke, er akzeptierte das und begann, mich als liebes Mädchen zu sehen, das sich zwar alle Mühe gibt, aber die Manieren eines Affen hat. (Ich bezweifle, daß er seine Meinung in den Jahren, die wir uns inzwischen kennen, geändert hat).

Als wir ins Lager zurückkehrten, setzten Robert und Daniel sich zusammen, und ich bot ihnen eine Limonade an. Musolia scheuchte mich zu meinem Zelt, wo mich eine köstliche Mahlzeit einschließlich einer Schale frischer, mit Zucker bestäubter Erdbeeren erwartete. Das Essen war wunderbar, aber ich kam mir etwas albern dabei vor, allein in meinem kleinen Zelt zu essen. Zum zweiten Mal an diesem Tag fühlte ich mich wegen Nahrung unwohl.

Nach dem Mittagessen nahmen Robert und ole Potot mich mit auf einen Spaziergang. Ich werde diesen Nachmittag niemals vergessen. Wir rasteten an einem Akazienhain. Ole Potot suchte sich etwas abseits ein gemütliches Plätzchen und machte in der Nachmittagssonne ein Schläfchen. Robert und ich legten uns ins Gras und redeten über das Leben, den Tod und Beziehungen — eben alles, was von Bedeutung ist. Im Verlauf dieser Unterhaltung veränderte sich etwas zwischen uns. An jenem Nachmittag veränderte sich unser Leben für immer. Ich spürte das berauschende Gefühl, mich in einen Jungen zu verlieben, nur daß dieser Junge so anders war, daß sich in das Verliebtsein prickelnde Erregung und ein Gefühl von Entdeckung mischte, das mir bis dahin unbekannt gewesen war. Während wir uns gegenseitig die Bräuche und Verhaltensregeln unserer Kulturen beschrieben, schien es mir plötzlich, als wären sie gar nicht so verschieden. Es kam mir vor, als würde ich zum erstenmal in meinem Leben völlig offen und ehrlich mit einem anderen Menschen reden.

Robert erklärte mir, daß es keine Vorbehalte gegen eine Beziehung mit einem *Mzungu*-Mädchen gäbe. Er hatte einen Vetter zweiten Grades, der drei Jahre mit einer Amerikanerin liiert gewesen war, so daß dies nicht gänzlich unbekannt war, nur eben sehr selten und ganz sicher neu für Robert. Ich wollte wissen, ob es irgendwelche anderen Regeln oder Tabus in der Massai-Gesellschaft gebe, über die ich Bescheid wissen sollte. Robert entgegnete, es gäbe eigentlich nicht viel mehr, das ich wissen müsse. (Später stellte ich fest, daß es jede Menge Dinge gab, die ich noch lernen mußte, aber zu diesem Zeitpunkt war uns einfach nicht so ganz klar, wie verschieden unsere Ansichten und Erwartungen waren. Wie die meisten von uns ging Robert ganz selbstverständlich davon aus, daß jeder so dachte wie sein eigenes Volk.

Ich war völlig direkt ihm gegenüber und fragte ihn, ob er mit mir schlafen wolle. Er war nicht minder offen und sagte ja. Also machte wir einen Plan, um die nächste Nacht zusammen in meinem Zelt zu verbringen (in dieser Nacht war ich bereits eingeladen, bei Daniel und seiner Frau zu übernachten). Nachdem wir das ausgesprochen hatten, wußten wir eine Weile nicht recht, was wir tun sollten, und dann plötzlich hielten wir uns bei der Hand. Mit der Sonne im Rücken und dem schnarchenden ole Potot ganz in der Nähe war das Ganze wunderbar unschuldig, einfach traumhaft.

Nach einiger Zeit meinte Robert, wir sollten wieder zum Lager gehen, und wir machten uns auf den Rückweg.

Am Abend geleitete Daniel mich den Hügel hinauf zu seinem *Enkang*. Das Vieh hatte sich um das Haus herum zum Schlafen niedergelegt. Ich war mehr als nur ein wenig nervös. Es war eine Sache, in einer Massai-Hütte aus Schlamm und Dung zu Besuch zu sein, und eine völlig andere, in einer solchen Hütte zu übernachten. Was, wenn ich nicht wußte, was ich tun sollte, wenn ich ins Fettnäpfchen trat wie zuvor, als ich die Milch abgelehnt hatte? Was, wenn sie mir etwas zu essen anboten? Was, wenn *etwas Schreckliches* passierte? Seine Kinder kamen heraus, um mich zu begrüßen. Daniel hatte mir bereits erklärt, wie man Personen der verschiedenen Altersgruppen grüßte. Ich war also vorbereitet, als die Kinder bis auf das kleinste nacheinander vor mich traten und den Kopf neigten. Hierauf mußte ich leicht die Hand auf ihren Kopf legen, um den Gruß zu erwidern. Dazu mußte ich zu einem Mädchen *»Entito, supa«* sagen und zu einem Jungen *»Laiyoni, supa«*, obwohl ich mich im schwachen Licht vermutlich das eine oder andere Mal irrte. *»Supa«* wird »sso-ba« ausgesprochen, mit einem weichen B-Laut.

Die Kinder führten mich hinein, am Olale (kleiner Pferch) vorbei, in dem die jungen Kälber schliefen, in den Hauptraum. Abgesehen vom Eingang und dem Olale besteht ein Massai-Haus aus einem einzigen großen Raum. Es war gemütlich, und ein kleines Feuer in der Mitte des Raumes spendete warmes Licht. Daniels Frau erhob sich, um mir zur Begrüßung die Hand zu geben. Die Massai schütteln sich nicht richtig die Hand wie wir im Westen, sondern legen nur leicht die Handflächen aneinander. Ich nahm auf einer Bank Platz, die entlang der Außenwand aufgestellt war. Als ich mich setzte, fühlte ich, wie mir ein tiefer Atemzug entwich. Ich war verblüfft, da es das Seufzen eines Menschen war, der nach einer langen, anstrengenden Reise endlich nach

Hause zurückgekehrt ist. Ich fühlte mich in diesem warmen, dunklen Raum sicher und geborgen.

Als meine Augen sich an die Dunkelheit gewöhnt hatten, begann ich, die Aufteilung der Hütte wahrzunehmen. Eine Seite des Feuers war der Frau vorbehalten. Daniels Frau, die, wie ich später erfuhr, Narygunkishon hieß, saß dort auf einem niedrigen dreibeinigen Holzschemel. An der Wand neben ihr befand sich ein roh gezimmerter Schrank, der, wie ich sehen konnte, Töpfe, Büchsen und andere Küchenutensilien enthielt. Hinter ihr befand sich »Mutters Bett«. Dieser Teil der Hütte war teilweise durch einen Schirm aus langen dünnen Stöcken abgetrennt, die ineinander verwoben waren. Dies ist das Sanktuarium der Frau, das niemand ohne ihr Einverständnis betreten darf. In der Mitte des Raumes, unmittelbar hinter dem Feuer, war das Feuerholz gestapelt, das Narygunkishon im Laufe des Abends sparsam einsetzte, wobei sie Hitze und Flammen völlig unter Kontrolle hatte, wie eine westliche Frau ihren Gasherd. Das Feuer wird zum Kochen benutzt, dient als Wärme- und bei Bedarf als Lichtquelle. Auf der anderen Seite des Feuers befand sich das Gästebett, wo der Hausherr und die Gäste schliefen. Diese Schlafstätte war in keiner Weise abgetrennt und diente ebenfalls als Sitzgelegenheit für Besucher. Neben dem Gästebett befand sich ein zweiter kleiner Pferch, in dem gewöhnlich nachts die jungen Ziegen untergebracht wurden. Narygunkishon nutzte ihn jedoch als Lagerraum und hielt ihre Ziegen in einer anderen Hütte.

Ich nippte an einer Tasse süßem schwarzen Tee, während ich dies alles in mich aufnahm. Auf diese Weise vermied ich es, Milch trinken zu müssen. Als es Zeit wurde, sich schlafen zu legen, stellte sich heraus, daß ich nun doch nicht in dieser Hütte übernachten konnte, weil Narygunkishon in ihrem Bett keinen Platz hatte, da sie stillte und den Platz brauchte, um in der Nacht bequem zu liegen. Also führte sie mich durch die Herde schlafender Rinder hindurch zu einer anderen Hütte. Ich war einen so engen Kontakt zu

Rindern nicht gewohnt, vor allem zu Rindern mit so langen Hörnern. Meine Gastgeberin fand mein Zögern höchst amüsant (man stelle sich das vor, ein Mädchen, das Angst vor Kühen hat!). Am Eingang der Hütte angelangt, rief sie einen Namen, und eine Frau antwortete. Es war ein schönes großes Haus mit einem riesigen Gästebett. Robert und ole Potot waren dort. Robert lächelte und sagte, ich wäre willkommen, das Bett mit ihnen zu teilen. Er hatte mir früher an diesem Tag erklärt, daß eine goldene Regel bei den Massai lautete: »Wenn wir zu vielen in einem Haus sind, schlafen wir nur«. Ich wurde der Frau vorgestellt, der die Hütte gehörte. Sie war Roberts Schwägerin und schlief mit ihren Kindern im »Mutterbett«. In der Hütte war es wegen des Feuers sehr warm, und so breitete ich eine Decke als Unterlage über das Lager aus Kuhhäuten und rollte eine zweite als Kopfkissen zusammen. Trotz des Feuers war die Luft in der Hütte praktisch rauchfrei. Ich kuschelte mich an Robert, und wir unterhielten uns flüsternd bis in die frühen Morgenstunden. Überflüssig zu erwähnen, daß wir aufgrund der körperlichen Nähe eine schlaflose Nacht verbrachten, uns des anderen schmerzlich bewußt.

Ich begann, die komplexen Massai-Regeln darüber zu lernen, wer in welchem Haus schlafen durfte. Jede Gruppe von Massai-Männern ist klar umrissen, und in einem *Enkang* gibt es jeweils ein Haus für Besucher der verschiedenen Altersgruppen. Wenn ein Besucher in einem *Enkang* eintrifft, bittet er als erstes darum, zu dem seiner Altersgruppe zugewiesenen Haus geführt zu werden. Dies war nicht Roberts Heimat-*Enkang,* und so mußte er in dem seiner Altersgruppe zugedachten Haus schlafen. Er durfte nicht im Haus seines Bruders Daniel übernachten, der einer Gruppe viel älterer Männer angehörte. Aber es wird noch komplizierter; beispielsweise darf ein Mann nicht im selben Haus schlafen wie seine Schwester. Frisch beschnittene Initiierte dürfen nicht im selben Haus schlafen wie etablierte

Krieger. Außerdem entdeckte ich, daß verheiratete Paare nur selten in einem Bett schliefen. Die Frauen teilen ihr Bett mit den kleineren Kindern, und der Mann das seine mit männlichen Besuchern. Da die Massai ausgesprochen gastfreundlich sind, werden in den meisten Nächten Gäste beherbergt. Ich begann, mich zu fragen, wie Massai-Babys gezeugt wurden, da es scheinbar nur so wenig Gelegenheiten gab.

Wir standen noch vor Morgengrauen auf. An diesem Morgen sollte die *Emorata*-Zeremonie abgehalten werden. Die Operation wird immer ganz früh am Morgen durchgeführt, wenn es am kältesten ist. Es war noch dunkel, als ich Robert und ole Potot aus dem *Enkang* hinaus folgte. Sie waren in rote Decken gehüllt und trugen Speere bei sich. Ich war ebenfalls in meine rote Decke gewickelt. Wir gingen die kurze Strecke zum Lagerplatz.

Wir fuhren in meinem Mietwagen zu jenem *Enkang,* in dem die *Emorata*-Zeremonie stattfinden sollte. An diesem Tag würden zwei Beschneidungen durchgeführt werden, an einem Jungen und seiner Schwester. Mir wurde gestattet, der Beschneidung des Jungen beizuwohnen, ein Tabu für Massai-Frauen. Als *Mzungu* bewegte ich mich jedoch im Hinblick auf Stammesbräuche in einer Grauzone. Daniel legte großen Wert darauf, daß ich mir die Operation von Anfang bis Ende ansah und stellte mich seinen Freunden und dem Beschneider oder *Alamoratani* vor, einem älteren Okiek. Die Männer, die Beschneidungen an männlichen Stammesmitgliedern vornehmen, sind selbst nur selten Massai, aber erfahrene Praktiker aus benachbarten Gemeinden, die mit der Ausübung ihrer Tätigkeit ihren Lebensunterhalt bestreiten. Die Okiek sind die ursprünglichsten Jäger und Sammler Ostafrikas. Die Massai bezeichnen sie als *Ndorobo,* was bedeutet »die ohne Vieh« oder »die, die Bienen in ihrem *Enkang* halten« – eine Bezugnahme auf die Imkertradition der Okiek. Die Ndorobo und die Massai verbindet eine althergebrachte, symbiotische Beziehung. In den Loita-Bergen bezeichnen die Nachfahren der Ndorobo sich selbst als Massai und erklären, »Ndorobo« wäre nur der Name ihres Stammes.

Die Beschneidung des Jungen fand im Freien statt, im Rinderpferch. Über 50 Massai waren dort versammelt – neben der vollständigen Rinderherde. Als erstes sah ich den etwa 14jährigen Jungen, der vor dem Pfercheingang stand, der zur Hütte seines Vaters führte. Er war nackt und sein Kopf frisch geschoren. Er kam gerade vom Fluß, wo seine vergangenen Jugendsünden symbolisch abgewaschen worden waren. Auch mag das kalte Wasser als Betäubungsmittel dienen, wenn auch zugegebenermaßen nur als sehr bedingt wirksames. In der Mitte des *Enkang* lag eine speziell behandelte Kuhhaut und daneben staken Äste des heiligen Olivenbaumes, den die Massai *Olorien* nennen, aufrecht in der Erde. Der Junge wurde auf die Kuhhaut zugeführt, und ich sah, daß er sich bereits in einem tranceähnlichen Zustand befand. Er setzte sich mit ausgestreckten Beinen, den Rükken von einem älteren Mann gestützt, bei dem es sich vermutlich um einen seiner Onkel handelte.

Der Rest der Männer umringte die beiden, und Daniel schob mich ganz nach vorn. Die Züge des Jungen waren völlig entspannt, sein Mund leicht geöffnet, und er blickte abwesend vor sich auf den Boden. Wie es während seiner Initiierung zum Mann von ihm erwartet wurde, zuckte er nicht und gab auch keinen Laut von sich. Sein Gesicht war während der gesamten Dauer der Operation völlig ausdruckslos. Er blinzelte nicht einmal. Der Chirurg führte den Eingriff schnell und sauber durch und trennte sicher drei Viertel der Vorhaut ab. Ich sah kein Blut. Als die Operation beendet war, wurde der Junge, der sich immer noch in Trance befand, zurück ins Haus seiner Mutter gebracht. Er war sehr tapfer und machte sich selbst und seiner Familie Ehre; ich bin sicher, daß er ein mutiger *Morani* werden wird.

Als nächstes sah ich zu, wie zwei *Moran* einem Ochsen Blut abzapften. Der eine hielt den Ochsen fest, um dessen Hals ein Lederriemen gespannt war, damit die Vene deutlich hervortrat. Der zweite schoß aus kurzer Entfernung einen speziell angefertigten Pfeil in die Vene am Nacken des Tieres. Der Pfeilkopf war mit einem kleinen Holzklotz gleich hinter der Spitze versehen, so daß diese nicht tief eindringen und den Ochsen verletzen konnte. Das Blut wurde in einer Kalebasse aufgefangen, die aus einem ausgehöhlten Flaschenkürbis besteht. Anschließend wurde das Blut mit Milch zu einem nahrhaften Getränk gemixt und dem beschnittenen Jungen zu trinken gegeben.

Dann wurde mir klar, daß sie gleich das Mädchen beschneiden würden. Sie sah ebenfalls aus, als wäre sie um die 14 Jahre alt. Ihr Kopf war frisch geschoren, und sie lächelte schüchtern. Sie stand in den traditionellen schwarzen Kleidern der Initiantinnen unter ihren Freundinnen. Mehrere der Mädchen waren bereits beschnitten, was an den mit Kaurimuscheln verzierten Perlenstirnbändern zu erkennen war. Es war den Männern verboten zuzusehen. Die Prozedur bei den Mädchen ist völlig anders. Man erwartet kein stoisches Schweigen von ihnen. Der Eingriff wird gewöhnlich von einer älteren Massai-Frau vorgenommen und erfolgt im Haus der Mutter des Mädchens. Um genügend Licht hereinzulassen, wird ein Teil des Daches herausgerissen.

Ich stand mit einer Gruppe von Frauen in der Nähe der Tür, als sie das Mädchen auf den Boden setzten und ihre Beine nach hinten abspreizten. Die Beschneiderin kniete sich vor das Mädchen, eine zweischneidige Rasierklinge in der Hand. Ich konnte nicht länger hinsehen. Kurz darauf stieß das Mädchen einen Schrei aus. Ich blickte wieder zu ihr hin und sah überall Blut. Das Mädchen fuhr fort zu schreien und zu flehen. Ich muß zehn Minuten dagestanden haben, den Blick auf den Boden geheftet. Ich konnte nicht hinausgehen, da ich fürchtete, daß dies als Beleidigung aufgefaßt werden würde. Ich konnte nichts tun als zu beten, daß das Mädchen überlebte. Schließlich hielt ich es nicht länger aus und ging doch. Die Prozedur wurde fortgesetzt. Ich lauschte den Schreien aus 20 Metern Entfernung.

Ich war erschüttert von dem, was ich gerade mitangesehen hatte, und hatte das Bedürfnis, allein zu sein. Raymond fuhr mich zurück zu unserem Lager; Robert und Daniel blieben dort, um den Feierlichkeiten beizuwohnen, die noch den ganzen Tag andauern würden. Wir wollten später zurückfahren und sie abholen. Ich konnte den in meinen Augen barbarischen Brauch weder interpretieren noch verstehen. Die Beschneidung des Jungen berührte mich nicht. Das war ein recht kleiner Eingriff, und der Junge hatte sich offenbar die ganze Zeit in der Gewalt gehabt. Er hatte Macht und Stolz ausgestrahlt. Im Vergleich hierzu war die genitale Verstümmelung des Mädchens in meinen Augen ein Akt sinnloser Gewalt. Dies verwirrte mich zutiefst, da die Massai, die ich bislang kennengelernt hatte, alle ausgesprochen sanftmütige Menschen waren.

Wie Sie sich vorstellen können, habe ich, seit ich dieser *Emorata*-Zeremonie beigewohnt habe, Hunderte von Malen mit Robert und anderen Massai, Männern wie Frauen, traditionellen Stammesangehörigen und solchen mit Collegeabschluß, über das Thema der Frauenbeschneidung diskutiert. Niemand konnte mir einen Grund für diesen Brauch nennen, höchstens, daß er so alt wäre wie die Massai selbst. Ich bin absolut überzeugt davon, daß die Beschneidung nicht erfolgt, um Keuschheit oder ein vermindertes Lustempfinden zu erzwingen, auch wenn es nach westlichem Denkmuster zweifellos so aussehen muß. (Westliche Erwartungen an sexuelle Beziehungen sind einfach nicht auf die Massai-Gesellschaft anwendbar). Die männliche *Emorata*-Zeremonie, dieses fundamentale und wichtige Ritual innerhalb der Massai-Gesellschaft, ist eine harte Initiierung in ein noch härteres Leben. Sie kennzeichnet offiziell den Übergang vom Kind zum Mann. Und so macht die weibliche Zeremonie das Mädchen zur Frau. Das ist der Schlüssel – der Übergang vom Kind zum Erwachsenen. Es gilt als Schande, wenn ein unbeschnittenes Mädchen schwanger wird. Es ist undenkbar, daß ein Kind ein Kind zur Welt bringt. Gewöhnlich wird das Mädchen in aller Eile beschnitten und verheiratet, aber es kommt auch vor, daß es von seiner Familie verstoßen wird. Die Beschneidung ist für die Massai das Unterschiedmerkmal zwischen einem Kind und einer Frau. Es ist ein klares und öffentliches Ritual, das exakt bestimmt, welchen Platz ein Mitglied dieser Gesellschaft einnimmt und was von ihm erwartet wird.

Als wir am Nachmittag zurück zum *Enkang* fuhren, sangen die älteren *Moran,* darunter auch Robert, und tanzten den *Adumu,* den spektakulären »Sprungtanz« der Massai. 20 oder mehr *Moran* befanden sich außerhalb des eigentlichen *Enkang* und sangen mit tiefer Stimme eine rhythmische Melodie. Dazu sang ein *Morani* mit Falsettstimme die eigentliche Geschichte. *Moran*-Gesänge handeln gewöhnlich von Vieh, Heldentaten mutiger Krieger und noch mehr Vieh, und enthalten bissige, sarkastische Anspielungen auf die Juniorältesten – jene Generation über ihnen, die den Kriegerpflichten enthoben ist. In einem Lied wurde beschrieben, daß die ehemaligen Krieger beim Tanzen nicht mehr springen könnten, weil sie vom Herumsitzen und Tratschen dick und faul geworden wären. In der Mitte der singenden, sich wiegenden Gruppe sprangen zwei oder drei *Moran* synchron auf und ab. Sie vollführten drei oder vier hohe Sprünge, wurden dann von den nächsten Paaren abgelöst und so weiter. Die Tänzer sprangen scheinbar mühelos mit geradem Oberkörper auf und ab, die Arme an den Seiten herabhängend, schnellten sie immer wieder wie Kolben in die Luft. Den besten Tänzern gelangen beinahe unmerkliche Seitwärtsbewegungen der Schultern, wenn sie den höchsten Punkt ihres Sprunges erreicht hatten, als wollten sie sagen: »Das ist kinderleicht für einen mutigen *Morani* wie mich«. Ich war fasziniert von dem Gesang und der sich wiegenden Masse farbenfroher *Moran.* Ich muß sagen, daß Robert ganz objektiv betrachtet der beste Tänzer war. Er sprang am höchsten und sah am besten aus in der leuchtendorangefarbenen Decke, die ich ihm geschenkt hatte.

Vor den Hütten saßen ältere Stammesmitglieder und tranken Honigbier. Die Frauen bildeten eigene Gruppen, und die Kinder tollten umher. Daniel war bereits ziemlich betrunken vom hausgemachten Honigbier. Er führte mich herum und stellte mich den anderen Ältesten und einigen Mitgliedern seiner Familie vor, die sich rührend um mich kümmerten und mir das Gefühl gaben, willkommen zu sein. Zu allen Massai-Zeremonien gehören das Brauen und Trinken großer Mengen Honigbier. Dieses Getränk wird aus Wasser, Zucker, Honig und den faserigen Früchten des *Suguru*-Baumes hergestellt. Diese wurstförmigen Früchte fördern die Fermentierung. Man reichte mir eine Tasse des Gebräus, und ich nippte zögernd. Die Flüssigkeit, in der größere Stücke schwammen, hatte die Farbe hellen Strohs und schmeckte wie schales Ingwerbier.

Bier zu trinken ist ein Vorrecht der Ältesten. Älteren Frauen ist es ebenfalls gestattet, davon zu trinken, solange sie sich diskret verhalten und nicht übertreiben. *Moran* und den jüngeren Frauen ist Bier jedoch strikt untersagt. Früher am Tag waren im Busch, in einiger Entfernung des *Enkang,* ein Ochse und zwei Ziegen geschlachtet worden. Den ganzen Nachmittag über gingen Männer in Gruppen den Hügel hinauf in den Busch, um ihren Anteil des Fleisches zu verzehren. Bei diesen Gruppen handelte es sich jeweils um Altersklassen oder Generationen von Massai, die zur gleichen Zeit beschnitten worden waren.

An dieser Stelle ist eine Erklärung des Altersgruppensystems nötig, das einen fundamentalen Bestandteil der Massai-Kultur darstellt. Das Leben eines männlichen Massai besteht aus einer geordneten Folge von Lebensstadien, die vornehmlich vom Alter bestimmt, von Zeremonien eingeleitet werden und durch spezielle Pflichten und Privilegien gekennzeichnet sind. Die Männer jeder Sektion (mehr zu diesen Sektionen später) machen drei Hauptstadien durch: *Ayiokisho* (die Kindheit), *E-murano* (Kriegerzeit) und *Payianisho* (das Alter).

Die *Moran* sind in Junior- und Seniorkrieger eingeteilt. In Loita werden die Jungen, die der Kindheit entwachsen und beschnitten werden, als *Tatene* oder Rechte-Hand-Gruppe bezeichnet. Wenn die Mitglieder der Rechte-Hand-Gruppe nach etwa sieben Jahren bei ihrer *Eunoto*-Zeremonie zu erwachsenen *Moran* werden, wird die nächste Gruppe Jugendlicher beschnitten und zur Altersgruppe der *Kedeyni* – Linke-Hand-Gruppe. Schließlich werden die Altersklassen der Rechten und Linken Hand zusammengeschlossen und bei einer Zeremonie namens *Olngesherr*[1)] zu einer yvollständigen Generationen- oder Altersgruppe vereinigt. Jede Altersgruppe und Generation erhält von den Ältesten einen Namen, der einen symbolischen Wunsch oder einen Segen beinhaltet, der die betreffende Gruppe begleiten soll. Robert gehört beispielsweise der Rechte-Hand-Gruppe mit dem Namen *Ilkishili* an, was so viel bedeutet wie »jene, die ausziehen, Neues zu sehen«. Der Junge, dessen Beschneidung ich beigewohnt habe, wurde in die Linke-Hand-Gruppe mit Namen *Ilmarjeshi* aufgenommen, was sich auf Soldaten bezieht.

Wenn reichlich Regen fällt, werden diese beiden Alters-

---

1) Nicht alle Stämme der Massai haben den Brauch der Einteilung in Rechte-Hand- und Linke-Hand-Gruppen. Bei den Kisonko in Tansania gibt es nur eine kontinuierliche Altersgruppe.

gruppen 1994 oder 1995 bei einer *Olngesherr*-Zeremonie zu einer Generation vereint und erhalten einen neuen Namen von jenen Ältesten, die zwei Generationen über der ihren stehen. Dann werden sie Junioralteste, und nach ein paar Jahren werden sie wiederum von einer neuen Generation *Moran* abgelöst. Alle Altersgruppen über ihnen rücken eine Kategorie auf, so daß die derzeitigen Junioralltesten, die *Ilkitoip,* die mächtigen Seniorältesten ablösen werden. Die *Ilkitoip* ihrerseits werden für die nachfolgende Generation von *Moran* »das Feuer schüren«. In unserer sich rasch verändernden Welt, in der Bildung die neue Initiierung ist und Landansprüche die neueste Herausforderung, ist es schwer zu sagen, wieviel junge Männer noch Gelegenheit haben werden, die Abschnitte des traditionellen *Morantums* zu durchleben.

Die Männer identifizieren sich ihr ganzes Leben lang mit ihrer Generation, vom Junior- und Seniorältesten über den Ältesten im Ruhestand zum abschließenden Status des ehrwürdigen Ältesten. Die Massai sagen *»Erisio olparror o Enkai«* — die Altersgruppe ist Gott gleich. Die Gruppen von Männern, die ich an jenem Tag im Wald verschwinden sah, um Fleisch zu essen, waren strikt in Generationen eingeteilt, wobei den Ältesten im Ruhestand und ehrwürdigen Ältesten die besten Stücke zustehen. Anschließend bekommt jede Generation ihren Anteil am Fleisch, und auch hier sind bestimmte Teile bestimmten Gruppen vorbehalten. Die rechte Schulter ist gewöhnlich den ältesten Männern, den ehrwürdigen Ältesten, zugedacht. Daniels Generation, die *Iseuri,* jene Männer, die derzeit auf dem Höhepunkt ihres patriarchalen Einflusses standen, bekamen die Hochrippe und die Flanke. Das Herz kriegten an jenem Tag die Arbeiter, die jungen Männer, die die Tiere geschlachtet und gebraten hatten. Den Frauen werden im allgemeinen die Leber, die Füße, die Eingeweide und der Kopf überlassen. Manche

Teile des Tieres werden außerdem bei Zeremonien benutzt wie beispielsweise das Herz bei der *Olkiteng lorrbaa.*

Bei den Massai-Frauen gibt es solche Altersgruppen nicht; sie werden erst als Tochter der Altersgruppe ihres Vaters zugeordnet, dann der Altersgruppe jener *Moran,* mit denen sie als junge Mädchen tanzen, und schließlich nach der Heirat als der Altersgruppe ihres Ehemannes. Eine der ersten Fragen, die mir von den älteren Massai-Männern und -Frauen gestellt wurden, lautete: *»Ira engai?«,* was soviel bedeutet wie »Wessen bist du?« Anfangs entgegnete ich: *»Ene Oddie«* – »Ich bin die Tochter von Oddie«. Als meine Beziehung zu Robert sich vertiefte und allgemein anerkannt wurde, änderte sich meine Antwort in: *»Ene Rerente«* – »Ich gehöre zu ole Rerente«. Nur einer älteren Person ist es gestattet, eine jüngere danach zu fragen; ein Verstoß gegen diese Regel gilt als ausgesprochen unhöflich. So wie *ene* »Tochter von« bedeutet, heißt *ole* »Sohn von«.

Das Singen dauerte bis zur Abenddämmerung, das Trinken bis tief in die Nacht. Am späten Nachmittag fuhren wir wieder zurück ins Lager, diesmal mit Robert und Daniel. Als wir dort eintrafen, wartete Besuch auf mich. Es war Kikuyan, die Frau, die mich am Vortag in ihr Haus eingeladen hatte. Sie hatte mir eine Kalebasse mit frischer Milch gebracht, die sie mir überreichte. Im ersten Moment wußte ich nicht, was ich tun sollte. Ich wollte keine Milch trinken, aber andererseits wollte ich nicht riskieren, diese Frau ein zweites Mal innerhalb von 24 Stunden vor den Kopf zu stoßen. Schlau wie ein Fuchs spürte Musolia meine Unsicherheit und eilte mir zur Hilfe, indem er sich erbot, für die Massai-Männer »afrikanischen Tee« zu kochen. Ich atmete erleichtert auf: Das war eine höfliche Lösung. Ich entdeckte, daß »afrikanischer Tee« aus Milch mit einem Schuß Tee bestand, also das Gegenteil des »englischen Tees«.

Später machten Robert und ich einen Spaziergang auf die Kuppe eines kleinen Hügels in der Nähe des Lagers. Das war eine der wenigen Gelegenheiten, bei denen wir allein waren, ohne einen seiner Altersgenossen. Ich sagte ihm, daß er mich Ntiapati vergessen gemacht habe und ich lieber hier bei ihm bleiben würde als nach Olare Lamun zu fahren. Er erklärte, daß er mich nach Olare Lamun begleiten würde, wenn ich es wünschte, und daß ich auch mit Ntiapati zusammen sein könne. Ich versuchte, ihm die westliche Auffassung von Monogamie zu erklären, ihm klarzumachen, daß ich mich nicht zu mehreren Männern gleichzeitig hingezogen fühlen könne. Er schien das zu akzeptieren, lächelte und zuckte die Achseln.

Ich erfuhr später, daß die *Moran* etwas größere sexuelle Freiheit genießen als die anderen Männer. Über Sex wird jedoch nur unter Partnern gesprochen. Mit irgendeiner anderen Person über diese Art von Beziehung zu sprechen gilt als völlig inakzeptabel.

Ich hatte erwartet, daß die Verständigung in persönlichen Angelegenheiten zwischen zwei so verschiedenen Kulturen schwierig sein würde, denn ich hatte die Erfahrung gemacht, daß so etwas in Australien immer schwierig ist. Niemand sagt, was er wirklich denkt, oder man ist zu schüchtern und sagt schließlich irgend etwas, von dem man meinte, daß es am unverfänglichsten wäre. Ich lernte schnell, daß Robert und ich einfach alles in völliger Offenheit besprechen konnten – es gab nichts, was auszusprechen ich Hemmungen gehabt hätte. Da Roberts Englischkenntnisse begrenzt waren und wir beide uns so große Mühe gaben, uns unsere Gedanken zu erklären und sie bis auf den Kern zu zerpflücken, verschwendeten wir keine Zeit mit trivialen Themen wie dem Wetter oder Sternzeichen. Und so kommt es, daß ich mich Robert gegenüber immer besser ausdrücken konnte als irgendeinem anderen Menschen gegenüber. Heute weiß ich, daß das wahre Intimität ist.

Es ist nicht nötig, viel über unsere gemeinsame Nacht zu erzählen. Es ist nicht die Art der Massai, über Dinge zu sprechen, die nur einen Mann und eine Frau etwas angehen. Jene Nacht ist heute eine wundervolle Mischung aus Erinnerungen und Gefühlen. Ich wäre nicht im mindesten überrascht gewesen, wenn Robert sich bei Morgengrauen in einen schwarzen Schwan verwandelt hätte und davongeflogen wäre.

Am nächsten Tag – Robert war zu einem anderen, etwa acht Kilometer entfernten (für einen Massai nicht mehr als ein Spaziergang) *Enkang* aufgebrochen, um eine kranke Kuh zu versorgen – erbot sich Daniel, mir zu zeigen, wo er seinen wilden Honig herholte. Ich machte mich mit Raymond, dem Fahrer, Daniel, ole Potot und einem waren Hünen von einem *Morani* auf den Weg in den Busch. Sein Spitzname war Marefu, was auf Kisuaheli »groß« bedeutet, und er muß tatsächlich fast zwei Meter gewesen sein. Seine Erscheinung wurde außerdem durch extrem dunkle Haut und einen vorstehenden Brauenknochen geprägt. Wir gingen durch den Wald, an einem Bach vorbei, an dessen Ufer Wolken weißer Schmetterlinge am feuchten Boden saugten, und höher hinauf in den dichtesten Urwald. Der Massai-Name für die Loita-Berge lautet *O-Sapuko loo Loitai* – das Hochland der Loita-Massai. Die Berge beginnen bei 1 800 Metern, und der höchste Punkt liegt bei 2 682 Metern, so daß es am Morgen und Abend gewöhnlich recht frisch ist, in der Tagesmitte jedoch sehr heiß.

Das ist nicht der dampfende tropische Dschungel, wie ihn die meisten Menschen mit Afrika in Verbindung bringen, sondern ähnelt eher Teilen des Hochlandes von Victoria. Das mit winzigen blauen, weißen und orangefarbenen Blumen gesprenkelte Weideland erinnerte sehr an die Alpen. Hier im Wald lebten die Büffel, aber mir wurde versichert, daß keine frischen Spuren festzustellen wären.

Daniel zeigte auf einen hohen Baum, und etwa auf halber Höhe konnte ich einen Astknoten erkennen, an dem sich der Bienenstock befand. Die Männer entfachten am Fuß des Baumes ein Feuer, indem sie zwei Feuerhölzer aneinanderrieben, bis sich Hitze entwickelte. Hierzu benutzten sie ein Stück Holz mit einer Aushöhlung. In die Kuhle stopften sie eine Handvoll trockenes Gras. Dann steckte Marefu einen Stock in die Kuhle und zwirbelte diesen schnell zwischen den Handflächen, bis Gras und Späne schwelten. Dann blies er vorsichtig auf die trockenen Halme, bis diese Feuer fingen. Der Rauch des *olorien*-Holzes vertrieb die Bienen bald aus ihrem Stock. Ich stand einige Meter abseits des Geschehens, um nicht gestochen zu werden, trotzdem hörte ich ihr zorniges Summen deutlich. Nun wurde ein großer Ast gegen den Stamm gelehnt, und Marefu benutzte ihn wie eine Leiter, um an den Bienenstock zu gelangen. Er schützte Kopf und Körper mit seiner Decke, während er in den Bienenstock hineinlangte und große Stücke dunkler Waben herausholte. Er wiederholte dies mehrere Male, wobei er sich seelenruhig die Bienen von den Armen schüttelte. Sie müssen ihn wie wild gestochen haben.

Nachdem Marefu genügend Honig gesammelt hatte, kletterte er wieder herab und begann zu essen. Daniel reichte mir das hellste, beste Stück. Ich kam mir vor wie ein Bärenjunges, als ich mir den Honig von den Fingern leckte. Als wir hinterher den Hügel wieder hinabstiegen, staunte ich, wie sicher und lautlos die Massai sich bewegten. Die Männer sprangen leichtfüßig einen steilen Weg hinab, den Speer in einer Hand. Ihre Decken waren leuchtendrote Kleckse im Grün und Gold des Waldes. Ich stolperte krachend hinter ihnen her wie ein Elefantenbaby.

Als wir wieder im Lager waren, behandelte ich Marefus anschwellende Bienenstiche mit Teebaumöl und Calamina-Lotion. Die anderen sahen der improvisierten Behandlung interessiert zu. Von da an behandelte Marefu mich wie eine Schwester: Er lehrte mich seine Sprache (er sprach nur wenig Englisch, was, wie ich inzwischen festgestellt habe, die besten Lehrer ausmacht), erwiderte meine scherzhaften Knüffe und lobte mich jedesmal, wenn ich ein Wort oder einen Satz auf Massai korrekt ausgesprochen hatte. Robert und die anderen seiner Altersgruppe waren stets ausgesprochen respektvoll und faßten mich niemals an, aber Marefu war in meiner Gegenwart völlig unbefangen und legte mir zur Begrüßung ohne Scheu den Arm um die Schultern. Ich bin nur 1,52 groß und reichte ihm knapp bis zur Achselhöhle, muß also an der Seite dieses sanften Riesen einen recht komischen Anblick geboten haben.

Ich war eingeladen worden, die Nacht in Roberts *Enkang* in Morijo zu verbringen, wo er mit seiner Mutter und seiner jüngsten Schwester lebte. Wir kamen überein, daß ich im Lager zu Abend essen sollte, bevor ich mich dann um vier Uhr mit dem Wagen auf den Weg machte. Dies sollte eventuellen Problemen in Essensfragen vorbeugen. Morijo liegt etwa 15 Kilometer von Narotian entfernt. Die Loita-Berge sind in ihrer Gesamtheit schön, aber Morijo ist sicher das Juwel in der Krone. Das Gebiet befindet sich in einem Tal mit ausgedehntem saftigen Weideland, das auf allen Seiten von tiefroten Hängen umgeben ist. Roberts *Enkang* befand sich auf einer Bodenerhebung, von wo aus man einen atemberaubenden Blick über das ganze Tal hatte. Er war viel größer als Daniels *Enkang,* mit mindestens 13 Hütten im traditionellen Massai-Stil, die um einen zentralen Rinderpferch herum errichtet waren.

Im Inneren des Hauses wurde ich Roberts Schwester Nasango vorgestellt. Ich schätzte sie auf Mitte zwanzig. Sie hatte ein rundliches Gesicht und lächelte schüchtern. Ich nahm auf dem Gästebett Platz und sah zu, wie sie das Feuer schürte, die Blechtassen säuberte und ohne Eile ihre Kinder fütterte. Nasango war in einer ungewöhnlichen

Lage; sie war in den Zwanzigern, hatte zwei Kinder, war aber immer noch unverheiratet. Ich fragte Robert, wie dies möglich sei, da ein Mädchen gewöhnlich kurz nach seiner Beschneidung heiratet und in den *Enkang* des Mannes zieht. Robert erklärte mir, daß Nasango erst heiraten würde, wenn er selbst eine Frau genommen habe, die sein Vieh versorgte und ihm den Haushalt führte. Roberts Mutter ist »im Ruhestand« und verbringt ihre Zeit damit, ihre Kinder und Enkel zu besuchen. An jenem Tag war sie mit Roberts Bruder Ilampala unterwegs. Nasango war wie alle Mädchen beschnitten worden und Anbetracht der Umstände war ihr gestattet worden, Kinder zu bekommen. Die Kinder werden von ihrem zukünftigen Mann automatisch anerkannt und als Extrabonus in die Ehe eingebracht.

Nasango schien mir ein ideales Leben zu führen. Sie wohnte weiter bei ihrer vielköpfigen Familie, konnte jedoch gleichzeitig eigene Kinder großziehen. Ich fragte mich, wie sie, eine erwachsene und selbständige Frau, empfinden würde, wenn sie schließlich mit einem Fremden verheiratet wurde, einem viel älteren Mann, den ihr Vater und ihre Brüder ausgewählt hatten.

Nasango war sprachlos, als Robert sie bat, mir schwarzen Tee ohne Milch zu geben. Beim Kochen begann sie, mit schöner, hoher Stimme zu singen. Es dauerte nicht lange und ole Potot stimmte ein. Er war zwar schüchtern, hatte jedoch ebenfalls eine schöne Stimme. Als Robert hereinkam, nachdem er nach dem Vieh gesehen hatte, waren Marefu und sein älterer Bruder Kirragei bei ihm. Die vier *Moran* und Nasango sangen gemeinsam, wobei die *Moran* sich synchron im Rhythmus des Liedes wiegten. Robert hatte mir zuvor erzählt, daß es seiner Altersgruppe mit dem Singen sehr ernst wäre. Jetzt verstand ich, was er damit gemeint hatte. Während ich im Feuerschein dasaß und dem gleichmäßigen Baß der *Moran* lauschte, die sich vor und zurück wiegten, kam ich mir vor wie eine von ihrem Beschwörer hypnotisierte Schlange. Auch war ich sehr angetan von der offensichtlichen Kameradschaft zwischen den vier Altersgruppen-Genossen. Diese Freundschaft war so echt und natürlich, daß es mich zutiefst bewegte. Was für eine wunderbare Gesellschaft, die es Männern gestattete, ihre Zuneigung und Brüderlichkeit so offen zu zeigen. Die Massai behaupten, was einen wahren Krieger ausmache, wäre das ausgewogene Verhältnis von Mut und Sanftmut. Ein *Morani* sollte vom einen nicht mehr besitzen als vom anderen. Außerdem muß er stark, intelligent, selbstsicher und weise sein. Vor allem aber mutig und sanftmütig. Kein Wunder, daß die *Moran* den wahren Geist der Männlichkeit zu verkörpern scheinen.

Ich erinnerte mich an das Massai-Sprichwort: *»Erisio olparror o Enkai«* – Die Altersgruppe ist Gott gleich. Dieses Sprichwort wurde mir wie folgt erklärt: Die Altersgruppe ist sehr hoch angesehen. Der rituelle Kopf der Gruppe, der bei der *Eunoto*-Zeremonie gewählt wird und als *Ollotuno* bezeichnet wird, ist Hüter einer Perlenkette, bei der jede einzelne Perle ein Mitglied der Gruppe symbolisiert. Wenn ein Mitglied eine unverzeihliche Sünde begeht, entfernt der Führer eine der Perlen und wirft sie weg mit den Worten: »Ich werfe dich fort wie diese Perle«. Die Gleichsetzung der Altersgruppe mit Gott ist ein Beweis für den Stellenwert der Altersgruppen innerhalb der Massai-Gesellschaft.

Als es für die vier *Moran* Zeit war zu essen, beobachtete ich, wie Nasango vorsichtig frische Milch in vier Blechtassen goß. Dann stellte sie einen großen Blechteller *Ugali* (in heißem Wasser gekochtes Maismehl) vor den *Moran* auf den Boden. Sie aßen langsam und konzentriert, nahmen eine Handvoll *Ugali,* drehten es zu kleinen Bällchen und schoben sich diese in den Mund. Ich habe während der ganzen Woche bei Roberts Familie kein einziges Mal eine Massai-Frau essen sehen. Später erfuhr ich, daß keine Kinder anwesend sein dürfen, wenn Männer essen. Nasango mußte vorher zusammen mit ihren Kindern essen oder diese zum Essen zu Verwandten schicken. Wenn ein Kind zufällig ein Haus betritt, in dem Männer gerade beim Essen sitzen, macht es augenblicklich kehrt und geht. Dies gilt natürlich nicht für Kleinkinder, die über dem Gesetz stehen. Die Frauen ziehen es vor, ihre Mahlzeiten mit den Kindern einzunehmen anstatt mit den Männern.

Eine wunderschöne Frau kam herein und lud mich in die Hütte eines Ältesten ein, wo gesungen und getrunken würde. Wir zwängten uns alle in die Hütte, in der sich an die zwanzig Älteste amüsierten. Daniel war unerwartet hergekommen und sprach dem selbstgebrauten Bier zu. Sie sangen Lieder ihrer Altersgruppe — *Iseuri* —, und ich teilte mir mit der schönen Frau eine Tasse Honigbier.

Als es Zeit war, schlafen zu gehen, war ich enttäuscht, als ich erfuhr, daß ich nicht mit Robert in einem Haus schlafen konnte. Ursprünglich hatten wir geplant, in der Hütte einer weiteren Schwägerin zu übernachten, aber nachdem Daniel aufgetaucht war, mußten wir diese Hütte ihm überlassen. Robert durfte nicht in derselben Hütte schlafen wie seine Schwester Nasango, und das seiner Altersgruppe vorbehaltene Haus war bereits voll belegt. Also ging er mit Marefu in ein ihrer Altersgruppe zugedachtes Haus in einem anderen *Enkang*, während ich mir das Gästebett in Nasangos Hütte mit Kirragei und ole Potot teilte. Marefu war es nicht einmal gestattet, im selben Haus zu schlafen wie sein älterer Bruder Kirragei. Robert versicherte mir, daß es mit den *Moran*, die das Bett mit mir teilen würden, keinerlei Probleme geben würde. Und es gab auch keine. Ich wickelte mich in meine Decke und schlief ein. Ich fand die Regeln bezüglich der Schlafordnung damals sehr verwirrend. Während diese Details für einem Westler völlig bedeutungslos erscheinen, empfinden es die Massai als Beleidigung, offen über solche Dinge zu sprechen. Ich fürchte, meine sogenannte Offenheit ist in ihren Augen sehr ungehörig.

Robert kehrte früh am nächsten Morgen zurück, um nach mir zu sehen, und begutachtete anschließend seine etwa 100 Ziegen, bevor sie zum Grasen hinausgetrieben wurden. Ziegen sind bei den Massai ein wichtiger Wirtschaftsfaktor, sie werden viel eher zu Geld gemacht oder geschlachtet als eine Kuh. Ich sah zu, wie Nasango das Feuer schürte und süßen schwarzen Tee für mich kochte. Sie hatte etwas von ihrem anfänglichen Mißtrauen abgelegt und lächelte mich an. Ich hatte in meiner Reisetasche noch einige kleine Seifenstücke aus dem Hotel, die ich ihr als Dankesgeschenk überreichte.

Um mich herum fanden verschiedene Morgenaktivitäten statt. Es machte mir Freude zuzusehen, wie die jungen Zicklein hinausgelassen wurden, und das erstemal an diesem Tag bei ihren Müttern tranken (Ziegen und ihre Jungen werden nachts getrennt). Sie laufen hinaus ins Sonnenlicht und blöken herzerweichend, bis ihre Mutter antwortet. Dann rennen sie, so schnell sie ihre Beine tragen, zu ihr und widmen sich ganz ihrem Frühstück. Innerhalb des *Enkang* vollzog sich die gleiche Routine bei den Kühen und ihren Kälbern, mit dem Unterschied, daß die Kälber eins nach dem anderen hinausgelassen wurden, damit die Frauen auf der einen Seite melken konnten, während das Kalb auf der anderen trank. Die Milch wird in ausgehöhlten Flaschenkürbissen gesammelt, sogenannten Kalebassen oder *Olkukurto.* Jede Kuh gibt nur etwa einen Liter täglich. Das erscheint sehr wenig, aber die Boran-Kreuzungsrinder sind keine reine Milch- oder Fleischrasse. Ich würde sie eher als »Überlebensrasse« bezeichnen, anspruchslos, in der Lage, monatelang auf kargen Weiden zu überleben, und widerstandsfähig gegen die afrikanischen Zecken.

Im Laufe des Vormittags kam Raymond uns abholen, und wir kehrten in das Lager in Narotian zurück. Zu meinem Nahrungsproblem kam hinzu, daß es mir langsam peinlich wurde, mich in einem Fahrzeug herumkutschieren zu lassen wie eine Lady, während alle anderen zu Fuß gingen. Am Nachmittag begleitete Daniel mich den Hügel hinauf zu seinem *Engkang*. Ich wußte, daß er und Narygunkishon mich als *Siangiki* – als junge Massai-Frau – ausstaffieren wollten, und so nahm ich allen Perlenschmuck mit, den ich gekauft oder geschenkt bekommen hatte.

Narygunkishon kleidete mich in vier Bahnen bunten Stoffs: eine wurde mir als Rock um die Hüften geschlungen, zwei über meinen Oberkörper drapiert und über den Schultern verknotet, und die vierte wie ein Cape lose um meinen Hals geschlungen. Dann fügte sie einen riesigen runden Halsschmuck aus bunten Perlen hinzu, einen *Oltirpe*, den alle Massai-Frauen bei feierlichen Anlässen tragen, und eine *Entende* (die traditionelle Hochzeitskette mit langen Perlensträngen, die bis zu den Knien herabbaumeln). Abschließend hängte sie noch ihre Ohrringe über meine Ohren und legte ein Perlenband um meinen Kopf. Ich kam mir so herausgeputzt und fremd vor, aber sie erklärten mich für *sidai* (schön) und bezeichneten mich als *Siangiki capisa* (echtes Massai-Mädchen). Daniel schoß mit meiner Kamera ein paar Fotos von mir und Narygunkishon sowie einige mit Robert, der ein wenig verlegen schien.

Am Abend kehrte ich zu einem letzten Besuch in ihr Haus zurück. Ich gab ihnen die Lebensmittel, die übriggeblieben waren, und einige der Schuhe und Kleidungsstükke, die die Amerikanerinnen mir als Geschenke für die Massai dagelassen hatten. Die Schuhe, vor allem die kleineren Frauengrößen, fanden großen Anklang. Außerdem schenkte ich Narygunkishon ein Stück glänzenden tiefroten Stoff, über den sie sich sehr freute. Im Gegenzug bekam ich eine wunderschöne Halskette. Später an diesem Abend gab Robert mir seine Halskette und sein Perlenarmband. Außerdem versprach er mir eine Kuh, die ich mir bei meiner Rückkehr aussuchen sollte. Ich gab ihm meine Decke und einige Kleidungsstücke. Obwohl wir nie darüber gesprochen hatten, schienen wir beide nicht daran zu zweifeln, daß ich zurückkommen würde.

Der Abschied von Narygunkishon und ihren Kindern, die früh am nächsten Morgen zum Lager herunterkamen, stimmte mich traurig, ebenso wie der von Marefu, der mir in der kurzen Zeit ein guter Freund geworden war. Daniel begleitete uns bis Narok, und Robert brachte mich den ganzen Weg bis Nairobi. Beide hatten sich für die Großstadt im westlichen Stil gekleidet. Robert hatte aus zurückgelassenen Einzelteilen amerikanischer Touristen eine recht beeindruckende Garderobe zusammengetragen. Er trug Jeans von Levis, ein Hemd von Cardin und Sportschuhe von Nike. Ich fand, daß er gräßlich aussah, wie ein Pfau mit abgeschnittenen Federn. Es gibt nichts, was vom ästhetischen Standpunkt aus schlimmer wäre als Männer und Frauen des Massai-Volkes, die statt ihrer farbenfrohen, schönen Kleider eine seltsame Mischung verknitterter, schlecht sitzender und viel unbequemerer ausrangierter moderner westlicher Kleidungsstücke tragen. Die Regierung hat die Massai im Rahmen einer Kampagne, die dazu dienen soll, den Stamm zu »zivilisieren«, aufgefordert, nicht in ihrer traditionellen Kleidung nach Nairobi zu kommen. Während die Zulus in Südafrika sich stolz in traditioneller Aufmachung präsentieren und mit ihrem Kriegsgeschrei die Erde zum Beben bringen, zeigen sich die Massai als »moderne«, »zivilisierte« Kenianer in Anzug und Krawatte. Für Angehörige eines so alten Stammes wie die Massai, die ihren Status, ihre Geschichte, ihre Symbole und Bildnisse durch Kleidung und Körperschmuck zum Ausdruck bringen, müssen die geistigen und kulturellen Auswirkungen auf ihre Identität gravierend sein. Und in der

Tat wäre das ultimative Symbol für den Untergang der Massai-Kultur ein Krieger in schmuddeliger Safarikluft.

Sechs Stunden später waren wir wieder in der Stadt. Nach der friedlichen Stille im Massai-Land kam ich mir vor wie auf einem anderen Planeten. Ich nahm mir ein Zimmer im Norfolk Hotel, einem der besten Hotels von Nairobi. Ich fragte mich, wie Robert sich wohl in einem Hotel fühlen würde, aber mit dem Selbstvertrauen eines wahren *Morani* segelte er ins Norfolk Hotel, von einem Jahrhundert ins nächste, ohne mit der Wimper zu zucken. Wie ich später erfuhr, war er schon oft in Nairobi gewesen und hatte mit Safarigruppen, für die er als Führer gearbeitet hatte, bereits mehrmals in Hotels übernachtet.

Es war unsere letzte gemeinsame Nacht für einen Zeitraum, von dem ich nicht wußte, wie lang er sein würde. Ich war mir meiner starken Gefühle für Robert bewußt, verstand jedoch nicht alles, was ich empfand. Es war alles zu schnell gegangen, und ich war einfach meinem Herzen gefolgt, ohne zu hinterfragen, was ich tat. Rückblickend würde ich sagen, daß ein Brief an Linda und den Rest der amerikanischen Gruppe es immer noch am besten beschreibt: ». . . mir stockte der Atem, als ich sah, wie schön er war. Das einzige, womit ich dieses Gefühl vergleichen könnte, wäre die tiefe Freude, die man empfindet, wenn man ein Pferd über eine Wiese galoppieren sieht. Das ist es, was ich für Robert fühle, nur stärker. Heute denke ich, daß es teilweise daran liegt, daß er der erste Mann ist, der mich mit keiner anderen verglichen, sondern ganz einfach so akzeptiert hat, wie ich bin, bar jeglicher Erwartungen. Pferde sind genauso.«

Schon jetzt vermißte ich die Geräusche aus dem Massai-Land: den melodischen Singsang ihrer Sprache, das dumpfe Läuten der Kuhglocken, das Blöken der Zicklein, das Knistern des Feuers, das Brüllen eines Löwen und das bellende Wiehern eines Zebras. Irgendwie sind mir die Geräusche Kenias am deutlichsten im Gedächtnis geblieben. Es war, als hätte ich gerade erst mein Gehör entdeckt. Ich fragte Robert, ob er die Geräusche seiner Heimat vermisse, wenn er fort war, und er entgegnete: »Ich vermisse sie, wenn ich nicht mit dir zusammen bin.« Am nächsten Tag verabschiedeten wir uns voneinander, und ich versprach, innerhalb von sechs Monaten zurückzukommen.

Es fällt mir schwer, mir die Gefühle des Mädchens zu vergegenwärtigen, das ich vor mehr als dreieinhalb Jahren gewesen bin. Es war der Beginn einer langen Reise. Ich greife erneut auf Zitate aus meiner Korrespondenz zurück, um ehrlich wiederzugeben, was ich damals dachte und empfand: ». . . Ich mache mir keine Illusionen, was eine Ehe betrifft. Robert wird in den nächsten zwei Jahren eine Massai zur Frau nehmen. Ich weiß, daß ich nicht dort leben oder auch nur mehrere Wochen am Stück dort verbringen kann, weil die Ältesten Einwände erheben könnten, was Robert in eine zu unangenehme Lage bringen würde. Ich weiß auch, daß ich ihn niemals aus seiner Welt herausreißen und in die meine verpflanzen könnte, und das würde ich auch gar nicht wollen . . . Ich habe keine Zweifel oder Ängste, was unsere Beziehung betrifft, aber ich bin mir meiner Verantwortung bewußt. Ich weiß, daß ich diese erste wundervolle Woche nicht zurückholen kann, aber ich kann neue und andere Erfahrungen machen. Es besteht also kein Grund zur Sorge, solange man sich nicht vor dem Unbekannten fürchtet — und das tue ich nicht.«

IV
Rinder okay, Gras okay, ich liebe Dich

Australien, Januar bis April 1990

Mokoyu enkare edou.

Wasser kann man nicht trinken,
solange es fließt.

Massai-Sprichwort

Ich begann, mir Gedanken darüber zu machen, wie ich so schnell wie möglich nach Kenia zurückkehren könnte, kaum daß ich im Flugzeug nach Australien saß. Ich hatte ja schon für diese erste Reise einen Kredit aufnehmen müssen, und in Zukunft würde ich meine Finanzen kreativ verwalten und den Umgang mit Geld völlig neu lernen müssen. Ich fragte mich, wieviel ich wohl für den Diamantring meiner Großmutter bekommen würde – sicher drehte sie sich bei meinen Gedanken im Grabe um. Wieviel würde ich für meinen klapprigen Wagen bekommen? Gab es eine Bank, die verrückt genug wäre, mir einen weiteren Kredit zu gewähren? Die Biographie von Beryl Markham, die ich auf dem Flug las, ermutigte mich ungemein. Offenbar war sie die meiste Zeit ihres Lebens verschuldet gewesen, ohne daß es sie davon abgehalten hätte, es sich gutgehen zu lassen. Und darüber hinaus hatte sie die meiste Zeit in Kenia verbracht und sehr genossen.

Zurück in Melbourne arbeitete ich wieder für die Melody Lords, die ihre erste LP mit Glam-Rock-Klassikern aufnahmen und drei Abende in der Woche live auftraten. Ich schuftete rund um die Uhr: Von acht bis zehn Uhr vormittags promotete ich Gigs und Schallplatten der Melody Lords und anschließend fuhr ich in die Brunswick Street, zum Büro des Melbourne Comedy Festivals, wo ich jeden Abend bis 18 Uhr half, eine große Tournee des französischen Avantgarde-Zirkus Archaos zu organisieren. Drei oder vier Abende in der Woche stand ich bei den Liveauftritten der Melody Lords an der Abendkasse. Auch in meinem Privatleben änderte sich vieles grundlegend. Ich zog aus der hübschen (und teuren) Wohnung aus, die ich mir mit meiner Freundin Carolyn geteilt hatte, und nahm mir ein Zimmer in einem Wohnheim, das näher bei meinem Arbeitsplatz lag. Ich verkaufte meine Designerklamotten an eine Secondhand-Boutique in Toorak und mein Auto an einen Schrotthändler. Letzteres stimmte mich ein wenig traurig: Trotz der verrosteten Karosserie war der Motor noch okay gewesen, und der kleine Wagen hatte mich nie im Stich gelassen.

Die ganze Zeit über fragte ich mich immer nur eines: Waren meine Gefühle für Robert real oder war alles nur ein Traum? War es nur eine etwas exotische Urlaubsromanze gewesen? Aber ich fand keine Antwort.

Die einen meinten, ich würde mit der Zeit schon darüber hinweg und wieder zur Besinnung kommen, die anderen vertraten die Ansicht, ich wäre an einen von Robert organisierten Betrügerring geraten, der weißen Mädchen ihre Ersparnisse aus der Tasche zog. Ich glaube, daß niemand, nicht einmal meine Mutter, meine Situation wirklich ernst nahm. Sie waren sich alle einig, daß ich schon wieder zu mir kommen würde, überzeugt davon, daß solche Urlaubsbekanntschaften nie von langer Dauer waren. Mir fällt niemand ein, der auch nur im mindesten überrascht gewesen wäre. Ich schätze, diese Reaktion meiner Freunde verrät Ihnen mehr über mich als alle Worte. Einer sagte sogar: »Natürlich hast du dich in einen Massai-Krieger verliebt, Catherine. Was hättest du auch sonst tun sollen? Wir haben nicht erwartet, daß du einen Anwalt heiraten und den Rest deines Lebens damit verbringen würdest, ein Reihenhaus in der Innenstadt sauberzuhalten.«

Was verleitet zwei Menschen aus verschiedenen Ländern und grundverschiedenen Verhältnissen dazu, eine Beziehung miteinander einzugehen? Drei Jahre später erfuhr ich die Massai-Antwort auf diese Frage, als sie Mumai, einer von Roberts Müttern, gestellt wurde. Sie entgegnete, *Enkai* (Gott) habe Catherine und Robert zusammengeführt. Ich habe oft darüber nachgedacht und unzählige Fragen von Freunden und Fremden über mich ergehen lassen, die alle versucht haben, meine Wahl zu verstehen. Mumais Antwort scheint mir immer noch die beste und vollständigste zu sein. Wenn Sie jedoch meine Psyche auf frühe Anzeichen einer Prädisposition, mich in einen so exotischen Mann zu verlieben, erforschen wollen, werden Sie nur eine ziemlich durchschnittliche unglückliche Kindheit und eine rebellische Jugend finden. Dies hat mich schon sehr früh selbstsicher und unabhängig gemacht und außerdem in mir die Überzeugung gefestigt, daß ich alles tun könne, was ich mir in den Kopf setzte. Auch war ich wohl immer auf der Suche nach einer großen Familie, in der ich mich geborgen fühlen konnte. In gewisser Weise glaube ich, daß ich dieses Ziel einfach entschlossen verfolgt und mich für die größte Familie von allen entschieden habe – den Nkidongi-Unterstamm der Loita-Massai.

Ich wußte damals, daß die einzige Möglichkeit, mir

darüber klar zu werden, was ich wirklich wollte, darin bestand, ins Massai-Land zurückzukehren. Ich war mir sicher, daß meine Gefühle für Robert mit jedem Tag tiefer wurden, aber es fiel mir schwer zu glauben, daß er das gleiche für mich empfinden könnte. Natürlich konnte ich Robert nicht anrufen, aber ich konnte ihm schreiben. Woche für Woche schickte ich ihm Briefe. Keine leidenschaftlichen Liebesbriefe, sondern zurückhaltende, konservative, freundschaftliche Briefe, die ihn nicht in Verlegenheit bringen würden, falls er sie sich vorlesen lassen mußte, denn ich wußte nicht, inwieweit Robert des Lesens mächtig war. Ich bekam keine Antwort, bis meine Zweifel eines Tages von einer einzigen in krakeliger, kindlicher Handschrift verfaßten Zeile in einem schmutzigen Luftpostumschlag zerstreut wurden. Da stand »Rinder okay, Gras okay – Ich liebe Dich«.

Nach einigen Monaten, in denen ich hart arbeitete und sparte, rief ich Tony Church (der die Reitsafari organisiert hatte) in Nairobi an, um mich zu erkundigen, wann in Kenia die Regenzeit begann. Er verpaßte mir mit einer Dosis Realismus eine kalte Dusche. Er erklärte rundheraus, daß eine Beziehung zu einem Massai unmöglich wäre und daß ich Robert möglicherweise irreparablen Schaden zufügte, wenn ich ihn noch tiefer hineinzöge. Diese Warnung stürzte mich in einen Strudel der Unsicherheit, bis ich mich zusammennahm und beschloß, meinem Herzen zu folgen, anstatt mich von den Ängsten anderer beeinflussen zu lassen. Wo stand das denn in Stein gemeißelt, wollte ich wissen. Warum sollte es unmöglich sein?

Im April 1990, vier Monate nach meiner Rückkehr nach Australien, hatte ich ein Flugticket, einige Ersparnisse und meine treue American-Express-Karte. Ich hatte meine Freunde wahnsinnig gemacht mit meiner Sturheit, aber es war zu spät, sich jetzt den Kopf darüber zu zerbrechen.

Der letzte Auftritt der Melody Lords, an dem ich mitarbeitete, war eine Großveranstaltung, bei der wir über 6 000 kreischende Teenager ins Palace von St. Kilda packten. Patrick, der Drummer, widmete sein Solo (»No More Mr. Nice Guy« von Alice Cooper) Kimba, dem weißen Löwen. Auch gab er mir zwei wohlmeinende Ratschläge: »Denk an Tom Cruises Tätowierung ›Be Fearless‹ (Sei furchtlos), und halt beim Start die Augen offen, für den Fall, daß die Triebwerke Feuer fangen.«

Als ich mich verabschiedete, hatte ich keine Ahnung, wie lange ich fort sein würde. Ich hatte weder konkrete Pläne noch ein Rückreisedatum festgelegt – ich würde den Dingen einfach ihren Lauf lassen. Ich schätzte, daß mein Geld, wenn ich sparsam war, für etwa fünf Monate reichen würde.

Der Flug nach Nairobi, den ich gebucht hatte, war ausgesprochen lang, dafür aber preiswert. Mit British Airways von Sydney nach Singapur, dann mit Pakistan International Airways von Singapur via Bangkok nach Karachi, wo ich die Nacht verbringen würde, und schließlich von dort via Abu Dhabi nach Nairobi. Die Reise würde ganze drei Tage dauern, aber bei einem Preis von nur 2 000 Dollar war es der billigste Weg nach Kenia. Auf dem Flug mit British Airways nach Singapur trennte mich ein freier Sitz von der gesprächigen jungen Amerikanerin in meiner Reihe. Die Panik und Übelkeit, die ich noch vor wenigen Stunden verspürt hatte, waren verflogen. Ich sah mir einen Film an, las, aß und schlief. Der schönste Augenblick des Fluges war der, als wir irgendwo über dem gewaltigen Indischen Ozean einem flammenden, orangefarbenen Sonnenuntergang entgegenflogen.

Beim Umsteigen wurde mir klar, warum der Changi International Airport in Singapur jedes Jahr sämtliche Preise für den »besten Flughafen« einheimst. Sollte ich jemals auf einem Flughafen festsitzen, bete ich, daß es dieser sein möge. Hier gab es ein Fitneßstudio, Duschen, Aufenthaltsräume, Bars, Restaurants, Duty-free-Shops,

Drogerie und Kino. Die drei Stunden Aufenthalt vergingen rasend schnell, und dann befand ich mich an Bord des Flugzeuges nach Karachi. Als ich mir das schäbige Innere der Maschine der Pakistan International Airways betrachtete, mußte ich an Patricks Rat denken, nach brennenden Triebwerken Ausschau zu halten. Ich hoffte inständig, daß PIA mehr Geld auf die Instandhaltung der Motoren verwandt hatte als auf die der Polster.

Ich hatte nur eine Nacht und einen Tag Aufenthalt in Karachi. Ich traf am Vorabend eines nationalen religiösen Feiertages, Eed, dort ein, so daß sämtliche Geschäfte und Märkte geschlossen waren. Ich versuchte, dem Fahrer zu entlocken, was Eed nun genau für ein Fest wäre, aber er entgegnete, daß es ein christliches Fest sei und er meine Frage nicht beantworten könne. Ich verbrachte meine Zeit damit, mich im Hotel auszuruhen, und tröstete mich mit dem Gedanken, daß ich, da ja alles geschlossen war, wenigstens kein Geld ausgeben konnte. Vor dem Fenster meines Zimmers hoch oben im Karachi Sheraton segelten große Falken am grauen Himmel. Auf meinem Nachttisch war ein eiserner Pfeil ins Holz geschraubt, der nach Mekka zeigte. Ich sah mir im Fernsehen den vom Hotel angebotenen Film an: *The Man from Snowy River.* Ich erhielt ein Fax von meinem Freund Patrick. Es war eine Fotokopie einer Packung Schokoladenkekse. Unten auf das Blatt hatte er gekritzelt, daß er verspreche, einen für mich aufzuheben.

Die nächste Etappe meiner Reise führte mich von Karachi nach Kenia, mit Aufenthalt und Duty-free-Shop in Abu Dhabi, der Hauptstadt der Vereinigten Arabischen Emirate. Dieser Zwischenfall war ein besonderes Erlebnis. Der Flughafen von Abu Dhabi ist ein Juwel der modernen Technik mitten in der Wüste. Sand, so weit das Auge reicht, und dann befand ich mich plötzlich in einer Star-Trek-Kulisse. Draußen vor den Flugzeugfenstern flimmerte die Hitze über dem Asphalt. Das Terminalgebäude erinnerte an eine überdimensionale Krake mit tentakelähnlichen Tunneln, die die Flugzeuge mit dem Inneren des Gebäudes verbanden – einer glitzernden, pfauenblauen Duty-free-Halle. Wie auf einer bizarren Arche Noah schienen hier Menschen aller Rassen, Hautfarben und Religionen aufeinanderzutreffen. Afrikanische, europäische und asiatische Gesichter waren von Einkaufswut gezeichnet. Ein einzelner Scheich glitt vorüber wie Casper, der freundliche Geist. Ich kaufte nur einen roten Apfel und Orangensaft für etwa 2,70 Dollar.

Auf dem letzten Abschnitt des Fluges nach Nairobi erfüllte mich der Gedanke an das bevorstehende Wiedersehen mit Robert abwechselnd mit Angst und Vorfreude. Ich gab mir alle Mühe, keinerlei Erwartungen zu hegen, aber das prickelnde Gefühl, daß etwas Wunderbares geschehen würde, ließ sich einfach nicht unterdrücken.

V
Nennt mich nicht Memsahib
Mai 1990

Isipat engari, mengari iregiei.

Wahrheiten werden ausgetauscht,
aber die Bräuche nicht.

Massai-Sprichwort

Vor meiner Abreise aus Australien hatte ich Robert einen Brief und ein Telegramm geschickt, in denen ich ihn bat, sich am 4. Mai im Norfolk Hotel mit mir zu treffen. Es gibt in den Loita-Bergen kein Postamt. Die Post wird in unregelmäßigen Abständen von einem reichen Vetter von Robert befördert, der einen Wagen und ein Postfach in Narok besitzt. Hin- und Rückfahrt nehmen etwa zehn Stunden in Anspruch. Briefe können durch viele Hände gehen, bevor sie den Adressaten erreichen, und so wußte ich nicht, ob Robert meine Nachrichten erhalten hatte. Und auch wenn er sie erhalten hatte, gab es keine Garantie, daß er eine Fahrgelegenheit nach Nairobi fand, nachdem er die 20 Kilometer bis zum Handelsposten Narosura zu Fuß zurückgelegt hatte und von dort aus mit dem täglich zwischen den beiden Städten pendelnden *Matatu* (die örtliche Form eines öffentlichen Verkehrsmittels – eine Mischung aus Bus und Taxi) nach Narok gefahren war.

Ich hatte reichlich Zeit, mir darüber Gedanken zu machen, während ich auf der Terrasse des Norfolk Hotels in Nairobi wartete. Auf dem Weg zu meinem Rendezvous kostete es mich alle Willenskraft, mich nicht auf dem Absatz umzudrehen und auf direktem Wege nach Australien zurückzufliegen. Ich wußte nicht, wie und ob ich mit der Enttäuschung fertig werden würde, falls Robert sich nicht blicken ließ. In der ersten Stunde, die ich dasaß und wartete, zitterten meine Hände, und ich war schweißgebadet. Drei Stunden und zwei Gin Tonic später wartete ich immer noch, wenn auch ein wenig ruhiger. Ich sagte mir, daß er nicht kommen würde. Es war unendlich viel leichter, das zu glauben, als mir auszumalen, was geschehen mochte, falls er tatsächlich erschien. Meine größte Furcht war natürlich die, daß überhaupt nichts passierte, falls er kam.

Ich hatte einen Platz gewählt, von dem aus ich die Straße gut überblicken konnte. Ich hielt unablässig Ausschau nach Roberts Gesicht in der Menge. Ein hübsches Gesicht mit einem schiefen Lächeln. Jedesmal, wenn ich einen großgewachsenen Mann mit geschmeidigem Gang oder strahlendem Lächeln sah, blieb mir das Herz stehen. War das Robert? Ich wandte sofort den Blick ab, da mir der Mut fehlte, mich davon zu überzeugen, ob er es tatsächlich war. Dann sah ich zögernd wieder hin und war enttäuscht. Nach einer Weile begann mein Herz langsam wieder zu schlagen, und ich fühlte mich irgendwie erleichtert. Ich empfand allein deshalb Erleichterung, weil wir, sobald wir wieder zusammen waren, die nächste Hürde würden angehen müssen. Ich überlegte, was ihn aufgehalten haben mochte. Vielleicht hatte er mein Telegramm nicht bekommen. Vielleicht hatte das *Matatu* eine Panne. Vielleicht wollte er mich nicht wiedersehen.

Ich bestellte ein Softeis und beschloß dann, noch eine weitere Stunde zu warten. Inzwischen war es sechs Uhr, und ich saß seit zwölf auf der Hotelterrasse. Dann, ganz plötzlich, stand Robert neben mir. Er lächelte schüchtern und schüttelte mir die Hand – die einzige akzeptable Form der Begrüßung. Die Massai zeigen in der Öffentlichkeit keine Gefühle durch Küsse, Tränen oder Umarmungen. Aber sein Lächeln und allein die Tatsache, daß er überhaupt den ganzen Weg hergekommen war, um mich zu sehen, machten mir Mut.

Der Eisbecher kam und stand zwischen uns auf dem Tisch. Wir bestellten beide Tee und lächelten uns zwischen den Schlucken an. »Schön, dich wiederzusehen«, sagte er immer wieder. Der Eisbecher schmolz, ein Symbol unserer Schüchternheit und Unsicherheit, da wir beide nicht in unserer vertrauten Umgebung waren.

Wir verbrachten die folgenden zwei Tage in Nairobi und lernten einander neu kennen. Trotz der Fragen und Unsicherheiten in meinem Hinterkopf folgte ich meinem Herzen. Ich sagte mir laut und deutlich, daß ich mit Robert zusammen sein wollte. Also verdrängte ich meine Zweifel und lebte in den Tag hinein.

Wenn ich die ersten Tage unseres Wiedersehens mit einem Wort beschreiben müßte, würde ich sie als distanziert bezeichnen. Aber sogar im Niemandsland des Hotels, wo wir beide nicht recht wußten, wie wir miteinander umgehen sollten, bestand eine große Zuneigung zwischen uns. Robert ging davon aus, daß ich ihn in die Loita-Berge begleiteten würde, aber ich war mir nicht ganz sicher, dort willkommen zu sein.

Während wir unsere Rückkehr in die Loitas planten, war mir bewußt, daß ich mich nicht einfach Roberts Familie aufdrängen konnte. Um mir meine Unabhängigkeit zu bewahren, mietete ich einen Wagen, ein Zelt und zwei Männer bei Tony Church. Am Tag vor unserer geplanten Abfahrt deckte ich mich in Nairobi mit Lebensmitteln ein. Robert suchte einen Verwandten auf, um eine Kuhglocke zu kaufen, und ich schwebte auf Wolke sieben die Mundi Mbingu Street hinunter zu den Märkten. Ich füllte zwei Strohkörbe mit Obst und Gemüse, die anschließend mit Zwirn und einer riesigen Nadel zugenäht wurden. Als nächstes ging ich zu Goodfares, einem kleinen Supermarkt, und kaufte Passionsfruchtsirup, Tee, haltbare Milch, Würste, Büchsenkäse, Butter, Kekse und Eier.

Von dort ging ich die Biashara Street hinunter, an all den indischen Läden vorbei, die förmlich überquollen von Stoffen, verspielter billiger Kinderkleidung und khakifarbener Safarimode. Ich betrat den Eisenwarenladen und anschließend das Perlengeschäft, um *Saen* zu kaufen, die aus der Tschechei importierten bunten Perlen, die die Massai seit Jahrzehnten zu Schmuck verarbeiten, seit arabische Handelskarawanen und die ersten europäischen Entdecker durch das Massai-Land gezogen waren. Als nächstes besorgte ich im Gewürzladen feinen Basmatireis. In einem weiteren Laden erstand ich grünen Stoff als Geschenk für Roberts Vater und Bleistifte und Schulhefte für die Kinder. Außerdem kaufte ich ein Holzpuzzle in Form einer Landkarte von Afrika. Das kam einem »Lernspielzeug« in dem Spielwarenladen voller rosiger Babypuppen, Science-fiction-Artikeln und Büchern, in denen Kinder aus dem Westen typisch westliche Dinge taten, am nächsten.

Zurück in unserem Hotelzimmer verglichen Robert und ich unsere Einkäufe. Seine waren in Zeitungspapier eingeschlagen und in alten Plastiktüten verstaut. Er hatte Gingham-Stoff gekauft, einen Strampelanzug, ein Kleidchen und Kinderschuhe, eine Büchse Rinderfett, zwei Kuhglocken und einen kleinen hölzernen Koffer. Er erklärte mir, daß er eine der Kuhglocken würde umtauschen müssen, weil sie beide gleich klangen. Er wollte, daß jedes seiner Rinder seinen eigenen Klang hatte, damit man die Glocken von weitem hören konnte und die Leute wußten, daß er eine große Herde besaß. Er wußte genau, welche Ochsen eine Glocke bekommen würden. Wenn ich gefragt hätte, hätte er mir auch ihre Namen und Abstammung nennen können.

An diesem Abend begann Robert, mir von seiner Kindheit zu erzählen. Ich sage »begann«, weil die Erzählung schon drei Jahre dauert und noch nicht abgeschlossen ist. Er fing an zu berichten, als ich ihn nach seiner Familie fragte.

Roberts Vater ist ein hochangesehener Ältester und Sohn des großen Oloiboni Senteu. Die Iloibonok sind die Propheten, Ritualexperten, Heiler und geistigen Führer der gesamten Massai-Nation. Iloibonok bedeutet wörtlich »die, die Medizin machen«. Ihr Clan, die Nkidongi, stammt vom ersten Oloiboni ab und könnte als Äquivalent eines königlichen Geschlechts bezeichnet werden. Die Iloibonok sind keine »Häuptlinge« oder politischen Führer. Kein Massai trägt diese Verantwortung, da alle Entscheidungen über den Konsens des Ältestenrates getroffen werden. Die Iloibonok sind eine Art Mittelsmänner zwischen den Massai und Gott.

Als Robert geboren wurde, war seine Mutter in den Vierzigern und sein Vater bereits über sechzig. Als er noch sehr klein war – niemand kann mit Bestimmtheit sagen kann wie alt genau, aber vermutlich drei oder vier – fiel Robert von einem Baum und wurde von einem Ast aufgespießt, der sich in seine Seite bohrte. In den ersten Tagen wurde er mit traditionellen Heilmitteln behandelt. Als die Wunde sich entzündete, suchte seine Familie Hilfe von außerhalb, und er wurde zur Operation nach Nairobi geflogen. Heute hat er eine wulstige Narbe am Körper, die das Messer des Chirurgen auf seinem Bauch hinterlassen hat, sowie hübschere Narben dort, wo sein kleiner

Körper geritzt und Buschmedizin in die Schnitte gerieben worden war.

Außerdem erkrankte Robert als kleiner Junge an einem Leiden, das seiner Beschreibung nach eine Meningitis gewesen sein könnte. Er erholte sich ohne Krankenhausaufenthalt, behielt jedoch eine leichte Gesichtslähmung auf der rechten Seite zurück, auf die sein anziehendes schiefes Lächeln zurückzuführen ist. Teils aufgrund dieser frühen Traumata, teils weil er das letztgeborene Kind war, behielt sein Vater ihn einige Jahre bei sich und schickte ihn nicht im gleichen Alter wie seine älteren Brüder in die Schule.

Robert verbrachte die ersten neun Jahres seines Lebens mit seinem Vater. Am Morgen verließen sie die Hütte und entfachten ein kleines Feuer, um sich zu wärmen. Dann begann Roberts Vater, die Besucher dieses Tages zu empfangen: andere Älteste im Ruhestand und jüngere Männer, die seinen Rat suchten. Ich sehe förmlich vor mir, wie Robert ernst und schweigsam am Feuer hockt, Zweige nachlegt und Tee für die älteren Männer holt. Er verbrachte seine Kinder- und Jugendjahre damit, ihre Ratschläge, ihre Geschichten und ihre Hoffnungen und Ängste im Hinblick auf die Zukunft in sich aufzusaugen. Nachts schlief er nicht bei den anderen Kindern, sondern teilte statt dessen das Bett mit seinem Vater. Kein Wunder, daß er ein so nüchterner, verantwortungsvoller Erwachsener ist – er war schon ein kleiner alter Mann, als er noch keine zehn Jahre alt war.

Robert durchlief alle üblichen Etappen der Entwicklung der Massai-Kinder. Erst wurden seine oberen Ohrlappen durchstochen. Dann wurden seine zwei mittleren unteren Zähne mit einem Messer herausgeschnitten. Robert erinnert sich noch gut an die beiden Male, da seine Zähne herausgeschnitten wurden (Milchzähne und bleibende Zähne). Es war eine sehr schmerzhafte Prozedur, aber man versprach ihm eine Kuh, wenn er nicht weinte. Und so tat er das natürlich auch nicht. Die dauerhafte Zahnlücke gilt nicht nur als schön, sondern außerdem als notwendig im Falle einer Kiefersperre, da man dem Betroffenen durch die Lücke Milch einflößen kann. Die Massai sagen, daß man, wenn die Zähne nicht entfernt werden, ißt »wie ein Esel«. Im Gegensatz zu Rindern sind Esel bei ihnen nicht besonders hochangesehen.

Kleine Kreise wurden in Roberts Wangen geritzt. Heute ist die Narbe schwarz verfärbt wie eine Tätowierung. Die Schnitte wurden von seinem Vater ausgeführt, aus rein ästhetischen Gründen. Auf seinem Gesicht sind noch weitere Schnitte, die sein Vater ihm als Strafe beibrachte, wenn er geweint hatte. Das klingt nach einer sehr drastischen Art der Bestrafung, aber die Massai hassen Tränen, und Väter bringen ihnen diese kleinen Wunden bei, um ihre Kinder abzuhärten.

Später, als Robert etwa acht Jahre alt war, wurden große Löcher in seine Ohrläppchen gestochen. Hierbei wir mit einem Rasiermesser oder Messer eine ziemlich großes Stück Fleisch aus dem Ohr herausgeschnitten. Dann wird dieses Loch erweitert, indem nach und nach immer größere Holzpfropfen hindurchgesteckt werden. Es wird immer nur jeweils ein Ohr auf einmal durchlöchert, damit das Kind auf der einen Seite schlafen kann, während die andere abheilt. Als ich Robert fragte, ob dies alles nicht schrecklich weh getan habe, entgegnete er: »Das macht mir nichts, ich bin ein Massai.« Das ist eine typische Antwort. Als ich nachhakte, gab er schließlich zu, daß die Durchlöcherung der Ohren tatsächlich sehr schmerzhaft gewesen sei, daß sein Vater ihm jedoch verboten hatte zu weinen – und natürlich hatte er sich an dieses Verbot gehalten. Auch die Spiele, die alle kleinen Massai-Jungen spielen, um sich auf den Tag ihrer Beschneidung und den Eintritt in den Kreis der *Moran* vorzubereiten, dienen der Gewöhnung an das Ertragen von Schmerzen. Das erste »Spiel« der Jungen bestand darin, sich gegenseitig brutal zu kneifen, ohne zu zucken. Beim zweiten ging es darum, selbst zugefügte Verbrennungen zu erdulden und dabei keine Miene zu verziehen. An Roberts Beinen sind glatte, glänzende runde Narben, die von den vielen Malen zeugen, da er sich mit einem glühenden Stock die Haut versengt hat.

Wenn er nicht bei seinem Vater war, mußte Robert sich um die Kälber und Ziegen kümmern. Er hatte seinen eigenen Hund, Kolompo, und die beiden gingen gemeinsam auf die Jagd. Eine weitere Narbe an Roberts Bein hat er einem rasenden Warzenschwein zu verdanken, das ihn eines Tages angriff. Glücklicherweise kam ihm Kolompo zu Hilfe, der ein sehr mutiger Hund gewesen sein muß, da er sich einem wütenden Warzenschwein entgegenstellte, einem Tier, das zwar ulkig aussehen mag, jedoch sehr gefährlich werden kann.

Massai-Jungen lieben die Jagd auf kleinere Tiere wie Dik-Diks, Buschböcke, Gazellen, Zebras und Vögel. Robert sagt, er und seine Freunde hätten nie Affen oder Paviane gejagt, weil sie »wie Menschen« wären. Mit dem Land, den Wildtieren und ja, auch mit dem Töten eines Tieres vertraut zu werden, gehört zur frühen Grundausbildung eines jeden Massai-Jungen. Die älteren Männer jagen nicht, und die Jagd zur Nahrungsbeschaffung ist den Massai ein Greuel. Jedoch sind eine enge Beziehung zur Natur und ein hohes Maß an Selbständigkeit für das Überleben im Massai-Land unabdingbar. Die Massai sind selten sentimental im Umgang mit Tieren, auch wenn sie einen guten Arbeitshund schätzen und allen Wildtieren den ihnen gebührenden Respekt entgegenbringen. Aber Robert muß eine ganz besondere Freundschaft mit Kolompo verbunden haben, da er sich im Alter von elf Jahren, als der Hund an einem Schlangenbiß starb, schwor, nie wieder einen eigenen Hund zu halten.

Mit neun Jahren durfte Robert in Morijo die Schule besuchen. Zwei seiner älteren Brüder, Daniel und Ilampala, waren vor ihm bereits auf der Schule gewesen – Daniel sechs und Ilampala acht Jahre. Ilampalas Spitzname war auf das Massai-Wort für Buch zurückzuführen, *Impala*. Ihr Vater war ein recht fortschrittlicher Mann und folgte der Aufforderung der Regierung, zumindest einige seiner Kinder auf die Grundschule in Morijo zu schicken. Die Regierung hatte besonders an Iloibonok-Familien appelliert, damit diese den übrigen Massai mit gutem Beispiel vorangingen. Der damalige Oloiboni, Simel, schickte ebenfalls einen seiner Söhne zur Schule.

In den 50er Jahren wurden Massai-Väter von den Kolonialverwaltern vor eine harte Wahl gestellt: Entweder schickten sie einen Sohn auf die Schule, oder sie mußten zur Strafe eine Kuh abgeben. Die meisten Männer gestatteten der Regierung widerwillig, einen ihrer Söhne zu nehmen, während andere gewaltsam weggeholt wurden[2]. Es muß eine schlimme und sehr verwirrende Zeit für die Massai gewesen sein. Was sollte die Schule diesen Kindern bringen, was Gott sie in dieser perfekten ländlichen Umgebung nicht schon gelehrt hatte? Einige Massai reagierten auf den Druck von oben, indem sie ein Kind derjenigen ihrer Frauen auswählten, die ihnen am wenigsten bedeutete, oder indem sie Kikuyu-Frauen ehelichten und deren Kinder auf die Schule schickten. (Die Kikuyu sind seit damals der mächtigste Stamm in Kenia geworden, die Herren der Bürokratie. Viele von ihnen machen keinen Hehl daraus, daß sie alle Massai am liebsten nach Tansania verbannen und ihr Land annektieren würden. Einige von ihnen haben ihre Beziehungen zu den Massai ausgenutzt, um ihre weniger gebildeten »Brüder« mit be-

---

[2] Auszug aus einem Brief des District Commissioners von Narok vom 24. Dezember 1947: »Da die Engidongi [sic] dem Befehl, am Stichtag zwei Kinder zu bringen, nicht nachgekommen waren, ließ ich alle vorhandenen Kinder zu mir bringen und wählte zwei kleine Laibons für die Loita-Schule aus. Ihre Namen lauten 1. Oloshega ole Ngabwal (etwa sieben Jahre alt) und 2. Kapete ole Simel (etwa sechs Jahre alt).«

trügerischen Machenschaften zu vertreiben – alles im Namen der Entwicklung und des Fortschritts natürlich).

Um die Schule zu besuchen, verließ Robert das Haus seiner Mutter und zog zur ersten Frau seines Vaters, Mumai. Meine spontane Reaktion darauf war: »Wie traurig, daß du das Heim deiner Mutter verlassen mußtest, um zur Schule gehen zu können.« Aber Robert korrigierte mich. Mumai, erklärte er mir, wäre für ihn wie seine eigene Mutter. Tatsächlich nennt er alle Frauen seines Vaters *Yeiyio* – Mutter. Darüber hinaus gelten alle Ehefrauen der Männer aus der Altersgruppe seines Vaters, *Ilterito,* also die Mütter seiner Freunde, klassifikatorisch als seine Mütter. Und alle *Ilterito*-Ältesten sind im übertragenen Sinne seine Väter. Alle Geschwister und Halbgeschwister, Cousins und sogar Vettern zweiten Grades werden als Brüder und Schwestern betrachtet. Bei den Massai wird kein Unterschied gemacht zwischen Cousins, Halbgeschwistern und Geschwistern. Ein Vollbruder wird manchmal als *»Olalashe ongar kina«* bezeichnet, als »Bruder, der von derselben Brust gestillt wurde«. Krieger derselben Altersgruppe sind Brüder, Freunde und Kameraden zugleich.

Ich wurde nach dem restriktiven westlichen Modell exakt definierter Beziehungen erzogen, innerhalb derer jedem ein ganz bestimmtes Maß an Liebe und Zuneigung zukommt. Beispielsweise weiß bei uns jeder, daß man die eigene Mutter mehr lieben sollte als die Mutter seines besten Freundes. Bei den Massai ist dem nicht unbedingt so. Liebe und Respekt werden einem anderen Menschen völlig frei und rückhaltlos entgegengebracht.

Ich mochte Roberts große Familie, fand die Verwandtschaftsverhältnisse jedoch gleichzeitig auch verwirrend. Wenn ich versuchte, in Gedanken den Familienstammbaum aufzustellen, mußte ich ständig um Klärung der präzisen Beziehung bitten. Ich glaube, mein detailliertes

Interesse an Blutsbanden belustigte ihn. Hinzu kommt, daß die meisten Massai verschiedene Namen haben – eine Mischung aus formellen, Vieh- und Kosenamen, die sie im Laufe ihres Lebens bekommen. Roberts Bruder Ilampala wird beispielsweise auch Nkaroya, Le Safari, James, Menya Lendoiyan und ole Mengoru genannt – neben seinen diversen Vieh- und Altersgruppennamen. Nach seiner *Olkiteng-lorrbaa*-Zeremonie wird er noch einen weiteren Namen erhalten. Das macht die Erstellung eines Familienstammbaumes zu einer echte Herausforderung!

Auf der Schule lernte Robert ein wenig Lesen und Schreiben sowie Fußballspielen und einige andere Sportarten. Dort bekam er auch den Namen Robert. Der Lehrer schrieb eine Liste von Jungennamen an die Tafel – John, Joshua, Joseph, James, Daniel, Paul, Moses, David, Mark, Peter und Robert – und forderte die Jungen auf, sich einen Namen auszusuchen. Oloimooja hielt sich im Hintergrund und hörte zu, wie seine Klassenkameraden ihre Namen riefen. Er wollte einen Namen, den sonst niemand hatte. Niemand wählte Robert, und so entschied er sich für diesen Namen. Später an jenem Tag erklärte er seiner Mutter, daß er nun drei Namen hätte und der dritte Robert laute. Sie dachte, er mache einen Scherz, und wollte ihm nicht glauben, bis er Jahre später begann, für Safariveranstalter zu arbeiten und es den Leuten dort, ebenso wie den Bantu-Lehrern, leichter fiel, ihn mit Robert anzusprechen. Englische Namen waren in den Jahren nach der Unabhängigkeitserklärung Kenias immer noch die Regel.

Ein weiteres Zeichen von Roberts Individualität ist die Tatsache, daß er sich seinen Nachnamen selbst aussuchte. Seine älteren Brüder nannten sich alle »Mengoru«, Robert wählte jedoch einen anderen der Namen seines Vaters – Rerente. In der Schule verbot ihm der Lehrer, Massai-Schmuck zu tragen, und Robert durfte auch unter keinen Umständen sein linkes Ohr strecken. Es war bereits durchlöchert, aber das Ohrläppchen noch nicht in die Länge gezogen worden. Die Lehrer waren sehr erfolgreich darin, die Massai-Kinder einer Gehirnwäsche zu unterziehen und ihnen einzureden, die alten Traditionen mit Unterlegenheit gleichzusetzen. Nach vier Jahren auf der Schule forderte Roberts Vater seinen Lieblingssohn auf, nach Hause zu kommen, »um mit der Kriegerarbeit zu beginnen«.

An dem Morgen, als wir in die Loitas fahren wollten, luden wir unsere Einkäufe und mein Gepäck in ein Taxi und fuhren zu Tony Churchs Anwesen im weißen Viertel Langata. Dort erwarteten uns ein Geländewagen und zwei kenianische Angestellte von Tony. Robert und mir war nur allzu klar, daß unsere Beziehung in diesem Privilegiertenviertels als sehr merkwürdig angesehen werden würde, und das belustigte Lächeln der Bewohner des Anwesens bestätigten diese Gewißheit. Als es Zeit war aufzubrechen, meinte Tony, die »Memsahib« sollte vorn sitzen. Ich stieg zu Robert in den Fond. »Nennt mich nicht Memsahib«, knurrte ich mit zusammengebissenen Zähnen, als wir losfuhren.

Als wir in Narotian eintrafen, lud Daniel mich ein, mein Zelt neben seiner Hütte im *Enkang* aufzuschlagen und mit seiner Familie zu essen. Er sagte: »Ich möchte, daß du lernst, zu kochen und zu essen wie eine Massai.« Damit sprach er unbewußt einen Punkt an, der mir beim letztenmal gestattet hatte, eine gewisse Distanz zu wahren. Ich ließ also den Wagen, Tonys Männer und die Ausrüstung am Lagerplatz zurück und zog auf den Hügel. Rückblickend war das die ideale Situation. Ich machte einen Schritt auf die Massai zu, konnte mich aber in mein Lager zurückziehen, falls ich mit der Lebensweise der Einheimischen nicht zurechtkam.

Robert und ich verbrachten so viel Zeit wie möglich miteinander, aber es wäre unschicklich gewesen, wenn wir ständig zusammen gewesen wären. Außerdem hatte Robert tagsüber verschiedenes zu erledigen. Ich war also mehr oder weniger mir selbst überlassen. Ich wandte mich den Frauen (vor allem Narygunkishon) und den Kindern zu, die mich in ihren Alltag miteinbezogen. Zum erstenmal in meinem Leben schleppte ich Wasser, aß nach Art der Massai und molk Kühe.

Die beiden Angestellten von Tony Church, Kimanthi und Kariuki, fanden mein Verhalten höchst befremdlich. Sie konnten nicht verstehen, warum ich auf die mir vertraute Bequemlichkeit des Camps verzichtete, um stattdessen bei den Massai zu wohnen. Auch hatte ich mir vorgenommen, wie die Massai nur noch zu Fuß zu gehen, so daß ich den Wagen stehen ließ. Kimanthi gehörte dem Stamm der Kamba an und Kariuki war ein Kikuyu. Sie waren moderne, gebildete Kenianer, die sich den »rückständigen« Massai überlegen fühlten, und sie konnten einfach nicht begreifen, warum Touristen so fasziniert waren von diesem »primitiven« Volk. Die Kolonialära hat den Menschen erfolgreich eingeimpft, Stammestraditionen mit Rückständigkeit gleichzusetzen, so daß die meisten Kenianer den Sprung ins 20. Jahrhundert vollzogen und den Kontakt zu ihrer traditionellen Kultur verloren haben. In Nairobi betiteln die Leute einen als »Massai«, wenn man etwas Dummes tut, wie beispielsweise achtlos die Straße zu überqueren. Das war meine erste Berührung mit dem Stammessystem in Kenia. Sofern ich irgendwelche Illusionen hinsichtlich der Brüderlichkeit unter Schwarzen gehegt hatte, wurde ich eines Besseren belehrt.

Die Massai ihrerseits verachten jene Stämme, die traditionell ausschließlich Ackerbau betreiben. Wie Daniel es lachend zusammenfaßt: »Die Massai sind die Nummer eins, dann kommen die *Wazungu,* alle anderen sind nur Kikuyu.« Daß die Massai Weiße anderen Afrikanern vorziehen, ist verständlich. Die Weißen, mit denen sie in

Kontakt kommen, sind in der Regel Abenteurer, Missionare, Verwaltungsbeamte und Touristen, also im allgemeinen kompetente, erfolgreiche Männer und Frauen, gebildet und vergleichsweise wohlhabend, mit großem technologischem Know-how. Die Europäer interessieren sich seit langer Zeit für die Massai und bezeichnen sie als »edle Wilde«. Menschen aus dem Westen bekunden gewöhnlich großes Interesse und Neugier an der Massai-Kultur. Die traditionelle Verachtung der Massai für alles Westliche trägt nur dazu bei, den Respekt zu untermauern, der dem berühmtesten Stamm Afrikas entgegengebracht wird.

Olashumpai ist das Massai-Wort für Fremder, aber im Laufe der Zeit ist es zur gängigen Bezeichnung für alle Weißen geworden. Als Fremder gilt jeder, der kein Massai ist, egal ob brauner, gelber, weißer oder schwarzer Hautfarbe – wenn man kein Massai ist, muß man ein Fremder sein. Was genau macht einen Massai aus? Die Bezeichnung Massai bedeutet wörtlich »Maa-Sprechender«. Aber das trifft es nicht ganz, denn es gibt zahlreiche ethnische Gemeinschaften, die Maa sprechen. Hierzu gehören die Samburu-Hirten im Norden Kenias, die Warusha, die an den Hängen des Kilimandscharo in Tansania Ackerbau betreiben, sowie die Baraguyu, einige Okiek und die Fischer des Njemp-Stammes am Beringo-See. Die meisten Ethnologen unterteilen die Massai jedoch nur grob in zwei sehr große Gruppen: die Halbnomaden und Hirten und die seßhafteren, Ackerbau betreibenden Völker. Aber auch diese Unterscheidung ist nicht so streng, wie man glauben mag. Die Richtlinien, die festlegen, wer Massai ist und wer nicht, verändern sich ständig. Beispielsweise mag ein Maa-Sprechender Okiek sich Rinder zulegen und fortan ein Hirtendasein führen, und ein »reiner« Massai kann sich dauerhaft an einem Ort niederlassen, Ackerbau betreiben und die Zahl seiner Rinder verringern, wodurch er vom Hirten zum Landwirt wird. Oder aber er verliert durch eine Seuche sein gesamtes Vieh und ist gezwungen, bei seinen Ackerbau betreibenden Nachbarn Unterschlupf zu suchen. Es ist ein System mit fließendem Grenzen, das seit Jahrhunderten praktiziert wird und die harte Realität des Lebens im Rift-Tal widerspiegelt.

Die Rinderhirten unter den Massai sind in viele einzelne Sektionen oder *Iloshon* (Singular *Olosho*) unterteilt. Manche haben das Wort *Olosho* mit dem Begriff »Stamm« übersetzt, obwohl andere Begriffe wie »Unterstamm«, »Stammessektion« oder »Nation« vorziehen sind. Jeder *Olosho* ist eine autonome Einheit mit eigenem Namen, Gebiet, Kleidungsstil sowie unterschiedlichen Zeremonien, Altersgruppeneinteilungen und Ausdrucksweisen. Meine persönlichen Erfahrungen beziehen sich auf einen bestimmten Unterclan (Nkidongi) innerhalb eines Clans (Ilaiser) innerhalb eines bestimmten *Olosho* (Iloitai). Diese Menschen sind nicht repräsentativ für das Volk der Massai in seiner Gesamtheit. Je mehr ich lerne, desto klarer wird mir, daß es so etwas wie einen Experten für Massai-Bräuche nicht gibt, nicht einmal unter den Massai selbst, die höchstens mit zwei oder drei verschiedenen *Iloshon* vertraut sind.

Am meisten beschäftigte mich bei meiner Rückkehr in Roberts Heimat die Frage, wie man mich aufnehmen würde. Ich nahm an, daß man meine Romanze mit Robert mit Stirnrunzeln quittieren und sie zumindest innerhalb seiner Familie zu Unstimmigkeiten führen würde. Aber nichts deutete darauf hin. Robert erklärte mir immer und immer wieder, daß es mit unserer Beziehung »kein Problem« gäbe. Anfangs fiel es mir schwer, das zu glauben, da ich einer Kultur entstamme, die nicht nur allen Außenstehenden zutiefst mißtraut, sondern darüber hinaus bikulturelle Beziehungen kategorisch ablehnt. Später sollte Robert mich manchmal *Enkashumpai,* weiße Frau, nennen. Ich hielt dies für eine spöttische Bezeichnung, bis er mir erklärte, daß es als Kompliment gemeint wäre. Ich habe gehört, wie Massai frisch gebadete und zurechtgemachte Frauen als *Enkashumpai* bezeichnet haben und ein gerade gefegtes Haus als *Enkaji enkashumpai.* Eine Lieblingskuh oder ein Lieblingsochse weißer Farbe werden ebenfalls gelegentlich als *Enkashumpai* oder *Olashumpai* bezeichnet. »Außerdem«, sagte Robert, »es stimmt doch, du bist *Enkashumpai,* warum sich also den Kopf darüber zerbrechen?«

Bei den Massai allgemein und den Nkidongi im Besonderen hat die Adoption eine lange Tradition. In vergangenen Jahrhunderten wurden im Krieg Männer und ältere Jungen eines besiegten Stammes meist getötet, und die Massai nahmen dann ihre Frauen und Kinder auf[3]. Jedoch konnten auch Männer, die im Krieg von den Massai gefangen genommen worden waren, einer Eingliederungszeremonie unterzogen werden, die sie zu vollwertigen Stammesmitgliedern mit sämtlichen Rechten erhob, einschließlich der Erbrechte. Eine solche Zeremonie ist auch für einen Mann eines Nachbarstammes möglich, der, nachdem er bei verschiedenen Familien gelebt und sich mit deren Lebensweise vertraut gemacht hat, in den Stamm aufgenommen werden möchte. Bei Frauen anderer Stämme ist ein solches Einbürgerungsverfahren nicht notwendig; wenn sie einen Massai heiraten, werden sie hierdurch automatisch in den Stamm des Mannes eingegliedert. Es ist nicht ungewöhnlich, daß ein Massai eine Frau aus einem anderen Stamme heiratet, vor allem, wenn

---

[3] Für die Massai ist das Töten einer Frau absolut tabu. Ein solcher Akt wird als allergrößte Schande betrachtet. Wenn ein Mann unbeabsichtigt eine Frau tötet, muß er sich einer Sühnezeremonie unterziehen, um sich reinzuwaschen. Tut er dies nicht, wird er mit einem Fluch belegt und verstoßen. Die traditionelle Geldstrafe für ein solches Verbrechen beträgt 48 oder 28 Schafe, die dem Vater der Frau oder einem Verwandten übergeben werden. Das Strafgeld ist nur dann fällig, wenn eine Massai-Frau getötet wird. Wird eine Frau von einem anderen Stamm unbeabsichtigt getötet, muß ein Mann sich dennoch der Sühnezeremonie unterziehen.

die Territorien der beiden Stämme aneinandergrenzen, Handelsvereinbarungen bestehen und beide Seiten mit der Sprache und den Bräuchen der anderen vertraut sind. Obwohl man schwerlich behaupten konnte, daß ich einem Nachbarstamm angehörte, läßt sich die sofortige Akzeptanz, die mir von Roberts Familie zuteil wurde, so vielleicht ein wenig besser erklären. Den Nkidongi-Massai mit ihrem ausgeprägten Überlegenheitskomplex erscheint nichts natürlicher, als daß ein Außenstehender ihre Lebensweise kennenlernen möchte. Auch halte ich es diesbezüglich für relevant, daß der Gründer der Nkidongi, Kidongoi, selbst ein Außenstehender war, der von den Massai adoptiert wurde. Vielleicht ist die lange Tradition der Adoption bei den Nkidongi hierauf zurückzuführen.

Ich wohnte zwei Wochen in meinem Zelt in Daniels *Enkang*. Von der Freundlichkeit der Massai ermutigt, begann meine Furcht vor ihrer Nahrung zu schwinden. Ich probierte Milchtee, gerösteten Mais und *Ugali*. Narygunkishon zeigte mir, wie man eine Kuh melkt, *Ugali* zubereitet und eine Kalebasse säubert. Frische und gegorene Milch wird den *Moran* direkt aus einer Kalebasse gereicht. Um ein solches Gefäß zu reinigen, muß man einen glühenden Stock aus dem Feuer nehmen und diesen kräftig in den ausgehöhlten Flaschenkürbis rammen. Hierdurch lösen sich verkohlte Holzpartikel, die die Milchreste aufsaugen und anschließend herausgeschüttelt werden. Diese Prozedur muß mehrmals wiederholt werden, bis die Kalebasse wirklich sauber ist. Traditionell ist eine Kalebasse das einzige akzeptable Behältnis für Milch, aber heutzutage verwenden die Massai zuweilen auch Plastikflaschen oder Blechtassen.

Als meine Lektion im Kühemelken anstand, bedurfte es der gemeinsamen Bemühungen Narygunkishons und Daniels, ihre geduldigste Kuh dazu zu bewegen, für mich stillzuhalten. Die Kühe werden zweimal täglich im *En-*

kang gemolken, am Morgen und bei Anbruch der Dunkelheit. Sofern sie nicht ausgesprochen unleidlich sind, werden sie zum Melken nur selten angebunden. Manchmal wird ihr junges Kalb an einen Pfosten oder einen Türrahmen gebunden, was die Kuh veranlaßt, an einer bestimmten Stelle stehenzubleiben. Die Rinder sind mit den Massai sehr vertraut. Vermutlich liegt das nicht zuletzt daran, daß sie die ersten Tages ihres Lebens im Haus ihrer Besitzer verbringen und die Wärme des Feuers mit den anderen Kindern teilen. Ich sage bewußt »mit den anderen Kindern«, weil die Massai ihren Rindern sehr zugetan sind. Wenn sie älter werden, schlafen die Kälber im *Olale* im Inneren der Hütte und werden während des Tages in der Nähe des *Enkang* von den Kindern betreut. Jede Kuh, jeder Ochse und jeder Bulle hat seinen eigenen Namen und wird als Individuum für sich geliebt.

Die Kuh, die ich melken sollte, wußte gleich, daß ich keinen Schimmer davon hatte, was ich tat; sie wandte mir immer wieder den Kopf (mit den riesigen Hörnern) zu und versuchte mehrfach, mich zu treten. Mein verzweifeltes Ziehen an den Zitzen förderte keinen Tropfen Milch zutage. Schließlich ging sie äußerst ungehalten davon. Für meine zweite Lektion machte Daniel mich mit Soiyaan bekannt, einer jungen, dunkelgrauen Kuh ohne Hörner. Soiyaan wollte meine Anstrengungen ebenfalls nicht mit Milch belohnen und trottete davon, um zu grasen. Also kratzte ich ihr den hübschen, hornlosen Kopf mit einem Stock, was sie zu genießen schien. Ich beschloß, mein Vorhaben, das Melken zu erlernen, aufzugeben, und widmete mich statt dessen der Aufgabe, hornlose Rinder zusammenzutreiben.

Gegen Ende meines Aufenthaltes schenkte Daniel mir Soiyaan. Das war ein feierliches und kostbares Geschenk, da die Massai sehr an ihren Tieren hängen. Neben der Familie, der Altersgruppe und den klassifikatorischen Beziehungen, gibt es im Massai-Land noch eine weitere Art von Bindung, die sich am besten als »Vieh-Beziehung« beschreiben läßt. Wenn jemand einem anderen ein Stück Vieh schenkt, verbindet sie von da an auf ewig die Bezeichnung für das entsprechende Tier. Soiyaan war eine junge Färse, so daß Daniel und ich einander fortan mit *Paashe* ansprachen. Rindernamen werden gewöhnlich sehr zärtlich ausgesprochen und mit großem Respekt benutzt. Wenn man ein Rind als Geschenk angenommen hat, darf man denjenigen, mit dem einen fortan eine »Vieh-Beziehung« verbindet, nie wieder mit seinem gängigen Namen ansprechen, um das Tier nicht zutiefst zu beleidigen.

Am Nachmittag saß ich manchmal mit den Frauen und ihren kleineren Kindern in der Sonne. Es war kaum zu glauben, daß ich mich so glücklich und zufrieden dabei fühlte, auf einer alten Kuhhaut im Dreck zu sitzen, umgeben von Kuhdung, schmutzigen Kindern und Schwärmen von Fliegen. Ich lernte, die einfachen Perlenketten anzufertigen, die von Männern und Frauen getragen werden. Die Perlen werden auf Fäden aufgereiht, die aus gewachsten Nylonsäcken gezogen werden, die man in Australien Pferden zum Füttern umhängt. In Kenia werden die Säcke benutzt, um trockene Lebensmittel zu transportieren, und anschließend eingetauscht oder verkauft. Die Frauen ziehen vorsichtig einen einzelnen Strang heraus, den sie dann in drei oder vier einzelne Fäden teilen. Zwei dieser Fäden reiben sie kräftig an ihren Oberschenkeln, wodurch sie verzwirbeln und einen reißfesten Zwirn ergeben. Ich hatte erhebliche Schwierigkeiten mit dieser Technik, nicht zuletzt, weil meine sehr kräftigen, weißen Beine behaart sind und es höllisch weh tut, die Fäden auf ihnen zu reiben. Massai-Frauen haben praktisch keine Haare auf den Beinen, wenngleich ich nicht sagen kann, ob das von Natur aus so ist oder ein Resultat der Fadenzwirbeltechnik.

Meine liebste Tageszeit war die Abenddämmerung,

nachdem die Kühe gemolken waren. Wenn die Sonne beginnt, hinter den Loita-Bergen zu versinken, lassen die Rinder sich für die Nacht im *Enkang* und auf der freien Fläche um die Häuser nieder, dem sogenannten *Boo.* Mit einem tiefen zufriedenen Seufzer knicken sie die Vorderbeine ein und lassen sich zu Boden sinken, während die Kinder zwischen den Hütten umhertollen. In den Hütten wird das Abendessen zubereitet. Manchmal saß ich draußen auf einem niedrigen Schemel bei Daniel und anderen Ältesten, und die Kinder brachten uns dampfende Tassen mit Milchtee. Das war eine wunderbar friedliche Art, den Tag zu beschließen. Am Abend, nachdem wir mit Narygunkishon eine einfache Mahlzeit wie beispielsweise Kartoffeln und Reis geteilt hatten, begleiteten die Kinder mich in mein Zelt, wo wir zusammen sangen, bis es für sie Zeit war, schlafen zu gehen. Im Massai-Land geht man selten nach neun Uhr zu Bett, obwohl es hierbei keine festen Regeln gibt und es den Kindern weitgehend selbst überlassen bleibt, ihren eigenen Rhythmus zu finden. Ausnahmen werden nur gemacht, wenn Besucher da sind oder es etwas Wichtiges zu besprechen gibt; in solchen Fällen können die Massai-Männer bis in die frühen Morgenstunden hinein diskutieren.

Ich hatte Roberts Mutter bislang noch nicht kennengelernt, da sie anscheinend ständig unterwegs war, um verschiedene Verwandte zu besuchen. Roberts Vater lebte mit seiner dritten Frau – seiner Lieblingsfrau – in Narotian. Sie war eine braunhäutige Schönheit mit traumhaftgeformten Wangenknochen. Robert und seine Altersgruppe nannten sie *Yeiyio,* Mutter, aber sie selbst stellte sich mir als Kokoo vor, was Großmutter bedeutet. Kokoo, stets ruhig und lächelnd, war der Inbegriff der Eleganz. Ich war Roberts Vater im Dezember 1989 das erstemal begegnet, und nun wuchs unsere Freundschaft weiter. Papa sprach kein Englisch, so daß wir vor allem mit Lächeln und Gesten miteinander kommunizierten. Ein beliebtes

Gesprächsthema bei uns war unser Schmuck, den wir häufig verglichen. Als ich Papa kennenlernte, war er bereits ein sehr, sehr alter Mann über neunzig. Seine Wangen und sein Hals waren eingefallen, aber seine Augen leuchteten wie schwarze Diamanten. Ein weiterer auffälliger Zug an ihm war sein Lächeln mit einem vollständigen, kräftigen weißen Gebiß. Was für ein *Morani* er in seiner Jugend gewesen sein mußte! Inzwischen war er langsam geworden, konnte sich aber immer noch recht gut fortbewegen. Manchmal traf ich ihn in unserem Lager an, wo er in der Sonne saß und Tee oder Limonade trank. Er hatte eine Schwäche für grünen Stoff und ausgefallene Kopfbedeckungen. Als ehrwürdiger Ältester nahm er nicht mehr aktiv an der Verwaltung des Dorfes teil, aber es suchten immer noch viele seinen Rat und fragten ihn nach vergangenen Zeiten. Er regelte die Angelegenheiten seiner großen Familie und seiner Herde mit Hilfe seiner sieben Söhne und zahlreichen Neffen. Er sprach mich mit *Enkerai ai* (mein Kind) oder *pasanai* (meine Liebe) an. Robert erzählte mir, daß sein Vater mich anderen gegenüber als »*mzungu* Baby« bezeichnete. Als ich meine Überraschung darüber zum Ausdruck brachte, als Baby bezeichnet zu werden, lachte Robert und erklärte, daß sein Vater so alt wäre und in seinem Leben schon so viel gesehen hätte, daß er sogar jemanden, der in den Vierzigern war, noch als Kind betrachten würde.

Die Massai haben viele hübsche Kosenamen für ihre Kinder. Roberts Mutter nennt ihn *Kaiyai* (der von Gott Gesandte) und ihren anderen Sohn Ilampala *Olongututi* (der, den ich gerne küsse). Es kommt häufig vor, daß Frauen ihre Kinder *enkoshoke* nennen (mein Magen), *enkutuk ai* (mein Mund) oder *Enkai naishoo enkerai* (das Kind, das mir von Gott geschenkt wurde). Eltern werden formell als Mutter oder Vater ihres ersten Kindes bezeichnet. So wird Narygunkishon höflich mit *Ngoto Sintiman* angesprochen (Mutter von Sintiman); Daniel ist *Menye Sinti-*

man (Vater von Sintiman). Darum bezeichnet man das erste Kind häufig auch als *Enkai naishoo enkarna enkerai* (das Kind Gottes, das mir einen Namen gegeben hat).

Während meines zweiwöchigen Aufenthaltes in Narotian wurde Robert krank. Er hatte eine Schwellung links in der Leistengegend, die ihm beim Gehen Schmerzen bereitete. Ich vermutete, es könne sich um einen Leistenbruch handeln. Er wußte keinen Namen für die Schwellung, behauptete jedoch zu wissen, welche Medizin er einnehmen müsse. Hierzu müsse er mit einem Freund tief in den Wald gehen, einen Ochsen schlachten und einen speziellen Sud aus den Wurzeln einer bestimmten Pflanze zubereiten. Er sagte, dies ließe die Schwellung »reifen«, so daß sie aufgeschnitten werden könne. Ich wollte, daß er einen Arzt aufsuchte, was er jedoch ablehnte. Um seine Heilung vorzubereiten, ging er nach Morijo, wo er die Schlachtung eines Ochsen arrangierte und einen Freund bat, ihn zu begleiten. Das bedeutete, daß er mich einige Tage allein lassen mußte. Kein Krieger, der etwas auf sich hält, möchte sich in einem *Enkang* aufhalten, wenn er krank ist; er muß in den Wald gehen, um sich selbst zu behandeln.

Als Robert den zweiten Tag weg war, schickte er mir eine Überraschung. Sein großer Freund Marefu erschien mit einer von Roberts Ziegen, die er mir als Geschenk überreichte. Die Ziege war nicht als Haustier gedacht, sondern als Abendessen. Ich wußte, daß das eine ausgesprochen großzügige Geste und ein großes Kompliment war – ungefähr so wie für sechs Dutzend langstielige roter Rosen bei uns. Die Ziege wurde auf sehr unspektakuläre Art und Weise ins Jenseits befördert. Ich tröstete mich damit, daß sie tot war, ehe sie wußte, wie ihr geschah. Ich hatte noch nie zuvor mitangesehen, wie mein Essen geschlachtet wurde, aber ich sagte mir, daß, wenn ich die Ziege essen wollte, ich ihr zumindest soviel Respekt zollen sollte, bei ihrer Schlachtung zuzusehen. Erst legte Marefu der Ziege eine Hand über Mund und Nase, um sie zu ersticken. Nach ein paar Minuten war sie kaum noch bei Bewußtsein. Dann wurde ihr mit einem Messer die Kehle durchgeschnitten. Das Blut spritzte und sprudelte hellrot aus der klaffenden Wunde. Die Ziege hauchte mit einem letzten Atemzug und einem gurgelnden Geräusch ihr Leben aus. Ich überließ es Marefu, das Tier unter dem Baum zu häuten und zu zerlegen und kehrte zurück, als er das Feuer entfacht hatte, auf dem die Ziege gebraten werden sollte. Das Fleisch wurde auf spitze Stöcke gespießt und über glühenden Kohlen geröstet. Ziegenfleisch schmeckt köstlich, wenn es auf diese Art zubereitet wird, und alle genossen die seltene Fleischmahlzeit. Papas Hund Simba wartete geduldig auf die Knochen.

Am nächsten Tag trocknete Narygunkishon den Balg in der Sonne. Sie dehnte das Fell zu seiner vollen Größe aus und schlug mit der flachen Seite einer Axt kleine Holzpflöcke rund um in die Haut, um sie gespannt zu halten. Die Haut wurde ein paar Tage zum Trocknen so belassen. Von großen Rinderhäuten wird das Haar abgeschabt und sie werden als Bettüberwürfe verwendet oder zu Packtaschen für Esel verarbeitet. Kleine Häute werden häufig an den Fellhändler verkauft, der alle *Enkangs* mit dem Fahrrad abfährt. Er kauft die Häute für etwa 30 Schillinge (2 australische Dollar) auf und verkauft sie dann an das örtliche Entwicklungshilfeprojekt weiter, das über eine eigene Gerberei verfügt.

Eines Abends traf ein Mann im *Enkang* ein, der Robert wie aus dem Gesicht geschnitten war. Ich wußte sofort, daß es sich um seinen Bruder Ilampala handeln mußte. Er grinste mich an und fragte, ob ich wüßte, wer er sei. Ich wußte es, da Robert mit oft von seinem Bruder erzählt hatte, der vier Jahre älter war als er und somit der nächsten Altersgruppe angehörte, *Ilrandai*. Ilampala sprach hervorragend Englisch, da er acht Jahre lang die Schule besucht hatte. Im Laufe der Zeit erkannte ich, daß er die westliche Denkweise besser verstand als jeder andere im Dorf. Er war nur kurze Zeit *Morani* gewesen und hatte statt dessen eine andere Seite der Welt kennengelernt, erst als Viehhändler und später als Ladenangestellter auf einem Massai-Handelsposten. Abgesehen von ihrem Äußeren hätten Ilampala und Robert nicht verschiedener sein können. Während Robert zurückhaltend und ernst war, war Ilampala gesellig und ein Spaßvogel. Robert hatte vier Brüder, zwei Halbbrüder und unzählige Vettern. Als letztes Kind seines Vaters war er der Herrschaft seiner Brüder unterstellt, und sein Name war ganz unten in den Totenpfahl eingeritzt. Bei den Massai gibt es ein Sprichwort: »Ein Junge ist kein Mann, solange sein Vater noch lebt.« Dies läßt sich auch auf seine älteren Brüder übertragen. Beispielsweise war es Robert nicht erlaubt, ohne die Erlaubnis seiner Brüder Vieh zu verkaufen oder einzutauschen. Als ich sagte, das fände ich ein wenig hart, zuckte er nur mit den Schultern und meinte, das wäre bei den Massai nun einmal so.

Ich war froh, als Robert zwei Tage später nach Narotian zurückkehrte. Er hatte inzwischen alle Vorbereitungen für sein Fleischlager im Wald getroffen. Seit meiner Begegnung mit Ilampala hatte ich mich mit niemandem mehr richtig unterhalten können. Ich stellte fest, daß das Leben ohne vernünftige Konversation ziemlich einsam sein kann. Dann waren die zwei Wochen verstrichen, und ich mußte den Wagen und die Ausrüstung nach Nairobi zurückbringen. Gleichzeitig wollte Robert in den Wald zurückziehen, um sich zu kurieren.

Bei meiner ursprünglichen Ankunft in Nairobi hatte ich keinerlei Pläne gehabt, ich hatte nur Robert wiedersehen wollen. Inzwischen hatte unsere Beziehung die kritische Wiedersehensphase der ersten Tage in Nairobi überstanden und war durch die Wochen, die wir bei seiner Familie in den Loita-Bergen verbracht hatten, bestätigt worden. Für mich war es an der Zeit, mich seiner Welt weiter anzunähern und zu lernen, mich in seiner Sprache zu verständigen. Ich war überzeugt davon, daß die Sprache der Schlüssel zu einem tieferen Verständnis Roberts und seiner Kultur war. Wenngleich Suaheli offiziell die Landessprache Ostafrikas ist und für Englischsprechende angeblich leicht zu erlernen sein soll, wollte ich Massai lernen – eine weit schwierigere Sprache, die nur von etwa 500 000 Maa-sprechenden in Kenia und Tansania benutzt wird. Ich hatte von einer Sprachschule der Missionare in Nairobi gehört, an der auch Massai unterrichtet wurde. Ich hatte vor, mich für ein Vierteljahr dort einzuschreiben.

VI
Aingoru – Suche
Juni bis August 1990

Osina likiya eniaado.

Schwierigkeiten
bringen einen weiter.

Massai-Sprichwort

Ich wurde als Schülerin der Massai-Sprache an der CPK-Sprachschule aufgenommen, die von der Church Province of Kenya in Nairobi geleitet wurde und sich am äußeren Rand des Stadtzentrums befand. Die Studenten waren hauptsächlich Missionare aus der ganzen Welt, die hergekommen waren, um Suaheli zu lernen. Da ich als Schülerin immatrikuliert war, konnte ich im Anglikanischen Gästehaus gleich neben der Sprachschule wohnen. Das Gästehaus war ein geräumiges Sandsteingebäude inmitten eines kleinen, aber hübschen Gartens. Ich traf an einem Sonntag dort ein.

Das Mädchen, das mich am Empfang begrüßte, hatte rabenschwarze, mit Kunsthaar verlängerte Haare, die als kleine geflochtene Zöpfe begannen und dann in Hunderte glänzende Korkenzieherlocken übergingen, die ihr über die zierlichen Schultern fielen. Das Friseurgeschäft boomt in Nairobi. In den Vororten scheint in jedem zweiten Haus ein Haar- und Schönheitssalon untergebracht zu sein. Die zwei beliebtesten Frisuren sind Dauerwellen oder Korkenzieherlocken, die an den Stil der Vierziger erinnern, geflochtene verlängerte Haarstränen, wobei Hunderte winziger Zöpfe aus synthetischem Haar angeschweißt und anschließend auf verschiedenste Arten frisiert werden, waren der letzte Schrei.

Das Mädchen stellte sich als Susan vor und zeigte mir mein Zimmer im zweiten Stock, in dem ich die nächsten drei Monate wohnen sollte. Es war klein, sauber und schlicht möbliert, wie von einer Einrichtung der Anglikanischen Kirche nicht anders zu erwarten. Das Zimmer hatte ein großes Fenster mit Blick auf mehrere Bäume, die bereits die rotgoldenen Blätter trugen, die in den kühleren Monaten Juni und Juli auftreten.

Unten neben der Rezeption war eine große, altmodische Lounge mit Erkerfenstern mit Blick auf den Garten. Es gab Bücherregale mit einer kunterbunten Mischung von Romanen, Bibeln und Nachrichtenheften der Mission. Ich fand eine Massai-Übersetzung des Neuen Testaments und, was noch aufregender war, eine gebundene Ausgabe von Enid Bagnolds *National Velvet,* die ich mir prompt unter den Nagel riß. Die anderen Bewohner des Gästehauses begannen von ihren diversen Kirchenaktivitäten heimzukehren. In der Nähe befanden sich eine anglikanische Kathedrale, eine Kirche der Sieben-Tage-Adventisten und eine moderne Kirche der Pfingstbewegung. Hinzu kamen, wie ich noch entdecken sollte, Hunderte weiterer Gotteshäuser in der Stadt und in den Vororten. Wenn Adelaide die Stadt der Kirchen ist, ist das nichts gegen Nairobi. Diese Stadt ist *die* Christenstadt. Wenn Kenia auch etwas spät zum Christentum bekehrt wurde, scheint das Land es sich zur Aufgabe gemacht zu haben, die verlorene Zeit durch um so größeren Einsatz wettzumachen. Der Gottesdienst war fester Bestandteil des wöchentlichen gesellschaftlichen Terminkalenders, auch wenn das bedeutete, daß man halb betrunken direkt vom Nachtklub aus in die Kirche ging.

Das Mittagessen wurde in einem Speisesaal serviert. Ich setzte mich an einen Ecktisch für sechs Personen und bemerkte dann, daß alle anderen stehengeblieben waren, so daß ich mich ebenfalls hastig wieder erhob. Mir wurde klar, daß jetzt das Tischgebet kam. Ich hatte solche Tischgebete bislang nur in Fernsehserien wie *Die Waltons* gesehen, und das war der Beginn einer Reihe ganz neuer Erfahrung für mich. Die anderen Gäste waren eine bunte Mischung aus Schwarzen und Weißen, Geistlichen und Laien sowie einigen beleibten Herren in pompösen tiefroten Roben. Bischöfe, wie ich später erfuhr. Noch bevor ich meine Suppe aufgegessen hatte, fragte mich ein Kenianer, der mir gegenüber saß (wie sich herausstellte, handelte es sich bei ihm um einen Priester in Zivilkleidung), höflich: »Sind Sie im Namen Jesu Christi errettet?« Nein, aber ich darf doch trotzdem zum Mittagessen bleiben, wollte ich erwidern, aber statt dessen wurde ich in die erste einer langen Reihe Unterhaltungen über das Christentum verwickelt, die beim Essen noch folgen sollten. Aber das Brathähnchen war köstlich, und hinterher gab es frischen Obstsalat mit Sahne.

Bei der nächsten Mahlzeit geriet ich an ein älteres britisches Ehepaar, das nach sieben Jahren »Auslandeinsatz« — im missionarischen Dienst, um genau zu sein — »nach Hause« zurückkehrte. Die Frau trug ihr dunkles Haar hochtoupiert, eine Brille mit breitem Gestell und hatte Lippen, die ständig mißbilligend geschürzt waren und an einen kleinen Katzenpopo erinnerten.

»Und was tun Sie genau hier in Nairobi?« wollte sie wissen.

Meine Erklärung, daß ich auf der Sprachenschule Massai lernte, schien sie nicht zufriedenzustellen, denn ihre nächste Frage war: »Aber wofür? Welcher Kirche gehören Sie an? Warum lernen Sie Massai?«

Ich spielte einen Augenblick mit dem Gedanken, ihr zu entgegnen, daß ich mit einem der Einheimischen ins Bett ginge und wissen wolle, wie man auf Massai: »Nicht aufhören« sagte, aber dann traute ich mich doch nicht. Statt dessen murmelte ich, daß ich für eine Entwicklungshilfsorganisation arbeiten wolle.

»Aber das können Sie nicht«, schrie sie mich über den Tisch hinweg an. »Sie sind keine Christin!«

Nun lehnte sie sich so weit vor, daß ich ihren schlechten Atem riechen konnte. »Man würde Sie niemals einstellen.« Fortan achtete ich darauf, nie wieder mit ihr an einem Tisch zu sitzen.

Ich lernte, mich vor gemeinsamen Mahlzeiten mit englischen Missionaren zu hüten. Sie schienen die schlimmsten, ganz sicher aber die intolerantesten zu sein — kein sehr löblicher christlicher Zug, soweit ich informiert bin. Die Amerikaner waren umgänglicher, und mit den Afrikanern verstand ich mich am allerbesten. Wenn ich darauf achtete, zum richtigen Zeitpunkt im Speisesaal zu erscheinen, hatten die weißen Missionare sich bereits zueinander gesetzt, so daß ich am Tisch der Afrikaner Platz nehmen konnte. Die afrikanischen Geistlichen und Evangelisten waren weitaus vernünftiger, was die Mahlzeiten weniger anstrengend gestaltete.

Die CPK-Küche servierte einfache Hausmannskost — die Portionen waren groß und gewöhnlich sehr schmackhaft. Das Gästehaus war ursprünglich von australischen Missionaren eingerichtet worden, und auf der Speisekarte standen Braten mit knusprigen, goldbraun gebackenen Kartoffeln und anderem Gemüse, Eintöpfe und Puddings. Ein netter älterer Bischof aus Uganda sagte zu mir: »Wir können alle auf das Licht zuarbeiten, jeder auf seine eigene Weise, aber nicht jeder muß für Gott predigen. Sogar Bischöfe brauchen Menschen, die in dieser Welt andere Aufgaben erfüllen.« Das schien mir ziemlich vernünftig.

Inzwischen hatte ich mit dem Unterricht an der Sprachenschule begonnen. Ich war die einzige, die Massai lernte. Mein Lehrer war ein würdevoller Massai-Ältester, Mr. Stanley ole Kinana. Er war in einer Missionsschule aufgewachsen und hatte sich später zum Englischlehrer ausbilden lassen. Er hatte in den 50er Jahren an der ersten Schule in Morijo gelehrt und erinnerte sich, daß Daniel ole Mengoru, Roberts älterer Bruder, einer seiner Schüler gewesen war. Da er in einer Mission aufgewachsen war, hatte er keins der üblichen körperlichen Merkmale eines Massai-Ältesten. Seine Ohren waren nicht durchlöchert, er hatte keine Zahnlücke, und sein Gesicht wies keine Narben auf. Er war reserviert und förmlich. Obwohl ich fast verging vor Neugier, was seine Vergangenheit betraf (beispielsweise ob er je ein *Morani* gewesen war), behielt ich meine Fragen für mich. Wenn ich eins von den Massai gelernt hatte, dann gute Manieren an den Tag zu legen und eine gewisse Distanz zu wahren.

Wir beschäftigten uns jeden Morgen mit Grammatik und Konversation. Nach dem Mittagessen arbeitete ich dann allein mit Hilfe von Sprachkassetten und übte wieder und wieder Aussprache und Intonation von Worten und Sätzen. Massai ist eine schwierige Sprache, weil Betonungen eine so große Rolle spielen. Grammatik und Satzbau unterscheiden sich sehr vom Englischen, so daß es, sofern man nicht außergewöhnlich sprachbegabt ist (was ich leider gar nicht bin), fast unmöglich ist, die Sprache allein dadurch zu erlernen, daß man Massai beim Sprechen zuhört. Man braucht wirklich eine ordentliche grammatikalische Grundlage, und die bekam ich bei ole Kinana.

Traditionell ist Maa eine gesprochene und keine geschriebene Sprache. Ich wußte, daß ich über die schöne melodische Sprache Geschichte, Traditionen und Denkweisen der Massai entdecken würde. Mit Robert und seiner Familie zusammen zu sein lehrte mich, durch die Augen der Massai zu sehen, und jetzt mußte ich noch lernen, in ihrer Sprache und Symbolik zu denken. Mehr als alles andere wünschte ich mir, Robert in seiner eigenen Sprache verstehen zu können. Aber das würde nicht einfach werden. Robert spricht wie die meisten Kenianer drei Sprachen: seine Muttersprache und Kisuaheli fließend und Englisch ziemlich gut. Zusätzlich kann er in weiteren fünf Sprachen grüßen und Höflichkeit austauschen. Ich hingegen bin mit nur einer Sprache aufgewachsen und habe den Verdacht, daß der Teil meines Gehirns, der die Fähigkeit steuert, weitere Sprachen zu erlernen, schon vor Jahren durch Nichtgebrauch verkümmert ist. Die Hirtengesellschaft der Massai spiegelt sich sehr deutlich in ihrer Sprache wieder. Sie haben kein eigenes Wort für Geld. *Empisa* ist von dem Kisuaheli-Begriff *Pesa* abgeleitet und *Irupiani* vom indischen *Rupee* — Rupie. Das Wort, das dem Begriff Geld am nächsten kommt, ist *Enkoshola,* was wörtlich »ein Stück Land« bedeutet. Hingegen gibt es 31 verschiedene Begriffe, um die Farben ihrer Rinder zu beschreiben, 28 Wörter für die verschiedenen Arten Gras und seinen jeweiligen Stand, und 16 verschiedene Ausdrücke für Regen. Es gibt kein Wort für Bestechung, was darauf hindeutet, daß es in der Massai-Gesellschaft so etwas wie Korruption aus niederen Motiven nicht gibt. Es gibt keine Wörter für Schule, Geschäft oder Auto — die entsprechenden Begriffe wurden ebenfalls aus dem Kisuaheli übernommen. Es gibt kein Massai-Wort für »bitte«, weil dies in einer höflichen Bitte bereits enthalten ist. Das Wort für danke — *ashe* — wird sehr großzügig verwendet.

Die Massai-Sprache ist ausgesprochen umfangreich. Vor allem die Ältesten legen großen Wert auf die Dialektik. Ihre eleganten Reden beeindruckten ebenso frühe

Entdecker wie die britischen Kolonialbehörden. So wie man von einem Krieger Mut erwartet, erwartet man von einem Ältesten Redegewandtheit, und ein besonders guter Redner steht bei seinen Freunden in hohem Ansehen. Es dauert Stunden, einen simplen Punkt zu besprechen, wobei jeder der am Gespräch Beteiligten die Diskussion zusammenfaßt und abschließend seinen eigenen Standpunkt kundtut. Da mir dies bekannt war, war ich nicht überrascht, als ich entdeckte, wie weit die mündlich übertragene Geschichte der Massai reichte. Es gibt zahlreiche Erzählungen, die Mythen, Legenden, Ungeheuer- und Tiergeschichten beinhalten. Dann gibt es noch einen weiteren Teil der mündlichen »Überlieferungen«, der die Sprichwörter oder *Ndungeterashe* umfaßt, was wörtlich bedeutet »Zuschneider feinen, dünnen Leders«. Dies bezieht sich auf die Präzision und Kürze der Sprichwörter, die die kollektive Weisheit der Massai wiedergeben. Manche sind universell wie beispielsweise *Meishaa ilmoruak aare kishoni* (Ein Weidetor ist nicht breit genug, daß zwei Älteste gleichzeitig hindurchgehen könnten – eine Kombination von: Viele Köche verderben den Brei und »My home is my castle«), *Mikurru enkukuo naishu* (Heb kein glühendes Stück Kohle auf – Schlafende Hunde soll man nicht wecken), *Mepal oloitiko isirat* (Man kann aus seiner Haut nicht heraus). Andere sind weniger eindeutig und erfordern profunde Kenntnisse der Massai-Kultur wie beispielsweise folgende Prachtexemplare: »Der Grund, weshalb der Hund Exkremente gefressen hat, ist nicht der, daß ihm ein Verwandter gefehlt hätte, ihn eines Besseren zu belehren, sondern der, daß er das Ohr des Tauben gefressen hat« oder »Das Fruchtwasser wird nicht getrunken, wichtig ist, daß das Kind wohlgeraten ist« (das bedeutet, daß Blutsverwandtschaft unwichtig ist; allein der Charakter eines Kindes zählt). Sprichwörter werden von den Ältesten verwendet und dazu benutzt, die jüngere Generation etwas zu lehren, spiegeln jedoch auch Poesie und Philosophie der Massai wieder. Die dritte Form der mündlichen Massai-»Literatur« ist das Rätsel. Die Massai unterscheiden zwei Arten von Rätseln, die einfachen und die schwierigen. Vor einem komplizierten Rätsel werden die Zuhörer gefragt: *»Ira ngen?«* (Seid ihr schlau?). Hier zwei Rätsel der einfachen Art: Was bewegt sich über die Erde, ohne Spuren zu hinterlassen? Der Schmetterling. Was dient als lautloses Wecksignal für alle Menschen? Der Morgen.

Ole Kinana empfahl mir außerdem Bücher über die Massai als Lektüre. Wenn ich genug hatte von meinen Sprachkassetten und Büchern, ging ich zu Fuß in die Stadt, um mit den Massai-*Askaris* zu plaudern, die am Eingang des African Heritage Shops in der Kenyatta Avenue standen. Diese Männer sollten, dem Laden ein wenig authentisches Massai-Kolorit verleihen, aber unter den roten Decken trugen sie westliche Kleidung. Von dort aus spazierte ich um die Ecke zur MacMillan-Bücherei, wo ich mich mit der bescheidenen Sammlung von Werken über die Massai beschäftigte, von denen die meisten widersprüchliche Informationen enthielten, die mir aber dennoch halfen, mir ein grobes Bild der Geschichte der Massai zu machen.

Manche Autoren glauben, daß die Massai ursprünglich zu den verlorenen Stämmen Israels zählten. Andere meinen, daß ihre frühesten mündlichen Überlieferungen älter sind als das Alte Testament. Ihre jüngsten Legenden (die Wanderung von einer Einöde in ein neues Land), einige ihrer gesellschaftlichen Bräuche (die Beschneidung der Männer) und Nahrungstabus (kein Schweinefleisch, kein Fisch, kein Geflügel, Wild oder den Genuß von Fleisch und Milch am selben Tag) ähneln tatsächlich Geschichten und Vorschriften, wie sie im Alten Testament nachzulesen sind. Andere Autoren haben wiederum auf die Ähnlichkeiten zwischen der Kleidung der römischen Soldaten und der der Massai Krieger hingewiesen. Es wäre faszinierend, in die Vergangenheit zu reisen und die Ursprünge und Einflüsse der Massai-Kultur zurückzuverfolgen. Wenn mir eine Zeitreise freistünde, würde ich diese wählen. Vielleicht werden neue Erkenntnisse über die Massai-Kunst, die von Gillies Turle neu »entdeckt« und in seinem außergewöhnlichen Buch *The Art of the Maasai* vorgestellt wurde, einige fehlende Teile des Puzzles liefern. Die religiösen Artefakte, die in diesem Buch zum ersten Mal abgebildet wurden, werden von den Iloibonok bei Weissagungen und Heilungen angewandt. Einige der Gegenstände erinnern an ägyptische Hieroglyphen.

Gelehrte und Linguisten debattieren seit Jahrzehnten über die präkolonialistische Geschichte der Massai. Der deutsche Verwaltungsbeamte Moritz Merker ging 1908 so weit, die Ahnen der Massai mit den Babyloniern und Hebräern Arabiens in Verbindung zu bringen. Ihre Ursprünge und der Großteil ihrer Geschichte bleiben jedoch im Nebel der Mythen verborgen.

Die Gelehrten sind sich einig, daß die Massai aus der Gegend nördlich des Turkana-Sees stammen. Als Rasse werden sie den Niloten zugeordnet, Völkern aus der Region des oberen Nil. Linguistisch betrachtet man sie als den Bari aus dem Sudan am nächsten stehend. Nachdem sie nach Süden gezogen waren, sich verstreut und auf ihrer Wanderung andere Stämme mit dem ihren vereint hatten, gelangten sie im 17. Jahrhundert nach Nakuru und in die Ngong-Berge. Die ersten dieser Massai ließen sich am Fuß des Kilimandscharos in Tansania nieder. Im 18. Jahrhundert regierten die Massai das Zentrum des Great-Rift-Tals und das umliegende Hochland. Ihr Territorium erstreckte sich etwa 320 Kilometer von Ost nach West und ungefähr 800 Kilometer von Nord nach Süd – ein riesiges Gebiet, das vom Turkana-See im Norden bis zum südlichen Ende der Massai-Steppe in Tansania reichte.

Der erste Oloiboni, Kidongoi[4], soll von den Massai angeblich während ihrer Migration nach Süden um 1640 gefunden worden sein. Sie behaupten, er wäre von Gott gesandt worden, wie die folgende Version der Geschichte veranschaulicht. Zwei Massai-Krieger fanden in den Wäldern der Ngong-Berge ein kleines Kind. Der Krieger vom Ilmolelian-Clan sah das Kind als erster und wollte es zurücklassen. Der zweite Krieger jedoch, der dem Ilaiser-Clan angehörte, nahm das Kind mit auf die Wanderung der Massai in südlichere Regionen. Er zog den Jungen als seinen eigenen Sohn auf, weshalb die Iloibonok-Dynastie bis zum heutigen Tage dem Ilaiser-Clan angehört. Als er älter wurde, bewies der Junge ungewöhnliche Kräfte. In der Trockenzeit brachte er sein Vieh immer gut genährt und getränkt nach Hause. Manche sagen, er hätte einen langen Schwanz gehabt wie eine Kuh und überall dort, wo der Schwanz den Boden berührte, hätte sich Wasser gebildet. Andere sagen, er hätte die Macht besessen, es vor seinen Rindern regnen zu lassen, und daß dort, wo der Regen niederging, sofort Gras gewachsen wäre. Als sie seine Kräfte erkannten, machten die Menschen ihn zu ihrem spirituellen Führer. Er wurde der erste Oloiboni, und diese Position wird seither vererbt und an die männlichen Nachkommen der Nkidongi-Dynastie weitergegeben.

Die zwei bemerkenswertesten Iloibonok des 19. Jahrhunderts waren Supeet und sein Sohn Mbatiany. Mbatiany und seine Familie lebten in der fruchtbaren Sanya-Ebene zwischen den Meru-Bergen und dem Kilimandscharo im heutigen Tansania. Die Iloibonok haben lange Zeit in die-

---

[4] In manchen mündlichen Überlieferungen heißt es, der erste Oloiboni hätte Mweiya oder Muya geheißen. Das könnte ein anderer Name für Kidongoi gewesen sein oder aber ein anderer Oloiboni. Robert glaubt fest daran, daß Kidongoi der erste war.

ser Gegend gelebt und ihre eigenen spirituelle Gemeinde geschaffen, wenngleich die frühen Iloibonok vermutlich einige Zeit in der Region der Ngong-Berge verbracht haben, die ebenso in ihrem Namen wie auch in den Legenden eng mit ihnen verknüpft sind. Mbatiany hatte mehrere Söhne, und als er um 1890 starb, kam es zwischen zweien, Olonana und Senteub zum erbitterten Streit darüber, wer das Amt des Vaters übernehmen sollte. Es scheint, als hätten beide Söhne hellsichtige Fähigkeiten besessen, aber Mbatiany hatte Senteu zu seinem Nachfolger, zum obersten Oloiboni über alle Hirtenstämme der Massai bestimmt.

Es heißt, Mbatiany habe auf dem Sterbebett seiner Frau Karaine, Senteus Mutter, aufgetragen, ihren gemeinsamen Sohn am nächsten Morgen zu ihm zu schicken, damit er ihm den väterlichen Segen geben und ihm das heilige *Enkidong*, ein Ochsenhorn, in dem die heiligen Steine aufbewahrt werden, überreichen konnte. (In manchen Überlieferungen wird das *Enkidong* als »magisches Kästchen« bezeichnet; tatsächlich handelt es sich um ein glänzendes schwarzes oder weißes Horn, das ursprünglich Kidongoi gehört hat und das seit 1600 an seine Nachfolger weitergereicht wurde.) Olonanas Mutter belauschte jedoch dieses Gespräch und warnte ihren Sohn. Sehr früh am nächsten Morgen fand Olonana sich bei Mbatiany ein und gab sich als Senteu aus. Da Mbatiany sehr krank, so gut wie blind und senil war, gelang es Olonana, seinen Vater zu täuschen und seinen Segen zu bekommen. Als er die Hütte verließ, stieß er auf Senteu, der sogleich durchschaute, was vorgefallen war. Unglücklicherweise konnte das, was bei Tagesanbruch in der Hütte stattgefunden hatte, nicht ungeschehen gemacht werden, da, wie Mbatiany erklärte, beide seine Söhne wären. Jedoch war Mbatiany immer noch im Besitz des heiligen *Enkidong*, das er Senteu übergab.

Die Realität ist oft seltsamer als Fiktion und gewöhnlich weniger glanzvoll. Diese Geschichte, die an die Episode von Jakob und Esau im Alten Testament erinnert, wurde vielleicht einfach von den Ältesten erfunden, um die Ursache für den Bruch zwischen zwei Brüdern zu erklären, die einander haßten — etwas Unvorstellbares in der Massai-Gesellschaft, in der man Brüder, Halbbrüder und Vettern mit ein und demselben Wort bezeichnet. In einer anderen Version der Erbschaftsgeschichte, die ein Nkidongi-Ältester[5)] mir erzählte, hatte Mbatiany noch einen Sohn, einen ältesten, um genau zu sein, der geistig zurückgeblieben war. Dieser Sohn hatte einen riesigen, deformierten Schädel, weshalb er Elukunya genannt wurde, das Massai-Wort für Kopf. Als alter Mann kehrte Mbatiany dem normalen Familienleben den Rücken, verlor den Verstand und verbrachte den Großteil seiner Zeit damit, durch den Wald zu streifen. Er starb, ohne ein Testament hinterlassen zu haben und wurde einem Gerücht zufolge in der Nähe von Namanga begraben. Dem Massai-Brauch entsprechend ging das heilige *Enkidong* somit an den ältesten Sohn, obwohl dieser zurückgeblieben war. Senteu soll Elukunya das *Enkidong* gewaltsam abgenommen haben. Im letzten Jahrzehnt des 19. Jahrhunderts brachen nach Mbatianys Tod gleich mehrere Katastrophen über das Massai-Land herein: Blattern, Rinderpest, Rippenfell- und Lungenentzündung beim Vieh und eine Hungersnot. Die Massai verloren über 80 Prozent ihres Viehbestandes, und die Hälfte ihrer Leute starb. Das »Jahrzehnt der Katastrophen« war vermutlich der Grund dafür, daß viele Oloibonok ihre Heimat in der Ngosua-Region und der Sanya-Ebene im Norden Tansanias verließen. Senteu verbrachte einige Zeit bei den Loita-Massai, die die Gegend um Narosura, die Loita-Ebene und die spätere Massai-Mara bevölkerten. Olona-

[5)] Major Raphael ole Loolpapit a. D., Emtasekera, Oktober 1993.

na verbrachte den Großteil seines Lebens in der Umgebung der Ngong-Berge, wo er seinem »Beruf« nachging. Zahlreiche Massai-Stämme in Kenia, darunter der große Unterstamm der Purko, erkannten ihn als den obersten Oloiboni an. Olonana verhandelte mit der Kolonialverwaltung über Landbesitzansprüche der Massai, obwohl ihm das nicht zustand, da das Amt des Oloiboni rein geistiger und keinesfalls politischer Natur ist. Die Briten scherten sich nicht weiter darum und nutzten Olonanas Vertrauensseligkeit schamlos aus[6]. 1901 erklärte die Kolonialverwaltung Olonana (oder Lenana, wie die Briten ihn nannten) zum Oberhaupt aller Massai. Als Gegenleistung für seine Kooperation erhielt er in seiner Eigenschaft als Regierungschef etwas mehr als sechs englische Pfund im Monat sowie bis zu seinem Lebensende einen ausreichenden Vorrat an bunten Perlen und Decken. Auch wurde er eingeladen, anläßlich einer Rinderzuchtschau in Nairobi als Richter zu fungieren.

Nach Jahren der Überfälle und Feindschaft zwischen den rivalisierenden Brüdern und ihren Anhängern wurde 1902 Frieden geschlossen, als Senteu in die Ngong-Berge zog und sich für zwei Jahre ganz in der Nähe seines Bru-

---

[6] Die Massai haben im Rahmen der unrühmlichen Kolonialverträge 1904 und 1911 mehr Land verloren als irgendein anderer kenianischer Stamm. Durch die Abkommen wurden sie gezwungen, erst das fruchtbare Gebiet von Nakuru/Naivasha und anschließend das Laikipia-Plateau und Kinangop weißen Siedlern zu überlassen. Bei der Unabhängigkeitserklärung 1963 wurden diese Gebiete nicht an die Massai zurückgegeben, sondern statt dessen in kleine landwirtschaftliche Parzellen aufgeteilt und an die Kikuyu verkauft. Weiteres Land ging den Massai verloren, als das Massai-Mara-Wildreservat und der Amboseli- und der Tsavo-Nationalpark gegründet wurden – hierfür wurden Gebiete aus dem südlichen Massai-Reservat annektiert, ohne Rücksprache oder Entschädigung an den Stamm. Dieser Landraub setzt sich bis heute fort, mit einer hinterlistigen Politik landwirtschaftlicher Genossenschaften, mittels derer die Massai »geteilt und besiegt« werden. Exzessive Bewirtschaftung von Seiten der Landwirte hat große Gebiete des Massai-Landes ausgelaugt, die ehemals in der Trockenzeit als Weideland und notwendige Wasserreservoirs gedient haben.

der niederließ. Aber der Frieden war nur von kurzer Dauer. Senteu wurde von seinem Bruder beschuldigt, schwarze Magie gegen ihn zu praktizieren und davongejagt. Als Olonana 1911 starb, waren seine kleinen Söhne noch unbeschnitten. Seine Familie hat bis heute den Wohlstand und das Ansehen früherer Tage nicht wiedererlangt[7]. Olonanas Anhänger machten einen angeblichen schwarzen Fluch Senteus für seinen Tod verantwortlich.

Kurz nach der Jahrhundertwende, als Senteu noch in den Ngong-Bergen weilte, wurde ihm von seiner vierten Frau, Intereshet, ein Sohn geboren, Mengoru Lekuta Rerente Ololoreesche. Etwa 60 Jahre später würde dieser Sohn Senteus seinen letztgeborenen Sohn in den Armen halten und ihn zum nächsten großen Oloiboni erklärten — Oloimooja.

Senteu siedelte schließlich seine Familie und seine Ilotai-Anhänger im Loita-Hochland an, wo er insgesamt mehr als 15 Frauen ehelichte und zahlreiche Kinder zeugte. Seit jener Zeit gelten die Loita-Berge als die Heimat des mächtigsten und angesehensten Zweiges der Nkidongi-Dynastie. Senteu bestimmte Simel zu seinem Nachfolger, den einzigen Sohn seiner Lieblingsfrau. Alle Clans und *Iloshon* erkannten ihn als obersten Oloiboni an, und der von Senteu und Olonana herbeigeführte Bruch wurde endlich gekittet. Als Simel 1987 starb, übernahm sein zweiter Sohn die Nachfolge, Makombo ole Simel, der derzeitige oberste Oloiboni der gesamten Massai-Nation. In seinem Besitz befindet sich heute das heilige *Enkidong*, das ihm von seinem Vater anvertraut wurde, der es wiederum von Senteu erhalten hatte. Makombos *Enkang* liegt etwas sechs Kilometer von meinem entfernt, in Kosokon,

[7] Olonanas Nachfolger war sein ältester Sohn Seggi, der beschnitten, einer bestehenden Altersgruppe zugeordnet und von seinen Onkel beherrscht wurde.

auch unter dem Namen Tal der Laibons bekannt. Senteu, der am 2. Juni 1933 starb, liegt ganz in der Nähe begraben.

Auch heute noch leitet der Oloiboni sämtliche wichtigen Zeremonien. Er verschreibt Medizin, fertigt Talismane und Amulette und sagt die Zukunft voraus, die er in den Steinen liest, die aus einer Kalebasse oder dem *Enkidong* geschüttelt werden. Die Steine sind Teil eines komplexen Zahlensystems. Jedem männlichen Nachkommen der Nkidongi-Dynastie steht es frei, diesen Beruf, sofern man es als solchen bezeichnen kann, zu erlernen und auszuüben, wenn er sich hierzu berufen fühlt. Nicht immer wird der erstgeborene Sohn ausgewählt, in die Fußstapfen seines Vaters zu treten. Robert wird vermutlich im Alter ebenso praktizieren wie sein Vater heute. Roberts Vaters ist das, was man einen niedrigen Propheten nennen könnte. Er benutzt sein eigenes *Enkidong,* um *Enkais* Botschaften zu deuten, und behandelt eigene Patienten. Robert wurde von seinem Vater gesegnet, und ihm wurde gestattet, mit seinem eigenen *Enkidong* als Oloiboni zu arbeiten.

Die Massai bringen der Iloibonok-Familie großen Respekt entgegen, ja sie fürchten sie sogar. Die Iloibonok praktizieren eine Vielzahl von Bräuchen, die sie von denen anderer Massai unterscheiden. Da sie in den Loita-Bergen ziemlich isoliert leben, sind sie zu den kulturellen und spirituellen Wächtern der Hirtennation der Massai geworden. Die Massai haben mir voller Überzeugung versichert, daß die Iloibonok in die Zukunft sehen können. Sie sagen, daß *Enkai* durch die Träume des Oloiboni zu den Massai spricht. Wie Robert es formuliert: »Der Oloiboni hat schöne Träume.«

Robert wurde ein Jahr nach unserer Heirat einer dieser »Träume« erzählt. Er besuchte einen sehr alten Mann, der zur selben Zeit Krieger gewesen war wie Roberts Vater, und der erzählte ihm seine Geschichte. Als er und Ro-

Mein Schwager Daniel und seine Familie. V. l. n. r.: Leseamon, Melubo, Daniel, Gunisai und Narygunkishon. (Sorrel Wilby)

Mein Schwager Ilampala mit seiner Frau Nosotua und ihren beiden Kindern Lendoiyan (l.) und Nashunyi (r.). (Sorrel Wilby)

Roberts Mütter: Mumai (o. l.), Mama (o. r.), Kokoo (u. l.) und Paashe (u. r.) (Sorrel Wilby)

Roberts Vater. Er wurde um die Jahrhundertwende geboren und hat viele Veränderungen im Massai-Land miterlebt. (Catherine Oddie)

Teilansicht unseres Enkang in Narotian. Mein Haus ist links außen. (Neil Holbrook/Woman's Day)

Nolmemeri und Familie. Hintere Reihe, v. l. n. r.: Momposhe, Großmutter Kooko, Pariken, Loldudula und Nolmemeri mit Matanga auf dem Arm. Vorne: die Zwillinge Napalell und Hannah, Nataiya. (Sorrel Wilby)

Rechte Seite: Die dreijährige Ndoondo im Türrahmen unseres Hauses, 1991. (Catherine Oddie)

Loldudula, Robert und Ilampala blicken von den Loita-Bergen nach Tansania hinab. (Sorrel Wilby)

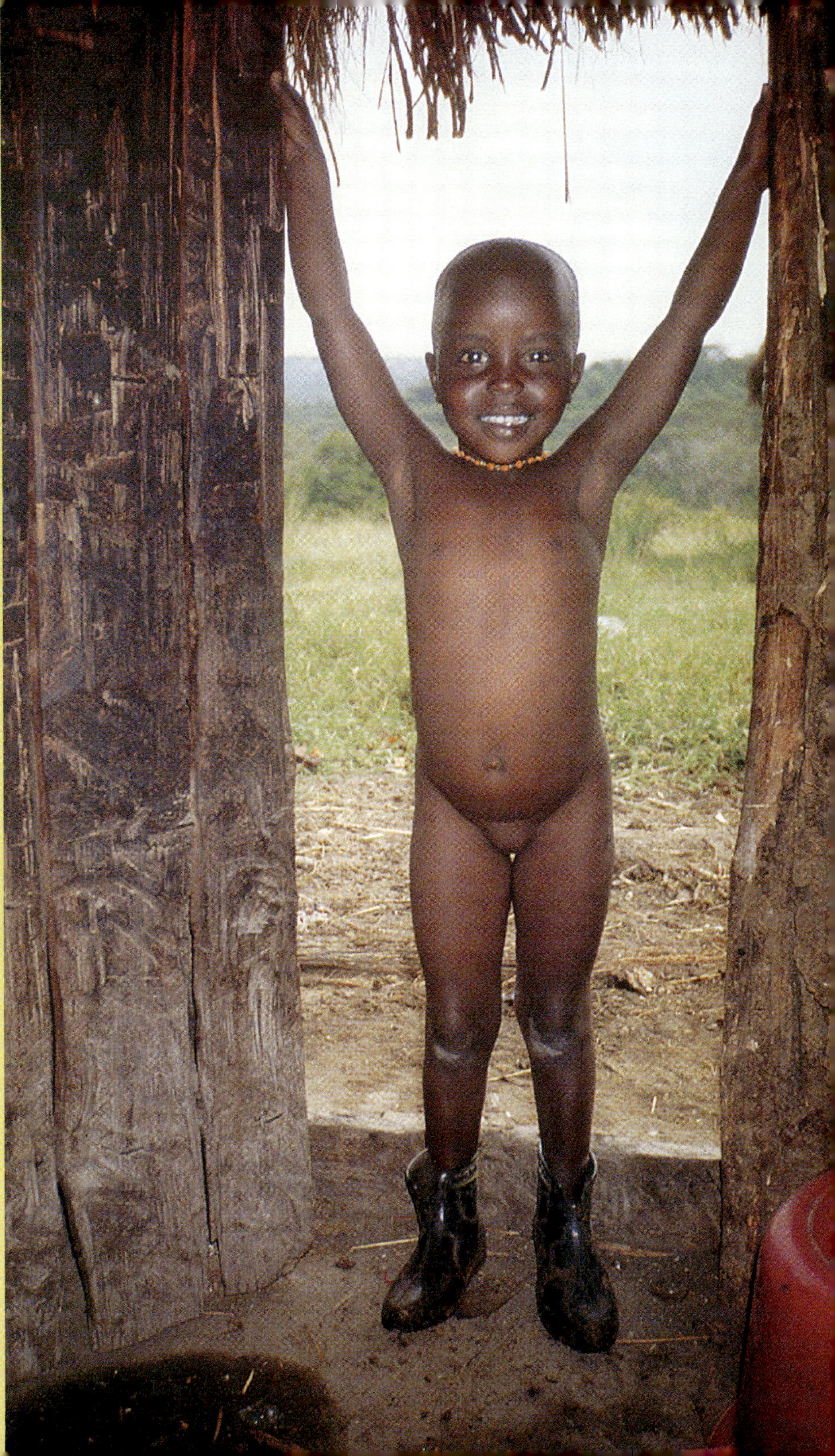

Robert mit seinem Lieblingsbullen Lenyorrah. (Sorrel Wilby)

Rechte Seite: Stolz trägt Robert seinen Löwenmähnenkopfputz – ein Vorrecht der besten Krieger. (Sorrel Wilby)

Das ist der einfache Teil. Als nächstes muß ich 20 Liter den Hügel hinaufschleppen. (Sorrel Wilby)

Wäre Shakespeare Afrikaner gewesen, hätte Oldorobo den »Puck« gespielt. Oldorobo mit seiner Tochter und Ndoondo, 1992. (Neil Holbrook/Woman's Day)

berts Vater junge *Moran* gewesen waren, hatten sie seinen Vater besucht, den großen Laibon Senteu, dessen langes Leben sich dem Ende näherte. Sie beide wollten wissen, was die Zukunft ihnen bringen würde. Senteu erzählte dem ersten *Morani,* daß er sehr reich werden und seine Familie große Viehherden besitzen würde. Diese Voraussage hat sich erfüllt, und heute hat die Herde seiner Familie so viele Rinder, daß man sie nicht mehr zählen kann. Als Roberts Vater an der Reihe war, teilte Senteu ihm etwas noch Erstaunlicheres mit: »Deine Kinder werden mit weißen Menschen leben.« Es ist unwahrscheinlich, daß Roberts Vater zum damaligen Zeitpunkt je einem Weißen begegnet war, aber auch diese Prophezeiung hat sich erfüllt.

Die Europäer wurden etwa um 1840 auf die Massai aufmerksam, als die ersten Missionare in Ostafrika eintrafen. Ihre Aufzeichnungen dienten häufig als Grundlage für die Berichte, die die Forschungsreisenden, die ab Ende der 70er Jahre des 19. Jahrhunderts das Land bereisten, über die Massai verfaßten. Bis dahin galten sie als blutrünstiger, mordlüsterner Stamm — eine Theorie, die zu widerlegen Forschungsreisende wie Joseph Thomson und Gustav Fischer beigetragen haben. Die Gerüchte wurden zuerst von den arabischen Händlern verbreitet, die den lukrativen Elfenbein- und Sklavenhandel kontrollierten. Sie hatten großes Interesse daran, die Europäer davon abzuhalten, sich zu weit ins Landesinnere vorzuwagen. Aber diese ließen sich nicht lange abschrecken, machten dem Sklavenhandel ein Ende und veränderten das Angesicht Ostafrikas für immer. 1894 wurden im Rahmen des Berliner Vertrages die »Einflußbereiche« der Briten und der Deutschen definiert; zwischen Kenia und Tansania wurde eine Grenze gezogen, die die Massai-Nation entzweite.

Als die Briten vor Ort eintrafen, hatte das »Jahrzehnt der Katastrophen« die Massai stark dezimiert. Europäische Siedler forderten Teile des Massai-Landes im Norden, und die Verwaltung nahm die Verhandlungen mit Olonana auf. Olonana erklärte sich einverstanden, die Massai aus den Gebieten um den Nakuru See, Naivasha und dem Rift-Tal-Korridor in zwei Reservate umzusiedeln, von denen sich das eine nördlich der inzwischen fertiggestellten Eisenbahnlinie befand, das andere südlich davon.

Dieses Abkommen, das am 9. August 1904 unterzeichnet wurde, sollte Gültigkeit haben, »solange die Massai als Rasse bestehen« und war angeblich »zu ihrem Besten«. Der Vertrag beinhaltete mehrere Klauseln, die nie erfüllt wurden, darunter auch den Bau einer Straße zwischen den beiden Reservaten, um den Viehtrieb zu erleichtern, sowie den Erhalt der Kinopop-Region (sie wird manchmal auch als das »Gelobte Land« bezeichnet) zum alleinigen Nutzen der Massai für Zeremonien, vor allem der des *Eunoto*.

Die Straße und andere Versprechungen wurden jedoch rasch zu reiner Theorie, da die weißen Siedler bald mehr Land forderten, das sich innerhalb der Grenzen des nördlichen Reservates befand. Die Kolonialverwaltung stimmte zu, daß dieses Land den »überlegenen Rassen« zur Verfügung gestellt werden sollte, und verhandelte im Jahre 1909 erneut mit Olonana. Ihm wurde eingeredet, daß er ein mächtigerer Führer sein würde, wenn sein ganzes Volk im südlichen Reservat vereint wäre.

Die heute vorliegenden Beweise deuten darauf hin, daß die britischen Beamten sich in großem Umfang der Bestechung und Manipulation bedienten, was wohl niemanden überraschen dürfte. Olonana starb 1911, bevor eine Einigung erreicht worden war. Es wird behauptet, Olonana hätte auf dem Sterbebett an sein Volk appelliert, den Briten zu gehorchen und in das südliche Reservat umzusiedeln. Die anderen Massai-Führer (die, wie ich hinzufügen möchte, nicht repräsentativ waren für alle Unterstämme der Massai), kapitulierten und unterzeichneten.

Eine zusätzliche Ironie ist es, daß, als Massai-Häuptlinge sich an einen britischen Gerichtshof wandten, dieser erklärte, die Massai könnten keinen Zivilprozeß anstrengen, da sie keine Untertanen der Krone wären – und das, obwohl ihr Land zu britischem Territorium geworden war! Nach zwei Jahren passiven Widerstandes wurden die Massai im nördlichen Reservat gezwungen, mit ihren Herden ins südliche Reservat umzusiedeln – ins das Land, das inzwischen anderen Unterstämmen der Massai gehörte. Nichts von dem Land, das den Massai im Rahmen dieser zwei Verträge weggenommen wurde, ist ihnen 1963 bei der Unabhängigkeitserklärung zurückgegeben worden.

Dies alles habe ich Büchern entnommen, da die Massai selbst nichts über diese Dinge wissen und sich auch nicht dafür interessieren. Sie leben in der Gegenwart und nicht in der Vergangenheit.

Nach einem Monat, als ich mich ein wenig in Nairobi auskannte, begann ich, mich heimischer zu fühlen. Die Menschen kamen mir nicht mehr vor wie eine brodelnde Masse Schwarzer. Statt dessen begann ich Nairobi bei meinen täglichen Streifzügen durch die Stadt als exzentrischen und bizarren Kreuzweg zu sehen. Und ich fing an, die chaotische, internationale Atmosphäre zu genießen. Kenianer aller Stämme, vom Land und aus der Stadt, teilten sich die löcherigen Bürgersteige und schlammigen Rinnsteine mit Asiaten, Europäern, Äthiopiern, Somalis, Arabern und Touristen aus den verschiedensten Ländern. Inmitten dieser bunten Mischung stachen die somalischen und indischen Frauen hervor. Die Somali-Frauen in ihren fließenden Gewändern und mit ihren Schleiern gehören zu den schönsten Frauen, die ich je gesehen habe. Sie strahlten große Würde aus, wenn sie vor dem Uhuru-Haus (Freiheitshaus) warteten, dem Sitz der Einwanderungsbehörde, um sich nach dem Stand ihrer eigenen Anträge oder der ihrer Familien zu erkundigen. Die Inderinnen trugen herrliche Saris, und ihr zu glänzenden dicken Zöpfen geflochtenes schwarzes Haar schwang sacht hin und her, wenn sie in königlicher Haltung durch das Menschengewühl schritten.

Ich schuf mir einen kleinen Freundeskreis und lernte die meisten Angestellten des CPK-Gästehauses kennen. Susan war ich schon an meinem ersten Tag im Gästehaus begegnet. Sie war Kenianerin und Anfang zwanzig. Ihre Chefin, die als Aufseherin bezeichnet wurde, gefiel es ganz und gar nicht, daß wir uns anfreundeten. Sie meinte, Susan verbringe zuviel Zeit damit, sich mit mir zu unterhalten anstatt zu tippen. Susan machte mich mit ihrem Freund bekannt, Martin, der mir ebenfalls ein guter Freund wurde. Außerdem lernte ich einige der Missionare kennen, die mich mit ihrem stillen Glauben beeindruckten. Einer von ihnen war David, ein australischer Evangelist, der für eine Organisation namens Church Army tätig war. Er kam ungefähr einmal die Woche zum Essen vorbei, wenn er sich gerade in Nairobi aufhielt. Seine spirituelle Konversation war so interessant, daß sie mich dazu inspirierte, zum erstenmal das Neue Testament zu lesen. Er sagte mir, daß er fühle, daß Gott mich nach Afrika geführt habe, um sich mir zu offenbaren. Dann war da noch eine Amerikanerin, Joan. Sie war stark von dieser typisch amerikanischen Art der Frömmigkeit durchdrungen, und ihre Rede war mit zahlreichen »Lobet den Herrn«, »Amen« und Anrufungen des Heiligen Geistes gespickt. Und dennoch war Joan im Gegensatz zu vielen anderen Missionaren im CPK kein Snob. Sie scheute sich nicht, sich unter »Heiden« zu mischen und urteilte auch nicht über andere. Tatsächlich akzeptierte sie, daß es neben der ihren noch andere Weltanschauungen gab. Joan war ziemlich spät »zu Jesus Christus gekommen«, wie sie es formulierte, erst nachdem sie ihre Kinder großgezogen hatte. Ihre Toleranz machte sie zu einem warmherzigen, verständnisvollen Menschen: Joan und der umgängliche australische Prediger schienen mir wahre Christen zu sein, weil sie viele der besten Eigenschaften von Jesus Christus an den Tag legten, von denen ich gelesen hatte.

Um die Zeit, als ich begann, mir auch außerhalb des Gästehauses einen Bekanntenkreis aufzubauen, lernte ich einen draufgängerischen jungen Kenianer kennen, der sofort Eindruck auf mich machte. Whitfield war der Inbegriff des aufstrebenden jungen Kikuyu, von seinem pompösen englischen Namen bis hin zu seiner modischen Frisur, bei der das Deckhaar gerade geschnitten war, und den weiten Hosen. Er strahlte solche Sicherheit aus mit seinem nahezu perfektem Englisch, den westlichen Umgangsformen und der europäischen Kleidung, obwohl das alles an ihm nicht echt wirkte. Er war arrogant, ehrgeizig und protzig. Das genaue Gegenteil von Robert. Und das ist vermutlich auch der Grund, weshalb ich eine Affäre mit ihm hatte. Whitfield zeigte mir ein Nairobi, das ich bis dahin noch nicht gesehen hatte: die clevere, junge moderne Seite: Er führte mich in eine aufregende Welt von Clubs, Bars, Diskotheken und Partys. Ich fühlte mich sehr stark zu ihm hingezogen. Wir hatten eine kurze Romanze, bevor Whitfield Kenia für immer verließ, um in Europa sein Glück zu machen (der Traum eines jeden jungen Mannes in Nairobi).

Das war eine recht turbulente Zeit in meinem Leben. Die Affäre bewog mich, meine Gefühle für Robert immer und immer wieder zu analysieren. Liebte ich ihn wirklich? War ich seiner würdig? Sah ich in ihm vielleicht nur einen exotischen schwarzen Liebhaber?

Nach dieser Episode mit Whitfield fühlte ich mich einsam und verunsichert. Ich war mir meiner Sache überhaupt nicht mehr gewiß und wußte nicht, wie es weitergehen sollte. In meiner Verzweiflung dachte ich an Joans Einladung, sie in Bungoma zu besuchen, wo sie eine Bibelschule für kenianische Evangelistenanwärter leitete. Mit derselben Klarheit, mit der ich gewußt hatte, daß ich nach Kenia reisen mußte, wußte ich nun, daß ich Nairobi verlassen und Joan aufsuchen mußte.

Ich denke, ich war nicht die einzige verlorene Seele, die sich hilfesuchend an Joan gewandt hat. Sie antwortete ohne jede Überraschung auf mein Telegramm (obwohl es eine Weile brauchte, bis sie sich erinnerte, wer ich war, wie sie mir später gestand). Bungoma liegt im Luyaland in Westkenia, nicht weit von der Grenze zu Uganda. Der Zug hält dort, bevor er die Grenze passiert. Sarah, eine junge Uganderin, die für Joan arbeitete und hoffte, legal einwandern zu können, holte mich am Bahnhof ab. Da Sonntag war, nahm sie mich mit in den Gottesdienst in der örtlichen Grundschule. Jedes Klassenzimmer beherbergte eine andere religöse Gruppierung, und ich weiß bis heute nicht mit Bestimmtheit, welcher Version Sarah nun genau angehörte. Der Gottesdienst erinnerte eher an eine dreistündige Tanzveranstaltung, unterbrochen von Lektionen, die für die einzige anwesende *Mzungu,* also mich, simultan ins Englische übersetzt wurden. Dieser Gottesdienst beinhaltete wirklich alles. Es waren Leute dort, die in Zungen redeten und sich stritten; Menschen bekannten öffentlich ihre Sünden und der Prediger trieb mit Hilfe einiger Standardsprüche, zum Beispiel: »Im Namen von Jesus Christus!« Dämonen aus. Parallel hierzu wurde die ganze Zeit über gesungen, geklatscht und zwischen den Pulten umhergetanzt. Ich weiß jetzt, wie Menschen die Höhen religiöser Ekstase erreichen – durch pure Erschöpfung.

Es machte viel mehr Spaß als der einzige andere Gottesdienst, an dem ich im Alter von neun Jahren teilgenommen hatte. Damals hatte ich meine Mutter beharrlich gedrängt, mit mir in die Kirche zu gehen. Schließlich hatte sie nachgegeben, aber mit Absicht einen Gottesdienst der High Church of England ausgesucht. Dieser Gottesdienst ist für ein neunjähriges Mädchen in etwa so interessant wie ein Salzcräcker – wenn überhaupt. Eine Katze spazierte ahnungslos herein und bewahrte mich davor, vor Langeweile zu sterben. Den Rest der Veranstaltung spielte ich ganz zufrieden mit der Katze. Auf der Highschool schrieb meine Mutter einen Brief an die Schule, in dem sie erklärte, daß wir nicht gläubig wären, so daß ich nicht gezwungen war, am wöchentlichen Religionsunterricht teilzunehmen. Ich nutzte die Zeit lieber, um in der Bibliothek zu lesen. Überflüssig, darauf hinzuweisen, daß ich über Religion nicht unbedingt bestens informiert war.

Nach dem städtischen Chaos in Nairobi fügte ich mich dankbar in das einfache ländliche Leben ein. Joan hatte eine große Familie junger Leute um sich herum versammelt, die sich aus ihren Schülern, Mitgliedern der Kirchengemeinde und anderen Missionaren zusammensetzte. Es waren alles liebe Menschen, die sich ihrem Gott, der Gemeinschaft und einander verpflichtet fühlten. Allerdings hatten sie einige merkwürdige Gewohnheiten. Wenn ich beispielsweise jemandem vorgestellt wurde, erwiderte er mein »Hallo« nicht. Statt dessen schüttelte der oder die Betreffende mir kräftig die Hand und rief: »Lobe den Herrn!« Joan ging ihrer Arbeit nach, so daß ich viel Zeit hatte, über meine Beziehung zu Robert nachzudenken und sie in Frage zu stellen. Die ruhige, spirituelle Atmosphäre in Joans Heim sowie ihre vorurteilsfreie, tolerante Art waren das ideale Umfeld für mich, meine Wunden zu heilen und meine Energien aufzuladen.

In dieser Zeit begann ich, mir ernsthaft Gedanken über das Christentum zu machen. Ich dachte lange und gründlich darüber nach, was es bedeuten würde, wenn ich mein Leben Jesus Christus widmen und dem exklusiven Club der »geretteten« Seelen beitreten würde. In Anbetracht der Umstände wäre es verwunderlich gewesen, wenn ich keine solchen Gedanken gehegt hätte. Später gestanden mir meine Freunde in Australien, daß sie damals das erste Mal ernsthaft um mich besorgt gewesen wären. In Kenia zu leben, einen Massai-Krieger zu heiraten und meinen Job aufzugeben, betrachteten meine Freunde noch als cool, als sie jedoch einen Brief erhielten, in dem ich schrieb, daß ich erwägen würde, mich dem Christentum zu verschreiben, wäre Carolyn beinahe ins nächste Flugzeug gestiegen, um mich davor zu bewahren, bekehrt zu werden. Als Produkt des katholischen Erziehungssystems hat sie heute eine starke Aversion gegen alles Religiöse.

Joan fragte mich nie, was mich bewogen hatte, sie aufzusuchen, oder was es in Nairobi Neues gäbe. Ich war willkommen, so lange zu bleiben, wie ich wollte, und sie bot mir mietfrei ein Zimmer an, wenn ich dafür einige Schreibarbeiten für sie erledigte. Der Gedanke, dort zu bleiben, fern von der »wirklichen Welt«, war verlockend, und ich dachte sehr ernsthaft darüber nach. Aber schließlich kehrte ich nach zwei Wochen nach Nairobi zurück. Die Zeit bei Joan und meine Auseinandersetzung mit meinem spirituellen Selbst war eine Bereicherung gewesen, aber organisierte Religion war nicht meine Welt.

Afrika ist ein sehr spirituelles Land, und ich wollte diese Spiritualität erforschen und von ihr lernen, ohne mich von all den Vorschriften und Verboten der Kirche einschränken zu lassen. Es ist nicht schwer, sich von Jesus Christus inspirieren zu lassen, aber nach gründlicher Überlegung hatte ich immer noch ernsthafte Zweifel, was einige Ansichten der Kirche betraf. Auch hatte ich Vorbehalte gegen die pure Arroganz einer Gruppe von Menschen, die behauptete, daß sie allein recht habe und alle anderen irrten.

Rückblickend ist mir klar geworden, daß diese Zeit eine

Art selbstauferlegte Prüfung meiner Gefühle für Robert war. Ganz so, wie ich mich während meiner Affäre mit Whitfield geprüft hatte, hatte ich mich einer anderen Art Test unterzogen, mit . . . wem? Gott? Dem Glauben aus meiner Kindheit? Ich war mir nicht sicher. Glaubte ich, daß Gott mich bestrafen würde, wenn ich einen Schwarzen heiratete? Absurd, ich weiß, aber vielleicht hatte ein Teil von mir diese verrückten Ideen zu irgendeinem Zeitpunkt in meinem Leben angenommen. Ich führte mir selbst alle erdenklichen Gründe an, die für eine Trennung von Robert sprachen, aber ich vermochte mich dennoch nicht von ihm zu lösen. Letztendlich blickte ich Gott ins symbolische Auge und erklärte ihm, daß ich bei Robert bleiben würde. Wenn ihm das nicht passe, war das eben Pech.

Die Massai sind sehr gläubig. Sie sind weder Animisten noch Moslems, aber sie glauben an eine einzelne Gottheit namens Enkai. Ihre Verehrung für *Enkai* äußert sich in jeder noch so unbedeutenden Aufgabe, die sie ausführen, wie beispielsweise, wenn die Frauen melken oder ein *Moran* sich für einige Zeit in den Wald zurückzieht. Auch wenn ich 100 werde, werde ich nur einen Bruchteil des althergebrachten Glaubens der Massai begreifen. Als Produkt einer westlichen, kapitalistischen Welt habe ich die Verbundenheit mit der Erde verloren. Sofern ich überhaupt etwas begreife, dann allein dank meines Lebens mit den Nkidongi. Für einen Massai ist diese Verbundenheit selbstverständlich; sie brauchen keine Beweise oder theologischen Debatten über *Enkai*, für sie ist *Enkai* eine allgegenwärtige, bereichernde Größe. Beweise für seine Existenz sehen sie überall: im Gras, im Himmel, im Wald, im Vieh, in den ersten Sonnenstrahlen des anbrechenden Tages und den dunklen Mysterien der Nacht, im ersten Funken der *Olpirron*-Stöcke und im leblosen Körper eines geschlachteten Ochsen, in jeder einzelnen Zeremonie und jedesmal, wenn ein Ältester sacht zur Begrüßung oder zum Segen das geneigte Haupt eines Kindes berührt. *Enkai* ist bei den Massai, wenn sie gebären und wenn sie ihre Toten, das Gesicht der untergehenden Sonne zugewandt, aufbahren. *Enkai* ist ebenso der größte unbekannte Schöpfer wie auch ein enger Freund, der die Massai kennt und leitet; die nährende Mutter, die Leben spendet, und der unverständliche Vater, der sein Volk mit Hungersnöten und Krankheiten straft. Ihr Verständnis zeitloser Erneuerung spiegelt sich in ihrer Verehrung des Regens und ihrer stillen Akzeptanz des Todes wieder. Das Gebet ist keine spezielle Forderung von »oben«, sondern ein ständiger Dialog vom Augenblick des Erwachens bis zum Einschlafen[8)].

In Unterhaltungen bei den Massai kommt *Enkai* ständig vor. Interessant ist, daß das Präfix für *Enkai* das weibliche *Enk* ist anstatt des männlichen *Ol*. In bezug auf ihre Perlenarbeiten steht bei den Loita-Massai die Farbe Schwarz für *Enkai* bei Nacht, während blaue Perlen *Enkai* bei Tag symbolisieren. Natürlich haben die Schule und das Christentum ihre Wirkung auf den traditionellen Glauben der Massai nicht verfehlt. Robert bringt immer den ersten Massai (der in manchen Geschichten als Maasinta bezeichnet wird) und Adam durcheinander.

Während ich bei Joan wieder zu mir selbst fand, hatte ich reichlich Zeit, über Roberts Kindheit nachzudenken sowie

---

8) Eugene Hillman, ein katholischer Missionar, der mit den Loita-Massai gearbeitet hat, schreibt: »Die Massai verwenden das Wort *Enkai* gelegentlich für ›Himmel‹. Man kann sich kaum ein beeindruckenderes Symbol für den Schöpfer denken. ›Mein Gott‹, beten diese Menschen, ›Du bist von Sternen umgeben, und der Mond ist Dein Nabel; Du bist unsterblich‹. Was hier symbolisiert wird, ist sicher derselbe letzte Horizont der Hoffnung, den Juden, Moslems und Christen als *Yahweh, Elohim, Allah* oder ›Gott‹ bezeichnen (ein Terminus, der aus der prächristlichen teutonischen Religion abgeleitet ist).«

darüber, wie grundverschieden sie von meiner gewesen war. Ich versuchte, mir Robert als rotznäsigen kleinen Massai-Jungen vorzustellen, mit Fliegen in den Augenwinkeln und einem schmutzigen Lumpen um den dürren Leib. Aber das war — und ist — mir unmöglich. Ich kann ihn mir als nichts anderes vorstellen als als stolzen jungen Krieger. Meine Gedanken sind nicht reine Phantasie. Ich sollte bald erfahren, daß Robert tatsächlich ein gefeierter *Morani* war, wie die folgenden zwei Beispiele aus seinem Leben belegen.

Mit 14 wurde er als erster seiner Generation beschnitten und machte so den Weg für die anderen seiner Altersgruppe frei. Er mußte sich dieser großen Prüfung ohne die Unterstützung und die Ermutigung anderer Jungen stellen. Er hatte keine Freunde, die ihm gut zureden oder ihm Mut machen konnten. Der Junge, der dazu ausersehen wird, als erster beschnitten zu werden, muß große Charakterstärke besitzen, da er der Führer seiner Altersgruppe sein wird. Nach dem Eingriff verbrachte Robert sechs Wochen als Initiierter oder *Olaibartani.* Am Ende dieser sechs Wochen nahm Robert an einer weiteren kleinen Zeremonie mit Namen *Ashumaki kule* (»die Milch in sich aufnehmen«) teil. Dies war eine besondere Segnung seitens der Ältesten, die es Robert gestattete, reine Milch zu trinken, gewöhnlich ein Tabu für jeden *Moran.* Aber Robert hatte keine anderen Krieger, mit denen er die Milch gemeinsam trinken konnte, und so wurde ein spezieller Dispens gewährt, bis einige der anderen Jungen beschnitten waren und seinen Stand erreicht hatten.

Nachdem der Heilungsprozeß abgeschlossen war, ließ Robert sich den Schädel kahlscheren, wusch sich und kleidete sich in das rote Gewand eines *Morani.* Das Kahlscheren des Schädels und die Waschung sind Symbole für die Wiedergeburt des Jungen als Mann. Bis ihr Haar nachgewachsen ist, werden die jungen Krieger als *Imbarnot* (Singular *Olbarnoti*) bezeichnet. Jetzt steht es den jungen *Moran* frei, sich eine *Emanyatta* zu bauen. Hierbei handelt es sich um eine spezielle Hütte, in der die *Moran* sich versammeln, um von den Ältesten zu lernen, oder ganz allgemein gemeinsam Spaß haben. Sie schlachten täglich in der Nähe der *Emanyatta* Rinder und Ziegen im Wald. Manchmal leben sie Monate am Stück dort, zusammen mit Müttern verschiedener Mitglieder ihrer Altersgruppe und jungen unbeschnittenen Mädchen. Die Furcht vor und der Respekt für die Mitglieder des Nkidongi-Unterstammes sind so groß, daß Robert nur die *Emanyatta* seiner eigenen Altersgruppe in Naibala in der Nähe von Entasekera besuchen durfte. Die Krieger anderer Clans verkehren nicht gern mit Mitgliedern der Iloibonok-Familie.

Die zweite bedeutsame Episode ereignete sich drei Jahre später, als Roberts Mut und seine geistige Kraft sich auf spektakuläre Art verbanden und er in den Kreis der Elitekrieger aufgenommen wurde, nachdem er einen Löwen erlegt hatte. Die Löwenjagd ist inzwischen von der Regierung verboten worden, und die Massai müssen sich an die Ranger wenden, wenn eine Raubkatze sich an ihren Rindern vergreift. Konkret heißt das, daß es über 2 000 Krieger der Ilkishili-Generation in den Loita-Bergen gibt, jedoch keine 20 von ihnen schon einmal einen Löwen erlegt haben. Wie Robert es mit seinem üblichen Hang zum Understatement formuliert: »Es ist nicht leicht, einen Löwen zu töten«.

Die Massai besitzen die Fähigkeit, in Harmonie mit den Wildtieren zu leben; im Grunde sind sie die ersten Naturschützer Ostafrikas gewesen. Trotz der traditionellen Löwenjagd ist es eine unumstößliche Tatsache, daß überall dort, wo Massai leben oder gelebt haben, der Wildtierbestand intakt geblieben ist. Die größten Wildparks und – Reservate wurden allesamt aus dem Massai-Land annektiert. Die Massai jagen keine anderen Wildarten zum Zwecke der Nahrungsbeschaffung. Alle Wildtierarten werden als »Gottes Herde« betrachtet, und es besteht ein striktes Tabu, das es den Massai verbietet, das Fleisch irgendeines Wildtieres zu essen, ausgenommen Elan-Antilopen und Büffel, die den Hausrindern am ähnlichsten sind. Aber auch diese werden nur in Zeiten extremer Not erlegt. Das Erlegen von Tieren gehört zur »Ausbildung« der Jungen und *Moran*. Am liebsten haben die Massai schon immer Löwen gejagt. Um sich auf diese ultimative Prüfung vorzubereiten, ziehen die *Moran* sich für mehrere Tage in den Wald zurück, schlachten einen Ochsen und bereiten eine spezielle »Medizin« zu. Waldpflanzen werden auf verschiedene Arten zubereitet, jedoch meistens in Form eines sehr berauschenden Suds. Robert äußert sich nicht zu den Einzelheiten dieser Drogen, da dieses Geheimnis den *Moran* vorbehalten ist, aber er sagte einmal, daß sie einen »sehr gefährlich« machen.

Ich sehe vor mir, wie Robert und die anderen 20 *Moran* das Fleischlager verlassen, um einen Löwen aufzuspüren; mit rotem Ocker bemalt, als würden sie in den Krieg ziehen, ihre Körper glänzend von Fett, das lange Haar sorgfältig geflochten. Jeder trägt einen mit Büffelhaut bespannten Schild in der einen und einen schweren Speer in der anderen Hand. Um ihre Schenkel sind schwere Metallglocken geschnallt, die mit Gras ausgestopft sind, damit sie kein Geräusch verursachen. Still brechen sie auf, ziehen in Gruppen los, folgen der frischen Spur eines Löwen. Wenn sie den Löwen sichten, machen die *Moran* Halt, um das Gras aus den Glocken zu entfernen, und begleitet von ihrem Läuten setzen sie die Verfolgung des Löwen singend fort. Der Löwe wird einige Zeit vor ihnen davonlaufen, aber ebenso wie die *Moran* weiß er, daß es ernst ist, und früher oder später stellt er sich dem Gegner zum Kampf.

Die *Moran* kommen näher und kreisen den zornigen Löwen ein, der drohend brüllt und faucht. Bei dem Löwen handelt es sich um ein großes Männchen im besten Alter, auf seine Weise ebenso ein *Morani* wie die Männer, die ihn umringen. Die Krieger ziehen singend den Kreis enger, bringen den Löwen in Rage, hypnotisieren ihn, die Schilder schützend vor sich haltend. Es gibt kein Entkommen für den Löwen, keine Lücke, durch die er entweichen könnte. Während die *Moran* immer näherrücken und der Kreis sich verkleinert, ist ihnen bewußt, daß einer von ihnen vortreten wird, um den Löwen mit dem Speer zu erlegen. Und sie wissen, daß der *Morani,* der seinen Schild als erster beiseite nimmt und seinen Speer wirft, den Löwen hierdurch aus seiner Angsttrance reißen und von ihm angegriffen werden wird.

In Roberts Gruppe war es Robert, der seinen Schild hob und den Speer warf. Von der Bewegung provoziert, griff der Löwe ihn an. Der Speer traf den Löwen zwischen die Augen und bohrte sich in seinen Hals. Als er den Speer warf, rief Robert den Namen seines Vaters, wodurch er seine Tat Mengoru widmete und ihn damit ehrte. Der Löwe stürmte weiter nach vorne, und Robert fiel nach hinten, den Schild immer noch schützend über sich haltend. Die anderen *Moran* ließen ihren Kameraden nicht im Stich, denn fast zeitgleich mit seinem Speer bohrten sich vier weitere in den Leib des Löwen und beraubten ihn seiner Kraft, ehe er seine Wut an Robert auslassen konnte. Ist der Löwe erst zu Boden gegangen, darf kein anderer mehr seinen Speer werfen.

Nicht alle *Moran* haben solches Glück. Viele der mutigsten Krieger sind nach einem Prankenhieb an Wundbrand gestorben. Der *Morani,* der den ersten Speer wirft, darf die Löwenmähne behalten und als Kopfputz tragen. Auch darf er den Schwanz abschneiden und am oberen Ende seines Speeres befestigen, damit alle wissen, daß er »derjenige welche« ist. Der *Morani,* der den zweiten Speer geworfen hat, darf eine Pranke abschneiden und an seinen Speer binden. Es folgt eine Reihe von Feiern. Die *Moran* ziehen von *Enkang* zu *Enkang* ziehen, mit dem des obersten *Morani* beginnend, in Roberts Fall Morijo. Die Mädchen stimmen Lobgesänge an, die Krieger werden mit Kalebassen voll Milch gefeiert und bekommen Vieh zum Schlachten. Sie tanzen in insgesamt neun *Enkangs,* bevor Pranke und Schwanz weggeworfen werden. Ihre Namen werden in Liedern und Geschichten verewigt, und sie werden auf immer als die Mutigsten der Mutigen gelten, als beste Krieger, die das Land durchstreifen.

Durch die Zeit bei Joan neu belebt und emotional gefestigt, fuhr ich mit dem Zug zurück nach Nairobi. Robert holte mich am Bahnhof ab. Von dort aus fuhren wir mit dem Bus nach Narok. Diesmal würde ich reisen wie die Einheimischen. Abgesehen von neuer Klarheit, meiner Kleidung und einigen Geschenken hatte ich nur einige Kilo Reis und Mehl bei mir. Busse und *Matatus* nach Narok fahren von einer Stelle ab, die Nyama Kima (Suaheli für »Fleisch«) genannt wird, tief in einem nichttouristischen Viertel Nairobis. In dem Labyrinth schmaler Gassen herrschte ein chaotisches Durcheinander von Fahrzeugen, lebensmüden Fußgängern, Bars und Geschäften. *Matatus* waren schneller und teurer als der Bus, aber der Gedanke, eine längere Strecke in einem solchen Gefährt zurückzulegen, machte mich nervös, also stiegen wir statt dessen in einen großen bunt angemalten Bus, dessen Name auf die Seite des Vehikels gepinselt war – Marura. Die meisten Fahrgäste waren Massai, einige in westlicher Kleidung, aber auch viele in karierten Togen mit roten Decken darüber oder in den grauen Lagerarbeiterkitteln, die die älteren Massai vorziehen. Speere sind in Nairobi nicht gestattet, aber alle Männer hatten ihre *Orinkas* bei sich und einige schimmernde silberne Büchsen Rinderfett.

Ganze Gruppen von Männern zwängten sich auf eine Sitzbank, damit sie bei ihren Freunden sitzen und sich unterhalten konnten. Ich sah fünf Männer, die sich auf einem Dreiersitz drängten, während der Sitz vor ihnen frei blieb – sie ertragen es einfach nicht, voneinander getrennt zu sein. Intimsphäre gibt es bei den Massai nicht. Frauen türmten kleine Berge von Kartons und bunten *Kyondo*-Tüten um ihre Füße herum auf. Die paar Kleinkinder, die an den Körper ihrer Mütter geschnallt waren, verhielten sich völlig ruhig, da es im Inneren des Busses nicht hektischer zuging als draußen. Marura abfahrbereit zu machen war kein Zuckerschlecken. Ein halbes Dutzend junger Männer war damit beschäftigt, Fahrgäste zu werben, Geld zu kassieren, Fahrkarten auszuteilen und allerlei Habseligkeiten auf den Dachgepäckträger zu hieven.

Gleichzeitig hielt ein nicht enden wollender Strom von Straßenverkäufern den Fahrgästen durch die Fenster oder vom Mittelgang des Busses aus die verschiedensten Waren unter die Nase. Es gab einfach alles zu kaufen, von Eiscreme und Süßigkeiten bis hin zu billigen Uhren, Spiegeln, Büchern, Kassetten und Taschenrechnern. Die Straßenhändler taten mir leid, weil offenbar niemand etwas kaufte und es ein langer und deprimierender Tag für sie sein mußte. Aber sie hatten wenigstens einen Job, auch wenn sie auf den untersten Sprossen der Berufsleiter standen, während Tausende von Menschen in Nairobi nicht die geringste Aussicht haben, ihren Lebensunterhalt verdienen zu können. Robert kaufte mir ein Vanilleeis in einem runden Pappbecher.

Die Probleme, die der Exodus vom Land in die Städte aufwarf, waren in Nairobi für jeden sichtbar. Ganzen Familien aus ländlichen Gegenden, die auf Arbeitsuche in die Hauptstadt gekommen waren, blieb nichts anderes übrig als zu betteln. Straßenkinder überlebten durch Schlauheit und indem sie als »Parkjungen« arbeiteten, Autofahrer in Parklücken lotsten und für ein paar Schillinge auf den Wagen aufpaßten. Andere schnallten sich Säuglinge auf den Rücken und bettelten auf den Straßen; eine lebensgefährliche Beschäftigung, da sie neben den fahrenden Autos herliefen. Viele meiner neugewonnenen kenianischen

Freunde — gebildete Großstadtbewohner — verachteten die Bettler und klagten über ihre wachsende Zahl. Wenn ein Kind sich an sie klammerte, schlugen sie nach ihm und scheuchten es davon. Sie warnten mich davor, ihnen Geld zu geben, da die Kinder doch nur Zigaretten kaufen wollten und ich sie dadurch ermutigen würde. Und doch fiel es mir schwer zu glauben, daß so viele Leute aus freien Stücken betteln sollten. Robert und andere Massai beeindruckten mich durch ihr Mitgefühl und ihre Großzügigkeit. Sie gingen nie an einem Bettler vorbei, ohne ihm etwas zu geben, wobei ihre anerzogene Großherzigkeit mich, die ich so viel mehr zu geben hatte, oft beschämte.

Schließlich setzte der Bus sich ruckartig in Bewegung, und wir ließen Nairobi hinter uns. Auf halber Strecke der Straße, die durch das Great-Rift-Tal führte, hatten wir eine Panne. Als klar wurde, daß der Bus ohne ein Ersatzteil aus Nairobi nicht würde weiterfahren können, stapelten wir unsere Habe am Straßenrand und warteten auf eine andere Mitfahrgelegenheit. Ein *Matatu* hielt, und etwa zehn von uns schafften es, sich hineinzuzwängen. Nach dreistündiger Fahrt ohne weitere Zwischenfälle trafen wir am Nachmittag in Narok ein. Inzwischen kannte ich mich dort ein wenig aus. Das Massai-Land ist in zwei Bezirke eingeteilt — den Kajiado-Distrikt und den Narok-Distrikt.

Die Stadt Narok ist die Hauptstadt des Massai-Landes. Dort sieht man Krieger mit Speeren Seite an Seite mit gebildeten Massai in abgetragenen blauen Anzügen mit Krawatten aus zweiter Hand gehen. Inzwischen hat sich bei mir der Verdacht erhärtet, daß Narok des Zentrum des Universums ist mit seinem chaotischem Mischmasch von Kulturen, wo Leute aus dem Süden und dem Norden zusammentreffen. Wir steuerten schnurstracks das Spear Hotel an. Das ist das einzige Hotel der Stadt, in dem kein Alkohol ausgeschenkt wird, was für eine einigermaßen gesicherte Nachtruhe sorgt. Am nächsten Tag versuchte

Robert, einen *Matatu*-Fahrer zu finden, der bereit war, die Fahrt auf der Piste hinauf in die Loita-Berge zu wagen.

Jenseits von Narok verkehren planmäßig keine öffentlichen Verkehrsmittel, so daß diese Todesfallen auf Rädern ein Monopol haben, dessen die Fahrer sich sehr wohl bewußt sind. Manchmal gibt es einen festen Preis für eine bestimmte Strecke, manchmal auch nicht. Meist hängt es davon ab, wie viele Personen sich in das Fahrzeug zwängen können, bei dem es sich gewöhnlich um einen klapprigen alten Kombi oder ein Nutzfahrzeug handelt. Diesmal mußten wir einen ganzen Tag warten, bis das Fahrzeug sich füllte. Robert handelte den Preis aus, während ich im Eßzimmer des Hotels außer Sichtweite blieb und ein zweites Mal die Zeitung las. Ich lernte schnell, daß man immer ein Buch bei sich haben sollte, wenn man in Kenia mit öffentlichen Verkehrsmitteln unterwegs ist. Ich zeigte mich nicht, weil meine Hautfarbe den Fahrpreis in die Höhe getrieben hätte. Irgendwo unlogisch, da ein Weißer, wenn er Geld hätte, sicher nicht in einem *Matatu* reisen würde, aber irgendwie scheinen die Kundenwerber sich das nicht klarzumachen. Sie setzen weiße Hautfarbe mit Reichtum gleich, womit sie größtenteils (nach afrikanischen Maßstäben) auch recht haben.

Am späten Nachmittag war Robert sich mit dem Fahrer einig geworden, und wir zwängten uns in den Wagen. Ich saß vorne, eingequetscht zwischen dem Chauffeur und einer jungen Massai-Frau, die ihr Baby stillte. Auf der anderen Seite saß gleich an der Tür eine weitere Frau. Robert hockte mit zwei weiteren Männern auf Eisenbänken im Fond. Zwischen ihnen türmten sich Berge von Fracht auf dem Wagenboden. Die Fahrt in einem Fahrzeug mit Allradantrieb durch Narosura und das Niyandi Inkujit-Steilabbruch hinauf in die Loita-Berge ist schon eine Herausforderung, aber in einem *Matatu* ist sie geradezu haarsträubend, obwohl die Landschaft großartig ist. Die Umrisse einer Zebraherde erschienen in der Ferne auf der unbefestigten Piste. Von unserem Fahrzeug aufgeschreckte Impalas und Thomson-Gazellen starrten uns an, bevor sie mit großen Sprüngen das Weite suchten. Weißschwanzgnus röhrten und vollführten Bocksprünge in der Ebene.

Die zwei Frauen und einer der Männer stiegen in Narosura aus. Keine drei Kilometer weiter blieb das *Matatu* liegen, und der Fahrer mußte zurücklaufen, um ein Kabel zu besorgen. Es war klirrend kalt. Da ich gleich neben dem Fahrer saß, tat mein rechtes Bein von den vielen Stößen des Schaltknüppels höllisch weh.

Trotz des langen Tages, der eisigen Kälte und der zusätzlichen Geduld, die ich aufbringen mußte, hätte ich nirgendwo sonst auf der Welt sein wollen. Dies war meine dritte Fahrt in die Loita-Berge, und die Vorfreude machte mich ganz kribbelig. Die Scheinwerfer des *Matatu* funktionierten nicht, so daß sich bei Anbruch der Dunkelheit ein Jugendlicher auf die Motorhaube setzte und den Fahrer dirigierte. Einmal erschien eine geisterhafte weiße Gestalt aus der Dunkelheit, um gleich darauf wieder von der Schwärze verschluckt zu werden — ein alter, ergrauter Büffelbulle, der die Straße entlangtrottete.

Gegen Mitternacht gab der Motor etwa zum zehnten Mal seinen Geist auf, und diesmal konnte ihn kein mechanisches Zureden dazu bewegen, wieder anzuspringen. Zwei Jugendliche wurden zum etwa zehn Kilometer entfernten Narosura zurückgeschickt, um Zündkerzen zu besorgen. So eigenartig es klingen mag, es war nicht unmöglich, um diese Zeit Zündkerzen aufzutreiben, da die Ladeninhaber in ländlichen Gegenden sehr hilfsbereit sind und es häufig vorkommt, daß sie mitten in der Nacht aus dem Schlaf gerissen werden. Es war noch kälter geworden, jetzt, wo wir eine gewisse Höhe erreicht hatten. Wir standen beim Wagen, als Kinder aus einem nahe gelegenen *Enkang* auftauchten und dem Fahrer zusahen, der unter der Haube hantierte.

Robert und ich wurden in eine der Hütten eingeladen. Die Frau, der die Hütte gehörte, kochte uns Milchtee, und nachdem sie die »Neuigkeiten gegessen« hatte, wie die Massai sagen, brachte sie uns eine Kuhhaut, auf der wir uns schlafen legen sollten. Sie sprach Massai, jedoch mit einem eigenartigen Akzent. Das Dorf war nicht im traditionellen Massai-Stil erbaut. Statt dessen waren die Hütten rechteckig, strohgedeckt und innen mit Zeitungspapier verkleidet. Alle Leute, die wir zu Gesicht bekamen, trugen westliche Kleidung. Robert meinte, es könne sich eventuell um Kikuyu handeln, die irgendwann einmal dem Stamm der Massai einverleibt worden waren. Ich wunderte mich, wie anpassungsfähig ich geworden war, als ich mich in dem fremden Haus in einem abgelegenen Winkel Kenias neben Robert auf der Kuhhaut ausstreckte. Ich fühlte nichts als Frieden. Ich war durch und durch glücklich, wieder bei Robert zu sein. Nach den Prüfungen und der sogenannten Zivilisation von Nairobi tat es gut, in seiner beruhigenden, steten Gesellschaft zu entspannen.

Ich war gerade eingeschlafen, als das Geräusch des stotternd anspringenden Wagens mich weckte. Wir setzten unsere Fahrt fort. Wir waren seit über zwölf Stunden unterwegs, und ich war körperlich und geistig erschöpft. Gerade als ich dachte, ich müßte mich aus reiner Erschöpfung übergeben, machte das *Matatu* Halt. Wir waren am *Enkang* von Roberts Mutter in Morijo angelangt. Ich wurde in eine Hütte geführt und legte mich zum zweiten Mal in dieser Nacht in einem fremden Haus auf ein fremdes Bett und fiel in tiefen Schlaf.

Ich wachte sehr früh am nächsten Morgen auf und döste bis etwa acht Uhr, als Robert hereinkam, um nach mir zu sehen. Wie gewöhnlich hatten wir nicht unter einem Dach schlafen können, und so hatte er die Nacht in der seiner Altersgruppe zugedachten Hütte verbracht. Es war wunderbar, wieder im Massai-Land zu sein. Das Frühstück bestand aus einer riesigen Tasse süßen Milchtees. Dann führte Robert mich nach draußen, um mir seine Herde zu zeigen. Das letzte Mal, als ich in diesem *Enkang* gewesen war, war seine Herde draußen auf der Weide gewesen, so daß ich sie nun zum ersten Mal zu sehen bekam.

Robert überreichte mir ein Geschenk — ein kräftiges Kalb. Es war schwarzweiß mit braunen Flecken an den Beinen. Das hübsche Gesicht war hauptsächlich schwarz, nur in der Mitte der Stirn befand sich ein weißer Wirbel. Sein oder besser ihr Name, da es sich um ein weibliches Tier handelte, war Lenyorra.

Als nächstes sah ich zu, wie Robert eine kranke Kuh behandelte, und zum ersten Mal bekam ich einen Eindruck davon, was für geschickte Hirten die Massai sind. Die Kuh hatte ein entzündetes Auge und wollte sich partout nicht einfangen lassen. Robert gelang es, ihr einen Lederriemen um den Hals und ein Bein zu streifen, und mit einem einzigen, raschen Ruck legte er die sich sträubende Kuh auf die Seite. Die Untersuchung des Auges bereitete ihr ganz offensichtlich Schmerzen, und sie trat wild um sich, aber die Lederriemen und Robert hielten sie am Boden fest. Er wusch das Auge mit Wasser aus und gab dann eine weiße, pulvrige Substanz in den Bindehautsack. Als ich ihn fragte, worum es dabei handle, erklärte er, es sei »Medizin aus dem Wald«. Die ganze Prozedur war von Anfang bis Ende sehr beeindruckend. Diese Leute verstehen es wahrhaftig, mit ihrem Vieh umzugehen! Als ich gerade anfing, mich inmitten der Tiere etwas zu entspannen, rannte das größte dieser Ungeheuer auf Robert und mich zu. Seine Hörner hatten eine Spannweite von mindestens 1,80 Metern, so daß ich eilig den Rückzug antrat und mich aus der Gefahrenzone entfernte. Robert wich jedoch keine Handbreit und lachte mich aus. Das war kein angreifender Bulle, sondern sein Lieblingstier, ein gefleckter Riese von einem Ochsen, der ebenfalls Lenyorra hieß (er war der Onkel meines Kalbes). Er lief herbei, um Robert zu begrüßen wie ein überdimensionaler Hund, schnupperte an seinem Herrn und schubste ihn sanft mit der Schnauze in den Rücken – auf der Suche nach Salz, wie Robert mir erklärte.

Mit ihren unzähligen Farbvariationen, ihren beeindrukkenden Hörnern und den dekorativen Brandzeichen sind Massai-Rinder ausgesprochen schöne Tiere. In meinen Augen sind sie viel schöner als die Rinder bei uns zu Hause. Robert erzählte mir, daß er »etwa 60 Rinder und über 100 Schafe und Ziegen« besitze. Ein Massai wird die Anzahl der Tiere, die er besitzt, nie exakt benennen. Ich glaubte, das hätte etwas mit Aberglauben zu tun, aber davon hatte Robert noch nie etwas gehört.

Sein Vater hatte ihm einfach beigebracht, daß es höflicher war, die Zahl der Tiere, die man besaß, niedriger anzugeben, als sie tatsächlich war. Es gibt viele Sprichwörter gegen Prahlerei wie beispielsweise: »Iß, aber vergiß nicht, dir anschließend den Mund abzuwischen.« Im Massai-Land hat niemand etwas gegen einen reichen Mann, aber ein Angeber wird von allen verachtet. Traditionell glauben die Massai, daß ihnen das gottgegebene Recht zusteht, alle Rinder der Erde zu besitzen.

Es gibt verschiedene Versionen der Geschichte, wie Gott den Massai das Vieh schenkte, aber Robert erzählte sie mir wie folgt: Zu Anfang besaßen die Massai kein Vieh. Eines Tages rief *Enkai* Maasinta (den ersten Massai) zu sich und befahl ihm, einen großen Pferch zu bauen. Dann sagte er ihm, er solle sich am nächsten Morgen an diesem Pferch einfinden, weil er ein wundervolles Geschenk für ihn habe, er solle sich jedoch nicht über das wundern, was er sehen und hören würde. Maasinta tat wie befohlen und hörte bald einen lauten Donnerschlag. Dann ließ *Enkai* eine lederne »Brücke« vom Himmel herab, über die die Rinder in den Pferch hinabstiegen. Maasinta fürchtete sich, rührte sich jedoch nicht und gab auch

Die Brandzeichen von Roberts Rindern

Auf der rechten Seite des Tiers wird dieses Zeichen für den Clan »Ilaiser« angebracht.

Ebenfalls rechts ist das Symbol des Unterclans »Nikidongi«.

Das Zeichen für die Familie Mengoro befindet sich auf der linken Seite des Rinds.

keinen Laut von sich. Während dies geschah, wachte der erste Ndorobo auf, der bei Maasinta lebte, und als er die Rinder vom Himmel herabsteigen sah, stieß er einen lauten Schrei aus. Als er den Schrei hörte, holte *Enkai* die Brücke wieder ein, und es kamen keine weiteren Rinder. *Enkai* glaubte, Maasinta habe geschrien, und so sagte er: »Sind das genug Rinder für dich? Ich werde dies nie wieder tun, du solltest diese Rinder also ebenso sehr lieben, wie ich dich liebe.« Und darum lieben die Massai Rinder so sehr.

Roberts Herde und die der anderen Familien des *Enkang* grasten gewöhnlich zusammen auf der Morijo-Ebene, von einem Jungen einer ärmeren Familie gehütet. Jedoch war ihr Kuhhirte kürzlich beschnitten worden und erholte sich noch von dem Eingriff, so daß es Robert oblag, das Vieh auf die Weide zu treiben. Ich wollte ihn begleiten, aber er erklärte mir, daß die Tiere sehr große Strecken zurücklegten und daß das zu weit für mich wäre, also blieb ich statt dessen im *Enkang*. Nach dem Mittagessen — *Ugali*, Bohnen und Kartoffeln — besuchte ich eine Frau namens Kanasaa, von der Robert gesagt hatte: »Sie wäre dir eine gute Freundin.« Sie war die dritte Frau eines Cousins von Robert. Als ich kam, stillte sie gerade ihr Neugeborenes. In ihrem Haus waren viele neugierige Kinder, die die Gelegenheit nutzten, mich aus der Nähe zu betrachten. Mein Massai war immer noch zu schwerfällig und lückenhaft für eine richtige Unterhaltung, aber wir kamen einigermaßen zurecht, während sie mir Tee kochte. Hinterher brachte sie mich den Hügel hinunter, um meinen Freund Marefu, seine Schwester Naserian und seine Mutter Interekei zu besuchen. Marefu hatte Fieber und schwitzte stark. »Malaria«, versicherte er mir, obwohl es in den Loita-Bergen keine Mücken gibt. Die Massai bezeichnen jedes Fieber als Malaria. Naserian war im achten Monat schwanger und erwartete ihr zweites Kind. Sie nahm mich mit, als sie Feuerholz sammeln ging.

Ich sah staunend zu, wie sie geschmeidig einen toten Baum hinaufkletterte, der gegen einen anderen Stamm gestürzt war, und mit einer Art Machete vier große Äste abhackte. Wieder auf dem Boden spaltete sie die Äste der Länge nach, band sie an den Enden mit einem Lederriemen zusammen und schwang sich die Last auf den Rükken, um sie nach Hause zu tragen. Während dieser ganzen Zeit hielt sie eine Unterhaltung auf Massai in Gang und weigerte sich entschieden, mich auch nur ein Stück Holz für sie tragen zu lassen.

Am nächsten Tag ging ich die etwa 15 Kilometer zu Fuß nach Narotian. Robert hatte gesagt, daß ich seine Schwägerin Nolkipenperia Mary begleiten sollte, die erste Frau seines Halbbruders Ngaiyo. Bei den Massai ist es üblich, daß Frauen mit Frauen und Männer in Gesellschaft von Männern irgendwohin gehen. Robert klagte immer darüber, daß ich so langsam ging, und sagte, daß es ihn ermüden würde. Er und Seketo, ein anderer *Morani,* würden später am Nachmittag folgen. Mary mußte nach Narotian, um bei den Vorbereitungen einer großen Doppelzeremonie zu helfen, die am nächsten Tag in Daniels *Enkang* stattfinden sollte. Das neugeborene Baby in einer warmen Decke auf dem Rücken, schlug Mary ein zügiges, aber noch angenehmes Tempo an. Wir machten an den *Dukas* Halt, wo ich uns Limonade kaufte, und dann legten wir unterwegs noch drei weitere Pausen ein, damit sie ihre Tochter stillen und ich wieder zu Atem kommen konnte. Als wir den Hügel oberhalb von Narotian erreichten, zeigte Mary auf Daniels *Enkang.* »Kannst du ihn sehen?« fragte sie mich auf Massai. Sogar aus der Ferne sah der Hügel aus, als wäre er rot gefärbt. Viele Älteste in ihren roten Decken waren bereits eingetroffen. Stimmengemurmel drang zu uns herauf. Ich hatte noch nie so viele Massai auf einem Haufen gesehen. Ich war ganz aufgeregt, als wir den Hügel hinabliefen, auf die Riesenfeier zu.

Als wir den *Enkang* erreichten, floß das Honigbier bereits in Strömen. Narygunkishon begrüßte uns und scheuchte Mary und mich in ihr Haus, wo sie Tassen auswusch, Tee kochte und Honigbier ausschenkte. Die Frauen wechselten einander dabei ab, Wasser vom Fluß zu holen. Als sie die Kanister vom Rücken nahmen und abstellten, begrüßten sie mich und hießen mich willkommen.

Am nächsten Tag sollte eine Doppelzeremonie stattfinden. Roberts älterer Bruder Daniel sollte der *Olkiteng-lorrbaa*-Zeremonie unterzogen werden, was wörtlich übersetzt in etwa »Ochse der Wunden« bedeutet. Diese Zeremonie beschließt die endgültige Aufnahme eines Massai in den Kreis der Ältesten und ist somit einer der wichtigsten Tage in seinem Leben. Es handelt sich um eine Reinigungszeremonie, der sich jeder Älteste unterziehen muß, bevor er das erste seiner Kinder beschneiden darf. Die rituelle Schlachtung des Ochsen wäscht die »Wunden und Verletzungen« fort, die er seiner Familie oder der Gesellschaft zugefügt haben mag. Daniels älteste Tochter Siontiman war beinahe alt genug, um beschnitten zu werden, und so war es Zeit für seine endgültige Bestätigung als Ältester. Zu den anderen Bedingungen, die ein Mann erfüllen muß, bevor die Zeremonie stattfinden kann, gehört auch, daß er das Brautgeld für seine erste Frau in voller Höhe entrichtet und dafür gesorgt hat, daß eventuelle ältere Brüder dieser Verpflichtung ebenfalls nachgekommen sind. Wenn ein jüngerer Bruder der Zeremonie unterzogen wird und sein älterer Bruder seine Schulden noch nicht vollständig beglichen hat, kann der jüngere Bruder diese Verpflichtung mit einem Ochsen erfüllen. Der zweite Teil der Zeremonie war die Beschneidung von Roberts Neffen Loldudula.

Bei so vielen Besuchern wurde es in dieser Nacht eng im *Enkang*. Ich konnte mich mit drei Frauen und deren Kindern in Narygunkishons Bett zwängen. Wir lagen gedrängt wie die Sardinen, und man konnte sich weder umdrehen noch die Beine ausstrecken. Trotzdem hatten wir es noch verhältnismäßig gut, da die meisten Männer sich mit dem nackten Fußboden begnügen mußten. Einige zogen es vor, die Nacht durch zu trinken und sich zu unterhalten und ganz auf Schlaf zu verzichten.

Roberts dreijährige Nichte Mesianto hatte sich neben mir zusammengerollt und machte in den frühen Morgenstunden ins Bett. Ich fühlte im Schlaf, wie eine warme Flüssigkeit meine Kleider durchtränkte, dann wurde sie kalt, und ich wachte auf. Ich brauchte ein paar Sekunden, um zu begreifen, was geschehen war, aber dann gab es keinen Zweifel mehr, ich lag in einer Urinpfütze. Ich zog meinen Rock aus, der das meiste aufgesaugt hatte, und setzte mich dann auf, denn ich hatte keine Ahnung, was ich in dem dunklen, engen Lager sonst tun sollte. Narygunkishon kam mir mit ein paar Lappen zur Hilfe, mit denen ich die Lache aufwischen konnte — das Bett aus Kuhhäuten nahm kaum Flüssigkeit auf. Mesianto mußte vor lauter Aufregung den ganzen Tag eingehalten haben!

Ein paar Stunden später sah ich zu, wie die Männer sich draußen im Licht des anbrechenden Tages zur *Emorata,* der Beschneidungszeremonie, versammelten. Ich hatte Loldudula natürlich schon kennengelernt, jedoch kaum ein Wort mit ihm gewechselt. Er war ein schlacksiger Junge, der aus seinen Gewändern herausgewachsen war und schüchtern das Vieh versorgte. Diesmal hatte ich mehr Verständnis für das Geschehen als bei der Zeremonie, der ich im Dezember 1989 beigewohnt hatte. Innerhalb des Rinderpferches waren grüne *Olorien*-Äste aufrecht in den Boden gesteckt worden. Loldudula trat aus dem Haus seiner Mutter, an seiner Seite Ilampala, der als sein »Pate« agieren würde. Loldudula war nackt und betrat stolz den Pferch, um seinen Platz auf der Kuhhaut vor den grünen Ästen einzunehmen. Die Männer umringten ihn, und wieder einmal schob Daniel mich ganz nach vorn. Ein Topf kaltes Wasser wurde über Loldudula ausgeschüttet. Plötzlich erhob sich ein gequältes Wimmern. Es war Loldudulas älterer Bruder Pariken, der die Gefühle herausließ, die sein Bruder unterdrücken mußte. Sein Klagen verstummte und ich sah seine Mutter sorgenvoll vom Eingang ihrer Hütte aus herübersehen. Die Atmosphäre war feierlich und angespannt. Die Operation begann und war innerhalb weniger Minuten vorbei. Loldudula war selbstverständlich ausgesprochen tapfer. Jetzt da es vorbei war, ließ er sich von Ilampala zurück zum Haus seiner Mutter helfen.

Als nächstes sah ich, wie Daniel einen großen schwarzen Ochsen packte und zu Boden zwang. Das Tier wurde mit Beinfesseln versehen und zum Schlachten in den Wald geführt. Nach etwa einer Stunde führte Roberts Freund Seketo mich dorthin, wo die Männer sich im Wald versammelt hatten. Massai-Frauen ist es nicht gestattet, der Schlachtung beizuwohnen, aber Daniel hatte darauf bestanden, daß ich zusah, um mir »alle Seiten der Massai-Kultur« zu zeigen.

Als erstes nahm ich leuchtendrote Farbe der Decken und des Fleisches wahr, das im kühlen grünen Gras lag. Über 200 Älteste und *Moran* hatten sich versammelt (heute würde ich lieber sterben als einer solchen Männerversammlung beiwohnen, aber damals schützte mich meine Unwissenheit, und so verfolgte ich alles sorglos). An einem Ende der Lichtung war ein Kreis mit *Olorien*-Ästen und Blättern abgesteckt worden, der den *Enkang* symbolisierte. Nur Daniel, Papa und Mitglieder ihrer Altersgruppe durften innerhalb dieses Kreises sitzen. Keinem Angehörigen einer anderen Altersgruppe war es gestattet, ihn zu betreten. Daniel und die Ältesten aus Papas Altersgruppe waren mit rotem Ocker bemalt. In einer anderen Ecke brieten große Fleischstücke über einem Holzfeuer. Auf einem Bett aus grünen Ästen war rohes Fleisch aufgetürmt. Kopf, Hufe und der schwarze Balg waren fein säuberlich zusammengelegt worden. In der Nähe lagen die glitschigen Eingeweide, daneben ein riesiges ballonartiges Ding, das größer war als ein junges Kalb. Mir wurde erklärt, daß es sich um den Magen des Ochsen handelte!

Ich setzte mich an den Rand der Lichtung und ließ mich von Seketo mit den besten Fleischstücken versorgen. Ich bemerkte, daß einer der Ältesten einen Spieß mit rohen Fleischbrocken hielt. Er erklärte mir, daß seine Tochter schwanger wäre und großen Appetit auf Fleisch hätte. Gewöhnlich müssen die Frauen sich mit den Resten eines Gelages wie diesem begnügen, aber es ist einem Mann gestattet, um Fleisch für eine schwangere Verwandte zu bitten. Nach einer Weile hörte ich in der Ferne Frauen singen. Die Männer verließen das Fleischlager und gingen auf den Gesang zu.

Die Frauen standen auf einer offenen, grasbewachsenen Fläche. Narygunkishon und Daniels Mutter Mama (sie ist auch Roberts Mutter) stachen aus der Gruppe hervor. Sie waren beide zeremoniell mit rotem Ocker bemalt und trugen ihren schönsten Perlenschmuck. Die Männer und Frauen liefen aufeinander zu und schlugen in einem Scheinkampf mit Ästen aufeinander ein. Sie kämpften um einen Fleischspieß, der im Boden stak. Das lebhafte Spiel dauerte eine ganze Weile, und auch ich bekam von Roberts frechstem Freund Asai einige Schläge auf das Hinterteil. Die Frauen siegten und erbeuteten das Fleisch. Als nächstes wurden Magen, Kopf, ein Huf und ein Stück rohes Fleisch gebracht. Daniel, seine Frau und seine Mutter setzten sich auf den Magen, der Gott sei Dank ihrem Gewicht standhielt, ohne zu platzen. Die anderen versammelten sich um sie herum. Daniel wurde gesegnet und erhielt einen neuen Namen, Obiki, was grob übersetzt heißt: »Der, der nicht leicht stirbt.« Danach kehrten alle singend zurück zum *Enkang*.

Der Rest des Nachmittages war eine fröhliche Mischung aus Gesang, Tanz und Feiern. Hunderte Massai in ihren besten Gewändern sind ein atemberaubender Anblick. Die Ältesten ehrten Daniel mit Honigbier. Die *Moran* tanzten und feierten den Eintritt eines neuen *Morani* in ihre Reihen. Ich half, Tee auszuschenken, saß mit einer Gruppe Frauen in der Sonne und sah dem bunten Treiben zu. Es war auch noch in anderer Hinsicht ein besonderer Tag für mich, da ich endlich Roberts Mutter, Mama, kennengelernt hatte. Sie begrüßte mich schüchtern, aber herzlich und wandte sich dann wieder ihren Pflichten zu. Sie war klein und zierlich und trug ein einzelnes Band bunter Perlen um den kahlgeschorenen Schädel.

Am Abend lud mich meine Freundin Kikuyan ein, in ihrem Haus zu schlafen, in einem *Enkang,* der etwa vierzig Minuten zu Fuß von Narotian entfernt lag. Ich nahm die Einladung gerne an, da ich wußte, daß ich in Daniels *Enkang* keinen Schlaf finden würde – die Feier würde noch bis tief in die Nacht dauern. Robert begleitete uns in der Abenddämmerung zum *Enkang* und verließ uns dann, um sich selbst eine Unterkunft zu suchen. In Kikuyans Hütte traf ich Ilampala und einen Altersgenossen an, die gerade Tee tranken, und so verbrachten wir einen angenehmen Abend mit Gesprächen. Kikuyan röstete Mais für uns und ihre Kinder. Ich hatte vergessen, eine Decke mitzubringen, so daß Ilampala mir galant seine überließ, bevor er ging, um in der seiner Altersgruppe zugewiesenen Hütte im selben *Enkang* zu übernachten.

Am nächsten Tag kehrte ich zurück zu Daniels *Enkang,* wo ich etwa eine Woche blieb. Es ist seltsam, daß ich mich an einige Einzelheiten aus dieser Zeit noch sehr genau erinnern kann und an andere überhaupt nicht. Die *Olkitenglorrbaa*-Zeremonie war so gewaltig und überwältigend, daß der Rest meines Aufenthaltes daneben verblaßt. Alles, was ich sagen kann, ist, daß ich bei Daniels Familie wohnte und das Bett mit Narygunkishon, ihrem kleinen Sohn Melubo und ihrer Tochter Mesianto teilte, die mir seit meiner Ankunft kaum von der Seite gewichen war. Indem ich ihren Alltag teilte, lernte ich mehr über die Lebensweise von Roberts Familie, und der sanfte Rhythmus des Massai-Lebens entfaltete sich ganz natürlich um mich herum. Ich war Teil des *Enkang* geworden, und sofern die Massai mich für seltsam hielten, waren sie zu höflich, sich etwas anmerken zu lassen. Man gab mir stets das Gefühl, willkommen zu sein, vor allem die Frauen, die entzückt waren von dem Bißchen Massai, das ich inzwischen beherrschte.

Mein Besuch hatte ein Ende, als Robert an einer Safari der National Outdoor Leadership School (NOLS) teilnahm. Hierbei handelt es sich um eine Art Anschauungsunterricht für amerikanische Studenten im dritten Jahr. Das Programm umfaßte auch eine zehntägige Wanderung durch den Loita-Wald, bei der sie lernen sollten, nur mit dem, was sie in ihren Rucksäcken unterbringen konnten, im Busch zurechtzukommen. Robert liebte diese Wanderungen mehr als alle anderen Safaris, bei denen er nur schmückendes Beiwerk war. Anstatt nur als Speerträger zu fungieren, um einem Safaricamp etwas Lokalkolorit zu verleihen, setzte die NOLS Robert und einige seiner englischsprechenden Freunde als Führer und Hilfslehrer ein, wenn auch nur in sehr begrenztem Maße. Ihre Fähigkeiten wurden auf eine harte Probe gestellt, und es schien, als würde Robert ebenso sehr von diesen Expeditionen profitieren, wie die Studenten es zweifellos taten.

Bevor er aufbrach, bat Robert unseren gemeinsamen Freund Marefu, zu helfen nach Nairobi zurükzukehren, wo wir uns in zehn Tagen treffen wollten. Der erste Teil unserer Reise war leicht, da Robert bereits arrangiert hatte, daß ein Fahrzeug der NOLS uns nach Narosura brachte, wo wir höchstwahrscheinlich eine Mitfahrgelegenheit nach Narok finden würden. Als Marefu und ich in Narosura eintrafen, erkundigten wir uns nach einem entsprechenden Fahrzeug. Narosura heißt soviel wie »Ort des schwarzen Waldes«, auch wenn es heute in der trockenen staubigen Senke nur noch wenige Bäume gibt. Es ist recht trostlos, einen Sonntag dort zu verbringen. Ich kaufte eine Limonade und einige Bonbons und richtete mich auf eine längere Wartezeit ein.

Als es dunkel wurde, war klar, daß wir keine Mitfahrgelegenheit mehr finden würden, so daß wir die Nacht in diesem seelenlosen Barackendorf verbringen mußten. Marefu organisierte ein Zimmer in einer der »Pensionen«. In der Bar befand sich eine Tafel mit dem Speiseplan, aber am Sonntag war keins der Gerichte zu bekommen, so daß ich mich mit ranzigen Chapatti und einer Limonade begnügte. Verglichen mit dem kargen Zimmer war das Spear Hotel wie das Ritz. Vier fleckige Wände, zwei zerrissene Matratzen, ein kleiner Tisch und zwei schmutziggraue Decken. Positiv war, daß sich die Tür von innen abschließen ließ, daß ein Kerzenstummel und Streichhölzer vorhanden waren und erstaunlicherweise saubere, gefaltete Handtücher am Fußende der Betten lagen. Marefu nahm sein Versprechen, sich um mich zu kümmern, wirklich sehr ernst. Wieder registrierte ich, daß ich mich überhaupt nicht unwohl dabei fühlte, das Zimmer mit einem Mann zu teilen, den ich kaum kannte — etwas, wozu ich in Australien kaum in der Lage gewesen wäre. Die Notwendigkeit — und die Massai — sorgen für interessante Bettgenossen.

Nach erstaunlich ruhigem Schlaf wachte ich früh am nächsten Morgen auf, und es gelang mir, einen Eimer heißes Wasser zu organisieren, um mich zu waschen. Der Waschraum befand sich gleich neben dem Plumpsklo, der Geruch war also nicht unbedingt der angenehmste, aber die Seife und das warme Wasser waren mir sehr willkommen. Anstatt die Toilette zu benutzen, zog ich es vor, mir etwas außerhalb des Ortes ein Gebüsch zu suchen.

Wir fanden einen Laden, wo wir zum Frühstück Tee und eine Schale *Mandazis* bekamen. *Mandazis* sind Dreiecke aus süßem frittiertem Teig, eine Art afrikanischer Krapfen. Am Montag war in Narosura etwas mehr los.

Alle Läden waren geöffnet, und Frauen trafen ein, um ihre Waren zu verkaufen. Hühner scharrten im Staub, und Schulkinder gingen vorbei. Ein großer Lastwagen fuhr vor, und Marefu lief hinüber, um zu fragen, ob der Fahrer bereit wäre, uns bis Narok mitzunehmen. Es gab noch andere Leute, die sich in derselben Situation befanden wie wir und ebenfalls auf eine Mitfahrgelegenheit warteten. Marefu und ich bekamen einen Platz auf der offenen Ladefläche aus blankem Metall, so daß wir mein Gepäck zu improvisierten Polstern umfunktionierten. Wir teilten uns den Platz mit Hunderten Kisten leerer Limonadenflaschen. Die vierstündige Fahrt war holprig und staubig, aber vor allem sehr laut durch das Klirren von Tausenden leerer Cola-, Fanta- und Sprite-Flaschen.

Vier Stunden später trafen wir völlig verdreckt und mit steifen Gliedern in Narok ein. Das war für Marefu die Endstation; er hatte mich wohlbehalten in die »Zivilisation« gebracht und freute sich sichtlich darauf, nach Morijo zurückzukehren. In dem Café, in dem wir einige *Samosas* aßen und eine Limonade tranken, wurde im Radio ein Song von Rick Astley gespielt, der von einem modernen Mädchen handelte, das die Welt beherrschte. Ich fühlte mich nach der Zeit, die ich bei den Massai verbracht hatte, alles andere als modern, und die Rückkehr nach Nairobi stimmte mich nicht eben froh. Den letzten Abschnitt meiner Reise legte ich in Marura zurück, dem bunten Bus, in dem ich hergefahren war. Durch die Kombination von weißer Haut und Massai-Schmuck zog ich im Bus einige neugierige, aber nicht feindselige Blicke auf mich.

Während ich in Nairobi auf Robert wartete, nahm ich nach langer Zeit wieder mein Tagebuch zur Hand. Ich hatte in den vergangenen Wochen kein Wort geschrieben. Ganz so, wie ich nach der ersten Reise aufgehört hatte zu fotografieren, hatte ich nun ebenfalls aufgehört, alles niederzuschreiben. Ich wollte so leben wie die Massai und nicht innehalten machen und es schriftlich festhalten. Es ist zu einfach, sich hinter einem Fotoapparat oder einem Tagebuch zu verschanzen. Eine weit größere Herausforderung ist es, sich in voller Montur einfach hineinzustürzen. Die Massai machen sich keine Notizen über ihr Leben; sie leben es einfach. Mein Tagebuch kam mir plötzlich vor wie ein Störfaktor und brandmarkte mich als Außenstehender, als Beobachter anstatt des Mitglieds, das ich sein wollte. Ich beschloß, daß ich fortan bei allem, was ich aufschrieb, mein Herz ebenso sprechen lassen würde wie meinen Verstand.

Ich dachte an meine Beziehung zu Robert und daran, wie sie sich vertieft hatte und gewachsen war. Unsere gemeinsame Reise war für uns beide sehr gut gewesen. Vorher hatten wir nur den Wunsch gehabt, zusammen zu sein, jetzt, nach den geteilten Erfahrungen und den gemeinsamen Erlebnissen hatten wir viel über den anderen erfahren. Robert hatte sich mir geöffnet und mich hinter seine förmliche, reservierte Fassade auf seinen schüchternen, lieben und sanften Kern blicken lassen. Die Sanftheit war keine Überraschung, da jeder, der nur einen Funken Menschenkenntnis besitzt, sofort erkennt, daß Robert ein sehr sanftmütiger Mensch ist. Seine dunklen Gazellenaugen sagen alles. Besonders gern beobachte ich, wie er mit kleinen Kindern umgeht, die ganz instinktiv bei ihm Schutz vor einem zornigen Elternteil oder Geschwistern suchen. Mir wurde klar, daß ich ihn sehr bewunderte, vor allem wegen seiner stillen, bedächtigen Art. Er sagt nie ein böses Wort über jemand anders, äußert nie ein hartes Urteil. Er denkt sehr gründlich über alles nach und spricht oder reagiert nie impulsiv — ganz im Gegensatz zu mir. Das macht ihn bei seinen Freunden so beliebt als Führer, und er wird oft in der einen oder anderen seine Altersgruppe betreffenden Angelegenheit zu Rate gezogen. Er nimmt seine Verpflichtungen sehr ernst und ist seiner Familie und seiner Dorfgemeinschaft tief verbunden. Ich hatte einmal befürchtet, mein Einfluß könnte ihn korrumpieren und aus dem Gleichgewicht bringen. Ich hatte meine eigene Macht überschätzt. Inzwischen wußte ich, daß nichts und niemand Robert dazu bewegen konnte, etwas zu tun, was gegen seine eigenen Wünsche ging.

Während meines Aufenthaltes in Nairobi lud mich meine Freundin Susan vom CPK-Gästehaus über das Wochenende auf die Farm ihrer Mutter in Kamba-Land ein. Die Kamba sind die viertgrößte ethnische Gruppe in Kenia. Vor Jahrzehnten waren sie noch geschickte Jäger, die jedoch außerdem Vieh züchteten und Ackerbau betrieben. Heute stellen die Männer und Frauen der Kamba einen Großteil der Souvenirs her, die Touristen auf der ganzen Welt mit Kenia in Verbindung bringen. Die beliebte gewebte Einkaufstasche, der *Kyondo,* wird von den Kamba-Frauen gefertigt. Ursprünglich verwendeten sie Sisal, dann Wolle, und heute werden sogar bunte Streifen aus Plastiktüten verwendet. Viele Kamba-Frauen scheinen nie etwas anderes zu tun als zu weben! Die Kamba-Männer fertigen Bögen, Pfeile und Speere. Sie sind bekannt für ihre Schnitzereien aus Speckstein und Holz. Heute haben die Kamba die Jagd aufgegeben und konzentrieren sich auf die Landwirtschaft. Viele von ihnen arbeiten auch als Händler und Künstler.

Im Kamba-Land gedeiht fast alles. Im Kangunda-Bezirk hoch oben auf einem Berg pflanzt Susans Familie Kaffee für den Verkauf an sowie Mais, Bohnen, Kürbisse und Kartoffeln für den Eigenbedarf. Das war für mich eine völlig neue Seite Kenias. Nicht die offenen Ebenen und Wälder des Massai-Landes, sondern statt dessen kleine Farmen mit dichtbepflanztem Ackerland. Die westliche Kultur hat die Stammesbräuche der Kamba abgelöst, jedoch nicht die enge Gemeinschaft zwischen den Großfamilien zerstört, die typisch sind für das ländliche Kenia.

Susans verwitwete Mutter, ihre Brüder und ihre jüngere Schwester lebten auf einigen Hektar fruchtbaren Akkerlandes. Das Familienanwesen umfaßte vier Gebäude, von denen eins moderner war als das andere, was vom im Laufe der Jahre gewachsenen Wohlstand der Familie zeugte. Das älteste der vier Häuser hatte noch ein Strohdach, das neueste eins aus Wellblech. Wie Susan ihrem Kikuyu-Freund Martin gegenüber geprahlt hatte, haben die Kamba schon immer quadratische Häuser aus selbstgebrannten Backsteinen gebaut. In einem der Gebäude war die Küche untergebracht, und diese war gewissermaßen der Mittelpunkt des Anwesens. Die offene Feuerstelle mit den drei Kochsteinen entsprach dem traditionellen Muster.

Wie ich an diesem Wochenende feststellte, sind die Kamba hervorragende Köche. Am ersten Abend aßen wir *Githeri* – Bohnen und Maiskerne, die langsam in einem Tontopf gegart werden. Das Gemüse schmeckte köstlich süß, und es war bei weitem der beste *Githeri,* den ich je gegessen habe. Kürbis läßt sich ebenfalls wunderbar in einem Tontopf zubereiten, und die Kamba reichen als Nachmittagsimbiß süße Kürbisscheiben zum Tee. Am zweiten Abend kochte Susan einen Fleischeintopf mit Reis und Chapattis. Außerdem bereitete sie ein grünes Gemüse zu, *Sukuma weeki,* das ich nur widerwillig probierte, weil es mich an Spinat erinnerte. Nach Kamba-Art zubereitet, schmeckte dieses grüne Gemüse jedoch köstlich mild.

Die gesamte Familie nahm die Mahlzeiten zusammen ein und drängte sich in der warmen Küche auf einer bunten Mischung traditioneller dreibeiniger Schemel (die bequemste Sitzmöglichkeit) und modernen Rattanstühlen. Die Hühner ließen sich nachts auch am liebsten in der Küche nieder, obwohl sie gleich nebenan einen eigenen Stall hatten. Eine plumpe Henne hatte emsig ihre Eier in einer Ecke der Küche gelegt, so daß ihr gestattet worden war, dort zu nisten.

Zwei Tage später kehrten wir nach Nairobi zurück. Ich

hatte einen wunderschönen *Kyondo* von Susans Mutter geschenkt bekommen und einen Kamba-Namen erhalten, Mwikali, was, wie sie mir durch Susan erklärte, soviel bedeutet wie »die Zurückhaltende«. Robert und ich hatten uns für diesen Nachmittag im Norfolk Hotel verabredet, aber er kam nicht. Das beunruhigte mich nicht weiter, da ich ja die Verkehrsmittelverhältnisse kannte. Ich wartete den ganzen nächsten Tag, aber wieder ließ Robert sich nicht blicken. Ich war bitter enttäuscht und begann nun doch, mir Sorgen zu machen. Am Mittwoch traf er endlich ein – mit schlechten Nachrichten. In Narok, der letzten Station seiner Safari, hatte er erfahren, daß sein Vater schwer erkrankt war.

Es tat weh, Robert still vor sich hin leiden zu sehen. Wir verbrachten noch zwei Tage gemeinsam in Nairobi, dann brach Robert nach Narotian auf, wo sein Vater auf ihn wartete. Es war typisch für Robert, daß er seine Verabredung mit mir – wenn auch verspätet – einhielt, obwohl sein geliebter Vater schwer krank war und auf seinen Sohn wartete. An dem Morgen, an dem er aufbrechen wollte, wachte ich auf und weinte an seiner Brust. Ich schluckte meine Tränen jedoch hinunter, als ich sah, wie sehr sie ihn verwirrten und beunruhigten. Er hatte ernstere Sorgen, ich durfte es ihm nicht noch schwerer machen. Ich hielt die Tränen zurück, bis er sich von mir verabschiedet und hastig das Zimmer verlassen hatte, dann ließ ich ihnen freien Lauf.

Ich wappnete mich für einen weiteren ereignisreichen Rückflug via Karachi nach Australien. Diesmal verließ ich Kenia mit ruhiger, stiller Entschlossenheit. Ich war hergekommen, um mir die Frage zu beantworten, ob unsere Gefühle füreinander echt waren. Erst hatte ich geglaubt, die Antwort gefunden zu haben und dann hatte ich plötzlich mittendrin die Orientierung verloren. Meine Affäre mit Whitfield, von der ich inzwischen wußte, daß sie nicht mehr als eine Urlaubsromanze gewesen war, und meine Liebäugelei mit dem Christentum auf Jakes Farm hatten mir viel über mich selbst und meine Gefühle für Robert verraten. Jetzt verließ ich ihn abermals, aber diesmal war ich mir unserer Liebe sicher. Ich wollte zurück nach Australien, meine Finanzen in Ordnung bringen, hart arbeiten und zu Robert zurückzukommen. Das war es, was ich wollte.

VII
Esiai – Arbeit
Australien, September 1990 bis Januar 1991

Keme baare neretisho.

Eine medizinische Behandlung tut weh,
aber sie hilft auch.

Massai-Sprichwort

Ich traf im September in Melbourne ein und stürzte mich gleich wieder in die chaotische Unterhaltungsbranche. Ich brauchte Geld, um so bald wie möglich nach Kenia zurückkehren zu können – das war das einzige Ziel, das ich vor Augen hatte. Die Arbeit hielt mich davon ab, zuviel nachzudenken, und mir war im Augenblick auch nicht mehr nach Grübeln. Indem ich mich auf meinen Beruf konzentrierte, behielt ich mein Ziel fest im Blick.

Ich begann damit, daß ich meiner Freundin Carolyn Logan half, für einen neuen Jazzclub zu werben, der gerade eröffnet hatte. Carolyn und ihre Schwester Lisa lebten in einer Zweizimmerwohnung in Balaclava, in der Nähe von St. Kilda Beach. Mit der für sie typischen Großzügigkeit legte Carolyn eine zusätzliche Matratze in ihr Schlafzimmer *et voilà* – ich hatte ein Zuhause. Als nächstes bot sich eine weitere interessante Aufgabe, die darin bestand, den Umzug des Melbourne International Comedy Club zu koordinieren. Eine weitere Freundin, Liz Baillie, bot mir eine Stelle in ihrem Büro an und besorgte mir dann einen Job als freiberufliche Werbeagentin für das Melbourner Gastspiel des Zirkus Oz. Das waren großartige Aufgaben, und es machte mir viel Spaß, das Selbstvertrauen, das ich in Kenia entwickelt hatte, in Australien einzusetzen. Ich wurde großartig von meinen Freunden unterstützt und führte mein unwahrscheinliches Glück nicht allein auf eine »Glückssträhne« zurück; ich faßte es als Zeichen der Zustimmung des Schicksals auf, daß ich auf dem richtigen Weg war. Arbeit, ein Dach über dem Kopf, ein fahrbarer Untersatz und die Unterstützung meiner Freunde fanden sich fast von allein. Es war unmöglich, Zweifel zu hegen, wenn ich überall grünes Licht bekam!

Mit dem Team des Comedy Clubs ließ sich wunderbar zusammenarbeiten, vor allem mit der Managerin Elena Martinez, einer lebhaften Amerikanerin kubanischer Abstammung, die gigantische Träume hatte. Nachdem der Club an seinem neuen Standort eröffnet hatte, bot sie mir an, dabeizubleiben und abends an der Kasse zu arbeiten. Ich nahm das Angebot an, und seither übernehme ich jedesmal die Abendkasse, wenn ich in Australien bin. Ich arbeitete Tag und Nacht und hielt den Blick fest auf meine Rückkehr nach Kenia und zu Robert gerichtet. Meine Entschlossenheit trieb mich immer weiter.

Alles andere mußte hinter meiner Besessenheit, möglichst viel Geld zu sparen, zurückstehen. Das schloß auch meine wunderschöne Anglo-Araber-Stute Siska mit ein, die immer noch bei meinem Reitlehrer in einem Vorort von Melbourne untergebracht war. Früher hatte ich jede Woche Reitunterricht genommen und den Großteil meiner Wochenenden mit Siska verbracht. Jetzt hatte ich keinen Wagen mehr für die 40minütige Fahrt, und auch die Reitstunden waren mir zu teuer. Außerdem war ich nach den langen Arbeitstagen völlig erschöpft. Sonntags hatte ich frei, und ich brauchte diesen Tag unbedingt, um etwas Schlaf nachzuholen, zu waschen und in der Wohnung Ordnung zu schaffen. Ich hatte mir einmal geschworen, daß ich nie zu der Art Pferdebesitzer gehören würde, die einmal die Woche vorbeischauten, um ihrem Freund über den Weidezaun hinweg einen Apfel zu reichen. Jetzt mußte ich feststellen, daß ich nicht einmal das tat.

Um nachvollziehen zu können, was ich empfand, muß man seine ganze Kindheit über von einem eigenen Pferd geträumt haben. Als Kind hatte ich jedes in englischer Sprache erschienene Pferdebuch gelesen und meine Zimmerwände und Schulbücher mit Pferdebildern geschmückt. Es gibt vor allem ein Buch, an das ich mich noch gut erinnern kann – *Silver Snaffles* –, die zauberhafte Geschichte eines kleinen Mädchens ohne eigenes Pferd, das jede Woche ein altes Pony in einem heruntergekommenen Stall besucht, um es mit Möhrenstücken und Apfelschalen zu füttern. Eines Tages spricht das alte Pony zu dem Mädchen und fordert es auf, in eine dunkle Ecke des Stalles zu gehen. Das Mädchen tut wie geheißen und betritt eine andere Welt, in der alle Pferde sprechen können und ihr liebevoll das Reiten beibringen. Seit ich dieses Buch gelesen habe, habe ich des öfteren mit alten Ponys gesprochen und in dunkle Stallecken gesehen.

Jedes Jahr wünschte ich mir zu Weihnachten ein Pferd, und jedesmal bekam ich scherzhaft zu hören, sie hätten mir ein Pferd gekauft, aber es wäre weggelaufen und hätte nur einen Haufen Pferdeäpfel zurückgelassen. Haha, wirklich komisch. Das ist eine unglückliche Liebesgeschichte, die nur Mädchen aus der Stadt verstehen können, die nie ein eigenes Pferd haben durften. Aber meine Geschichte hatte ein Happy-End. Ich wurde erwachsen, zog zu Hause aus und stürzte mich ins Berufsleben. Die

Theaterwelt wurde mein Ausgleich dafür, daß ich in der Kindheit kein eigenes Pony gehabt hatte. Eines Tages ging mir dann auf, daß ich alles tun konnte, was mir Spaß machte.

Jahre, in denen man immer wieder zu hören bekommen hat »Nein, du kannst kein Pferd haben«, sind schwer abzuschütteln. Ich fing klein an, kaufte mir Pferdezeitschriften und sah mir im Fernsehen Springreiten an. Dann fand ich durch einen glücklichen Zufall einen wunderbaren Reitlehrer, der mir das Reiten beibrachte und mir zu einem eigenen Pferd verhalf. Und von da an hätten wir zusammen glücklich sein und erste Preise bei Dressurprüfungen für Erwachsene einheimsen sollen, aber ich verdarb alles, indem ich mich in einen Massai-Krieger verliebte und mich auf und davon machte, um in Kenia zu leben. Gelegentliche Besuche bei meinem Pferd kommen nicht in Frage, da ich die ganze Zeit nur heulen müßte. Und so habe ich den Traum inzwischen eingemottet, sorgfältig in eine Schublade gelegt, wo ich ihn jederzeit wiederfinden kann, und schicke regelmäßig Schecks für Siskas Unterhalt. Ich werde nie vergessen, daß Siska und Linda Tellington-Jones mich überhaupt erst nach Kenia geführt haben. Obwohl Siska noch ein Teil des Puzzles ist, das ich noch nicht ganz einordnen kann.

Das Geld, das ich mir für meine erste Keniareise geborgt hatte, und meine Kreditkartenschulden verfolgten mich. Ich hatte mich in einen gräßlichen finanziellen Schlamassel hineinmanövriert und mußte mich nun der Realität stellen. Ich beantragte einen Langzeitkredit und bezahlte alle meine Schulden. Jetzt hatte ich einen 30 000-Dollar-Kredit am Hals, den ich innerhalb von vier Jahren abstottern mußte. Ich tröstete mich mit dem Gedanken, daß ich meine Freude daran gehabt hatte, das Geld auszugeben, und daß 30 000 Dollar nicht viel waren, um den wahren Sinn seines Lebens zu finden. Viele Menschen wenden ihr ganzes Leben und riesige Summen dafür auf, nach dem Sinn des Lebens und Inspiration zu suchen. Ich hatte mit 26 in relativ jungen Jahren den Schlüssel zu meinem persönlichen Glück gefunden.

Während meines gesamten Aufenthaltes in Australien sehnte ich ungeduldig den Tag herbei, an dem ich nach Kenia zurückkehren können würde. Ich war unzufrieden mit meiner eigenen Kultur. Die Stadt kam mir nun häßlich vor. Mein Körper und meine Seele fühlten sich schwerfällig und eingeengt. Ich war naturverbunden und lechzte nach der Luft, die Afrika für meine Seele bedeutete. Die Massai wußten, wie man gleichzeitig mit dem Rhythmus der Erde und den geistigen Mysterien des Himmels im Einklang lebt. Ich wollte diese Fähigkeit ebenfalls erlernen. Abends, wenn ich zu Bett ging, war ich in Gedanken bei Robert, und wenn ich aufwachte, war mein Herz schwer. An einigen Morgenden brachte ich es einfach nicht über mich, mich von meinen Träumen von Afrika loszureißen, und kam zu spät zur Arbeit. Ich änderte auch meine Gewohnheiten; da ich wußte, wie schwer die Massai-Frauen schufteten, um Wasser nach Hause zu schleppen, konnte ich das Wasser nicht mehr laufen lassen, während ich mir die Zähne putzte; ich empfand es jetzt als unglaubliche Verschwendung. Ich hatte keine Freude mehr daran, mir teure Kleider zu kaufen, weil ich automatisch umrechnete, wie viele Lebensmittel oder Schuldgelder man in Kenia davon bezahlen konnte.

Weihnachten 1990 kam und ging. Das Gespenst des Golfkrieges nahte und brach dann gewaltsam in unser aller Leben ein. Im Februar hatte ich genug Geld gespart, um endlich für etwa ein halbes Jahr nach Kenia zurückkehren und meine Kreditraten für diesen Zeitraum zahlen zu können. Aus dem übermächtigen Wunsch heraus, nach Kenia zurückzukehren, hatte ein vager Plan begonnen, Gestalt anzunehmen. Ich konnte mir eine Arbeitserlaubnis beschaffen und mir einen Job in Nairobi suchen.

Auf diese Weise konnte ich meinen Kredit von Kenia aus tilgen. Dies schien die ideale Lösung für mein Problem zu sein. Aber gab es dort überhaupt Arbeit, und wenn ja, wäre ich qualifiziert genug für eine Arbeitserlaubnis?

Der schlimmste Teil meiner Abreisevorbereitungen waren jedesmal die Auseinandersetzungen mit meiner Mutter. Während sie mir beim Waschen und Bügeln meiner Reisegarderobe half, neigte sie zu irrationalen Gefühlsausbrüchen und nicht allzu subtilen Andeutungen, daß ich mir doch mehr von der Welt ansehen solle als nur Kenia. Bei dieser konkreten Gelegenheit endete es damit, daß meine Mutter in Tränen aufgelöst erklärte, daß sie sich im Ozean ertränken werde. Glücklicherweise gelang es mir, sie dazu zu bewegen, statt dessen im Felsenpool ein Mitternachtsbad zu nehmen.

Bedingt durch den Golfkrieg waren alle Flüge von Karachi nach Afrika gestrichen, so daß mir ein weiterer Flug mit PIA erspart blieb. Statt dessen flog ich am 5. Februar mit British Airways nach Singapur und von dort aus mit Air Mauritius weiter nach Kenia. Air Mauritius ist keine Dritte-Welt-Fluglinie und wird mit derselben Effizienz und demselben Stil geleitet wie die bekannten großen Fluggesellschaften, mit einer zusätzlichen Note *Savoir-faire.* Obwohl der Flug mit den vielen Zwischenlandungen in Reunion, Madagaskar und Mauritius etwas von einem »Bummelflug« an sich hatte, genoß ich den Service und vor allem die Bordverpflegung.

Wir flogen tief über die bezaubernde Insel Mauritius mit ihren Sandstränden, leuchtendgrünen Zuckerrohrfeldern und dunstigen Bergen hinweg. Ich nahm mir vor, eines Tages zurückzukommen, um mir das Eiland genauer anzusehen. An diesem Tag würde ich nicht mehr zu sehen bekommen als die Transitlounge. Ich bin der Meinung, daß man sich entweder gegen die Transitlounge sperren oder den Aufenthalt dort als angenehm empfinden kann. Ich für meinen Teil genieße sie, weil sie zu den seltenen Gelegenheiten gehören, bei denen ich ebenso wie während des Fliegens mit gutem Gewissen dem Nichtstun frönen kann. Ich las in meinem Buch und frühstückte in dem kleinen Transitrestaurant: eine Tafel Schweizer Schokolade, frisches Brot mit Kirschkonfitüre, Saft und Kaffee. Ich bemerkte, daß ich anfing, ein wenig zu riechen, und so kaufte ich mir im Duty-free-Shop ein Parfum, um meinen Körpergeruch zu überdecken.

Diesmal empfand ich die Landung in Nairobi anders. Die nagenden Zweifel und das flaue Gefühl im Magen waren verschwunden. Es ist tröstlich zu wissen, daß es um so leichter wird, je größer das Risiko ist, das man eingeht. Ich hatte mich von den typisch westlichen Erwartungen frei gemacht, in jeder erdenklichen Situation alles im Griff haben zu müssen. Ich wollte nicht einmal mehr wissen, wie spät es war, und schon gar nicht, was ich in jeder Minute eines jeden Tages tun würde. Zuversicht und Vertrauen in meine eigenen Fähigkeiten, mit allem fertigzuwerden, womit das Leben mich konfrontierte, hatte mich von Furcht befreit. Und frei von Angst ist man zu allem in der Lage. In Kenia würde sich für mich alles zum Besten fügen – glaubte ich.

VIII
Adung ilkeek, anap enkare – Holz hacken, Wasser tragen

Februar bis Juli 1991

Osupuko maarpe kiriama. Emincho Ilkokoiyoi eya osupuko.
Intai ilrikok pooki aitanapa.

Laß uns zusammen in unserem Wald sterben.
Wir dürfen den Kikuyu nicht unseren Wald überlassen.
Das haben alle unsere Führer geschworen.

Maendeleo-Lied der Massai-Frauen

Robert holte mich in Nairobi ab, und wir traten die lange Fahrt zurück nach Loita in einem *Matatu* an. Die Regenschauer waren in diesem Jahr später als gewöhnlich niedergegangen, und die Berge waren grün und wunderschön. Ich wurde in Narotian von allen herzlich empfangen.

Robert besaß wie alle unverheirateten *Moran* kein eigenes Haus. Er schlief in der seiner Altersgruppe vorbehaltenen Hütte und zog mit seiner Rinderherde umher. In Daniels *Enkang* war eine kleine Hütte von einer Familie aufgegeben worden, und diese wurde nun mir überlassen. Jetzt hatte ich ein eigenes Heim, und Robert und ich wohnten fortan unter einem Dach. Von da an betrachteten mich alle als Roberts Frau. Die Hütte war alt und fiel an manchen Stellen schon auseinander, aber es war mein Zuhause.

Baba, Mama Hannah und ihre drei Kinder hatten vorher hier gelebt. Sie waren keine Massai, sondern Kisii, die sich im Massai-Land niedergelassen hatten, so daß ihr Haus nicht dem typischen Massai-Stil entsprach.

Es war quadratisch mit einem Strohdach und in drei Bereiche unterteilt: einen Hauptwohnraum mit einer Feuerstelle an einem Ende, einen Schlafraum mit einem breiten Massai-Bett und einen kleineren Raum mit einem Einzelbett und einer Matratze im westlichen Stil.

Die traditionellen Massai-Betten sind 30 bis 60 Zentimeter hoch und aus Brettern gezimmert. Auf den Brettern werden duftende Äste des *Sinone*-Strauches ausgebreitet, die auch als Polsterung dienen. Die letzte Lage besteht

Mein erstes Haus

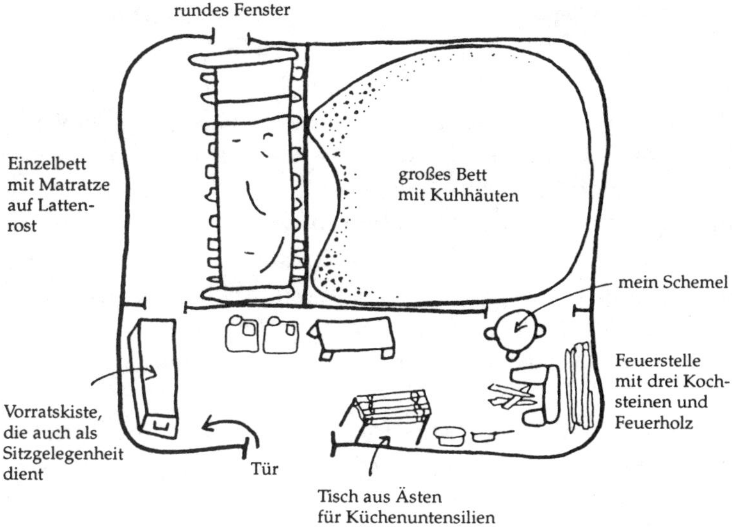

aus einer ungegerbten, saubergeschabten Kuhhaut. In wohlhabenden Haushalten werden drei oder vier Häute übereinandergelegt. Die Betten sind groß genug für vier Erwachsene und tatsächlich sehr bequem, im Grunde einem Futon nicht unähnlich. Bei großer Hitze bleiben die Häute angenehm kühl. Außerdem sind sie sehr leicht zu reinigen. Die Massai benutzen keine Kopfkissen, obwohl Krieger mit komplizierten ockergefärbten Frisuren sich manchmal ein niedriges Holzgestell unter den Kopf legen.

Mein kleines Haus hatte eine Holztür und ein kleines rundes Fenster, das ich nachts mit Lappen zustopfen würde, um Zugluft zu vermeiden. Die Position der Tür in der Mitte der Vorderfront bedeutete, daß es im Inneren nicht so dunkel war wie in den gewöhnlichen Massai-Hütten. Ich habe es gern hell, und am schwersten war es mir bei den Massai gefallen, mich an die Dunkelheit im Inneren der Häuser zu gewöhnen.

Der Hauptunterschied zwischen diesem Haus und den anderen des *Enkang* bestand darin, daß kein *Olale* für junge Kälber und Ziegen vorhanden war. Baba Hannah hatte keine Tiere besessen. Seine Leute betrieben Ackerbau, und er zog es vor, Getreide anzubauen und gegen Milch einzutauschen anstatt selbst Vieh zu halten. Dadurch war mein Haus viel leichter sauber zu halten, und es kam auch meiner empfindlichen westlichen Nase entgegen. Massai-Behausungen haftet gewöhnlich ein Geruch nach Rauch und Leder an, der nach einiger Zeit von der Haut angenommen wird. Sie riechen nach Holzrauch, Ziegenurin und guter, harter Arbeit mit Tieren. Es mag komisch klingen, aber wenn ich Robert nach langer Trennung wiedersehe, liebe ich es, den typischen Massai-Geruch seiner Haut einzuatmen.

Narotian liegt in Entasekera, einem Gebiet im Südosten von Loita, das in der örtlichen Verwaltungssprache als »Sublocation« oder »Subcentre« bezeichnet wird. Es gibt dort Handels*dukas,* eine staatliche Schule und eine kostenlose Klinik (in der es keine Medikamente gibt, die jedoch von einer sehr fröhlichen und gewissenhaften Frau geleitet wird). Es gibt eine katholische Mission mit einer eigenen Klinik (nicht kostenlos, aber sehr billig und gut geführt), und amerikanische Missionare haben sogar eine kleine Kirche gebaut.

In der Gegend müssen verstreut einige Hundert Massai-Familien leben, aber das weiß man nicht genau, da die *Enkangs* so weit auseinander liegen. Mein *Enkang*, der nach Roberts Vater *Enkang o Mengoru* genannt wird, befindet sich auf einem kleinen, grasbewachsenen Hügel mit gelb-grünen Akazienbäumen, an dessen Fuß ein Bach vorbeifließt. Wir sind auf drei Seiten von bewaldeten Bergen umgeben. Im Süden führt ein vielbenutzter Bergpfad zu den Handels-*dukas*, der staatlichen Schule und der katholischen Mission in zwei Kilometern Entfernung. Wenn man weiter nach Süden gehen würde, käme man nach Tansania, zum Berg Ol Doinyo Sampu und dem nördlichsten Rand des Natron-Sees an der Grenze. Weiter im Landesinneren von Tansania liegt der heilige Berg der Massai, Ol Doinyo Lengai, der Berg Gottes, bei dem es sich um einen aktiven Vulkan handelt. Etwas weiter östlich befindet sich der Nguruman-Steilabbruch, ein Streifen unberührter Wald, der der *Iloibonok*-Familie heilig ist. Im Westen liegt die Loita-Ebene, die in die Siana-Ebene und die Massai-Mara übergeht, die bis zum beeindruckenden Soit-Ololol-Steilabbruch reicht.

Früher waren die Massai Halbnomaden und zogen auf der Suche nach neuen Weiden und Wasser mit ihren Herden umher. Sie besaßen nur wenig; ihre Habe war auf das begrenzt, was auf dem Rücken der Frauen und in den Tragekörben der Familienesel transportiert werden konnte. Kalebassen für Milch und Wasser, Kochtöpfe, eingerollte Kuhhäute und persönlicher Schmuck machten den Großteil des Gepäcks aus. Jede Familie hatte in der Trockenzeit freien Zugang zum vorhandenen Weideland und errichtete provisorische *Enkangs*. Die kleinen, mit Dung abgedichteten

Hütten umgaben schützend einen Pferch, in dem das Vieh über Nacht untergebracht war. Der gesamte *Enkang* wurde mit einem Wall aus Dornengestrüpp umgeben, um Raubkatzen fernzuhalten.

Diese traditionellen Dörfer gibt es noch heute. Die riesigen Kreise, die aussehen wie mysteriöse, von Gott gezeichnete Muster, sind vom Flugzeug aus deutlich zu sehen, wenn man über das Great-Rift-Tal hinwegfliegt. Als die Massai jedoch begannen, einen Großteil ihres Landes zu verlieren, erst an die Siedler und die Wildreservate und später an die Landwirtschaftsgenossenschaften, auf die Elite-Massai das Monopol hatten, und durch die zunehmende Bewirtschaftung durch Ackerbau betreibende Stämme, mußten sie ihr Nomadenleben einschränken. Heutzutage ziehen die Massai im Süden Kenias nur noch selten und nur in der Trockenzeit mit ihren Herden umher, obwohl es sie schmerzen würde, es zuzugeben, da sie in ihren Seelen immer noch Wanderer sind und immer sein werden.

Wenn man längere Zeit an einem Ort verweilt, erwartet man von seinem Haus mehr als nur Schutz vor dem Wetter. In den Loitas hat sich die traditionelle kreisrunde Form der *Enkangs* nach und nach geändert, wofür unser *Enkang* ein gutes Beispiel ist. Die sechs Häuser sind größer und haben Strohdächer anstatt der ursprünglichen runden Igluform des Dachs. Die Häuser sind nicht mehr von einem Wall aus Dornengestrüpp umgeben, sondern stehen in einem Halbkreis außen um ihn herum. Jeder Hauseingang ist zum Rinderpferch hin ausgerichtet, und jede Familie hat ihr eigenes Eingangstor, das *Mlango*. Mein Haus befand sich etwa sechs Meter hinter den anderen, was mich ein wenig vor den Fliegen bewahrte.

Oberhaupt der Familie war Roberts greiser Vater, der mit seiner dritten und liebsten Frau Kokoo eines der Häuser bewohnte. Auf der einen Seite ihrer Hütte lebte seine erste Frau, die ebenso alte Mumai, die sich während seiner

Schulzeit in Morijo um Robert gekümmert hatte. Mumai lebte mir ihrem Sohn Olkiliai, seiner jungen Frau Meiyoki und ihren beiden Kindern zusammen. Auf der anderen Seite von Kokoos Haus wohnte ihre Schwiegertochter Nolmemeri mit ihren acht Kindern, daneben Roberts ältester Bruder Daniel mit seiner Frau Narygunkishon. Sie hatten sechs Kinder. Das fünfte Haus befand sich in recht desolatem Zustand und wurde von Roberts ältester Schwester Ntanin bewohnt. Tagsüber saß sie in Narygunkishons Haus und half ihr beim Kochen und Versorgen der Kinder. Neun Erwachsene und 16 Kinder bildeten meinen unmittelbaren Familienkreis. Roberts Familie lebte seit beinahe zehn Jahren in diesem *Enkang* – ein seßhaftes Dasein, das durch genügend Regen ermöglicht wurde.

Diese Gruppe bildete den Kern unseres *Enkangs*, aber die einzelnen Bewohner pendelten zwischen diesem Dorf und den anderen Familien-*Enkangs* hin und her, die Roberts andere Brüder in Morijo, etwa 20 Kilometer nördlich, und in Imburapitia, 15 Kilometer südwestlich, gegründet hatten. Die gemeinsame Herde der Familie wurde auch zwischen diesen drei Orten hergetrieben, je nachdem, wo das Weideland gerade am besten war.

Ich begründete meinen Haushalt mit einigen geborgten Schemeln, einem Sammelsurium von Töpfen, Besteck, Blechtassen, Tellern, zwei Zehnliterkanistern, einem roten Eimer, einem Plastikkrug für Milch und zwei großen Plastikwannen, von denen mir die eine zum Waschen meiner selbst diente und die andere zum Waschen der Wäsche. Außerdem besaß ich einen kleinen Vorrat an Seife, Shampoo und Medikamenten sowie einen Erste-Hilfe-Kasten. Ich hatte eine Tasche voller Kleider und drei Decken. Nach Massai-Standard war ich damit voll ausgerüstet.

Natürlich gab es keinen Strom, so daß Robert und mir nachts ein Feuer als einzige Lichtquelle diente. Dazu besaß ich eine Taschenlampe mit Batterien zum Wechseln. Es fiel mir nicht schwer, ohne Strom, fließendes Wasser und WC auszukommen. Im Massai-Land hat das Leben einen anderen Rhythmus; der Trick besteht darin, sich ihm anzupassen. Und das tat ich langsam, Schritt für Schritt, mit viel Unterstützung seitens meiner Massai-Familie. Natürlich ist es hilfreich, wenn man verliebt ist; es lenkt einen von einem Leben ab, das oberflächlich betrachtet von Entbehrung und Kuhdung geprägt zu sein scheint. Ich liebte nicht nur einen einzelnen Menschen, sondern eine ganze Gemeinschaft.

Wie sehr die Massai mich auch faszinierten, das Leben unter ihnen stellte doch große physische und emotionale Anforderungen an mich. Die körperliche Arbeit war verhältnismäßig leicht. Ich lernte, Wasser aus dem Bach am Fuß des Hügels zu holen. Es ist ein fließender Bach, und das Wasser ist sehr sauber. Ich brauchte es nie abzukochen. Ich lernte, es langsam zu schöpfen, indem ich eine Blechtasse oder einen Krug mit der Öffnung gegen den Strom an die Oberfläche hielt und das Wasser in den Behälter fließen ließ. Dann schüttete ich das Wasser in den Kanister, bis dieser voll war. Hierzu mußte ich mich bücken, und ich bekam bald einen steifen Rücken von der ungewohnten Arbeit. Einen Wasserhahn aufzudrehen, ist entschieden einfacher.

Massai-Frauen sind in der Lage, 30 Liter und mehr in großen runden Behältern, die mit einem Lederriemen versehen sind, der um beide Enden des Behälters herumführt, auf dem Rücken zu tragen, indem sie sich die obere Schlinge des Riemens um die Stirn legen. Auf diese Weise tragen sie die Last etwa in der Mitte des Rückens und können das Gewicht, das auf ihrem Hals lastet, dadurch regulieren, daß sie den Riemen mit beiden Händen packen. Wenn der *Enkang* sehr weit von der nächsten Wasserstelle entfernt ist, benutzen die Frauen Esel mit Packtaschen auf beiden Seiten, um das Wasser heimzutragen. In Morijo gehen die Frauen unserer Familie in der Trockenzeit täglich zu Fuß über sechs Kilometer zum Fluß und wieder zurück. Ich kann das Wasser nicht auf dem Rücken tragen. Der Lederriemen zieht an meinem Haar und hinterläßt für Stunden einen häßlichen roten Streifen auf meiner Stirn. Ich ziehe es vor, zwei Zehnliterkanister zu füllen und diese, einen in jeder Hand, den Hügel hinauf zu meinem Haus zu tragen. Die anderen Frauen mißbilligen meine Methode und meinen, daß ich mir auf diese Weise Schultern und Lungen ruiniere. Mit dieser Methode kann ich an guten Tagen (also an Tagen, an denen ich mich besonders dynamisch fühle) dreimal zum Fluß gehen und 60 Liter Wasser nach Hause schaffen. Das ist mehr als genug zum Trinken, Kochen, Waschen und Spülen. Umgerechnet sind das zehn Toilettenspülungen — oder 20, wenn man diese Sparvorrichtung hat.

Ich habe auf einer Seite meines Hauses eine kleine Wäscheleine improvisiert. Sie hat sich als sehr nützlich erwiesen, um die Decken jeden Morgen zu lüften. Mit einem Fußboden aus gestampfter Erde und einem Strohdach muß man die Decken täglich gründlich ausschütteln, damit sie nicht kratzen. Nachdem ich die Decken in die Sonne gehängt habe, wende ich mich dem Fußboden zu. Anfangs schien es mir eine Sisyphusarbeit zu sein, einen Boden aus gestampfter Erde zu fegen, aber man sieht sehr wohl ein Ergebnis, auch wenn man einen blättrigen Ast verwendet wie die Massai-Frauen. Wenn der Fußboden gründlich gefegt ist, bespritze ich ihn, so wie Kokoo es mir gezeigt hatte, mit Wasser, damit er nicht so staubt. Später gewöhnte ich mir an, das Badewasser vom Vorabend aufzubewahren und den Boden damit zu befeuchten. Dadurch war der Fußboden in der Tageshitze angenehm kühl, und mir wurde außerdem gesagt, daß dies dazu beitrage, »Jigger« fernzuhalten, winzige, lästige Insekten, die sich gern in nackte Zehen und Finger bohren. Ich spülte meine gebrauchten Tassen, Teller und Töpfe mit heißem Wasser, einem Topfschrubber und Waschpaste, die ich aus Nairobi mitgebracht hatte. Massai-Frauen reinigen ihre Töpfe mit glühenden Kohlen, wodurch die wunderbar glänzen — viel mehr als meine nach der Behandlung mit Seifenlauge. Sie brechen die Kohlen direkt von glühenden Stockenden und fügen Wasser hinzu. Dann entfernen sie die harten Stücke und zerdrükken den Rest mit den Händen, wodurch auf dem Topfboden eine zähe, rauhe Masse entsteht. Sie verreiben diese, bis die Essensreste sich gelöst haben und die Töpfe im Inneren glänzen wie Silber. Die vom Feuer geschwärzte Außenseite wird so belassen.

Narygunkishon, Nolmemeri und manchmal auch andere Frauen versorgten mich mit Feuerholz. Ich erbot mich, dabei zu helfen, mein Bündel aus dem Wald ins Dorf zu tragen, aber das lehnten sie kategorisch ab. Sie erklärten mir, daß ich im Wald, wo tagsüber Büffel und Leoparden schliefen, eine Gefahr für sie wäre. Ich kannte die für diese Tiere typischen Geräusche nicht und verstand es auch nicht, mich lautlos durch den Busch zu bewegen wie eine Massai. Und so nahm ich dankbar meine tägliche Holzration entgegen und bemühte mich, so sparsam wie möglich damit umzugehen.

Schwieriger als die körperliche Arbeit war die Überwindung der sprachlichen Barriere. Ich war es gewohnt, mich ausdrücken zu können. Ich liebte die feinen Nuancen der englischen Sprache und Sarkasmus und Humor. Jetzt entsprach meine Ausdrucksweise der eines dreijährigen Kindes. Robert hatte keine Geduld, wenn es darum ging, mir neue Wörter und Sätze beizubringen. Wenn wir zusammen waren, unterhielten wir uns auf Englisch. Durch den Sprachkurs an der CPK-Schule hatte ich einen Grundwortschatz und geringe Grammatikkenntnisse. Das bedeutete, daß ich Höflichkeiten austauschen konnte und »die Neuigkeiten essen«, wie die Massai sagen, aber alles, was mehr als zwei kurze Sätze erforderte, überstieg meine Fähigkeiten. Ich hatte erwartet, viel leichter das eine oder andere aufschnappen zu können, und war frustriert, daß dem nicht so war. Die lautliche Ähnlichkeit vieler Wörter und die Tonalität des Massai machten es mir oft unmöglich, die Worte zu unterscheiden, und sofern mir das gelang, verstand ich den Sinn des Gesprochenen nicht. Wie ich schon sagte, bin ich nicht eben sprachbegabt.

Die Massai rieben Salz in die Wunde, indem sie mich mit dem Missionar Tim verglichen, der fließend Massai sprach, und damit andeuteten, daß ich der Sprache eigentlich inzwischen auch mächtig sein müßte. Als ich Tim schließlich kennenlernte, erwies er sich als ausgesprochen netter Kerl, der tatsächlich fließend Massai sprach, mit einem schönen, sanften Rhythmus. Außerdem erfuhr ich, daß er eine Frau und Hauspersonal hatte, die ihn versorgten, und sich anderthalb Jahre ausschließlich dem Sprachstudium gewidmet hatte. Ich wette, daß auch er noch radebrechen würde, wenn er jeden Tag hätte kochen, putzen und 60 Liter Wasser vom Fluß holen müssen. Und wenn die Hausarbeit dann erledigt war, war ich häufig zu müde, mich mit dem Erlernen der Sprache zu befassen.

Ebenso umfangreich und verwirrend wie die Sprache war es, die komplexen sozialen Regeln der Massai zu lernen. Ich machte in den ersten Tagen im eigenen Haus viele Fehler. Einer bestand darin, daß ich ein Gericht aus Fleisch und Reis für Robert und seine Freunde kochte. Ich hatte gehofft, sie mit meinen kulinarischen Fähigkeiten zu beeindrucken, aber ich war noch nicht mit allen Tabus vertraut, denen die *Moran* auch in bezug auf ihre Nahrung unterworfen waren. Ein Tabu lautet, daß sie keine fetthaltige Kost essen dürfen, die eine Frau zubereitet hat. Ich hatte für den Reis ein wenig Öl verwendet, so daß die *Moran* ihn nicht essen durften. Ich kochte ihnen stattdessen Tee, wobei ich mir die ganze Zeit über sehr linkisch vorkam, während ich mit dem Feuer hantierte und versuchte, im schwachen Licht die Tassen zu füllen.

Das *Moran*-Dasein ist von zahlreichen Verboten in Bezug auf die Nahrung geprägt. Diese Tabus werden strikt eingehalten, bis die *Moran* bei ihrer *Olngesherr*-Zeremonie in den Kreis der Junioráltesten aufgenommen werden. Das Ideal für die Massai ist eine reine Hirtendiät, die jedoch für die meisten Menschen unmöglich einzuhalten ist. Für die *Moran* ist sie jedoch üblich, wie von *Enkai* befohlen. Sogar wenn es um Fleisch geht, gibt es gewisse Regeln. Beispielsweise ist es den *Moran* verboten, irgendwelches Fleisch zu essen, das von Frauen gesehen, berührt oder gekocht wurde. Dies bezieht sich sogar auf eine Kuh oder einen Ochsen, die/der innerhalb des *Enkang* vor den Augen melkender Frauen an einer Krankheit oder Verletzung eingeht.

Unter diesen Umständen dürfen andere Mitglieder des *Enkang* das Tier häuten und essen, nicht aber die *Moran*. Statt dessen essen sie ihr eigenes Fleisch in speziellen Fleischlagern im Wald, sogenannten *Olpuli* (Singular *Olpul*). Männer aller Altersklassen dürfen das *Olpul* betreten, aber die Krieger verbringen einen Großteil ihrer Zeit im Wald.

Manchmal verschwinden sie monatelang und lassen sich nur ab und an blicken, um eine Ziege oder Kuh zum Schlachten zu holen. Robert hat mir gestanden, daß er bei einem einzigen solchen Treffen ganz allein eine halbe Ziege essen kann! Im Laufe der Jahre habe ich den Sinn des *Olpul* verstanden, denn es handelt sich hierbei um weit mehr als ein großes Massai-Grillfest. Im Grunde ist es eine spirituelle Zuflucht, wo die *Moran* sich ungestört darauf konzentrieren können, mit *Enkai* und dem Wald Zwiesprache zu halten.

Robert hat mir erzählt, daß er und seine Freunde versuchen, jeden Morgen sehr früh aufzuwachen. Dann verlassen sie einer nach dem anderen das Lager, gehen in den Wald und beten laut zu *Enkai*. Sie müssen das vor etwa sechs Uhr tun, der Zeit, zu der die Frauen im fernen *Enkang* ihr Haus verlassen, um mit dem Melken zu beginnen. Massai-Frauen sagen oft vor oder während dem Melken ein Gebet auf, und die *Moran* wollen sichergehen, daß ihr Gebet *Enkai* zuerst erreicht. Der Gedanke, daß sie zur gleichen Zeit wie eine Frau beten könnten, beleidigt ihre Kriegerehre.

Am Abend folgen weitere Gebete, in denen sie rituell Gottes Segen erbitten, wenn der Eingang zum *Olpul*-Lager für die Nacht geschlossen wird. Die *Moran* halten auch Zwiesprache mit dem Wald, den sie als heiligen Ort betrachten. In den Loita-Wäldern entlang des Nguruman-Steilabbruchs gibt es viele Kultstätten, die bei bestimmten Zeremonien eine Rolle spielen wie beispielsweise Flüsse, alte Bäume und bestimmte Berggipfel. Jedoch gilt auch der Wald als Ganzes für die Massai als heilige Stätte von allergrößter Bedeutung. Er symbolisiert, vor allem für die *Moran*, Herz und Seele ihrer Kultur. Nach allem, was Robert mir erzählt hat, scheint es, als würden die *Moran* in dieser Zeit einen Zustand spiritueller Einheit mit dem Wald erlangen. Dieses Gefühl wird zweifellos noch von der »Waldmedizin«, dem berauschenden Gebräu, verstärkt, das sie dort täglich konsumieren. Sie werden hypersensibel, was die Geräusche und Gerüche des Waldes betrifft. Der Geruch des Familien-*Enkangs*, die belanglosen Unterhaltungen verheirateter Männer und Frauen, Hundegebell und Kindergeschrei widern sie an, und so vermeiden sie es in dieser Zeit um jeden Preis, einen *Enkang* zu betreten. Ein spezieller Geruch, den sie absolut nicht ertragen können, ist der nach Seife, so daß es ihnen ganz besonders widerstrebt, *Wazungu* zu begegnen. Robert sagt, daß die *Moran* sehr aggressiv werden können, wenn sie im Wald Fremde treffen.

Im Gegensatz zu den spektakuläreren Taten wie Viehdiebstahl und Löwenjagd, für die die Massai berühmt sind, weiß man nur sehr wenig über den spirituellen Aspekt des Kriegertums.

Weitere strenge Verhaltensmaßregeln schreiben den *Moran* vor, daß sie immer in Gesellschaft eines Mitgliedes ihrer Altersgruppe essen müssen, sich nie allein waschen oder die Milch der Kühe der eigenen Familie trinken dürfen. Statt dessen müssen sie die Milch mit ihren Altersgenossen teilen. Auf diese Weise wird die Milch gerecht unter *Moran* aus reichen und armen Familien geteilt. Auch müssen die *Moran* sich jeden Tag von neuem entscheiden, was sie essen möchten, entweder Milch oder Fleisch, da es ihnen verboten ist, beides am selben Tag zu sich zu nehmen. Das zu tun würde in ihren Augen bedeuten, der lebenden Kuh (Milch) und der toten Kuh (Fleisch) Nahrung zu entnehmen. Die Ernähungsvorschriften führen zu einer Isolierung der *Moran* von Familienverbänden und stärken somit das Band der Brüderschaft innerhalb der Altersgruppe. Ein ausgeprägtes Gefühl von Verbundenheit entsteht, und es wird als ungesund angesehen, wenn ein *Morani* Zeit allein verbringt. Dies steht im Kontrast zum Ältestendasein, da die Männer dieser Generation zur Individualität ermutigt werden.

Der Speiseplan aller, ich eingeschlossen, bestand zu einem großen Teil aus süßem Milchtee. Tee zuzubereiten oder zu »kochen«, wie die Massai es tun, ist ein ebenso faszinierendes wie anmutiges Ritual. Massai-Frauen kochen alles von ihrem, niedrigen Schemel auf der »Frauenseite« der Feuerstelle aus. Alles, was sie brauchen, befindet sich in Reichweite, und alle Handgriffe vom Einschenken des Tees bis hin zum Kochen und Stillen werden mit eleganten, sparsamen Bewegungen ausgeführt. Vergessen Sie alles, was Sie bisher über die Zubereitung von Tee gehört haben. Um eine gute Tasse Tee im Massai-Land zu kochen, muß man als erstes durch Pusten die Glut anfachen. Die Massai-Frauen beherrschen diese Kunst perfekt, und gewöhnlich gelingt es ihnen, ein Feuer neu zu entfachen, indem sie im Sitzen auf die Glut blasen. Mir gelingt das auch heute noch nur auf Händen und Knien.

Als nächstes nimmt man einen sauberen Topf, gibt eine Tasse Wasser hinein und bringt dieses zum Kochen. Dann nimmt man eine Handvoll Blätter und wirft sie in das siedende Wasser. Nun fügt man mehrere Tassen Milch aus einer Kalebasse hinzu. Die Kalebassen werden täglich mit einem langen Stock und einer Handvoll Asche gereinigt, was dem Tee einen rauchigen Geschmack verleiht, der ein wenig an Earl Grey erinnert. Man kann Zucker hinzugeben, unmittelbar bevor die Milchmischung den Siedepunkt erreicht. Die meisten Massai tun viel Zucker in ihren Tee, eine Menge, die mindestens vier Teelöffeln pro Tasse entspricht. Man darf den Blick keine Sekunde von der Milch abwenden. Jetzt kommt der knifflige Teil. Sobald die Milch zu kochen beginnt, schäumt sie auf. An diesem Punkt wird von einem erwartet, daß man, unmittelbar bevor die Milch überkocht, den grifflosen Topf mit bloßen Fingern vom Feuer nimmt und vorsichtig auf den Boden stellt. Ich arbeite nach Jahren immer noch daran. Meine Milch kocht immer noch über, so daß Wolken von Asche und Rauch aus dem zischenden Feuer aufsteigen. Da die Töpfe vom Kochen auf offenem Feuer von einer dicken schwarzen Kruste überzogen werden, behaupten die Frauen steif und fest, daß dies eine hitzeabweisende Schutzschicht auf dem Metall ist und dieses nicht richtig heiß wird. Ich glaube ihnen kein Wort und lasse größte Vorsicht walten, wenn ich Töpfe mit kochendheißem Inhalt vom Feuer nehme. Sie lachen mich aus, weil ich darauf bestehe, Topflappen zu benutzen. Auch habe ich Geld in einen Topf mit Griffen investiert, was mir das Leben sehr erleichtert.

Neben Milchtee setzte sich unser Speiseplan vornehmlich aus gekochtem Reis und manchmal aus Kartoffeln, gerösteten Maiskolben und Chapattis zusammen. Die gerösteten Maiskolben waren meine Lieblingsspeise und sie waren auch am einfachsten zuzubereiten. Als Hirten können die Massai großartigen Tee machen und wunderbar Fleisch grillen, aber davon abgesehen können sie nicht kochen. Getreide und Gemüse werden nur selten gegessen. Das Hauptgericht in Kenia, *Ugali,* wird gewöhnlich mit einer schmackhaften Soße gereicht. Die Massai essen es »pur« und spülen es mit einer Tasse Milch herunter. Ihr Reis ist klumpig und ihre Chapattis viel zu fettig. Eine Massai-Frau, die kochen kann, ist bei Männern und Kindern, die eine schmackhafte Küche durchaus zu schätzen wissen, hoch angesehen.

Manche Familien im Massai-Land fangen an, kleine Gemüsegärten anzulegen, vor allem, um Mais, Kürbisse und Bohnen zu ziehen. Die Massai haben traditionell eine beinahe religiöse Aversion gegen die Landwirtschaft. Sie betrachten die Ackerbau betreibenden Stämme wie die Kikuyu und Kamba als »verachtungswürdige Wühlmäuse«. Eine Massai-Legende erzählt die Geschichte von Leeyio[9)], der zwei Söhne hatte. Als er im Sterben lag, rief er seine Söhne zu sich und fragte sie, was er ihnen hinterlassen solle. Der Erstgeborene entgegnete, daß er ein wenig von allem haben wolle. Und das bekam er auch: einige Ziegen, eine Kuh und ein Stück Land zur Bewirtschaftung. Der zweite Sohn wollte nur ein Andenken an seinen Vater und bat ihn um seinen Fliegenwedel. Leeyio war gerührt von der bescheidenen Bitte seines Sohnes und versprach ihm Reichtum und Ruhm. Der Erstgeborene wurde der Stammvater der Ackerbau betreibenden Stämme, dazu verdammt, ihre Tage damit zu verbringen, in der Erde zu wühlen, um sich zu ernähren. Der Zweitgeborene wurde der Stammvater der Hirten-Massai.

Nachdem sie große Flächen ihres traditionellen Weidelandes verloren haben, greifen die Massai heute mehr und mehr auf »Kikuyu-Nahrung« zurück, wie sie es nennen:

---

9) Leeyio wurde wie Maasinta von *Naiteru kop* (ein weiterer Name für Gott) auf die Erde geschickt. Beide Namen tauchen in verschiedenen Mythen auf, es könnte sich also um dieselbe Figur unter verschiedenen Namen handeln. Leeyio und Maasinta sind beide patriarchale Gestalten in Massai-Mythen zur Entstehungsgeschichte der Menschheit.

Mais, Bohnen und Kartoffeln. Wenn sie Geld haben, kaufen sie Lebensmittel in den *Dukas,* und inzwischen haben einige Familien begonnen, eigene Gemüsegärten anzulegen. Diese Arbeit wird gewöhnlich von den Frauen ausgeführt, und das hat einige neue Probleme mit sich gebracht. In der Zeit, in der die Frauen im Gemüsegarten arbeiten oder die Arbeiter überwachen, die hierfür bezahlt werden, können sie sich nicht um die Jungtiere und Kinder kümmern. Auch bleibt weniger Zeit für Pflichten wie Feuerholzsammeln und Wasserholen. Die Kinder werden oft dazu herangezogen, Affen aus den *Shambas* (Gemüsegarten oder -acker) fernzuhalten.

Gemeinschaftsgärten sind unbekannt, da die Massai es vorziehen, Rinder zu züchten und somit ihre *Shambas* als autonome Familieneinheiten bewirtschaften. Ein ertragreicher *Shamba* in Wassernähe kann in der schwierigen Trockenzeit eine wichtige Nahrungsquelle sein, wenn auch auf Kosten der Frauen, der Wildtiere und der Wasservorräte. Letztendlich wird der Preis von allen Hirtenstämmen der Massai und ihrer Umwelt bezahlt werden müssen.

Narygunkishon hatte einen großen Garten, in dem sie Mais, Bohnen, Kartoffeln, Tomaten und Kürbisse anbaute, die sie mit mir teilte. Außerdem steht auf dem Speiseplan der Massai *Oloshoro,* eine dünne Grütze aus Maismehl, Fett und Milch. Frische und gegorene Milch ist bei allen sehr beliebt, vor allem jedoch bei den *Moran.* Fleisch kommt bei den Familien nur selten auf den Tisch. Den Massai widerstrebt es, eins ihrer Tiere zu schlachten, sofern hierfür kein triftiger Grund vorliegt wie eine Zeremonie oder die Erkrankung eines Familienmitgliedes, das nahrhafte Brühe zu sich nehmen muß, um wieder auf die Beine zu kommen. In einem solchen Fall wird eine Ziege oder ein Schaf geschlachtet und aus den Innereien und Heilkräutern aus dem Wald eine ganz spezielle Suppe gekocht. Das Fleisch wird mit allen Bewohnern des *Enkang* geteilt.

Kühe und Ochsen werden ausschließlich zu zeremoniellen Zwecken geschlachtet. Das ist einer der Gründe, warum kommerzielle Viehzucht bei den Massai nicht funktioniert. Sie bringen es nicht über sich, sich von ihren Tieren zu trennen und besitzen lieber eine große Herde dürrer als eine kleinere Herde wohlgenährter Kühe, die große Mengen Milch geben. Jahrhunderte der Erfahrung mit der Launenhaftigkeit der Natur haben sie gelehrt, eine möglichst große Zahl von Rindern zu halten. In Zeiten einer Dürre mag zwar die Hälfte verenden, aber ihnen bleiben immer noch genug Tiere als Grundstock einer neuen Herde übrig.

Ein weiterer Grund, weshalb die Massai mehr Vieh halten, als sie eigentlich benötigen, ist ihre Einstellung zu Geld. Die Massai sagen: »Das Vieh ist unsere Bank.« Wenn ein Massai Bargeld besitzt, ist er einfach nicht fähig, es lange zu behalten, nicht einmal dann, wenn es sich auf einem Bankkonto befindet. Es wird nicht lange dauern, und er muß dem einen oder anderen Verwandten unter die Arme greifen und für Medikamente, Lebensmittel, Schulkosten oder Zeremonieausgaben aufkommen. Es ist viel sicherer, Geld »auf Hufen« zu besitzen. Hinzu kommt, daß persönliches Prestige eng mit dem Erfolg eines Mannes als Viehzüchter verknüpft ist. Die Anzahl der Rinder, die ein Mann besitzt, bestimmt seinen Status und seinen Einfluß in der Massai-Gesellschaft und wirkt sich unmittelbar auf die Stellung seiner Kinder aus — vor allem auf die der *Moran* unter ihnen.

Eine amerikanische Touristin, die als Mitglied einer Safarigruppe eines Tages mein Haus besichtigte, rief mit übertriebenem Entsetzen: »Aber Sie haben ja gar keine Toilette!« Das stimmt. Ich besitze keine Toilette. Im Massai-Land dient das Gebüsch als solche. Jeder sucht das Gebüsch außerhalb des *Enkang* auf, wobei die Männer weiter gehen als die Frauen. Hunde und Hyänen beseitigen die Exkremente. Weiche *Oleleshwa*-Blätter sind ein hervorragender Toilettenpapierersatz. Viele Massai reagieren entsetzt, wenn sie hören, daß man im Westen eine Toilette im eigenen Haus hat. Das Massai-System funktioniert in ihrer Umgebung wunderbar, und ich persönlich ziehe die freie Natur den stinkenden Plumpsklos, die sonst in ländlichen Gegenden anzutreffen sind, bei weitem vor.

Ein weiterer Aspekt des Lebens in einer Lehmhütte bestand darin, zu lernen, wie man sich den verschiedenen Mitgliedern des Stammes gegenüber richtig verhält. Allein die korrekte Art der Begrüßung erschien mir anfangs wahnsinnig kompliziert. Frauen und Kinder haben ältere Männer mit geneigtem Kopf zu grüßen. Grundsätzlich muß man einen Mann, der alt genug ist, daß er der eigene Vater sein könnte, zuerst grüßen, indem man den Kopf neigt. Der Älteste legt einem dann sanft eine Hand auf den Kopf und erwidert den Gruß beispielsweise mit den Worten *»Enkerai ai«* (mein Kind) oder *»Pasanai, supa«* (meine Liebe). Das ist eine schöne Geste, die Schutz und Segen für die jüngere Person symbolisiert und Respekt für den Älteren bekundet.

Begegnet man einem besonders lieben alten Mann, spuckt er einem vielleicht sogar leicht auf den Kopf, die Hände oder die Füße. Das ist ein ganz besonderer Segen, und ich überwand mein anfängliches Entsetzen rasch. Jüngere Männer können per Handschlag begrüßt werden. Die Massai ergreifen die Hand des anderen nicht wirklich, sondern legen nur leicht die Handflächen aneinander. Kleine Kinder begrüßen Erwachsene, ob männlich oder weiblich, mit geneigtem Kopf. Die Massai küssen einander auch zur Begrüßung, allerdings gilt dies nur bei Frauen untereinander, bei Frauen und Kindern und bei Bruder und Schwester, wobei hier der Bruder den Kopf ein wenig neigt und die Schwester sich zu ihm aufreckt.

Wie in vielen Teilen Afrikas ist es nicht ungewöhnlich, daß Männer Hand in Hand gehen. Enge Freunde begrüßen einander überschwenglich, und da es ihnen widerstrebt, die Hand des anderen wieder loszulassen, gehen sie Hand in Hand weiter, während sie die »Neuigkeiten essen«. Solche öffentlichen Zuneigungsbekundungen sind bei Liebespaaren selten und kommen zwischen Eheleuten überhaupt nicht vor. Das soll nicht heißen, daß es bei Eheleuten keine Liebe gäbe, aber die Massai zeigen diese auf andere Weise. Sie sind nicht im westlichen Sinne romantisch, gehen aber sehr liebevoll mit Kindern, Verwandten und Freunden um.

Ist die eigentliche Begrüßung beendet, beginnt ein langwieriger Prozeß der Erkundigung nach der Gesundheit des Gegenübers, der seiner Verwandten, seiner Rinder und Ziegen. Diese Fragen werden anschließend von der anderen Person wiederholt. Erst wenn diese »Formalitäten« erfüllt sind, beginnt – sofern überhaupt – die eigentliche Unterhaltung. Direkt auf den Punkt zu kommen gilt als sehr unhöflich. Ich hörte diesem sanften Austausch von Frage und Antwort sehr gerne zu. Jede Antwort oder Erklärung (Mir geht es gut, meinen Kindern geht es gut, meinen Rindern geht es gut etc.) wird von Seiten des Zuhörers mit angemessenen »Ohs« und »Ahs« an den richtigen Stellen quittiert. Direkter Augenkontakt ist nicht notwendig; häufig blicken zwei Personen, während sie sich unterhalten, zu Boden oder auf ihre Hände.

Etwa um diese Zeit ereignete sich etwas Bedeutsames. Es geschah nach und nach, so daß ich nicht genau sagen kann, wie und wann es passierte. Ich weiß nur, daß die dreijährige Mesianto (mit Kosenamen Ndoondo – gesprochen Don-dou) offiziell Mitglied meiner Familie wurde. Zwischen uns hatte sich bei meinem letzten Besuch eine ganz besondere Freundschaft entwickelt. Als das Interesse und die Neugier der anderen Kinder erlahmte, blieb Mesianto mir treu. Als ich mein neues Haus bezog,

zog Ndoondo ganz selbstverständlich zu mir. Eines Tages erkannte Daniel, was vor sich ging, und sagte: »Du und dieses Kind, ihr liebt euch, also soll es dein Kind sein.« Ich hatte nichts dagegen, da sie mich bereits völlig verzaubert hatte. Robert hatte auch keine Einwände und sagte nur: »Ich bin froh, weil ich dieses Kind liebe«, und Ndoondo war es ebenfalls recht, weil sie die zusätzliche Aufmerksamkeit ihrer *Mzungu*-Mutter genoß.

Ihre leibliche Mutter, Narygunkishon, förderte unsere Beziehung ebenfalls. Sie stammt aus einer verhältnismäßig fortschrittlichen Familie, die in der Lage war, einigen ihrer Kinder eine Schulbildung zu ermöglichen. Ihre Schwester ist Lehrerin und einer ihrer Brüder Distrikt Commissioner, so daß Narygunkishon weiß, wie nützlich Bildung sein kann. Sie weist mich immer wieder darauf hin, daß Ndoondo ein außergewöhnlich intelligentes und kluges Kind ist. Daniel und Narygunkishon wäre es niemals möglich, alle ihre sechs Kinder auf die Schule zu schicken. Ihr ältester Sohn, ein wirklich guter Schüler, kann sich glücklich schätzen, wenn sein Vater sich einverstanden erklärt, genug Vieh zu verkaufen, um ihn auf die höhere Schule zu schicken. Und so betrachtet Narygunkishon die Situation als Gelegenheit für eines ihrer Kinder, in den Genuß einer Schulbildung zu gelangen. Auf der anderen Seite ist sie typisch Massai – großzügig und liebevoll Kindern gegenüber und bereit, sie mit den anderen Mitgliedern ihrer großen Familie zu teilen.

Die Massai messen Reichtum an Rindern und Kindern, wenn sie sich jedoch zwischen diesen beiden Formen des Reichtums entscheiden müßten, würden sie die Kinder wählen. Es wird als Tragödie betrachtet, wenn ein Paar kinderlos bleibt, und ich als erwachsene Frau hatte noch kein eigenes Kind. Ich hätte um nichts in der Welt eingestanden, daß meine Kinderlosigkeit auf moderne Verhütungsmethoden zurückzuführen war, da dies den meisten Massai-Frauen schlichtweg unverständlich wäre. Ein kinderloses Paar bekommt oft ein Kind von einem anderen, kinderreichen Mitglied der engeren Familie. Das Kind lernt sehr früh, daß es zwei Elternpaare hat, aber innerhalb der so eng verbundenen Massai-Gemeinschaft scheint dies von allen Beteiligten als selbstverständlich akzeptiert zu werden. Eine Freundin von mir wurde im Alter von nur wenigen Tagen von ihrer »richtigen« Mutter in die Obhut einer kinderlosen Verwandten gegeben. Ihre Adoptivmutter produzierte sogar Milch und stillte ihr neues Baby. Auch werden Kinder wohlhabenderen Verwandten anvertraut, damit sie immer reichlich zu essen haben und in den Genuß weiterer Vorzüge gelangen, die die eigenen Eltern ihnen nicht bieten können. Als Mutter konnte man mich nun mit dem höflichen Begriff *Ngoto Ndoondo* ansprechen, was »Mutter von Ndoondo« bedeutet, und meiner Massai-Familie bereitete es große Freude, mich so zu betiteln.

Von dem Dutzend Kinder, die in unserem *Enkang* lebten, gingen drei zur Schule. Leseamon, ein neunjähriger Junge, und Sitaiyo, ein achtjähriges Mädchen, waren beide Kinder von Daniel und Narygunkishon. Der dritte im Bunde hieß Momposhe. Er war eins von acht Kinder einer wunderschönen Frau namens Nolmemeri. Vor allem diese drei haben mir in der Anfangszeit Gesellschaft geleistet und mir geholfen, ihre Sprache zu erlernen. Sie versammelten sich abends in meinem Haus, sangen Lieder und prüften dann mein Wissen, indem sie auf Gegenstände oder Körperteile deuteten, bis ich diese korrekt benannte. So lernte ich, daß *Enkutuk* Mund bedeutet, *Lorika* Stuhl und so weiter.

Als ich sie kennenlernte, besuchten alle drei Kinder die örtliche staatliche Grundschule etwa zwei Kilometer Fußweg von unserem *Enkang* entfernt. Wie überall auf der Welt sind manche Schulen besser als andere, und wie den meisten Schulen im Massai-Land fehlte es der Entasekera Primary School an Geldmitteln. Bildungsmangel ist ein

Teufelskreis; um Lehrer zu werden, muß man mindestens bis zum dritten Jahr der Oberstufe die Schule besucht haben.

Nur sehr wenige Massai erreichen dieses Bildungsniveau, und darum sind die meisten Lehrer im Massai-Land selbst keine Massai. Die meisten betrachten eine Anstellung im Massai-Land als eine schwere Aufgabe. Und das ist es für einen Nicht-Massai wohl auch in vieler Hinsicht. Die Lehrer haben riesige Klassen von manchmal über 40 Kindern zu unterrichten und das praktisch ohne Hilfsmittel, bei denkbar schlechter Unterbringung, ohne gesellschaftliche Kontakte und ohne öffentliche Verkehrsmittel, die es ihnen ermöglichen würden, ihre Familien zu besuchen oder nach dem Sommerurlaub pünktlich wieder zur Stelle zu sein. Die meisten sind Supermärkte, fließendes Wasser und Strom gewöhnt, und im Massai-Land gibt es nichts von alledem. Und so resignieren sie und verlieren jede Freude an der Arbeit; sie kommen zu spät aus den großen Ferien zurück und feiern zu oft krank. Viele bestechen die Schulbehörden, damit sie gar nicht erst hergeschickt werden, während andere in den Ferien wegfahren und sich nie wieder blicken lassen.

In der ganzen Zeit, die ich dort lebe, hat die Entasekera-Schule noch nie über einen vollständigen Lehrerstab verfügt. Die Direktorin ist zwar eine engagierte Frau, hat jedoch zwei Massai-Lehrer. Durch mehr Massai-Lehrer könnte dieses Problem gelöst werden. Dann wäre nicht nur gewährleistet, daß genügend Lehrer für die Kinder vorhanden sind, sondern daß ihnen darüber hinaus (hoffentlich) ihre eigenen kulturellen Werte auf verständnisvolle und positive Art nähergebracht würden.

Ich werde nie den Tag vergessen, an dem Leseamon mir erklärte, daß er kein *Morani* werden wolle, weil diese »schmutzig sind und riechen«. Ich fragte ihn, wer ihm gesagt hätte, daß *Moran* schmutzig wären, worauf er entgegnete: »Mein Lehrer.« Sein Lehrer war zweifellos überzeugt davon, das Richtige zu tun, indem er diese »primitiven Wilden« schlecht machen. Ich denke (obwohl ich es nicht mit Sicherheit behaupten kann), daß ein Massai-Lehrer seine Schüler ermutigen würde, stolz auf ihr Massai-Erbe zu sein, und ihnen parallel hierzu vor Augen führen würde, daß jenen, die den Wunsch und die Möglichkeit haben, sich umfassende Bildung anzueignen, heute auch andere Perspektiven offenstehen. Massai-Geschichte, die nicht allen Kindern zu Hause nähergebracht wird, sollten die Massai-Kinder in all ihrer Großartigkeit gelehrt werden. Nur auf diese Weise können aus jungen Massai freie und gleichberechtigte Bürger des modernen Kenia werden.

Der derzeitige Lehrplan ist auf Kinder ausgerichtet, die nicht aus einfachen Hirtenfamilien stammen. Er soll dazu dienen, jungen Leuten das Studium an einer Hochschule und anschließend den Eintritt in die moderne Wirtschaft zu ermöglichen. Dies mag für viele ebensowenig realisierbar wie erstrebenswert sein. Wenn der Lehrplan so flexibel wäre, Themen einzuschließen, die diesen Kindern wichtig sind, würde er bei den meisten jungen Massai größeres Interesse wecken und sie positiver beeinflussen.

In unserem *Enkang* lebten noch weitere neun Kinder. Einige von ihnen, wie auch Ndoondo, waren noch zu klein, um auf die Schule gehen zu können. Andere wurden zu Hause gebraucht, um ihren Müttern beim Versorgen der kleineren Kinder und der Rinder zu helfen. Massai-Kinder haben viel Freizeit zum Spielen. Es gibt Ballspiele, Bäume zum Hinaufklettern, junge Tiere zum Knuddeln, gluckenhafte Großmütter, von denen man sich verwöhnen lassen kann, und Kleinkinder zum Bemuttern. Aber es wird auch von ihnen erwartet, daß sie einige Pflichten übernehmen. Durch das Herumjagen junger Zicklein in der Abenddämmerung lernen die Kinder, junge Tiere zusammenzutreiben und ganz allgemein mit ihnen umzugehen. Jungen und Mädchen lernen, wie man

Ziegen und Kühe melkt, und helfen ihrer Mutter bei dieser Aufgabe. Wenn sie etwa acht Jahre alt sind, sind die meisten Kinder in der Lage, selbständig die Ziegen zum Grasen auf die Weide zu treiben und zu hüten. In unserem *Enkang* führt die zwölfjährige Nataiya eine gemischte Herde von über 60 Kühen täglich auf die Weide und zur Tränke. Das ist keine leichte Aufgabe, da die Tiere große Entfernungen zurücklegen müssen, um satt zu werden. Sie sind der Gefahr ausgesetzt, von Raubtieren angegriffen zu werden, und häufig kommt es zu Kämpfen unter den Bullen. Die Mütter verlassen sich darauf, daß ihre älteren Kinder ihnen mit den jüngeren Kindern helfen, und alle kleinen Mädchen werden bald richtig mütterlich ihren jüngeren Geschwistern gegenüber. Auch werden die Kinder im dorfeigenen internen Kurierdienst eingesetzt. Die Frauen sind meist mit Kochen oder Säuglingen beschäftigt, und so bringen die Kinder Nachrichten und geborgte Gegenstände von einem zum anderen. In unserem *Enkang* besitze ich das beste Gemüsemesser und Narygunkishon die einzige gußeiserne Bratpfanne, die zum Brotrösten verwendet wird. Vor allem diese Gegenstände werden ständig ausgeliehen, wobei die Kinder die ganze Beinarbeit übernehmen.

Ich begann, mit anderen Mitgliedern von Roberts Familie Freundschaft zu schließen. Narygunkishon war besonders hilfreich, nicht zuletzt, weil sie Englisch sprach. Roberts Vater war inzwischen fast ständig ans Bett gefesselt. Ich besuchte ihn jeden Tag in seinem dunklen Haus, wo seine dritte Frau Kokoo ihn pflegte. Gewöhnlich saß Papa aufrecht im Bett, und der Feuerschein spiegelte sich in seinen Augen. Zur Begrüßung beugte ich mich über das Bett, und er legte eine Hand auf meinen Kopf und sagte: *»Oh, enkerai ai, supa.«* Wenn weder Robert noch einer seiner Brüder anwesend war, konnten wir uns abgesehen vom Austausch einiger Nettigkeiten kaum unterhalten. Eines Tages fragte Papa, ob ich einen Büffel für ihn hätte.

Ich hatte keinen Schimmer, was ein alter Mann mit einem Büffel anfangen wollte, und entgegnete, daß ich keinen besäße. Später an diesem Tag erzählte ich Robert davon, und er brach in schallendes Gelächter aus. Wie sich herausstellte, hatte sein Vater mich um *Bofflo* gebeten, eine gängige Bezeichnung für Weißbrot, seine Lieblingsspeise.

Diesmal dauerte mein Besuch nur zwei Wochen, da ich nach Nairobi wollte, um mir eine Arbeitserlaubnis zu besorgen, die ich brauchte, um dauerhaft in Kenia bleiben zu können. Bevor ich ging, führte Papa in seinem Haus eine kleine Zeremonie für mich durch, der Daniel, Kokoo und drei alte Männer beiwohnten. Daniel brachte mich ins Haus seines Vaters, wo eine hitzige Diskussion im Gang war. Sie stritten sich um meinen neuen Namen. Schließlich einigten sie sich auf Nentasekera. Die Massai benennen ihre Kinder oft nach wohlhabenden, erfolgreichen Leuten – Nentasekera war eine reiche Frau, die vor mehreren Generationen an diesem Ort gelebt hatte. Auch Entasekera war nach ihr benannt worden. Der Name beinhaltete den Wunsch, daß ich an diesen Ort zurückkehren und Teil von ihm werden würde. Dann begannen die alten Männer zu beten, wobei einer von ihnen vorsprach und die anderen nach jedem Satz den Namen Gottes sagten. Im nächsten Abschnitt der Zeremonie reichte Daniel Papa ein Büschel grünes Gras, woraufhin Roberts Vater mich zu sich rief. Er stopfte eine Handvoll Gras seitlich in meine Schuhe und spuckte dann leicht auf meine beiden Füße. Daniel erklärte mir, das wäre ein starker Segen, der eine sichere Reise und Rückkehr bewirken sollte. Gras ist bei den Massai ein wichtiges Symbol für Frieden und Wohlstand. Es wird häufig bei Segnungen verwandt, als Bestandteil von Zeremonien und als Friedenszeichen zwischen gegnerischen Kriegern. Zum Abschluß schenkte Papa mir eine seiner Kühe.

Ich kehrte nach Nairobi zurück und leitete den langwierigen Prozeß der Antragsstellung für eine Arbeitserlaubnis ein. In Kenia ist die Arbeitslosenquote sehr hoch, und auch jene, die bis zum dritten Jahr der Oberstufe die Schule besucht haben, finden selten eine Stelle. Kenia ist also nicht sehr erpicht darauf, Fremde ohne einen triftigen Grund aufzunehmen, und so wußte ich, daß es nicht einfach werden würde. Es gibt viele Kategorien von Arbeitserlaubnissen, einige für den Kirchendienst, einige für Mitarbeiter von Hilfsorganisationen, einige für Personen, die bei einer bestimmten kenianischen Firma angestellt sind und so weiter.

Die Arbeitserlaubnis, auf die ich es abgesehen hatte, wurde »H«-Erlaubnis genannt und war für Personen gedacht, die ein eigenes Geschäft gründen wollten. Meine Qualifikationen und Erfahrungen bezogen sich allesamt auf die Unterhaltungsindustrie. Obwohl ich kein großes Interesse mehr an diesem Berufszweig hatte, schien mir die Unterhaltungsbranche meine beste Chance auf eine Arbeitserlaubnis zu sein. War die Erlaubnis mir erst erteilt worden, konnte ich immer noch versuchen, in anderen Bereichen tätig zu werden, beispielsweise in Sachen Naturschutz und Entwicklungshilfe, wo meine wahren Interessen lagen. In Nairobi hatte sich eine Unterhaltungsindustrie entwickelt, die jedoch noch in den Kinderschuhen steckte. In Südafrika gab es einige erfolgreiche Stückeschreiber und Theatergesellschaften wie das Market Theatre in Johannesburg. Mit der bevorstehenden Wiederaufnahme der direkten Flugverbindung der South African Airways nach Australien glaubte ich, daß sich zwischen Johannesburg, Nairobi und Australien Tourneen arrangieren ließen, da afrikanisches Theater und afrikanische Tänze sich in meiner Heimat großer Beliebtheit erfreuten.

Auch vertraute ich darauf, daß ich, wenn ich erst im Besitz einer Arbeitserlaubnis war, auf freiberuflicher Basis Arbeit als Publizistin, Produktionsassistentin für Filme und Werbespots und als Künstleragentin finden würde.

In meinem Antrag bat ich um die Erlaubnis, in Kenia als freiberufliche Kunstberaterin arbeiten zu dürfen, wobei ich einige Projektideen umriß, einschließlich der Tourneen und Australien. Auch erkundigte ich mich bei Werbeagenturen und Produktionsfirmen, die mir alle bestätigten, daß sie Arbeit für mich hätten, wenn ich erst im Besitz der entsprechenden Erlaubnis war. Einige Personen und Organisationen waren sogar so freundlich, Briefe aufzusetzen, in denen sie meinen Antrag unterstützten.

Sally Perry, eine Australierin mit eigener Designfirma, ließ mich ihre Schreibmaschine benutzen und Anrufe von ihrem Büro aus erledigen. Das war viel angenehmer, als die Telefonate von Münzfernsprechern aus zu führen, die in Nairobi ständig besetzt waren. Jeder Horrorstory von einer abgelehnten Arbeitserlaubnis stand ein Bericht eines wundersamen Erfolges gegenüber. Die Erfolgsgeschichten machten mir Mut. Was ich am meisten bräuchte, versicherte mir jeder ehemalige Antragsteller, wären Hartnäckigkeit, Beharrlichkeit und Geduld. Von den ersten beiden Eigenschaften besaß ich mehr als genug. Auch riet man mir, den Behörden mitzuteilen, daß ich einen Kenianer heiraten würde, dann würde die Arbeitserlaubnis problemlos erteilt werden!

Nachdem der Antrag vollständig ausgefüllt war und ich Briefe von Robert und seiner Familie beigelegt hatte, gab es noch ein Detail zu regeln – Geld. Abgesehen von einer saftigen Gebühr, die zu entrichten war, mußte man für eine »H«-Erlaubnis ein fettes Bankkonto nachweisen. Eine faire Bedingung, wenn man beabsichtigt, sich in Kenia selbständig zu machen. Leider hatte ich keinen Cent auf meinem Konto – im Gegenteil, es wies ein dickes Minus auf. Ich hoffte, den Beamten klarmachen zu können, daß ich als freiberufliche Beraterin kein so großes Kapital benötigte wie jemand in einer konventionelleren Branche. Im Kunstmanagement geht es um Information und Organisation; das einzige notwendige Beiwerk waren mein Telefonbuch und mein Gehirn. Ich konnte von überall aus arbeiten, sofern ich über ein Telefon, ein Faxgerät und einen Computer verfügte. Aber ein wenig Startkapital wäre für mich zweifellos von Nutzen gewesen.

Ehemalige Arbeitgeber von mir, zwei Melbourner Unternehmer, für die ich tätig gewesen war, bevor ich bei den Melody Lords angefangen hatte, halfen mir. Sie zahlten 5 000 Dollar auf mein Bankkonto ein und schickten mir einen Kontoauszug als Beweis meines derzeitigen Reichtums. Sobald ich dann meinen Antrag eingereicht hatte, würde ich ihnen einen Scheck über dieselbe Summe ausstellen, damit sie den »Kreditbetrag« wieder abbuchen konnten.

Mit den richtigen Formularen, meinen Empfehlungsschreiben und dem Kontoauszug bewaffnet, ging ich zu meinem ersten Gespräch im Nyayo House. Ich war darauf vorbereitet, charmant, geduldig, respektvoll und entschlossen aufzutreten. Auch hatte ich entschieden, daß ich kein Bestechungsgeld bezahlen wollte. Bestechung gehört in Kenia zum Alltag. Wenn man etwas Offizielles haben möchte, muß man bereit sein, ein bißchen nebenbei dafür zu zahlen. Die Gehälter sind niedrig, und alle, vom Polizisten bis hin zu Postbeamten, verdienen sich nebenher ein kleines Zubrot. Aber Bestechung war auch eine Kunst für sich. Man darf in diesen Dingen nicht zu direkt sein. Es ist besser, wenn man auf Andeutungen auf »die schweren Zeiten« wartet, bevor man sich erbietet, ein »wenig zu helfen«. Es war eine Kunst, die ich nicht eben gut beherrschte. Ich hatte Geschichten von *Wazungus* gehört, die einen kleinen Obolus angeboten hatten und offiziell der Bestechung beschuldigt oder mit der Drohung einer Anzeige erpreßt worden waren. Abgesehen davon, daß ich mir der Vorgehensweise bei der Bestechung eines Beamten nicht sicher war, widerstrebte mir dieses Praktik, und ich empfand Korruption als einen der schändlichsten Aspekte der kenianischen Bürokratie.

Nachdem ich eine Weile in einem schäbigen, deprimierenden Empfangsraum gewartet hatte, wurde ich zu dem für meinen Fall zuständigen Beamten vorgelassen. Sein nicht minder deprimierendes Büro war nur dürftig eingerichtet und enthielt nichts als einen Schreibtisch, zwei Stühle, ein Telefon und einen kleinen Berg Akten, die auf dem Fußboden gestapelt waren. Er warf einen flüchtigen Blick auf meinen Antrag und bat mich, im Groben darzulegen, wozu ich eine Arbeitserlaubnis benötigte. Er fand meine Beziehung zu einem Massai höchst amüsant. Warum ich keinen Kikuyu heiraten wolle, wollte er wissen. Das schimmernde Namensschild auf seinem Schreibtisch wies ihn deutlich als Angehörigen dieses mächtigsten Stammes in Kenia aus. »Warum müssen Sie Geld verdienen?« fuhr er fort. »Sie können doch Hausfrau sein und sich um ihren Mann kümmern, er wird Sie mit allem Notwendigen versorgen.« Meine Beharrlichkeit und Geduld nutzten mir in Anbetracht seiner herablassenden Art wenig. Nach 20 Minuten beendete er das Gespräch und sagte mir, ich solle in drei Wochen wiederkommen.

Robert hatte schon lange den Führerschein machen wollen. Wie andere junge Männer auf der ganzen Welt träumte er von einem eigenen Wagen. Wir hatten geplant, daß er in Nairobi zu mir stoßen und sechs Wochen bleiben sollte, um in einer Fahrschule Fahrstunden zu nehmen und die Prüfung abzulegen. Er war bereit, zwei Kühe zu verkaufen, um den Führerschein zu finanzieren. Ich konnte bei kenianischen Freunden wohnen, aber es ist etwas völlig anderes, wenn plötzlich der hünenhafte Massai-Freund vor der Tür steht. Nicht nur aus Platzgründen, sondern weil viele der kenianischen Städter die Massai nicht verstehen und somit nicht mit ihnen klarkommen. Sie stellen sich einen übelriechenden Krieger vor, der mit rotem Ocker bemalt ist und halbnackt im Wohnzimmer einen Kriegstanz aufführt. Sechs Wochen in einem Hotel zu wohnen, kam aus finanziellen Gründen nicht in Frage, und so suchte ich nach einer anderen Unterkunft.

Meine Freunde Susan und Martin erzählten mir, daß in ihrem Block ein Zimmer frei geworden wäre. Sie arrangierten alles Notwendige, damit wir dort einziehen konnten. Sie wohnten in Dandora, einem Vorort von Nairobi, mit dem Bus etwa 40 Minuten vom Zentrum entfernt. Auf der einen Seite reicht Dandora bis ins Mathare-Tal, in dem sich die schlimmsten Elendsviertel um Nairobi befinden. Mit den brennenden Abfallhaufen und den zahlreichen Ziegen und Hühnern auf den Straßen unterscheidet sich Dandora nur dadurch von den eigentlichen Slums, daß es durch ein wenig zuverlässiges Rohrsystem mit fließendem Wasser versorgt wird. Dandora hat viele Spitznamen, zum Beispiel »Beirut« oder »Kuwait«. Abschnitt Vier, in dem ich wohnte, war der schlimmste.

Ich zog vor Roberts Eintreffen ein, um unser vorübergehendes Zuhause einzurichten. Martins Familie und mein Freund Richard Nzomo hatten mir ein Bett und das nötigste Mobiliar geborgt. (Richard war ein dynamischer junger Edelsteinhändler, den ich vor einiger Zeit in Nairobi kennengelernt hatte. Er ließ mich sein Postfach benutzen, lud mich gelegentlich zum Mittagessen ein und half mir aus, wenn ich etwas brauchte.)

In wohnte in einer für diese Gegend typischen Mietskaserne, die in zwölf Betonzimmer unterteilt war, die »Würfel« genannt wurden. Der Block hatte eine schwere Eingangstür aus Stahl, die nachts verriegelt wurde. Vier der zwölf Würfel waren an einen Mann vermietet, der in einem der Zimmer eine Posho-Mühle unterhielt (mit einer Posho-Mühle werden getrocknete Maiskörner zu Mehl gemahlen). Die anderen drei Würfel benutzte er zwar nicht, aber der Lärm der Mühle machte sie für jeden unbewohnbar, abgesehen von den Ratten, die sich vom Maisschrot ernährten. Die Familien, die in den anderen acht Würfeln lebten, teilten sich zwei Kaltwasserhähne, eine kalte Dusche und ein WC. Es gab keine richtige Zimmerdecke, nur ein Wellblechdach, wodurch es in den Räumen unglaublich heiß war. Es gab Strom. In der Mitte eines jeden Würfels baumelte eine nackte Glühbirne von der Decke. Es war recht einfach, weitere Drähte und Adapter mit dieser Stromquelle zu verbinden und andere Geräte daran anzuschließen. Die meisten Familien besaßen eine Lampe und einen Kassettenrecorder. Alle mußten ihre Musik voll aufdrehen, um die des Nachbarn zu übertönen. Da jedoch die meisten Bewohner eine Vorliebe für Dolly Parton und Kenny Rogers zu haben schienen, machte das keinen großen Unterschied. Ich hatte gehofft, in Dandora viel zu lernen, aber der genaue Wortlaut von »Coward of the County« gehörte nicht dazu.

Ich war die einzige Weiße in ganz Dandora. Die Frauen in unserem Block zeigten sich anfangs reserviert, tauten jedoch auf, als sie sahen, daß ich die gleiche Hausarbeit verrichtete wie sie und nicht »stolz« war, wie sie es formulierten. Ihre Ehemänner bekam ich kaum zu Gesicht, da sie sehr früh am Morgen, noch vor Morgengrauen, das Haus verließen, um zur Arbeit zu gehen. Die Kinder zeigten großes Interesse an mir, abgesehen von einem kleinen Jungen, der jedesmal schrie, wenn er mich sah. Robert hingegen vergötterte er, und schließlich schloß er einen Kompromiß, indem er in unseren »Würfel« kam und über ihn hinwegkletterte, wobei er sich die Hände vor die Augen hielt, um mich nicht sehen zu müssen. Ich muß für ihn ausgesehen haben wie ein richtiges Ungeheuer.

Vor unserem Block stank der Anfall vor sich hin; die Abflüsse waren ständig verstopft, und vom gemeinsamen WC wehte ein stechender Uringeruch durch das ganze Haus. Keiner der Bewohner besaß viel Geld. Und dennoch war Dandora trotz aller negativen Aspekte kein deprimierender Ort. Zum einen stützten uns Susans und Martins Freundschaft und Hilfe. Martins Mutter und Geschwister lebten in einem anderen Block am Ende unserer Straße, und wir besuchten sie oft, um bei ihnen fernzusehen. Die Lieblingssendung aller war *Music Time,* eine Musiksendung, die am Sonntagabend vom Kenya Broadcasting Service ausgestrahlt wurde.

In einem Würfel waren im Durchschnitt ein Elternteil (oder beide Elternteile), drei Kinder, Möbel, Kleider, Kerosinplatten zum Kochen und ein Hausmädchen untergebracht. Das Bett war gewöhnlich mittels eines Vorhangs abgeteilt, während auf der restlichen Fläche eine Couchgarnitur, ein Couchtisch, ein Klappbett, Kochutensilien und allerlei Krimskrams strategisch plaziert waren. Die Hausmädchen schliefen auf dem Sofa oder auf einer Matratze auf dem Fußboden. Die Miete betrug etwa 600 Schilling im Monat oder etwa 7,50 Dollar die Woche. Wenn man bedenkt, daß die meisten Kenianer weniger als 2 000 Schilling im Monat verdienen (etwa 100 Dollar) ist Dandora teurer, als man erwarten würde.

Robert traf in Nairobi ein und staunte auf der 45minütigen Busfahrt nach Dandora nicht schlecht. »Wie bist du bloß an dieses Viertel geraten?« fragte er. Da er gerade aus der gewaltigen Weite und atemberaubenden Schönheit der Loita-Berge kam, war er richtiggehend schockiert von der Enge und Schäbigkeit. Es ist schon eine Ironie, daß die Städter in Kenia stolz sind auf ihren sogenannten Fortschritt und die Massai als rückständig betrachten. Ich würde jederzeit die offene, unverdorbene Schönheit der Berge gegen die afrikanische »Zivilisation« eintauschen.

Robert paßte sich sehr rasch an das Leben in der Stadt an und begann mit den Fahrstunden in einer Fahrschule mit dem irritierenden Namen Glory Driving School. Er war der erste Massai, der sich in dieser Fahrschule angemeldet hatte. Und er war auch der erste Massai, den viele Bewohner von Dandora zu Gesicht bekamen. Sie waren schon bald beeindruckt von seiner stillen, höflichen Art, und einige Frauen sagten mir im Vertrauen: »Wenn er das

Ohr nicht durchlöchert und in die Länge gezogen hätte, würde man gar nicht merken, daß er ein Massai ist!« Wie sie sich einen Massai nun genau vorstellten, weiß ich allerdings nicht.

Ich fuhr jeden Tag in die Stadt, um potentielle Arbeitgeber aufzusuchen. Manchmal ging ich auch in die MacMillan Library, eine sehr große öffentliche Bibliothek, um zu lesen. Im Erdgeschoß ist es ziemlich langweilig, aber oben gibt es einen riesigen Raum mit gebohnertem Holzboden, auf dem Löwenfelle ausgebreitet sind. In der Mitte des Raumes steht ein riesiger Eichentisch. In den Regalen befindet sich eine sehr umfassende Sammlung afrikanischer Literatur, einschließlich einiger Erstausgaben von Berichten verschiedener Forschungsreisenden. Ich liebte es, dort zu sitzen und zu lesen. Natürlich las ich alles über die Massai, was ich nur finden konnte.

Abends kochten Susan und ich gemeinsam, gewöhnlich Eintopf aus Gemüse, Fleisch und Reis. Manchmal brieten wir auch Ziegenfleisch auf einem Kohlenkocher vor dem Haus. Susan war eine sehr gute Köchin und bei Bedarf auch eine sehr einfallsreiche. An dem Tag, als ich einzog, bereitete sie ein ganz besonderes Willkommensmahl aus geschmorten Hühnchen mit Chapattis und Reis. Das Huhn hatte sie von ihrer Schwiegermutter Mathey gekauft, die etwas weiter die Straße hinunter wohnte, und selbst geschlachtet. Es schmeckte köstlich, und ich bin froh, daß sie mir die Geschichte von der Schlachtung erst nach dem Essen erzählte und nicht schon davor. Es war wohl ein sehr energisches Huhn gewesen, das auch nachdem seine Beine zusammengebunden worden waren, weiter mit den Flügeln schlug und umherhüpfte, um Susans Beil zu entgehen. Susan löste das Problem, indem sie dem Huhn mit dem Fuß die Wirbelsäule brach, bevor sie es dann erlöste und ihm den Kopf abhackte. Die makabre Vorstellung von Susan, die in hohen Absätzen und mit einem Beil in der Hand einem Huhn die Wirbelsäule bricht, wird mir immer im Gedächtnis bleiben.

Während meines damaligen Aufenthaltes in Nairobi setzte ich mich mit der Freundin einer Freundin namens Mary in Verbindung. Wir aßen gemeinsam zu Abend und gingen in der darauffolgenden Woche ins Kino. Mary, eine Engländerin, arbeitete in Nairobi für eine Entwicklungshilfeorganisation, die International Conservation Union (IUCN). Sie war spindeldürr, sehr elegant und besaß etwas, das ich mir von Herzen wünschte – eine Arbeitserlaubnis und einen erfüllenden Job im Bereich der Entwicklungsförderung in Ostafrika. Sie war der lebende Beweis dafür, daß so etwas möglich war. Während Robert und ich in Dandora wohnten, reiste Mary für einen dreiwöchigen Urlaub nach England und fragte, ob ich bereit wäre, in dieser Zeit auf ihr Haus aufzupassen. Das Haus war von einem riesigen Garten umgeben und befand sich im Vorort Karen. Ob ich dazu bereit war? Ich zögerte keine Sekunde.

Karen und das benachbarte Langata sind etwa 20 Fahrminuten vom Stadtzentrum entfernt. Gemeinsam bilden sie eine der grünen, gepflegten Enklaven von Kenias eigentümlichsten Stamm: den Weißen. Heute leben etwa 40 000 Weiße (auf Suaheli *Wazungu*) in Kenia. Die Mehrheit von ihnen führt ein relativ geruhsames Leben, das ihnen von einer kleinen Armee von Hausangestellten ermöglicht wird. Zu Marys Haus gehörten ein Gärtner, der auch dort wohnte, und eine Putzfrau, die außerdem von Hand die gesamte Wäsche wusch. Zwar gab es keine festangestellte Köchin, aber einen Nachtwächter oder *Askari*, dessen Aufgabe darin bestand, die ganze Nacht auf der Veranda zu sitzen, um das Haus und seine Bewohner zu beschützen. In einer Stadt, in der die Kluft zwischen jenen, die im Wohlstand, und der Mehrheit derer, die an der Armutsgrenze leben, so groß ist, profitieren vor allem die Wach- und Schließgesellschaften.

Hauspersonal ist keineswegs ein exklusives Privileg der Weißen. In Kenia ist es üblich, daß Familien ein »Hausmädchen« einstellen. In Kenia arbeiten alle Frauen. In Nairobi müssen sie oft stundenlange Fahrten in klapprigen Vehikeln über löcherige Straßen in Kauf nehmen, um von den Vororten in die Innenstadt zu gelangen. Die Zeiten von sieben bis neun Uhr morgens und von vier bis sieben Uhr abends gelten als Stoßzeiten. Die Stadtangestellten umgehen diese Rush-hours, indem sie um sechs Uhr früh von zu Hause weggehen und eine Pause einlegen, bis um neun ihr offizieller Dienst beginnt. Hausmädchen spielen eine wichtige Rolle: Sie betreuen Kinder anderer Leute und arbeiten von morgens bis abends für einen Hungerlohn. Viele schlafen in einem Einzimmerapartment, das sie mit der gesamten Familie und deren Habe teilen, auf dem Fußboden. Es heißt, ein gutes Hausmädchen wäre schwer zu finden. Ich möchte hinzufügen, daß dies auch für Arbeitgeber gilt. Ich habe einige schokkierende Geschichten darüber gehört, wie schamlos diese Mädchen ausgenutzt werden.

Marys Haus war ein malerisches Steingebäude im Landhausstil, das in einem etwas strengen, aber wunderschönen Garten gelegen war, hinter einer etwa zwei Meter hohen Hecke verborgen. Vidette Bougainvilleen und duftender Jasmin umrankten die Mauern. Große Rosenbüsche, Strelitzien und andere exotische Blumen blühten. Robert hatte nur Augen für die Aussicht; von Marys Haus aus hatte man einen wunderbaren Blick auf die Ngong-Berge. Roberts Vater war um die Jahrhundertwende dort geboren worden, als Ngong, Karen, Langata und das Gebiet um diese Vororte noch Teil des Massai-Landes gewesen waren. Bei den Massai heißen die Ngong-Berge *Oloolaiser,* was »Berge des Laiser-Clans« bedeutet. Ich war froh, für eine Weile aus Dandora heraus zu sein, aber Robert brauchte diese Atempause vom Stadtleben noch viel dringender als ich, und was konnte es da besseres geben als den Ausblick auf den Geburtsort seines Vaters und die Heimat des Nkidongi-Clans.

In den folgenden drei Wochen verbrachten wir gemeinsam einen richtigen Urlaub. Während Robert tagsüber in der Fahrschule war, saß ich im Garten und las, hörte Musik und kochte in Marys bestens ausgestatteter Küche. Nach dem Abendessen sahen wir uns Videos an, die ich ausgeliehen hatte. Wir sahen alles, von *Krieg der Sterne* bis zu *Jenseits von Afrika*. Die Filme, die Robert am meisten beeindruckten, waren jene, in denen schwarze Schauspieler mitspielen und die sich mit Themen befaßten, die Schwarze betrafen, wie die Bürgerkriegsgeschichten *Glory* und *Schrei nach Freiheit* oder Filme über Steven Biko und Apartheit. Robert war entsetzt über die Rassentrennung, von der er noch nie zuvor gehört hatte. In einer Szene des Filmes wird ein Massaker in Soweto gezeigt, bei dem Schulkinder von weißen südafrikanischen Polizisten erschossen werden. Robert sah schockiert hin, wandte sich mir dann zu und stellte mir eine Frage, die ich nicht beantworten konnte: »Warum haben sie die Kinder erschossen?«

Ich fühlte mich beinahe schuldig, weil ich ihm so viele Mißstände vor Augen geführt hatte, von deren Existenz er zuvor nichts geahnt hatte. Ein weiterer Film, der großen Eindruck auf Robert machte, war *Roots*. Er hatte auch nichts vom afrikanischen Sklavenhandel gewußt. Nachdem er sich den Film zweimal angesehen hatte, erklärte er, daß er seinen ersten Sohn Kunta Kinte nennen werde, zu Ehren des Westafrikaners, der entführt und in die Sklaverei verschleppt worden war. »Weil er ein mutiger Krieger war«, sagte er. Mir diese Filme gemeinsam mit Robert anzusehen, war, als würde ich das dargestellte Geschehen das erste Mal bewußt wahrnehmen. Ich lernte ebensoviel Neues wie er.

Richard, der Gärtner, war nicht eben begeistert davon,

daß ein Massai im Haus seiner Herrin wohnte. Mary hatte ihm schonend beigebracht, daß ihre Freundin Catherine und ihr Freund – ein Afrikaner – während ihrer Abwesenheit in ihrem Haus wohnen würden. »Sie meinen, ein Schwarzafrikaner?« hatte Richard ausgerufen. »Ja, ich meine, ein Schwarzafrikaner. Er ist Massai.« Richard war gleich zweifach geschockt gewesen.

Wir waren sehr traurig, als wir Marys Haus wieder verlassen mußten. Die Wochen dort waren traumhaft gewesen, vor allem der Ausblick auf die Ngong-Berge. Aber das Ghetto der Weißen war nichts für mich, und so hieß es zurück nach Dandora und zum Nyayo House. Ich erhielt einen Brief, in dem mir mitgeteilt wurde, daß mein Antrag auf eine Arbeitserlaubnis abgelehnt worden sei. Ich wußte, daß ich das Recht hatte, einen zweiten Antrag zu stellen, und so suchte ich den Beamten noch einmal auf, diesmal in Begleitung von Robert. Der Beamte amüsierte sich darüber, Robert leibhaftig vor sich zu sehen, und stellte ihm viele höfliche Fragen über Rinder. Er erklärte, daß die 5 000 Dollar auf meinem Konto nicht ausreichten und ich eine Arbeitserlaubnis erhalten würde, wenn ich ein Guthaben von annähernd 50 000 Dollar nachweisen könne. Ein Flug zum Mond wäre leichter zu realisieren gewesen. Er nahm meinen Antrag an und bereitete mich schonend darauf vor, daß die Prüfung diesmal länger dauern würde.

Inzwischen hatte Robert seine erste Fahrprüfung hinter sich gebracht. Er war durchgefallen. Die Theorie war kein Problem gewesen. Aufgrund der hohen Analphabetenrate werden die Verkehrsregeln mit Hilfe von Spielzeugautos und einer großen Holzplatte gelehrt, auf die eine Stadt aufgemalt ist. Bei der Prüfung wird dieselbe Holztafel verwendet. Als es Zeit war für die praktische Prüfung, war Robert dank eines angemessenen Schmiergeldes gut vorbereitet. Unter Massai gibt es so etwas wie Bestechung nicht, aber alle hatten uns versichert, daß niemand die Prüfung ohne Bestechungsgeld bestand, und so hatte Robert sich den hiesigen Gepflogenheiten angepaßt. Der Prüfer setzte sich neben Robert in den Wagen, und Robert reichte ihm prompt sein »Trinkgeld«. Nach der Hälfte der Prüfung stieg der erste Prüfer aus und wurde von einem zweiten abgelöst. Robert hatte dem ersten sein ganzes Geld gegeben, und so ließ ihn der zweite durchfallen. Als er das zweite Mal zur Prüfung antrat, war er schlauer. Er behielt das Geld bis zuletzt in der Tasche, um sicherzugehen, daß es bei diesem einen Prüfer blieb. Dann überreichte er das »Trinkgeld« und bestand mit wehenden Fahnen.

In Kenia steht und fällt alles mit offiziellen Dokumenten. Robert war überglücklich, seinen neuen Führerschein in Händen zu halten, während mein Dokument, meine Arbeitserlaubnis, weiter entfernt zu sein schien denn je. Ich hatte mich um zwei Stellen beworben, einmal als Mitarbeiterin der Nachrichtenstelle der International Conservation Union und einmal als Pressebeauftragte des World Wide Fund for Nature. Ich wurde nicht einmal zu einem Vorstellungsgespräch eingeladen. Ich hatte diverse Hilfsorganisationen aufgesucht und mich als LES (locally engaged staff – vor Ort eingestellte Arbeitskraft) bei der Australian High Commission beworben. Auch dort kein Interesse. Meine Hoffnungen, mich dauerhaft in Kenia niederzulassen, entschwanden in weite Ferne. Derweil hörte ich von anderen Ausländern, die herkamen, vom Klima überwältigt waren und sofort einen Job fanden. Mutlosigkeit und Zweifel ergriffen von mir Besitz. Es war höchste Zeit, in die Berge zurückzukehren, und so fuhr ich zurück ins Massai-Land.

Robert und ich stellten uns einer weiteren gefährlichen *Matatu*-Fahrt in die Loita-Berge. Ich deckte mich mit reichlich Mehl und Reis ein, da ich vorhatte, etwa sechs

Wochen dort zu bleiben. Das würde mein längster Aufenthalt im Massai-Land werden. Gewissermaßen ein Härtetest.

Nachdem ich wieder in mein kleines Häuschen gezogen war, holten die Probleme mich sehr bald wieder ein. Ich hatte schreckliche Rückenschmerzen vom ständigen Bücken und Wasserschleppen; in Australien putzt man größtenteils im Stehen und erledigt die meisten Arbeiten in Hüfthöhe – hier befand sich alles auf dem Boden, so daß ich mich andauernd bücken mußte. Ich wollte mir selbst beweisen, daß ich ebenso in der Lage war, alle anfallenden Arbeiten zu erledigen wie eine Massai-Frau, was natürlich nicht klappen konnte. Ich schleppte Wasser, schrubbte Töpfe, kochte, fegte den Boden und wusch Kinder und Kleider. Abgesehen vom Holzhacken erledigte ich alle Arbeiten allein.

Ndoondo war die ganze Zeit über bei mir, half mir mit der Sprache und versuchte, mir einige Arbeiten abzunehmen. Sie war erst dreieinhalb und wollte unbedingt dasselbe tun wie ihre älteren Schwestern. Eines Tages ließ ich sie einige Minuten unbeaufsichtigt im Haus, um einige handgewaschene Kleider draußen auf der Leine aufzuhängen. Das war ein großer Fehler. Als ich ins Haus zurückging, sah ich, daß Ndoondo beschlossen hatte, ihre Kleider ebenfalls zu waschen, wobei sie meine zwei Eimer kostbaren Wassers umgekippt hatte. Ich hätte weinen können. Eimer zu füllen und das Wasser zum Dorf hinaufzutragen war eine solche Knochenarbeit. Und ich war bereits ein zusätzliches Mal zum Fluß gegangen, um genügend Wasser zu haben, um zu baden. Jetzt stand mir ein weiterer Gang mit anschließendem Aufstieg mit zwei vollen Kanistern bevor.

Trotzdem war Ndoondo ein ständiger Quell der Freude in meinem Leben. Ich entdeckte, wie wundervoll die Beziehung zu einem Kind sein konnte. Ich schmeichle mir, wenn ich behaupte, daß Ndoondo mich an mich selbst in diesem Alter erinnerte, aber in gewisser Weise tat sie das wirklich. Nach dem Vorfall mit dem verschütteten Wasser verabreichte ich ihr mit der bloßen Hand drei harte Schläge auf den Po. Sie war schockiert, hielt jedoch stur die Tränen zurück. Statt dessen blieb sie draußen vor der Tür und wies meine Versöhnungsversuche zurück; ihr stummer Protest war ein schrecklicher Vorwurf. Auch ich hielt immer tapfer die Tränen zurück, wenn meine Mutter mir einen Klaps gab – was, wie ich betonen möchte, nur sehr selten vorkam. Meine Mutter hat mir erzählt, daß ich mich einmal nach einem Klaps trockenen Auges zu ihr umgedreht und gefragt habe: »Hat es dir Spaß gemacht?« Ich war lange Zeit stolz darauf, daß sie einen Holzlöffel auf meinem Po zerbrochen hatte, ohne daß ich auch nur eine Träne geweint hätte.

Ndoondo genoß die Vorzüge, ein »Einzelkind« zu sein. Das zweitjüngste Kind in einer Massai-Familie hat es nicht ganz leicht. In den ersten zwei Jahren seines Lebens erlebt es als Nesthäkchen eine Beziehung zu seiner Mutter, wie sie enger nicht sein könnte. Es wird in ihren Armen gefüttert, auf ihrem Rücken herumgetragen und schläft nachts an ihrer Seite. Diese überaus stimulierende Beziehung spiegelt sich im strahlenden Lächeln und in der Aufgewecktheit wider, die ich bei alle Massai-Kleinkindern festgestellt habe. Ndoondo mußte sich anfangs sehr zurückgesetzt gefühlt haben, als ihr kleiner Bruder Melubo geboren worden war, aber als laufende, sprechende Babypuppe mußte sie sogleich von ihren Schwestern und Cousinen mit »Mutterliebe« überschüttet worden sein. Eine Massai-Familie bietet ein sehr liebevolles Umfeld, innerhalb dessen sich niemand lange einsam oder verloren fühlt. Aber offenbar sehnte sie sich nach zusätzlicher Aufmerksamkeit, weshalb sie sich mir zuwandte.

Ihre Beziehung zu Robert war so rührend, daß einem das Herz aufging, wenn man die beiden beobachtete. Alle Kinder nannten Robert »Papatee«, was »kleiner Vater«

bedeutet. An Roberts Knie geklammert, erzählte Ndoondo ihm alle die Geschichten, die sie mir nicht erzählen konnte, während ihre beiden Gesichter im Feuerschein schimmerten. Wenn Massai-Kinder etwas älter sind, etwa im Alter von fünf Jahren, beginnen sie, Respekt vor Älteren zu lernen, und spontane Zuneigungsbekundungen weichen förmlichen Begrüßungsriten. Kleine Mädchen bleiben bei ihren Müttern und kleine Jungen schließen sich ihren Vätern an, während ihre Einführung in die Regeln ihres Clans beginnt.

Meine Rückenprobleme verblaßten angesichts meines Heißhungers auf etwas »Richtiges« zu essen, irgend etwas anderes als Reis und Chapattis. Es war dumm von mir gewesen zu glauben, daß ich mit einer Diät aus gekochtem Reis und einem gelegentlichen Chapatti glücklich werden könnte. Ich weiß, daß Millionen Menschen mit dieser Art der Ernährung zufrieden sind, aber nach einigen Wochen dieses einseitigen Speiseplans konnte ich an manchen Tagen einfach keinen Reis mehr sehen. An diesen Tagen begnügte ich mich mit Wasser und wurde ganz schwach vom Nahrungsmangel. Am nächsten Tag war ich dann so hungrig, daß ich wieder essen konnte. Abgesehen von ein paar Bohnen und zwei Fleischmahlzeiten nahm ich in diesen sechs Wochen sehr wenig Proteine zu mir. Ich ernährte mich hauptsächlich von Reis und gelegentlich von frittierten Kartoffeln und einer Tasse Milchtee am Tag. In den letzten 14 Tagen meines sechswöchigen Aufenthaltes verbrachte ich viel Zeit damit, mich auszuruhen und vom Essen zu träumen. Am meisten sehnte ich mich nach mit reifem Cheddar-Käse auf Weißbrot mit Butter, in kleine Rechtecke geschnitten – nicht in Dreiecke. Als ich noch klein war, kauften wir oft in einer ganz bestimmten Konditorei in einer Einkaufspassage in Epping ein, einem Vorort von Sydney. Auf der Schaufensterscheibe war die Silhouette eines Bäckers mit bauschiger weißer Mütze aufgemalt, der ein Tablett frischgebackenen Kuchen vor sich her trug. Die Konditorei befand sich in einer Ecke, gegenüber von einem italienischen Gemüsehändler, und die blitzblanken Glasregale waren voll mit leckerem, altmodischen australischem Gebäck. Am liebsten mochte ich die Marmeladenküchlein. Es gab kleine Törtchen in vier Geschmacksrichtungen und große Kuchen mit einem Teiggitter oben drauf, auf blütenweißen Papierdeckchen. Wenn da ich in meiner Lehmhütte lag, gab es manchmal Augenblicke, in denen ich gern ein Jahr meines Lebens für einen dieser großen Himbeermarmeladenkuchen gegeben hätte, am liebsten mit zerfließender Sahne. Ich bin fest entschlossen, irgendwann in meinem Leben in diese Konditorei zurückzukehren und ein kleines Vermögen dort auszugeben.

Mangelnde Privatsphäre gehörte auch zu den alltäglichen Ärgernissen. Jeden Tag fand sich ein Strom von Besuchern bei mir ein. Ich konnte von Glück sagen, wenn ich 20 Minuten am Stück Ruhe hatte. Es begann damit, daß am Morgen die Männer kamen, um Tee zu trinken und mit Robert zu sprechen, und setzte sich dann den ganzen Tag über damit fort, daß Leute vorbeischauten, um hallo zu sagen, ihre Wehwehchen von mir verarzten zu lassen, mich um eine Kopfschmerztablette, Seife, Wasser, Sirup, Zucker, Teeblätter oder Bratfett zu bitten, oder einfach, um ein wenig zu plaudern. Dann waren da noch die *Ilkishili Moran,* Männer aus Roberts Altersgruppe. Der Brauch verlangte, daß ich sie stets gastfreundlich empfing. Das bedeutete, die Glut neu zu entfachen, Milchtee für sie zu kochen und eine geschraubte Unterhaltung auf Massai über mich ergehen zu lassen. Ich bin recht launisch, und es ist mir schon immer schwergefallen, höfliche Banalitäten auszutauschen. Freundlich zu sein, wenn ich erschöpft war und mich schmutzig fühlte, kostete mich von allem wohl am meisten Überwindung. Die Massai schätzen ebenfalls ein gewisses Maß an Privatsphäre; sie leben innerhalb des *Enkangs* für sich, wenn auch beträchtliche Kooperation zwischen den Familien die Regel ist. Die Frauen gehen ihren Pflichten wie Waschen und Feuerholzsammeln gewöhnlich allein oder in Gesellschaft einer engen Freundin nach. Gekocht und gegessen wird stets im privaten häuslichen Rahmen.

Ein weiteres konstantes Problem war der akute Geldmangel. In den *Dukas* gab es Lebensmittel zu kaufen, zum Beispiel Kartoffeln und Bohnen, aber die konnte ich mir nicht leisten. Ich hatte mein ganzes Geld für unseren Aufenthalt in Nairobi und Schmiergelder ausgegeben. Er wollte zwei seiner Kühe verkaufen, um mir das Geld zurückzuzahlen. Der Verkauf von Rindern, auch wenn es die eigenen sind, ist im Massai-Land eine komplexe Angelegenheit, vor allem, wenn man der jüngste Sohn der Familie ist. Aus irgendwelchen Gründen, für die er nichts konnte, fand der Verkauf nie statt, so daß meine ganze Barschaft für sechs Wochen sich auf ganze dreizehn Dollar belief.

Die Einstellung zum Geld ist bei den verschiedenen Kulturen sehr unterschiedlich. Früher benutzten die Massai überhaupt kein Geld, sondern tauschten ihre kostbaren Güter wie Milch und Rinder gegen diejenigen Dinge ein, die sie brauchten, wie beispielsweise Kochtöpfe, Messer, Kleider oder Gemüse. Heute, da einige Familien dadurch Geld verdienen, daß die Männer gelegentlich für Safariveranstalter oder außerhalb des Massai-Landes als *Askaris* und Angestellte in Nationalparks arbeiten, hat sich eine Art Mittelklasse herausgebildet. Nur einige wenige verfügen über Bargeld, aber brauchen tun es alle. Die traditionelle Ernährung der Massai hat sich geändert. Der letzte Schritt hin zum Konsumdenken des 20. Jahrhunderts wurde vollzogen, und heute beziehen die Massai Maismehl aus den *Dukas.* Regierung und Hilfsorganisationen sagen ihnen, sie sollen Getreide anbauen, und so müssen sie Saatgut, Werkzeug und alles, was sie sonst noch zum Pflanzen brauchen, kaufen. Da sie Hirten sind und keine Ahnung vom Ackerbau haben, sind sie außerdem gezwungen, Hilfskräfte einzustellen. Das können sich nur wohlhabende Familien leisten. Arme Familien müssen mit dem auskommen, was vom Allgemeingut ihrer weitverzweigten Familie abfällt.

Kinder werden ermutigt, die Schule zu besuchen, was bedeutet, daß die Kosten für Schulgeld, Bücher und Bleistifte aufgebracht werden müssen. Die Frauen werden aufgefordert, ihre Kinder sauberzuhalten, wofür sie Seife und das überall erhältliche Omo-Waschpulver kaufen müssen. Rinder müssen gegen Parasiten behandelt werden, und so möchten alle Massai-Männer entsprechende Lösungen, Salze und Antibiotika für ihre Herde. Alle möchten Taschenlampen und somit die entsprechenden Batterien, außerdem Kopfschmerztabletten und Coca-Cola. (Ich habe mir oft gewünscht, wir könnten den Vertrieb von Omo und Cola nutzen, um die Kenianer über AIDS zu informieren, da diese beiden Produkte auch in den entlegensten Winkeln des Landes allgegenwärtig zu sein scheinen.)

Am traurigsten finde ich, daß heute Macht und Wohlstand in den Händen einiger weniger gebildeter Massai liegen, die meist verwandten Clans angehören. Anstatt ihre Position zum Vorteil aller Massai zu nutzen, neigen sie dazu, sich ausschließlich ihren eigenen politischen Ambitionen zu widmen sowie der Erhebung ihres Clans über andere. Ich freue mich auf den Tag, da eine größere Anzahl junger Massai eine Berufsausbildung abschließen und für ihr Volk eintreten wird.

Mein persönlicher Geldmangel war eine lehrreiche Erfahrung für mich. Natürlich konnte ich ohne Geld überleben, und ich lief auch nicht Gefahr zu verhungern, aber manchmal sehnte ich mich nach dem Geschmack von Kartoffeln oder Orangensirup, die in den *Dukas* verkauft wurden. Der Safariveranstalter Tony Church stattete den Loitas einen Besuch ab. Als ich schließlich den Mut aufbrachte, ihn zu bitten, mir 200 Schilling (etwa zehn Dollar) zu leihen, lehnte er dies ab. Ich denke, für ihn war ich nur eine unter vielen, die ihn um Geld bat. Auch spürte ich, daß er meine Beziehung zu Robert mißbilligte. Dennoch war ich schockiert, daß er rundheraus ablehnte, mir einen so geringen Geldbetrag zu borgen. Zwei Tage später bekam Robert einen Job als Führer einer Zweitagessafari. Die Gruppe kam vom National Museum und wollte sich einen Wasserfall ansehen, der sich in einiger Entfernung mitten im Wald befand. Er kehrte mit Geld und zwei Päckchen Spaghetti zurück, die von der Safari übriggeblieben waren. Ich hatte noch eine Büchse Tomaten und eine Knoblauchzehe. Ich habe in meinem ganzen Leben keine Mahlzeit mehr genossen als diese.

Alle zwei Tage zwang ich mich, trotz meiner Rückenschmerzen Chapattis zuzubereiten. Meine Freundin Susan hatte mir in Nairobi gezeigt, wie man den Teig knetete und dann jedes Chapatti zweimal ausrollte. Im Busch improvisierte ich mit einem Holzbrett und einer leeren Colaflasche (was sonst!). Jeder ausgerollte runde Teiglappen wurde anschließend langsam in reichlich Fett in einer gußeisernen Pfanne auf kleiner Flamme gebraten. Diese Chapattis brachte ich dann Roberts Vater. Es war zwar kein *Bofflo,* aber das in Fett gebratene Brot schmeckte ihm dennoch.

Etwa um diese Zeit erlebte ich die erste Massai-Hochzeit. Ich kannte den Bräutigam, da es sich um Roberts besten Freund handelte, Seketo ole Sumpati. Es machte immer großen Spaß, mit ihm zusammen zu sein, weil er einen ansteckenden Sinn für Humor besaß und beinahe wie ein Mädchen kicherte. Er hatte acht Jahre die Schule besucht und sprach hervorragend Englisch, obwohl er sich scheute, das in Anwesenheit vieler Leute zu tun. Nachdem ich Seketo erst ein wenig besser kennengelernt hatte, war ich sicher, in ihm einen Freund fürs Leben gefunden zu haben. Ebenso wie Robert war er ein *Morani* höchster Güte. Ich war entzückt, als er mich einlud, nicht nur an der eigentlichen Trauungszeremonie teilzuhaben, sondern die Hochzeitsgesellschaft außerdem auf dem letzten Abschnitt ihrer Reise nach Morijo zu begleiten, wo sich sein *Enkang* befand.

Eine Massai-Hochzeit ist etwas völlig anderes als eine westliche Hochzeit. Tatsächlich ist der Bräutigam an diesem Tag die Hauptperson, während die Braut bei den Feierlichkeiten kaum in Erscheinung tritt. In den Loitas werden immer noch alle Ehen von Eltern und Verwandten arrangiert. Ehen können aus Freundschaft zwischen zwei Familien, aber auch aus politischen oder wirtschaftlichen Gründen heraus geschlossen werden – dieselben Motive, die über Jahrhundert hinweg auf der ganzen Welt zu Eheschließungen geführt haben. Der Hochzeitstag ist kein Freudentag für die Braut. Sie muß ihre Familie und Freunde verlassen, um ein Leben als Neuzugang in einem fremden *Enkang* zu beginnen, der einen Fußmarsch von Tagen oder gar Wochen vom elterlichen *Enkang* entfernt liegt. Sie mag ihren Mann während der »Brautpreis«-Verhandlungen aus der Ferne gesehen haben, hat aber aller Wahrscheinlichkeit nach noch nie ein Wort mit ihm gewechselt.

Seketos Hochzeit wurde von seiner Schwiegermutter sabotiert. Die Brautmutter mußte anwesend sein, um ihre Tochter offiziell dem Bräutigam zu übergeben, aber Seketos Schwiegermutter war aus Trauer darüber, ihre Tochter zu verlieren, davongelaufen. Seketo und sein Trauzeuge Leyan warteten zwei Tage, in der Hoffnung, daß sie zurückkommen würde. Schließlich traf die Tante des Mädchens ein und übergab stellvertretend für ihre Schwester ihre Nichte dem Bräutigam. Derweil warteten in Seketos Heimat-*Enkang* die Frauen auf die Gesellschaft, um mit der Zubereitung des Festmahls zu beginnen, während die Reserven selbstgebrauten Bieres nach und nach von den Gästen getrunken wurden, die auf das Eintreffen Seketos und seiner Braut warteten.

Am Morgen der Hochzeit traf die Gesellschaft in meinem *Enkang* ein, wo sie Halt machte, um Tee zu trinken. Seketo und Leyan waren bunt gekleidet, hatten sich das Haar mit rotem Ocker gefärbt und hielten Fliegenwedel aus Gnuschwänzen in der Hand – den Ältesten vorbehaltene Attribute. Leyan trug einen düster anmutenden schwarzen Mantel, der der Gesellschaft eine etwas bizarre Note verlieh. Die Braut war etwa 14 Jahre alt. Sie war ebenso bunt wie sorgfältig gekleidet; sie war in orangefarbenes, weißes und blaues Tuch gehüllt, und um ihre Schultern lag in der Art eines Capes eine rotgemusterte *Kanga.* Um den Hals trug sie die wunderschöne Hochzeitskette aus bunten Perlen, die *Entende,* von der lange Perlenstränge herabbaumelten, die ihr bis unter die Knie reichten. Ihre Arme waren reich mit Perlenarmbändern geschmückt, während um ihre Knöchel und den unteren Teil ihrer Waden Silberdraht, *Lipurukat,* gewickelt war. Auf ihrem Kopf ruhte eine hohe Perlenkrone. Sie sah sehr schön aus, sehr verschüchtert und sehr, sehr traurig. Als wir den *Enkang* verließen, ging sie sehr langsam, mit winzigen, zögernden Schritten, und hielt den Blick gesenkt, einen Zipfel ihres Capes über den Mund gepreßt.

Es war ein wunderschöner Tag. Wir überquerten den Fluß und den Grat, der die Grenze zwischen Entasekera und Kisokon markierte. Ich versuchte, dem Mädchen hallo zu sagen, aber es antwortete mir nicht. Seketo meinte, ich solle mir ihretwegen nicht den Kopf zerbrechen, alle jungen Bräute wären strohdumm, würden aber nach einiger Zeit »brauchbar«. Ich wollte ihr sagen, daß sie keine Angst zu haben bräuchte und einen guten Ehemann bekommen hätte. Seketo war ein gutaussehender junger *Morani,* arbeitswillig, sanft und witzig. Sie hätte ebensogut mit einem Mann verheiratet werden können, der viermal so alt war wie sie, cholerisch und aus dem Mund roch. Oder mit einem jüngeren Mann, der das traditionelle Leben der Massai aufgegeben, die Herde seiner Eltern gegen Jeans und einen Ghettoblaster eingetauscht hatte und seine Enttäuschung im Alkohol ertränkte. Mit Seketo stand ihr ein glückliches Leben im Wohlstand bevor.

Bei den Massai heißt es, daß es Unglück bringt, wenn eine Braut während des Hochzeitsmarsches zum elterlichen *Enkang* zurückblickt oder stolpert, weshalb ein sehr gemäßigtes Tempo eingehalten wird. Wenn irgendwelche Hindernisse oder ein breiter Fluß den Weg versperren, ist es die Pflicht des Trauzeugen, der Braut hinüberzuhelfen. Das Mädchen lachte nur ein einziges Mal, als es mich von Robert sprechen hörte. Nur sie hörte, wie ich ihn bei seinem richtigen Namen, Oloimooja, nannte, und fand es lustig, daß ich gegen das Massai-Tabu verstieß, das es einer Frau verbot, den richtigen Namen ihres Mannes auszusprechen. (Obwohl wir nicht verheiratet waren, betrachteten mich alle als Roberts Frau.) Die Massai glauben, daß einem die Zähne ausfallen, wenn man den richtigen Namen seines Ehegatten ausspricht. Sie sagen *»Olpayian«* (mein Mann) oder *»Enkitok ai«* (meine Frau), anstatt sich mit ihrem richtigen Namen anzusprechen. Da Robert nur ein Schulname war, war es mir gestattet, diesen zu benutzen, aber ich benutzte sehr gern seinen richtigen Namen, der Ol-li-moj-jah ausgesprochen wurde. Es war der Name eines berühmten Oloiboni, der vor mehreren Generationen in Tansania gelebt hatte, der Heimstätte der ersten Iloibonok.

Leyan trug einen kleinen Blechkoffer, der alle weltliche Habe der Braut enthielt. Auf dem Rücken hatte sie eine Kalebasse mit Milch. Einmal forderte Leyan sie auf, von der Milch zu trinken, was sie hartnäckig verweigerte. Dem Brauch nach muß eine Braut sich weigern, von der Milch zu trinken, bis der Trauzeuge versprochen hat, ihr ein Kalb zu schenken. Schließlich gab Leyan sein Versprechen, und das Mädchen kniete nieder, um zu trinken. Sie achtete sorgfältig darauf, nicht versehentlich zurückzublicken, während sie sich hinkniete und anschließend wieder erhob. Als wir noch etwa fünf Kilometer von Seketos Heimat-*Enkang* entfernt waren, kamen wir an einigen Nachbar-*Enkangs* vorbei. Gruppen von Frauen liefen auf uns zu. Ich dachte, sie kämen, um das glückliche Brautpaar zu begrüßen. Statt dessen beschimpften und verhöhnten sie die junge Braut, zerrten an ihr herum und schubsten sie. »Sie hat ein Ziegengesicht.« »Sieh dich vor, sie ist schwanger!« »Was bringst du uns da bloß für ein unmögliches Mädchen?« So und ähnlich lauteten die Kommentare. Eine alte Frau entriß mir meinen Gehstock und machte Anstalten, das Mädchen damit zu schlagen. Erst jetzt mischte sich der Trauzeuge ein und nahm die Braut in Schutz. Diese Szene wiederholte sich bei jedem *Enkang*, an dem wir vorbeikamen. Die Braut ließ diese Prozedur mit stoischer Gleichmut über sich ergehen, den Blick gesenkt und immer noch einen Zipfel ihres Capes über dem Mund.

Als wir schließlich Seketos *Enkang* erreichten, war ich erleichtert, daß die Begrüßung hier freundlicher ausfiel. Er und Leyan waren vorangegangen; ich ebenfalls, mit einer Gruppe bunt gekleideter Frauen, die an den Feierlichkeiten teilnehmen würden. Im *Enkang* sangen und tanzten *Moran*. Alte Frauen saßen in Gruppen zusammen und sonnten sich vor dem Rinderpferch. Als die Braut eintraf, ging Seketos Mutter ihr entgegen, um sie zu begrüßen, und führte sie dann in ihr Haus. Alle reckten die Hälse, um die Braut zu sehen, was sie anhatte, wie hübsch sie war, aber niemand war gemein zu ihr, wie ich es befürchtet hatte. An diesem Tag bekam ich die Braut nicht mehr zu sehen. Es war ihre Pflicht, im Haus ihrer Schwiegermutter zu bleiben, während draußen die *Moran* tanzten und die Gäste es sich bei gebratenem Ziegenfleisch, Chapattis, Reis, Limonade und Honigbier gutgehen ließen, bis die Sonne tief am Himmel stand und die Rinder zum Melken heimgetrieben wurden.

Bei einer Massai-Hochzeit werden keine Versprechen

ausgetauscht. Die Trauung ist weniger eine Vereinigung von Mann und Frau als vielmehr eine finanzielle Transaktion zwischen dem Bräutigam und seinen Schwiegereltern. Gibt es Ehegelöbnisse, sind sie Teil komplizierter Debatten, die jeder Ehevereinbarung vorangehen, einschließlich der Bereitstellung einer angemessenen Menge Honig (zum Brauen des Bieres) und der Übergabe von Rindern an die Schwiegereltern. Es kann Jahre dauern, bis der Bräutigam seine Brautschulden vollständig abbezahlt hat. Der übliche Betrag, der für eine Braut entrichtet wird, liegt bei zehn bis 15 Kühen, dazu Honig, Dekken, *Kangas* und *Shukas*. Es können auch nur fünf oder aber bis zu 20 Kühe bezahlt werden; das hängt von der Beziehung zwischen den Familien ab. Wenn lange, ehrenvolle Bande zwischen ihnen bestehen, einschließlich vorangegangener Hochzeiten, ist der Preis niedriger. Romantische Liebe, wie wir sie im Westen kennen, spielt in der Massai-Kultur nur eine untergeordnete Rolle. Es gibt allerdings einige Lieder und Geschichten über romantische Liebesbeziehungen, sie sind also nicht völlig unbekannt. Papas vierte Frau ist ihrem ersten Mann davongelaufen, weil sie Papa so sehr liebte, aber so etwas kommt nur sehr selten vor.

Ich habe Nolmemeri einmal gefragt, ob es oft vorkomme, daß Mann und Frau einander mit der Zeit liebten. Sie entgegnete, es wäre weniger eine Frage der Liebe, es sei eher so, daß ein anständiger Mann, der gut für seine Familie sorge, von seiner Frau respektiert würde. Gegenseitige Achtung ist die Basis einer guten Massai-Ehe. Auch wenn die Ehe unglücklich ist, es gibt keine Scheidung. Den Massai ist es unmöglich, einmal erhaltene Rinder zurückzugeben. Kleine Differenzen zwischen Mann und Frau werden gewöhnlich im Kreis der Familie geregelt. Schwerwiegendere Auseinandersetzungen wie beispielsweise Vorwürfe, daß der Mann seine Frau schlage oder nicht in der Lage sei, für seine Kinder zu sorgen, können einem Ältestenrat vorgetragen werden.

In der Zwischenzeit entwickelte sich meine Beziehung zu Robert weiter, und wir fühlten uns einander immer verbundener. Irgendwann kam der Gedanke an eine Heirat auf. Ich habe keine romantische Geschichte um einen Antrag zu bieten. Ich kann mich ehrlich nicht erinnern, wann Robert und ich das erstemal vom Heiraten gesprochen haben, obwohl er behauptet, er hätte das Thema zuerst angesprochen. Tatsächlich glaube ich, daß seine Freunde und seine Familie mit ihren ständigen Fragen, wann wir denn nun heiraten würden, den Ball ins Rollen gebracht haben. In Australien hätte ich eine Ehe niemals in Betracht gezogen. Ich hätte einfach mit einem Mann zusammengelebt. Der Gedanke zu heiraten war mir nie in den Sinn gekommen. Aber so wie alles andere war auch das im Massai-Land anders. Alle heirateten. Es schien die ehrenhafteste Art zu sein, meiner Beziehung zu Robert einen offiziellen Charakter zu verleihen. Irgendwann habe ich wohl erkannt, daß ich nicht mehr zurück konnte. Ich wußte, daß es Probleme geben würde, aber ich wollte Robert um keinen Preis aufgeben. Das Thema Ehe kam immer öfter zur Sprache, und unsere bis dahin individuelle Zukunft begann, zu einer gemeinsamen zu verschmelzen.

Für mich war das Hauptproblem natürlich die Frage der Polygamie. Es bedurfte eines halben Jahres endloser Debatten, bis ich mit diesem Thema weitgehend abgeschlossen hatte. Robert Hauptsorge war die, daß ihm als jüngstem Sohn die Verantwortung für die Pflege seiner alternden Mutter oblag. (Der älteste Sohn muß die Pflege des Vaters übernehmen.) Außerdem besaß er über 60 Rinder und 100 Ziegen, die rund um die Uhr versorgt werden mußten. Er war oft auf Safari oder mit mir zusammen und konnte die Pflege seiner Tiere nicht länger seinen Brüdern aufbürden. Ob ich bereit wäre, diese Arbeit zu übernehmen? Um nichts in der Welt wollte ich den Rest meines Lebens damit verbringen, mich um Roberts Mutter, seine Ziegen und seine Rinder zu kümmern. Niemals. Meine typisch westliche Reaktion hierauf war vorzuschlagen, eine Frau einzustellen, die diese Pflichten übernahm. Robert zufolge heirateten alle Massai-Frauen, so daß die einzige Möglichkeit, eine dauerhafte Kraft zu finden, darin bestünde, daß er die Frau heiratete.

Ein Teil von mir fühlte sich vom Konzept der Polygamie abgestoßen. Das wird vermutlich immer so sein. Aber im Massai-Land hat man eine andere Vorstellung von der Ehe als bei uns im Westen. Robert ging es nicht um eine romantische Beziehung zu einer anderen Frau. Ihm ging es weder um Gesellschaft noch um Zuneigung oder Freundschaft. Er brauchte jemanden, der ihm half, seine Arbeit zu tun und seinen kulturellen Verpflichtungen nachzukommen. Ich wußte, daß ich nicht das Recht hatte, von Robert zu verlangen, diesen Aspekt seiner Kultur aufzugeben. Sein Vater hatte vier Frauen und wünschte sich, daß seine Söhne alle mindestens zwei Ehefrauen nahmen. Ich war in Roberts Welt eingedrungen, und meine oberste Verantwortung bestand darin, das natürliche Gleichgewicht seines Lebens nicht zu stören. Ich hatte mich aus freien Stücken entschieden, zu bleiben, und so mußte ich mich beugen — hoffentlich ohne zu zerbrechen. Ich gestattete Robert noch eine zweite Frau, unter der Bedingung, daß er die Ehe vollzog, während ich in Australien war. Wenn ich ganz ehrlich bin, muß ich gestehen, daß ich dies auch als Sicherheitsnetz für mich selbst betrachtete. Falls ich in zwei, fünf, zehn oder 20 Jahren zu dem Schluß kam, daß ich nicht länger in einer Lehmhütte leben wollte, würde es für mich leichter sein, ihn zu verlassen, wenn ich nicht seine einzige Frau war.

Mein sechswöchiger Aufenthalt näherte sich dem Ende, und es war an der Zeit, nach Australien zurückzukehren. Im August liefen meine im voraus entrichteten Darlehensraten aus. Jetzt war Juli, und ich mußte zurück und mich nach Arbeit umsehen. Mein Antrag auf eine Arbeitserlaubnis war abermals abgelehnt worden. In Nairobi hatten sich nicht wie durch Zauberei wunderbare Jobs aufgetan. Sofern Kenia mir eine Lektion in Geduld und Durchhaltevermögen erteilen wollte, war ich bereit, diese zu lernen. All diese Probleme schienen in den Loita-Bergen weit entfernt zu sein. An meinem letzten Tag in Narotian brannte die Sonne sengendheiß herab, und es wehte eine leichte, kühle Brise. Um mich herum nahm das Alltagsleben des *Enkang* seinen Lauf; Narygunkishon und eine ihrer Töchter waren gegangen, Feuerholz zu sammeln, während Sintiman das Maisfeld vor Dieben in Affengestalt schützte. Andere Frauen und Kinder saßen ganz in der Nähe in der heißen Sonne, plaudernd oder waren mit dem Auffädeln von Perlen beschäftigt. Wie gewöhnlich hatten die Männer sich zurückgezogen, um zu reden. Ndoondo war mir in den letzten Tagen kaum von der Seite gewichen. Sie wußte, daß ich am nächsten Tag abreisen würde, und wollte mit mir gehen. Ich aß in der Sonne und fühlte mich rundum zufrieden. Trotz der Schwierigkeiten war das Leben bei den Massai unbeschreiblich wohltuend. Das Zusammenleben mit Robert und seiner Familie und das, was ich von ihnen lernte, war eine Bereicherung. Sie waren einfach menschlich und ich begann, Geduld, Verzeihen, Mitgefühl und Achtung zu lernen und die wahre Bedeutung von Gemeinschaft zu erkennen. Den Materialismus hinter mir zu lassen und bei den Massai das Leben in seiner einfachsten, reinsten Form kennenzulernen, war ein Geschenk, das ich dankbar angenommen hatte.

Da keine Safarigruppen unterwegs waren, konnte ich nicht auf eine Mitfahrgelegenheit nach Nairobi oder Narok hoffen. Robert und ich beschlossen, zu Fuß nach Morijo zu gehen, wo meine Chancen, von einem Lastwagen mitgenommen zu werden, die alle paar Wochen die *Dukas* belieferten, recht gut waren. Ein Angehöriger von Roberts Altersgruppe würde in zwei Tagen in Morijo heiraten, und Robert war gebeten worden, beim Schlachten und beim Braten des Fleisches im Wald zu helfen. Der Abschied von Ndoondo fiel mir sehr schwer. Wenn ich zurückkehrte, würde sie fast fünf sein und schon ein richtig großes Mädchen. Noch schwerer fiel mir der Abschied von Roberts Vater, da mir nur zu bewußt war, daß ich ihn möglicherweise nie wiedersehen würde.

Früh am nächsten Morgen brachen wir nach Morijo auf. Wenn ich sage »wir«, meine ich nicht Robert und mich, sondern mich und seinen Freund, den Hünen Marefu. Robert weigert sich, zu Fuß mit mir irgendwohin zu gehen, weil ich so langsam bin. Er sagt, daß ihn das ermüdet. Und so überredet er stets einen Freund, mich zu begleiten, und stößt dann am Ziel wieder zu uns. Marefu schulterte mein schweres Gepäck und zog mit mir im Schlepptau los.

Ich blieb einige Tage bei Marefus Mutter und seiner Schwester Naserian. Der *Enkang* von Roberts Mutter befand sich weniger als einen Kilometer weiter bergauf. Ich wohnte nicht dort, weil ihr *Enkang* sehr alt und schmutzig war und die Fliegenplage unerträglich. Naserian und ihre Mutter verwöhnten mich auf Massai-Art und kochen mir täglich Reis und Kartoffeln – für die Massai ein Festmahl. Sie brachten mir Wasser zum Baden und kochten mir süßen Kakao. Aber obwohl sie mich so rührend umsorgten, war ich kreuzunglücklich. Mit fehlten mein eigenes Zuhause und meine Privatsphäre. Es fiel mir schwer, wieder Gast im Haus eines anderen zu sein, aus dem Rucksack zu leben und nichts zu tun zu haben. Am schlimmsten jedoch war, daß ich nicht mit Robert allein sein konnte. Er besuchte mich morgens und saß abends etwa eine Stunde bei mir. Es gehörte sich nicht, mehr Zeit in Gesellschaft seiner Frau zu verbringen, auch wenn sie eine *Mzungu* war. Auch war mir schmerzlich bewußt, daß ich sehr bald von Robert würde Abschied nehmen müssen, und das für lange Zeit. Mir war klar, daß ich mindestens zehn Monate brauchen würde, um genug Geld zu sparen, um wiederkommen und die Kreditraten weiter abzahlen zu können. Ich hatte von Freunden gehört, daß in Australien schwere Zeiten angebrochen waren, und ich rechnete damit, daß es diesmal problematischer sein würde, Arbeit zu finden. Zehn Monate sind eine lange Zeit der Trennung von dem Menschen, den man heiraten will. In Anbetracht dieser Aussichten hätte sich wohl jeder mißgelaunt und elend gefühlt.

Der *Enkang,* in dem die Hochzeit stattfinden sollte, befand sich praktisch neben dem Naserians. Am Tag der Trauung wusch ich mich sorgfältig und legte meinen gesamten Massai-Schmuck an. Ich ging mit Naserian und ihrer Nachbarin Nasha hinüber. Nasha galt als Mutter aller Angehöriger von Roberts Altersgruppe. Sie war groß und strahlte königliche Würde aus mit ihren hohen Wagenknochen, für die die Massai berühmt sind, und den mandelförmigen Augen. Bei jedem Besuch bestand sie darauf, mich zum Essen einzuladen und schenkte mir eine Halskette oder ein anderes Schmuckstück. Außerdem hatte sie mir bei einem früheren Besuch ein schwarzes Schaf geschenkt, so daß ich sie *Pakuo* nannte. Als wir im Nachbardorf anlangten, traf gerade die Braut ein. Sie war fein herausgeputzt und sah traurig aus wie jede Massai-Braut. Es war alles genauso wie bei Seketos Hochzeit. Die *Moran* sangen, die Frauen kochten in ihren Häusern, und die alten Männer tranken draußen Honigbier. Die Braut verschwand im Haus ihrer Schwiegermutter, und die Feierlichkeiten nahmen ihren Lauf.

Robert war im Wald damit beschäftigt, Ziegen zu

schlachten und das Essen für die Männer zu organisieren, aber er dachte daran, mir zum Mittagessen durch Marefu ein ausgesuchtes Stück Fleisch zu schicken. Wir verließen die Hochzeitsgesellschaft, damit ich mein Fleisch und mein Chapatti in Ruhe essen konnte. Ich zog gegrilltes Fleisch vor, während die meisten Massai-Frauen ihres lieber in reichlich Fett brieten. Ich war überrascht, als ich sah, daß zwei *Wazungu* zur Hochzeit kamen. Als ich sie bemerkte, ging ich sofort in Deckung. Ich mied, wo immer ich konnte, jeden Kontakt zu Weißen. Ich konnte ihre unzähligen dummen Fragen einfach nicht ertragen. Was tun Sie hier? Ach, ich hänge hier nur so rum und trage mich mit dem Gedanken, einen Massai-Krieger zu heiraten, wissen Sie. Keine besonders gute Grundlage für ein interessantes Gespräch. Robert hatte sie ebenfalls entdeckt und erkundigte sich, ob sie uns vielleicht in ihrem Wagen mitnehmen könnten. Sie wollten am übernächsten Tag aufbrechen und waren bereit, uns bis Narok mitzunehmen.

Am Tag der Abfahrt gingen Robert und ich zum Lagerplatz der *Wazungu*. Wie sich herausstellte, war sie eine weiße Kenianerin und hatte im Busch schon Merkwürdigeres gesehen als mich, so daß mir dumme Fragen erspart blieben. Ihr Bekannter war Engländer. Sie waren beide schon früher bei einer organisierten Safari in den Loitas gewesen, aber diesmal reisten sie in ihrem eigenen Wagen durch Kenia. Sie waren beinahe zufällig wieder in die Loita-Berge geraten und hatten einen alten Bekannten wiedergetroffen, den sie damals bei der Safari kennengelernt hatten, einen Massai-Ältesten namens Soly. Ihr Landrover war vollbepackt mit ihrer Campingausrüstung, so daß sie nur drei Leute mitnehmen konnten – Robert, mich und Leyan, Seketos Trauzeugen. Leyan war auf dem Weg nach Nairobi, um zu einigen seiner Rinder zu stoßen, die quer durch das Great-Rift-Tal zum Markt getrieben wurden. In letzter Minute erklärte Soly, daß er ebenfalls mitfahren wolle. Er hätte in Ewaso Ngiro, einer Barackensiedlung außerhalb von Narok, »etwas zu erledigen«, was bedeutete, daß Robert nicht mitfahren konnte. Soly hatte Vorrang, da er ihr Gastgeber gewesen war, Leyan kam an zweiter Stelle, da er noch vor Robert gefragt hatte, ob er mitfahren könne, ich kam an dritter Stelle, weil ich weiß war.

Die Regelung war unfair, und ich war wütend und frustriert wegen des patriarchalischen Systems der Massai. Nur weil ein Ältester sich dadurch wichtig machen wollte, daß er in einem Wagen in die Stadt fuhr, konnte Robert nicht mitkommen. So war das bei den Massai. Die älteren Männer haben in allem Vorrang. Daran gibt es nichts zu rütteln, keine Kompromisse. Das war der Tropfen, der das Faß für mich zum Überlaufen brachte. Bis zu meinem Flug blieben mir noch vier Tage, und die wollte ich mit Robert gemeinsam verbringen. Und jetzt kam er nicht aus den Loita-Bergen weg. Konnte das denn niemand verstehen? Hatten sie denn noch nie etwas von Liebe gehört? Nein, natürlich hatten sie das nicht. Robert bestand darauf, daß ich die Mitfahrgelegenheit nutzte. Mit zitternder Unterlippe entgegnete ich, daß ich bei ihm bleiben und mit ihm gemeinsam zu Fuß gehen würde. Die Diskussion endete damit, daß ich in Anwesenheit der *Wazungu* laut erklärte, Soly wäre ein Blödmann, er wäre ein Idiot und überhaupt wären alle Massai Idioten. Mit steinerner Miene nahm Robert mich beiseite. Er sprach sehr leise: »Das war sehr unhöflich. Wenn ich dich noch einmal so reden höre, komme ich gar nicht nach Nairobi. Und jetzt steig in den Wagen; wir sehen uns morgen früh im Spear Hotel.« Es war weniger das, was er sagte, als vielmehr die Art, wie er es sagte. Ich stieg in den Wagen, und wir fuhren los.

Als ich später am Nachmittag geduscht vor einem Teller Brathähnchen saß, war ich froh, daß ich mitgefahren war. Robert stieß wie versprochen am nächsten Morgen zu mir. Er war die 20 Kilometer bis Narosura zu Fuß gegangen und von dort aus mit einem *Matatu* nach Narok gefahren. Später an diesem Tag saßen wir im Bus – wieder Marura – nach Nairobi. Wie betäubt sprachen wir über unsere bevorstehende Trennung. Robert versprach, öfter zu schreiben. Wenn er in Nairobi war, konnten wir außerdem versuchen, zu telefonieren. Vor meiner Abreise beschlossen wir, bei meiner Rückkehr im nächsten Jahr nach Massai-Tradition zu heiraten. Ich hatte nicht damit gerechnet, wieder nach Australien zurückkehren zu müssen. Ich hatte wirklich geglaubt, daß ich eine Arbeitserlaubnis bekommen und Arbeit vor Ort finden würde, aber diese Hoffnung hatte sich nicht erfüllt.

Ich fuhr mit einem Taxi zum Flughafen, überprüfte mein Gepäck und bestieg schließlich total benommen das Flugzeug. Die ganze Zeit über hatte ich das sichere Gefühl, das Falsche zu tun. Klopfenden, schweren Herzens trat ich den Rückflug in die alte Heimat an.

IX
Richtungen
August 1991 bis Mai 1992

Mintodol oekeny ilala.

Zeig einem Affen niemals die Zähne
(das bedeutet: Behalte deine Geheimnisse für dich).

Massai-Sprichwort

Zurück in Australien ließ meine Enttäuschung darüber, keine Arbeitserlaubnis erhalten zu haben, langsam nach. Mir wurde klar, daß ich tatsächlich einem schrecklichen Schicksal entgangen war: In Nairobi in der Unterhaltungsbranche zu arbeiten, wäre das gleiche gewesen, wie in dieser Sparte in Melbourne tätig zu sein. Aber eigentlich wollte ich in den Loita-Bergen leben. Okay, es gab dort keine Arbeitsplätze. Dann mußte ich eben einen anderen Weg finden, Geld zu verdienen. Ich versuchte, mein Denken in andere, weniger konventionelle Bahnen zu lenken. Tu, was du wirklich tun willst, und das Geld wird fließen, sagte ich mir immer wieder. In dieser Zeit vollzog sich eine entscheidende Wende in meinem Denken. Anstatt wie verrückt zu schuften, ganz gleich wo, nur um zu sparen, begann ich, nach Projekten Ausschau zu halten, über die ich eine Verbindung nach Kenia herstellen konnte. Ich half bei der Werbekampagne für einen kleinen Club, und wir kamen auf die Idee, eine afrikanische Nacht zu planen. Sie fand zwar nie statt, aber es machte solchen Spaß, darüber zu sprechen, daß meine Ideen mich in die richtige Richtung führten. Ich arbeitete auch daran, Sponsoren für das New Wave Youth Arts Festival aufzutun. Der Direktor war sehr daran interessiert, Kontakt zu jungen Theaterensembles in Ostafrika herzustellen und bat mich, meine Fühler auszustrecken. Eine weitere Verbindung.

Der Gedanke, eine ganz spezielle Safari zu organisieren, ging mir nicht mehr aus dem Kopf. Robert und seine Brüder hatten mich oft gefragt, ob ich nicht Australier als Safarikunden werben könnte. Ich hatte immer entgegnet, daß ich niemanden kenne, der genügend Geld für eine Safari hätte oder überhaupt an einer Afrikareise interessiert wäre. Jetzt fragte ich mich, warum eigentlich nicht? Ich dachte mir, daß es noch andere Leute geben mußte, die daran interessiert waren, Kenia von einer Seite kennenzulernen, die nur wenige Touristen zu sehen bekamen. Eine Mischung aus Wildtieren, unberührter Natur und einem Einblick in die authentische Massai-Kultur. Auch wollte ich dazu beitragen, Robert und seiner Gemeinschaft Gelegenheiten zu bieten, mit Tourismus im kleineren Rahmen Geld zu verdienen, wobei sie nicht als glorifizierte Speerträger agieren sollten. Warum nicht die Möglichkeiten nutzen, die die National Outdoor Leadership School Robert und einigen anderen bot, und eigene Safaris organisieren? Auf diese Weise konnten die Massai im Mittelpunkt stehen, als Führer und Lehrer. Und zwar nicht nur die Männer; ich wollte auch die Frauen mit einbeziehen. Ein spezieller Treuhandfond konnte eingerichtet werden, um einen Teil der Einnahmen der Gemeinschaft zuzuführen, damit alle Loita-Massai – und somit nicht nur meine unmittelbare Familie – von vernünftigem, sanften Tourismus profitieren konnten. Die Massai Culture & Wildlife Safari war geboren. Mir schwebte vor, einmal jährlich eine dreiwöchige Safari zu organisieren und mitzuleiten; die erste sollte im Juli kommenden Jahres starten. Der Juli war mein Lieblingsmonat in den Loita-Bergen. Die Regenzeit war vorbei und das Land grün und strotzend von Leben. Die Rinder waren wohlgenährt, die Milch floß, und die Massai hatten Zeit, sich Besuchern zu widmen.

Nachdem der Gedanke erst einmal Gestalt angenommen hatte, blieb nur noch die harte, aber aufregende Arbeit, die Safari zu organisieren und zu promoten. Als erstes mußte ich einen Safariveranstalter finden, der mit uns zusammenarbeitete und die praktische Seite übernahm wie Fahrzeuge, Zelte, Personal und Vorräte. Ich faxte an jeden Anbieter, der mir einfiel, und bat um eine Kostenaufstellung, falls Interesse ihrerseits bestand. Nachdem ich die Spreu vom Weizen getrennt hatte, hob sich ein Veranstalter deutlich aus der Menge hervor – Tropical Ice. Der Inhaber der Gesellschaft war Ian Allan, ein weißer Kenianer und leidenschaftlicher Bergsteiger und Trecker. Ich war Ian im Dezember 1989 das erstemal begegnet. Damals führte er eine Wandersafari durch die Loita-Berge, und ich war bei einer Massai-Zeremonie auf seine Gruppe gestoßen. Ich hatte ihn seither nicht mehr gesehen, aber ich wußte, daß er zu den drei Anbietern gehörte, denen die Massai Safaris durch die Loita-Berge gestatteten. Die beiden anderen Unternehmen boten Reitsafaris an. Tropical Ice organisierte als einziger Veranstalter Wandersafaris. Ich wußte, daß die Massai Allan, wie sie ihn nannten, sehr achteten.

Weniger als eine Handvoll erstklassiger Safariveranstalter führten seit über zehn Jahren ihre Kunden in die Loita-Berge. Sie mieteten von den Massai Lagerplätze an und stellten einige der Männer als Führer und Nachtwachen an. Sie verhielten sich bei ihren Safaris Natur und Menschen gegenüber – meist – respektvoll. Gelegentlich erwiesen sie sich sogar als nützlich, wenn es darum ging, jemanden ins Krankenhaus oder nach Narok zu fahren. Roberts Familie war für jene Anbieter von Beginn an der Hauptkontaktpunkt gewesen. Daniel war allen bekannt und wurde von allen respektiert – und er hatte seine jüngeren Brüder in den Safaribetrieb eingeführt. Erst Ilampala, der sich den Spitznamen »Le Safari« einhandelte, und später Robert. Nicht alle waren glücklich über die enge Beziehung, die Daniel und seine Brüder zu diesen Veranstaltern unterhielten. Manche neideten den Brüdern die bescheidenen Einkünfte aus diesen Safaris. Vor allem die Lagergebühren waren ständiger Grund für Auseinandersetzungen – weniger als vier Dollar pro Person und Nacht.

Die Einnahmen aus den Campinggebühren waren jahrelang dem örtlichen Schulfond zugeflossen, jedoch hatte das Schulkomitee das Geld nur zu seinem persönlichen Vergnügen ausgegeben. Jetzt beschlossen Daniel und seine ebenfalls für das Campinggebiet zuständigen Nachbarn, daß, wenn irgend jemand das Geld »aß«, sie das selbst sein würden. Immerhin waren sie es, die den Kontakt zu den Safarigruppen unterhielten und den nächtlichen Lärm aus den Lagern ertragen mußten, sie waren es, die die Fremden in ihre Häuser einluden und ihre Herden vom Lagerplatz fernhielten.

Ich hoffte, daß der Treuhandfond, den ich im Rahmen unserer Massai-Kultur-Safari einrichten wollte, dieses Problem lösen würde. So wie ich das sah, stritten die Massai um sehr geringe Geldbeträge. Verglichen beispielsweise mit den Gebühren im Massai-Mara-Wildreservat bezahlten die Veranstalter eine ausgesprochen bescheidene Summe für jeden Kunden, den sie in die Loitas führten – und dabei war diese Gegend gewöhnlich die Hauptattraktion auf dem Reiseplan. Mein Vorschlag lautete dahingehend, daß jeder Veranstalter 70 Dollar pro Kunde bezahlen und diese Summe in den Treuhandfond fließen sollte. Nach einigen Jahren der Kapitalbildung wäre der Fond dann eine nützliche Geldquelle, die den Loita-Massai zugute kommen würde. Der Treuhandfond sollte lediglich eine weitere Geldquelle sein, auf die die Gemeinschaft zurückgreifen konnte.

Innerhalb der Gemeinschaft waren bereits entsprechende Strukturen vorhanden, die die jährliche Auszahlung eines solchen Fonds übernehmen konnten, und die Massai blicken auf eine lange Tradition des *Noblesse oblige* zurück. Robert gehörte beispielsweise dem Loita Youth Comittee an, dessen Mitglieder jährlich pro Kopf 400 Schilling (20 Dollar) spendeten. Von diesem Geld wurden Schuldgeld und Medikamente für arme Familien bezahlt. Vielleicht konnte ein Mitglied des Jugendkomitees entscheiden, wofür die Einkünfte des Treuhandfonds jedes Jahr verwandt werden sollten. Dem Komitee könnten Repräsentanten aller Gebiete angehören, und unter den Mitgliedern sollte ein gesundes Gleichgewicht an Clans und Altersgruppen herrschen. Niemand durfte länger als drei Jahre Komiteemitglied bleiben. Außerdem sollten dem Komitee auch Massai-Frauen angehören. Durch die Einrichtung eines solchen Treuhandfonds konnte die ganze Gemeinschaft von einem sanften, im Rahmen gehaltenen Tourismus im Massai-Land profitieren.

Ich stellte ein Programm für eine dreiwöchige Safari auf, von dem Prinzip ausgehend, daß es mehr brachte, während des Aufenthaltes ein oder zwei Gebiete gründlich kennenzulernen, anstatt einen flüchtigen Eindruck von 20 verschiedenen Orten zu gewinnen. Ich war nicht im mindesten daran interessiert, Teil der im Zebra-Look lackierten Minibus-Brigade zu werden, die von einem Wildpark zum nächsten fuhren, Tiere, die sie zu sehen bekamen, auf einer Liste abhakten und ein Lodge-Buffet nach dem anderen in sich hineinstopften. Diese Veranstalter nahmen in der Tourismusbranche den gleichen Stellenwert ein wie Fast-food-Ketten in der Gastronomie, und mir schwebte etwas völlig anderes vor.

Nachdem Programm und Budget ausgearbeitet waren, wandte ich mich der Frage zu, wie ich unsere Safari »an den Mann« bringen sollte. Ich schickte Presseerklärungen an alle Medienvertreter, und *Woman's Day* antwortete sofort. Sie interessierten sich vor allem für meine Beziehung zu Robert und wollten eine Reportage über die Australierin und ihren Massai-Krieger bringen. Im November traf ich mich mit der Melbourner Herausgeberin Bunty Avieson zum Mittagessen in einem chinesischen Restaurant in South Yarra. Seit ich gewissermaßen in Australien festsaß, tat ich nichts lieber, als über Kenia und die Massai zu reden, und so plapperte ich munter drauf los. Natürlich interessierte Bunty sich mehr für Robert und mich als für unser Safariunternehmen, aber ich nahm ihr das Versprechen ab, auch von unserer Safari zu berichten; immerhin war das für mich Sinn und Zweck dieses Interviews.

Sechs Wochen später erschien Buntys Story unter dem Titel »Liebe in einer Lehmhütte«. Am Ende des Artikels wurde beiläufig unser geplantes Safariunternehmen erwähnt. Die Leute glauben immer, daß man Unsummen verdient, wenn man *Woman's Day* oder *New Idea* ein Interview gibt. 99 Prozent der Leute, die mit den Medien sprechen, tun dies, weil sie etwas zu verkaufen haben – eine Organisation, eine politische Kampagne, ein Buch, ein Produkt. Ich verkaufte unsere Safari und bekam keinen Cent von *Woman's Day*.

Der *Woman's-Day*-Reportage folgte eine Lawine von Anfragen seitens anderer Medienvertreter. Das plötzliche Interesse kam für mich völlig unerwartet. Nachdem Buntys Artikel Anfang Januar erschienen war, meldeten sich Produzenten und Nachrichtensender aus ganz Australien und Großbritannien, die über mich und Robert berichten wollten. Meine erste (und beste) Reaktion war die, vor dieser ganzen Aufmerksamkeit zurückzuschrecken. Und doch wußte ich, daß dies eine einmalige Gelegenheit war, für unser neugegründetes Safariunternehmen zu werben und, wie ich von allen Seiten zu hören bekam, etwas zu verdienen. Ich brauchte immer noch dringend Geld, um nach Kenia zurückkehren und meinen Kredit zurückzahlen zu können. Inmitten dieses Medienrummels schickte eine Londoner Freundin mir eine Postkarte. Sie schrieb: »Setz dich mit Janet Eastman von *60 Minutes* in Verbindung und verkauf ihr Deine Geschichte für eine fette Summe.« Eine verlockendere Nachricht werde ich wohl nie wieder per Post bekommen. Was konnte ich anderes tun als anzurufen? Das Büro von *60 Minutes* teilte mir mit, daß Janet inzwischen freiberuflich arbeite und sich in Europa aufhalte, meine Nachricht ihr jedoch ausgerichtet werden würde, wenn sie wieder in Australien war. Das war's dann wohl, dachte ich. Ich war völlig verblüfft, als Janet Eastman mich einige Tage später anrief. Sie war wieder im Lande und hatte meine Nachricht erhalten. Meine Freundin in London habe ihr meine Briefe überlassen, und sie interessiere sich sehr für die Massai. Ob wir uns zu einem Gespräch treffen könnten? Ich hatte im Februar geschäftlich in Sydney zu tun, und so vereinbarten wir, uns während meines Aufenthaltes dort zum Abendessen zu treffen.

Ich hatte ein gutes Gefühl, was dieses Gespräch mit Janet betraf. Die Art, wie es zu diesem Kontakt gekommen war, gefiel mir. Ich vertraute instinktiv den kleinen Winkelzügen des Schicksals, die einen zur rechten Zeit mit den richtigen Leuten zusammenbrachten. Es wurde Februar, und ich reiste nach Sydney. Janet erwies sich bei unserem Treffen als charmant, witzig und warmherzig. Sie machte auf mich den Eindruck einer integren Frau mit hohen Idealen. Sie war viele Jahre bei Channel 9 angestellt gewesen, arbeitete aber inzwischen freiberuflich und war sehr daran interessiert, eine einstündige Reportage über die Loita-Massai zu drehen, wobei sie meine Beziehung zu Robert als Einstieg verwenden wollte. Offensichtlich war die ideale Zeit für die Dreharbeiten die Woche vor unserer Hochzeit, mit der Trauungszeremonie als abschließendem Höhepunkt. Robert und ich hatten den Juli ins Auge gefaßt, nach Abschluß unserer Safari. In den nächsten Wochen begann Janet, einen Plan auszuarbeiten.

Es gibt verschiedene Möglichkeiten, einen solchen Dokumentarfilm zu finanzieren. Janet sprach mit der Australian Film Commission sowie mit sämtlichen Fernsehsendern. Bei Channel 9 zeigte *60 Minutes* großes Interesse an der Story, und der Sender schien der ideale Partner für uns zu sein. Janet und ich waren beide interessiert daran, einen Dokumentarfilm im »britischen Stil« zustandezubringen. Wenn *60 Minutes* die Reportage im australischen Fernsehen gebracht hatte, würde man Janet gestatten, Kopien des Filmes auf Video zu ziehen, das Material neu zu schneiden und ihren Dokumentarfilm auf der ganzen Welt zu verkaufen. Wir beide waren uns des Nachrichtenstils von *60 Minutes* bewußt. Aber die Redaktion war auch für ihr hervorragendes Team berühmt, und sie drehten auf Film anstatt auf Video, so daß die Aufnahmen von bester Qualität sein würden. Außerdem verfügten sie über ein großzügiges Budget. Janet machte sich keine Illusionen, was *60 Minutes* betraf. Sie kannte den Laden durch und durch, was mir nur recht war. Ich war sicher, daß wenn Janet den Film machte, nicht nur ein weiterer Lückenfüller zwischen Werbeblocks am Sonntagabend dabei herauskommen würde.

Erst mußte ich von Roberts Familie die Erlaubnis für die Dreharbeiten einholen. Ich schickte Robert ein Telegramm, in dem ich ihn bat, nach Nairobi zu kommen. Ich kontaktierte Tropical Ice, damit sie vor Ort Geld bereitstellten und ein Telefonat arrangierten. Im Januar sprach ich mit Robert. Es war ungewohnt, seine Stimme am Telefon zu hören. Wir hatten noch nie miteinander telefoniert. Ich erklärte ihm, so gut es per Ferngespräch eben möglich war, worum es ging. Robert hatte schon einmal einige Zeit mit einer kleinen Filmcrew verbracht, als einer der Safariveranstalter einen Werbefilm für den US-Markt gedreht hatte, so daß Dreharbeiten und das ganze Drum und Dran ihm nicht völlig fremd waren. Ich erklärte ihm, daß der Sender mir, ihm und seiner Familie eine gewisse Summe bezahlen würde und außerdem die Kosten übernehmen würde, um mich und meinen Bruder zur Hochzeit nach Kenia zu fliegen. Robert meinte, das würde wohl in Ordnung gehen, versprach jedoch, sich in drei Wochen wieder zu melden, nachdem er die Angelegenheit mit seinen Brüdern besprochen hätte. Ich erzählte ihm außerdem, daß drei Leute unsere erste Safari gebucht hätten – das war die aufregendste Neuigkeit von allen.

Wie er es versprochen hatte, kehrte Robert nach drei Wochen nach Nairobi zurück, und wir führten ein weiteres gestelztes, steifes Telefongespräch. Seine Familie hatte sich damit einverstanden erklärt, daß die Trauungszeremonie gefilmt wurde. Wir einigten uns auf ein Datum, den 5. Juli, da mein Bruder zu diesem Zeitpunkt Urlaub hatte. Als ich mich von Robert verabschiedete, fühlte ich mich ein wenig unbehaglich. Ich schob mein Unwohlsein auf die typische Nervosität vor der Hochzeit.

Ende Februar traf ein Brief von Robert ein. Er schrieb, daß sein Vater gestorben sei. Dieser Mann hatte wirklich ein großartiges Leben geführt, und nun, fast ein Jahrhundert nach seiner Geburt, hatte es ein friedliches Ende genommen. Ich war traurig, daß ich Papa nicht wiedersehen würde, und noch trauriger war ich für Robert, dem der Tod seines geliebten Vaters sehr nahegehen mußte.

Die letzten Einzelheiten meines Arrangements mit Janet wurden geregelt. Eine der Vertragsklauseln lautete dahingehend, daß ich mich bereit erklärte, mich vor der

Robert an unserem Hochzeitstag im Juli 1992. Die blaue Farbe seines Capes ist ein Symbol für Enkai. Sein Haar ist rot gefärbt. In den Händen hält er eine Zeremonie-Orinka mit bunten Perlen und einen Fliegenwedel aus dem Schwanz eines Weißschwanzgnus; beides kennzeichnet ihn als würdigen Vertreter seiner Familie. (Neil Holbrook/Woman's Day)

Am Morgen unseres Hochzeitstages helfen mir Freundinnen, meine Kleider und den Schmuck anzulegen. (Neil Holbrook/Woman's Day)

Rechte Seite: Ndoondo und ich. (Neil Holbrook/Woman's Day)

Dies ist nur ein kleiner Teil unserer weitläufigen Verwandtschaft. Das Foto entstand an unserem Hochzeitstag. (Neil Holbrook/Woman's Day)

Mein Bruder Mark erwies sich bei unserer Hochzeit als echter Held. Hier trinkt er Blut aus der Kehle eines frisch geschlachteten Ochsen. (Neil Holbrook/Woman's Day)

Ein Gruppenbild, aufgenommen im August 1993. Hintere Reihe, v. l. n. r.: Kokoo, Narygunkishon, Meiyoki, Nolmemeri, Mumai und ich. Vorne: Narotiai, Gunisai, Ndoondo, Matanga, Sembeta und Nataiya. (Sorrel Wilby)

Meine Massai-Mutter Nolmemeri. (Sorrel Wilby)

Sapuk, ein Freund und tapferer Krieger. (Sorrel Wilby)

Ndoondo 1993 im Alter von fünf Jahren. Sie geht in die Vorschule. (Sorrel Wilby)

Noch eine ganz spezielle Freundin: Momposhe. (Sorrel Wilby)

Mumai und ihre Schwiegertochter Meiyoki im Türrahmen des Hauses, das Meiyoki gebaut hat. (Sorrel Wilby)

(Nächste Seite: Robert, Ndoondo und ich in unserem Haus. (Sorrel Wilby)

Roberts Bruder Olkilia, der Mann von Meiyoki, mit seinem Sohn Sembeta. (Sorrel Wilby)

Kamera offen über meine Beziehung zu Robert zu äußern — so offen wie in einigen meiner Briefe. Fotokopien der betreffenden Briefe waren an den Vertrag geheftet. Nun ist es eine Sache, in Briefen an Freundinnen von einer Liebesbeziehung zu schreiben, aber etwas völlig anderes, sich im Fernsehen zu diesem Thema interviewen zu lassen. Aber ich erklärte mich dazu bereit.

Ich war zu lange von den Massai fort gewesen und hatte die Situation falsch eingeschätzt. Ich hätte wissen müssen, daß es bei ihnen tabu war, öffentlich über intime Dinge zu sprechen. Das war mein erster großer Fehler. Der zweite Aspekt, für den Janet sich ganz besonders interessierte, war die Beschneidung der Frauen. Hierüber zu sprechen war ich weniger gewillt, da ich wußte, daß kein westlicher Reporter oder Produzent objektiv über dieses Thema berichten konnte. Der Brauch würde vom westlichen Standpunkt aus betrachtet werden. Aber Janet beharrte darauf, daß dies ein entscheidender Aspekt der Reportage wäre. Ich hätte auf meine innere Stimme hören sollen, die mich warnte, aber dummerweise stellte ich mich taub. Ich ließ mich fortreißen, und erst viel später erkannte ich, daß ich weit über das Ziel hinausgeschossen war.

Die Dreharbeiten begannen beinahe sofort, während ich noch in Sydney war, da Janet wieder nach Europa mußte und vor ihrer Abreise noch einige Sequenzen mit mir und meiner Familie filmen wollte. Gefilmt zu werden ist schlimmer als einen Zahn gezogen zu bekommen. Man kann unmöglich Normalität vortäuschen, wenn Reporter, Producer, Kameraleute und Tontechniker sich bei einem zu Hause breitmachen. Jede Szene, jeder gesprochene Satz wird auf die Kamera abgestimmt. Als erstes sollten wir gemeinsam am Strand spazierengehen. Meine Mutter, mein Bruder und ich sind nie zusammen am Strand spazieren gewesen, aber das spielt wohl kaum eine Rolle, wenn man dafür eine schöne Aufnahme vom Ozean bekommt. Wir gingen etwa ein Dutzend Mal denselben Strandabschnitt hinauf und hinunter, wiederholten immer und immer wieder dieselben Dialoge und dieselben Gesten. Als nächstes kam eine Sequenz, die uns beim Mittagessen zeigte. Egal, was man ißt, es schmeckt gräßlich, wenn man dabei gefilmt wird. Der Reporter stellte Fragen und versuchte, die Unterhaltung in Gang zu halten. Mom war im grellen Scheinwerferlicht erstarrt wie ein Kaninchen vor der Schlange, mein Bruder rutschte unbehaglich auf seinem Stuhl hin und her und brachte keinen Ton heraus. Also blieb es mir überlassen, die Konversation zu gestalten und zu versuchen, völlig natürlich und lebhaft zu wirken. Und ich plapperte unbedacht drauflos, angetrieben von Nervosität und Dummheit, und enthüllte Geheimnisse, die preiszugeben mir nicht zustand.

Während ich Fragen beantwortete, machte Janet im Hintergrund Handzeichen. Das war unglaublich irritierend. Hinterher erklärte sie mir, daß sie mit den Gesten versucht habe, meine Antworten in bestimmte Richtungen zu lenken, ohne daß der Reporter etwas davon merkte. Ich hatte alles vermasselt, indem ich sie rundheraus gefragt hatte, warum sie mit den Armen herumfuchtelte. Sie instruierte mich, daß sie nur kurze, knappe Antworten wünschten. »Sei nicht so weitschweifig und geh nicht so ins Detail«, wies sie mich an. »Am wichtigsten ist, daß du sympathisch rüberkommst. Die Story kommt nur an, wenn die Leute dich mögen. Sei nicht zu ernst. Antworte kurz und bündig, und Humor kommt immer gut an. Sei charmant. Und wenn du antwortest, versuch, die Frage in deine Antwort einzubeziehen. Das macht das Schneiden hinterher leichter.« Ich lernte, daß Dokumentarfilme nicht so ehrlich sind, wie es den Anschein hat.

Sei charmant. Ich mag ja vieles sein, aber natürlicher Charme gehört nicht zu meinen Vorzügen. Ich glaube nicht, daß mich jemals irgend jemand als »charmant« bezeichnet hat. Ehrlich, direkt, grob, unsensibel, dominant, bestimmend . . . aber niemals »charmant«. Warum bloß ließ ich das alles noch gleich mit mir machen? Ach ja, richtig. Das Geld. Ich bekam 5 000 Dollar für das Interview, was locker für die Kosten einer gigantischen Trauung im Massai-Stil ausreichen würde. Es würde sogar noch ein wenig übrigbleiben, um mich einige Zeit über Wasser zu halten. Und auch Roberts Familie würde profitieren. Und mein Bruder und ich würden Hin- und Rückflug in der Economy Class bezahlt bekommen. Ich freute mich riesig, daß mein Bruder bei der Hochzeit dabei sein würde. Und der ultimative Anreiz war das Versprechen, daß, wenn die Reportage gut ankam, *60 Minutes* möglicherweise im kommenden Jahr in Australien eine Fortsetzung drehen würde. Das würde bedeuten, daß sie Robert einen Flug nach Australien bezahlten. Es war unser beider Traum, daß Robert mein Land und meine Familie kennenlernte, aber wir hatten beide nicht genug Geld, uns diesen Traum zu verwirklichen. Vielleicht konnte ich ja, wenn ich mir wirklich Mühe gab, lernen, charmant zu sein.

X
Die Hochzeit I
Juni bis Juli 1992

Etejoki opa, »Rrib-rrib kiyama, meeta inkonyek«.

Die Ehe ist eine Frage des Glücks, sie hat keine Augen.

Massai-Sprichwort

Ich lief mir in Nairobi die Füße platt, vollauf beschäftigt mit den letzten Vorbereitungen für die Safari. Unsere Gruppe von elf Australiern sollte in der kommenden Woche in Nairobi eintreffen. Bis dahin blieb mir noch Zeit, alle Details zu regeln. Robert stieß am nächsten Tag zu mir. Wir hatten einander zehn Monate nicht gesehen, so daß ich mich in seiner Anwesenheit ein wenig fremd fühlte. Dieses Gefühl verschwand jedoch bereits nach ein paar Stunden, und wir waren wieder ein eingespieltes Team. Plötzlich wurde mir richtig bewußt, daß ich diesen Mann in weniger als vier Wochen heiraten würde. Ein ernüchternder Gedanke. Ich hatte nie damit gerechnet, eines Tages zu heiraten. Ich war nicht mit dem Gedanken aufgewachsen, daß die Ehe ein unausweichlicher Zustand war, der mich im Erwachsenenalter erwartete.

Anfang zwanzig hatte ich mir vorgestellt, wie ich als alte Frau allein lebte, umgeben von Dutzenden von Hunden und Pferden. Allein, aber nicht einsam. Ich wollte nicht, daß irgend jemand meiner Unabhängigkeit im Weg stand. Ich wollte nicht, daß meine Persönlichkeit und Träume sich im Netz einer modernen Ehe verfingen. Und hier war ich nun, kurz davor, einen Massai-*Morani* zu ehelichen, einen Mann aus Ostafrika, einen Wanderer, einen nomadischen Hirten und denkbar konservativen Vertreter seines Geschlechts. Robert ist so konservativ, daß er, wenn er Australier wäre, Strickjacken und Kniestrümpfe tragen und die Nationale Partei wählen würde. Glücklicherweise ist er Massai, so daß er statt dessen eine kurze rote Toga und Berge von Perlenschmuck trägt und Geräusche von sich gibt wie ein Löwe. Dies half mir, die richtige Perspektive zu wahren. Und was die Nervosität ob meiner bevorstehenden Hochzeit anbelangte, war die einzige Lösung, tief Luft zu holen und den Gedanken an die Trauung einfach zu verdrängen. Erst hatten wir eine Safari durchzuführen.

Die meisten Menschen stellen sich, wenn sie das Wort »Safari« hören, weiße Großwildjäger mit Tropenhelmen vor, afrikanische Träger, die einen halben Zentner schwere Lasten auf dem Kopf balancieren, und herrische Memsahibs, die im Pyjama Gin Tonic schlürfen. Helme und Träger sind Legende, einiges von der Romantik einer Safari im afrikanischen Busch hat sich jedoch bis heute gehalten — sofern man sich für den richtigen Veranstalter entschieden hat. Es gibt so viele verschiedene Arten, Kenia zu bereisen, wie es Geld auszugeben und Abenteuer zu erleben gibt. Man kann sich in Fünfsternezeltlagern mit allem Drum und Dran erholen oder die Wüsten im Norden mit den Samburu auf einem edlen Kamel durchqueren und unter freiem Himmel in einem Fliegencamp übernachten (einem Feldbett mit Moskitonetz). Es gibt Luxus-Flugsafaris, Angelsafaris, Golfsafaris, Ballonfahrten über Wildreservate hinweg mit anschließendem Champagnerfrühstück und Aufenthalte bei alteingesessenen Kolonialfamilien. Es gibt Suaheli-Daus, einfache Strandbungalows und abgelegene Inselparadiese an der Küste. Und natürlich eine Unzahl von Strandhotels, die jene beherbergen, die nichts davon mitbekommen möchten, daß sie in Afrika sind.

Viele Australier entscheiden sich für Pauschal-Campingsafaris wie die berühmten Turkana Trucks, die vom Safari Camp Service angeboten werden, oder reisen selbständig mit dem Rucksack in *Matatus* zwischen den größeren (und kleineren) Orten umher. Leider schließen sich zu viele letztendlich der Minibus-Brigade im Zebra-Look an und verbringen den Großteil des Tages damit, von einem Nationalpark zum anderen zu fahren, den Staub der anderen Minibusse schluckend und hinter den »Großen Fünf« herjagend: Löwen, Leoparden, Rhinos, Elefanten und Büffel. Ihr Kontakt zu den Einheimischen beschränkt sich meist auf den Ober, der ihnen einen Drink serviert, oder gegebenenfalls auf einen kurzen Besuch in einer nachgebauten Massai-*Manyatta*. Ansonsten legen sie nur einen kurzen Stop in der Grenzstadt Namanga ein, wo Massai-Frauen Hände voll Perlenarmbänder durch die Minibusfenster strecken und die *Wazungu* mit schriller Stimme drängen, zu kaufen, kaufen, kaufen.

Obwohl die traditionsreiche Kultur des Hirtenvolkes der Massai allgemein verachtet und unterdrückt wird, benutzen Geschäftsleute und Unternehmen Symbole aus der Massai-Kultur und -Kunst zu kommerziellen Zwekken. Massai-Motive sind überall in der Tourismusindustrie Kenias zu finden: auf Briefköpfen und Logos von Reiseveranstaltern, in den Hotelfoyers und auf T-Shirts. Wakamba-Schnitzer fertigen Statuetten von Massai-*Moran*, der Souvenirladen verkauft Perlenschmuck der Massai, Macheten- und Speerimitationen. Und es gibt sogar Massai-Männer, die mit roten Wollperücken auf dem Kopf und in rote *Shukas* gehüllt, den Gästen der Ferienanlagen an der Küste und einiger Lodges in der Massai-Mara *Karibu*-Cocktails servieren. Und so werden jene, die noch stolz sind auf ihre Kultur, zu Objekten, mittels derer die anderen sich auf Kosten der tatsächlichen Erschaffer und Bewahrer eben dieser Kultur bereichern. Die intellektuellen Eigentumsrechte der Massai werden ganz offensichtlich mißachtet, und sie haben das Recht auf Gewinnanteile von jenen Nicht-Massai, die sie zu ihrem persönlichen wirtschaftlichen Profit benutzen. Das ist ein ethisches Problem, dessen man sich annehmen sollte. Trotz ihres Status als inoffizielles Symbol der kenianischen Reiseindustrie haben die Massai bislang kaum von Tourismus profitiert. Sie haben einen Großteil ihres Landes an Wildreservate und Nationalparks verloren – in denen einige der exklusivsten Lodges betrieben werden – und das ohne jegliche Entschädigung. Gebiete wie das Massai Mara Wildreservat und der Amboseli-Nationalpark dienten den Massai ehemals in der Trockenzeit als Weideland für ihre Herden. Die Touristenhotels sehen keine Provisionen für die Massai vor, so daß diese an den Profiten teilhaben könnten, und es gibt auch keine offizielle Regelung, Massai auszubilden und einzustellen, wenngleich einige der kleineren Camps und Ferienanlagen auf diesem Gebiet positiver abschneiden als die großen Hotels.

Für diejenigen, die wirklich einzigartige Eindrücke gewinnen und gleichzeitig auf die Umwelt Rücksicht nehmen und die Ortsansässigen möglichst wenig belasten möchten, ist die beste Art, Kenia kennenzulernen, die, sich einem der Safari-Familienbetriebe anzuvertrauen, die, wie gute Weinkellereien, offenbar wissen, daß weniger mehr ist. Das ist noch Camping mit Flair. Hier kann man auch heute noch die Romantik einer altmodischen Safari finden. Die Gäste werden gewöhnlich zu zweit in begehbaren Leinenzelten untergebracht. Geschlafen wird auf Feldbetten mit Laken und Decken oder, bei den echten Abenteuerreisen, im Schlafsack. Warm duschen kann man täglich in einem speziellen Duschzelt. Ein Zelt mit frisch ausgehobenen Toilettengruben rundet das Ganze ab. Das ist eine wunderbare Mischung aus Komfort und Abenteuer. Die Lager werden auf privatem Grund und Boden aufgeschlagen, der gewöhnlich von den örtlichen Gemeinden angemietet ist, mitten in der Natur, den Geräuschen und Gerüchen Afrikas. Nichts erinnert an die moderne Welt, abgesehen von den Geländewagen, die einen hergebracht haben und in ein, zwei Tagen zum nächsten Lagerplatz bringen.

Beim Aufbruch erinnert nichts mehr daran, daß man dagewesen ist, ausgenommen einige zugeschüttete Löcher dort, wo sich die Toiletten befunden haben. Diese Veranstalter führen einen zu Fuß, zu Pferde, auf dem Kamelrücken oder im Geländewagen an die entlegensten, noch unberührten Stellen Kenias. Und glauben Sie mir, derer gibt es noch viele.

Kenia hat als klassisches Safari-Urlaubsland in den letzten Jahren unter dem Ruf zu leiden gehabt, ein wenig »abgenutzt« zu sein. Das Land ist so populär, daß der echte Abenteuerreisende sich nur schwer vorstellen kann, daß es in ganz Kenia noch ein Fleckchen geben soll, daß man als unberührt bezeichnen könnte. Aber in Kenia findet man tatsächlich einige der ursprünglichsten Orte dieser Welt. Ausgedehntes Buschland, durch das sich Flußläufe schlängeln, urtümliche Wälder und die atemberaubende karg Weite des Northern Frontier Districts. Diejenigen, die diese Gegend kennen, betrachten sie als das schönste, geheimnisvollste und reizvollste Reisegebiet Kenias.

Unsere eigene Massai Culture & Wildlife Safari sollte den

Reisenden einen wahren Eindruck Afrikas vermitteln – eine Mischung aus Wildnis, Wildtieren und Menschen. Elf unerschrockene Australier trafen wohlbehalten mit dem Linienflug der Air Zimbabwe in Nairobi ein. Am ersten Tag ihres Aufenthaltes stand ihnen ein reichhaltiges Programm bevor. Wir zeigten ihnen das Great-Rift-Tal vom dunstigen Gipfel der Ngong-Berge aus, besuchten das Giraffenzentrum von Langata und unternahmen einen Stadtbummel. Früh am nächsten Morgen traten wir in Geländewagen vom Fairview Hotel aus die Fahrt in die Loita-Berge an. Robert war einige Tage zuvor nach Narotian zurückgekehrt, um sicherzugehen, daß alle und alles bereit waren. Als wir schließlich an unserem Lagerplatz eintrafen, sahen wir überall nur rote Decken. Robert hatte alle Männer unserer Familie hergebracht, um die Gäste in den Loitas willkommen zu heißen. Nachdem das Begrüßungsritual beendet war, gingen wir zu den geräumigen, begehbaren Zelten hinüber, die bereits vom Lagerpersonal aufgestellt worden waren. Die Feldbetten waren gemacht und die jeder hatte ein eigenes Segeltuchwaschbecken mit warmem Wasser. Es war sehr befriedigend zu sehen, daß alles so reibungslos klappte. Als alle sich zu einem Drink im zu allen Seiten hin offenen Eßzelt versammelt hatten, lief ich den Hügel hinauf, um meine Massai-Familie zu begrüßen, die ich zehn Monate nicht gesehen hatte. Vor allem freute ich mich auf Ndoondo, und nach einigen Minuten zurückhaltenden Zögerns lag sie in meinen Armen.

Chef unseres Safariteams war Clive Ward, ein Berufsfotograf und erfahrener Bergsteiger. Clive hat das Herz und die Seele eines Afrikaners, ist jedoch Brite, ein »Makel«, den er dadurch wettgemacht hat, daß er den Großteil seines Erwachsenenlebens in Afrika verbracht hat. Er sieht sogar ein wenig aus wie ein Löwe mit seinem schlanken, athletischen Körperbau und seiner langen, ergrauenden Mähne. Der erste Punkt, in dem unsere Safari sich von anderen unterschied, bestand darin, daß wir die ersten fünf Nächte am selben Ort verbrachten. Auf diese Weise hatten die Reisenden Gelegenheit, die Massai unseres *Enkang* als Individuen kennenzulernen anstatt als namenlose Mitglieder eines Stammes. Und genau hierum geht es bei echtem Kulturtourismus. Und selbstverständlich ist der intensive Austausch mit Menschen anderer Kulturen und Länder der wertvollste Teil unserer Reisen. Sie liefern die Aha-Erlebnisse, Augenblicke, in denen wir plötzlich begreifen, daß die Welt tatsächlich klein ist. Trotz unterschiedlichen Aussehens, anderer Kleidung, Lebensweise und Sprache, beginnt man, wenn man sich zu einer Massai-Frau setzt und inmitten strahlender Kindergesichter mit ihr Tee trinkt, den sie langsam über einem offenen Feuer zubereitet hat, zu begreifen, daß ihre Sorgen und die eigenen Sorgen sich gar nicht so sehr unterscheiden. Eine Tür ist geöffnet, eine Verbindung hergestellt. Ein Augenblick, der niemals von einem Foto »festgehalten« werden könnte, den man aber auf ewig im Herzen und im Geiste bewahrt.

Wir stellten unser Lager in Narotian auf derselben idyllischen Lichtung auf, von der aus 1989 die Reitsafari von Linda Tellington-Jones gestartet war. In den folgenden Wochen verbanden wir Halbtagesmärsche und weiteren gezielten Kontakt zu den Massai. Ein Team aus sechs *Moran* und Ältesten, darunter auch Robert, führte uns bei unseren täglichen Wanderungen. Sie brachten uns viel über ihre Umwelt bei, lehrten uns den medizinischen Nutzen verschiedener Pflanzen, zeigten uns, wie man wilden Honig findet, Tierspuren entdeckt und die Geräusche des Buschs deutet. Die Massai setzen beinahe jede Pflanze zu medizinischen Zwecken ein. Es war faszinierend zu erfahren, daß man Gonorrhö mit einem Sud heilen kann, der aus einer bestimmten Wurzel gewonnen wurde. Auch hatten wir Gelegenheit, Äste des Zahnbürstenbaumes zu kauen, die ein wenig nach Anis schmekken. Wilde Tiere gibt es in den Loita-Bergen reichlich, aber sie sind sehr scheu. Affen lassen sich am ehesten beobachten, während Impalas, Dik-Diks und andere kleinere Gazellenarten die Flucht ergreifen, sobald sie einen Menschen sehen. Die größeren Tiere wie Weißschwanzgnus und Zebras grasen in Herden auf den Morijo-Ebenen, wo man sie in Ruhe betrachten kann, solange man respektvollen Abstand wahrt.

Der älteste unserer Massai-Führer war Ol Aranka. Er war ein Ndorobo, daher auch sein Spitzname Ol Dorobo. Wäre Shakespeare Afrikaner gewesen, Ol Dorobo hätte ihm als Vorbild für den Puck gedient. Man sieht auf den ersten Blick, daß er sich von den anderen Massai unterscheidet. Er ist von der Statur her eher klein, mit sehnigen Muskeln an Armen und Beinen, während die anderen Massai hochgewachsen und rundlicher sind. Auch sein Gesicht hat eine andere Form, elfenhaft, mit stärker vorstehendem Kinn. Er sprach kein Englisch und war doch der mitteilsamste Mensch, der mir je begegnet ist. Ich wäre gar nicht überrascht, wenn sich herausstellte, daß er tatsächlich ein Waldgeist ist, denn er kennt alle Geheimnisse des Waldes und kann sämtliche Tierstimmen imitieren. Einmal fragte ich ihn, ob er nachts durch den Wald flöge, was er feierlich bejahte. Ich weiß, daß er eine ganze Nacht im Wald verbringen kann, am Fuß eines alten Baumes hockend und den Geräuschen um ihn herum lauschend. Das ist seine Art, den Puls des Waldes zu fühlen.

Eine weiterer Punkt, durch den Ol Dorobo sich von allen anderen Massai-Männern unterscheidet, ist sein Tatendrang. Er ist ein geschickter Handwerker und schnitzt in jedem freien Augenblick Pfeile, Gehstöcke und *Orinkas* oder fertigt zylindrische Pfeilköcher aus Leder. Um die Taille hat er eine schwarze lederne Reisetasche geschnallt, und über seiner roten *Shuka* trägt er einen schwarzen Wollmantel, den er niemals ablegt, ganz gleich wie heiß es ist. In der Hüfttasche und in den Manteltaschen sind seine Arbeitswerkzeuge und Feuerstöcke untergebracht. Mit einem Grinsen, das man nur als schelmisch bezeichnen kann, zeigt er gern seine Fähigkeiten beim Feuermachen und seine Fertigkeit beim Bogenschießen. Als unsere Gruppe von Narotian nach Morijo weiterzog, verabschiedeten wir uns von Ol Dorobo, jedoch nicht für lange. Noch am selben Abend traf er in Morijo ein, um hallo zu sagen; wir hatten ihn in der Zwischenzeit so sehr vermißt, daß ich ihn sofort wieder einstellte.

Die Massai können sehr empfindlich sein, wenn es darum geht, sie oder ihr Vieh zu fotografieren. Viele Touristen in Kenia und Tansania fragen sich, warum. Manche Massai glauben, daß es die Rinder krank macht, wenn man sie ablichtet. Dies hat viele Touristen frustriert, die eigentlich die Landschaft hatten fotografieren wollen und nicht das Vieh. Andere Massai sind es einfach leid, behandelt zu werden wie eine exotische Wildtierspezies. Ich weiß, daß ich nicht begeistert wäre, wenn jemand, der mir völlig fremd ist, vor meinem Haus hielte und anfinge, Fotos zu schießen. Manche Massai posieren für Geld – im Westen verdienen viele Männer und Frauen, die sich professionell fotografieren lassen, sehr gut damit.

Als ich 1989 nach Tansania reiste, brachte unser Gruppenleiter den Wagen in Höhe einiger Massai-*Moran* und -Kinder zum Stehen. Er wählte die bestaussehendsten und am besten gekleideten der Gruppe aus, handelte einen Preis mit ihnen aus und forderte uns auf, Fotos zu schießen. Der Gruppenleiter stellte die Massai sogar in eine Reihe, so daß wir nicht einmal aus dem Wagen steigen mußten, um sie abzulichten. Die mit den weniger attraktiven Gesichtern und Körpern und in spärliche Lumpen gekleideten Massai standen geduldig abseits.

Ich habe die Erfahrung gemacht, daß ein Massai, wenn man sich mit ihm oder ihr zusammensetzt, einige Zeit verbringt, den Namen kennt und möglicherweise noch einige Fotos der eigenen Familie zeigt, sich im allgemeinen gerne fotografieren läßt. Da wir die Loita-Massai als geladene Gäste besuchten, stellte ich die Regel auf, daß in den ersten Tagen im privaten Umfeld der Familien nicht fotografiert werden dürfe. Im Lager und bei unseren Buschwanderungen durfte nach Lust und Laune geknipst werden, aber als wir den *Enkang* besuchten, ließen wir sämtliche Kameras zurück. Die meisten Mitglieder meiner Reisegruppe hatten Verständnis für mein Anliegen, da bereits in den Informationen vor Reiseantritt eine entsprechende Notiz enthalten gewesen war. Ein Teilnehmer befürchtete jedoch, »etwas zu verpassen«. Ich bat ihm, mir zu vertrauen, und versicherte ihm, daß seine Bilder um so besser werden würden, wenn er sich nur ein paar Tage geduldete. Am Schluß der Safari dankte er mir, daß ich ihn zur Geduld ermahnt hatte. Er verstand jetzt die Einstellung der Massai zum Fotografieren und gestand, daß er weniger Bilder geschossen habe, als er es früher getan hätte – und diese Aufnahmen waren allesamt ausgesprochen gelungen. Seine Geduld und sein Respekt waren mit aufrichtigem Lächeln belohnt worden. Er und seine Frau schickten Robert und mir Abzüge ihre Aufnahmen, die wir verteilen sollten, und sie werden von unserer Familie gehütet wie ein Schatz.

Da ich die Lebensweise der Massai selbst schrittweise kennengelernt hatte, wußte ich, daß Nahrung eine wichtige Rolle dabei spielte, die Barrieren zwischen verschiedenen Kulturen zu überwinden. Ich glaube, daß es zweierlei Dinge gib, die die Menschen trennten: Sprache und Essen. Ich weiß heute, daß das Sprachhindernis verhältnismäßig leicht zu überwinden ist, aber solange man sich nicht zusammensetzt und eine einfache Mahlzeit oder eine Tasse Tee gemeinsam einnimmt, wird man den anderen nie wirklich kennenlernen. Aus diesem Grund organisierte ich gemeinsam mit den Massai einige Aktivitäten, die sich ums Essen drehten. Wenn Menschen aus dem Westen Länder der Dritten Welt bereisen, haben sie oft große Ängste hinsichtlich des Essens mit im Gepäck. Ich bin überzeugt davon, daß eben diese Furcht einen krank machen kann. Ich erklärte unserer Reisegruppe, daß sie lieber höflich ablehnen sollten, wenn sie fürchten, daß das Essen ihnen nicht bekommen würde. Wenn sie jedoch genußvoll und mit Respekt für die Massai aßen, würden sie es garantiert überleben und zu Hause viel zu erzählen haben.

Bei unserem ersten Treffen mit den Massai teilten wir unsere Gruppe in drei kleinere von je drei oder vier Personen auf und besuchten verschiedene Häuser in unserem *Enkang*. Ich gab einem Mitglied jeder Gruppe etwas Zukker und Tee, die der Betreffende der Hausfrau übergeben sollte, die ihnen bereitwillig süßen Milchtee kochte. Ein englischsprechender *Morani* oder ich selbst begleitete jede Gruppe, um zu dolmetschen und das eine oder andere zu erklären. Das Ritual des Teekochens ist eine nette Einführung in die Lebensweise der Massai. Im Inneren des Hauses ist es dank des Feuers warm und heimelig, und die Atmosphäre liebevoller Gemeinschaft ist deutlich spürbar. Das genügt beinahe, einen den Rauch, der in den Augen brennt, und die Fliegen vergessen zu machen. Mit ein wenig Erfahrung lernt man rasch, den Kopf tief zu halten, um dem Rauch zu entgehen, und die Fliegen zu ignorieren. Wir besuchten mehrere Tage in Folge dieselben Hütten, so daß die australischen Gäste nach und nach eine Beziehung zur jeweiligen Familie aufbauen und echtes Verständnis ihrer Lebensweise entwickeln konnten.

Eines Nachmittags führten die *Moran* und die Ältesten uns in den Wald, um eine Ziege zu schlachten und zu grillen. Zwei Frauen der Reisegruppe und ich selbst zogen es vor, der eigentlichen Schlachtung und Zerlegung nicht zuzusehen, aber die anderen verfolgten die Prozedur von Anfang bis Ende. Wir gesellten uns im kühlen Wald wieder zu ihnen, als die Fleischstücke auf Stöcken aufgespießt, die aufrecht im Boden staken, über dem Feuer brieten. Wir aßen alle von dem Fleisch, ebenso wie von den gerösteten frischen Maiskolben. Die Massai-Männer kochten aus den Eingeweiden der Ziege, Baumrinde und Kräutern in einem Topf eine »Medizin«. Fast alle probierten den pfeffrigen, bitteren Sud.

An einem anderen Tag gingen wir zu Fuß zu den Handels-*Dukas* in Entasekera und an der katholischen Klinik vorbei zum Haus von Baba und Mama Hannah. Sie hatten unseren *Enkang* vor zwei Jahren verlassen und sich an einem kleinen Fluß in der Nähe der Mission niedergelassen. Baba und Mama Hannah waren Kisii aus Westkenia. Abgesehen von einigen Hühnern besaßen sie kein Vieh und konzentrierten sich statt dessen auf den Ackerbau. Baba Hannah war der örtliche *fundi* oder »Mann für alle Fälle«, und Mama Hannah strickte wunderschöne Zopfpullover und nähte Kleider, um ein wenig nebenher zu verdienen. Ihr Haus war rechteckig und in drei Räume unterteilt. Von allen Seiten lächelten uns Fenster mit hölzernen Läden an. Wir nahmen auf Bänken an ihrem großen Holztisch Platz, der den hellen, luftigen Hauptraum beherrschte. Durch das Fenster hinter dem Tisch konnte man ein grünes Maisfeld sehen, das sacht im Wind raschelte. Mama Hannah versorgte jeden von uns mit einer Tasse Milchtee und einem großen, weichen Chapatti. Bei dieser köstlichen, einfachen Mahlzeit erzählte Baba Hannah uns von seinem Leben und seiner Arbeit. Es war ein Einblick in den Alltag einer typischen ländlichen afrikanischen Familie. Ihr Dasein unterschied sich sehr von dem der Massai und verschaffte allen einen weiteren Eindruck davon, wie die Menschen in Kenia leben.

Der Höhepunkt unseres zehntägigen Aufenthaltes im Massai-Land war Murriangas Olkine-lorrbenig-Zeremonie. Murrianga war ein Junioráltester, der eine von Roberts Cousinen geheiratet hatte. Er war in der ersten Woche einer unser Führer gewesen, bevor er sich verabschiedet hatte, um in Morijo seine Zeremonie vorzubereiten. Einen Tag später wanderten wir nach Morijo. Es war reines Glück, daß unsere Gruppe Gelegenheit gehabt hatte, Murrianga kennenzulernen. Dies machte unsere Anwesenheit bei seiner Zeremonie viel persönlicher. *Olkine lorrbenig* ist die gleiche Art von Zeremonie wie eine *Olkiteng lorrbaa;* ein Reinigungsritus, bei der jedoch anstatt eines Ochsen eine Ziege geschlachtet wird. Jeder Massai-Mann muß seine eigene Zeremonie auf die gleiche Art durchführen wie sein Vater vor ihm.

Am Tag vor dem Ereignis besuchten wir Murrianga zu Hause, um seine Familie kennenzulernen und die Vorbereitungen zu beobachten. Es war wichtig für unsere Gruppe, daß alle sich ein wenig mit dem *Enkang* vertraut machten und erfuhren, was sie erwartete, damit sie den Tag genießen konnten und sich nicht wie Außenseiter fühlten.

Am folgenden Tag gingen wir zu Murriangas *Enkang,* der knapp zwei Kilometer von unserem Lager entfernt war. Man gestattete uns, den Schauplatz des *Olpul* im Wald zu besichtigen, wo Murrianga mit seinem Vater und anderen ehrwürdigen Ältesten beisammensaß. Alle hatten sich Haar und Gesicht mit Ocker rot gefärbt. Murrianga strahlte vor Stolz. Ich hatte bislang nicht weiter auf sein Aussehen geachtet, aber an diesem Tag, mit der roten Farbe, mit Perlenohrringen, in einen Kalbslederumhang gehüllt und mit dem zeremoniellen Fliegenwedel in der Hand, sah er einfach umwerfend aus.

Als der Ziegenbraten fertig war, empfing Murrianga den Segen der Ältesten und man bot ihm einen Bissen vom Herz des Tieres. Dann wurde das Herz an seinen Vater und reihum an die anderen Ältesten weitergereicht. Dann erst teilten sich die anderen Männer das restliche Fleisch.

Zurück im *Enkang* traf ich Clive und ein weiteres Mitglied unserer Safarigruppe in einem Kälberpferch an, wo sie mit ihren Massai-Freunden Honigbier tranken. Die *Moran* sangen und tanzten innerhalb des mit Dornenbüschen eingegrenzten Rinderpferchs, und das Honigbier floß in Strömen. Inmitten der Feiernden entdeckte ich Mitglieder unserer Safarigruppe, die sich gut zu unterhalten schienen. Eine Frau tanzte mit den *Moran* und den älteren Frauen, während eine andere inmitten einer Horde spielender Kinder kaum noch zu sehen war. Es ist immer eine etwas seltsame Erfahrung, wenn man das erste Mal an einer Massai-Zeremonie teilnimmt. Die Massai sind Meister im Feiern, und ihre Energie kann einen förmlich erschlagen. Am späten Nachmittag waren wir alle völlig erschöpft.

Obwohl eigentlich noch ein weiterer Tag in den Loitas geplant war, beschloß ich, daß es besser war, unseren Aufenthalt mit diesem Höhepunkt abzuschließen. Es gab absolut nichts, was die Massai, Clive oder ich unserer Gruppe noch hätten zeigen können, was Murriangas Zeremonie übertroffen hätte. Clive stimmte zu, und wir kamen überein, am nächsten Tag in die Massai Mara aufzubrechen.

Das Massai-Mara-Wildreservat erstreckt sich vom äußeren Rand der Loita-Berge im Osten bis zum Soit-Ololololo-Steilabbruch im Westen. Im Süden reicht das Reservat an die Grenze des Serengeti-Nationalparks in Tansania heran; die nördliche Grenze verläuft durch die Loita-Ebene. Die Mara, die insgesamt eine Fläche von etwa 1 550 Quadratkilometern umfaßt, ist in zwei Abschnitte unterteilt.

Das innere Reservat, eine Fläche von etwa 500 Quadratkilometern, wird als Mara-Dreieck bezeichnet und nach den Richtlinien eines Nationalparks geleitet. Das bedeutet, daß es den Massai strikt untersagt ist, dieses Land zu nutzen. Das Gebiet ist ausschließlich dem Schutz von

Wildtieren sowie einigen touristischen Einrichtungen wie Lodges, Campingplätzen und Straßen vorbehalten. Der äußere Bereich ist weitestgehend naturbelassen. Als das Reservat 1961 gegründet wurde, wurde den Massai gestattet, ihr Vieh weiter dort grasen zu lassen. Um den Park herum befinden sich einige Farmen, die ursprünglich kleinen Genossenschaften von Massai-Männern gehörten. Viele sind inzwischen an Landwirte verkauft worden. Das Leben der Massai harmoniert mit der Fauna und Flora des Landes; das der Landwirte nicht. Es ist sehr traurig, die ehemals atemberaubend schöne wilde Loita-Ebene mit Weizenfeldern bedeckt zu sehen. Der Weizenanbau hat den Wildkorridor zwischen den Loita-Bergen und der Massai Mara unterbrochen und viele Massai-Familien zu einem Leben ohne eigenes Land verdammt, ein elendes Dasein für jeden Massai.

Ursprünglich gehörte die Massai Mara den Loita-Massai. Heute teilen sich drei Massai-Sektionen dieses Gebiet, die Siria, die Purko und die Loita. Mara bedeutet in der Massai-Sprache »gefleckt«, was sich auf das ungleichmäßige Muster der Büsche, Bäume und Wolkenschatten auf der Grasebene bezieht. Es ist eine wunderschöne Gegend mit großem Wildbestand und einer artenreichen Vogelwelt.

Wir schlugen unser Lager auf einer kleinen Lichtung auf dem Gelände der Koyake Group Ranch auf. Obwohl bereits Mitte Juli war und die Regenzeit eigentlich hätte vorbei sein müssen, regnete es in unserer ersten Nacht in diesem neuen Camp ununterbrochen. In den folgenden drei Tagen ließ das Tempo der Safari etwas nach. Wir waren bei den Massai wirklich sehr beschäftigt gewesen; es hatte immer etwas zu sehen oder jemanden kennenzulernen gegeben. In der Mara war es aufgrund des hohen Grases wenig ratsam, sich weit vom Lager zu entfernen, und am Ende des zweiten Tages fühlten wir alle uns beengt und wurden unruhig.

Wir begannen jeden Tag mit einem zeitigen Frühstück und fuhren dann in den Geländewagen hinaus, um Wildtiere zu beobachten. Gegen elf hatten sich die Raubkatzen gewöhnlich in den Schatten zurückgezogen, und wir kehrten zum Lagerplatz zurück. In der Kühle des späten Nachmittages zogen wir erneut los. Wie immer in der Mara war reichlich Wild vorhanden. Wir sahen mehrere Löwen und erlebten zwei aufregende Episoden mit Leoparden.

Erst beobachteten wir, wie eine Leopardin ihr Junges in der Kunst der Gazellenjagd unterwies. Wir hatten Glück, daß wir zur rechten Zeit am richtigen Ort waren. Wir sahen einige Zeit zu, wie das Junge mit einer jungen Thomsongazelle Katz und Maus spielte, während die Gazellenmutter starr vor Angst aus einiger Entfernung das Schauspiel verfolgte. Die kleine Gazelle durfte davonhüpfen, scheinbar unverletzt. Die Mutter stand immer noch wie angewurzelt da, und innerhalb einer Sekunde hatte der ausgewachsene Leopard sie am Nacken gepackt und ins lange Gras in der Nähe unseres Wagens geschleift. Dort taten die Leopardin und ihr Junges sich an der Gazelle gütlich. Als sie satt zu sein schienen, ließen wir die Motoren an und fuhren davon. Leoparden sind tagaktive Jäger, und Fahrzeuge können sie bei der Jagd behindern. Ich war froh, daß unsere Anwesenheit sie offenbar nicht gestört hatte.

Am folgenden Tag bekamen wir ein Rudel von vier Leoparden zu sehen, die auf einen Wagen kletterten und diesen als Aussichtsplattform zu benutzen. Sie ließen sich auf der Motorhaube und auf dem Wagendach nieder, wie Hauskatzen, die gern auf noch warmen Autos hocken. Im Inneren des Wagens saßen zwei Forscher, die den Leoparden vertraut waren. Die Verspieltheit der Raubkatzen verhalf uns zu einer einzigartigen Gelegenheit zu fotografieren.

An unserem letzten Abend in der Mara aßen wir eine

köstliche gebratene Gans und saßen still um das Lagerfeuer herum. Alle waren traurig, daß die Safari zu Ende war.

Ich wußte, daß inzwischen das Team von *60 Minutes* und mein Bruder eingetroffen waren und sich irgendwo auf der Ranch aufhielten, in ihrem eigenen Camp. Am nächsten Morgen, als die Reisegruppe die Rückfahrt nach Nairobi antrat, suchten Robert und ich zu ersten Dreharbeiten das *60-Minutes*-Lager auf. Sie wollten filmen, wie Robert und ich inmitten der Wildtiere spazierengingen. Wir fanden das sehr komisch, da wir noch nie inmitten der Wildtiere einen Spaziergang gemacht hatten. Aber so wie die Sequenz mit meiner Familie am Strand bot diese Einstellung Gelegenheit für hübsche Aufnahmen. Eine Giraffenfamilie und einige Zebras zeigten sich ausgesprochen kooperativ, und Robert und ich schlenderten in unsere vorgegebene Unterhaltung »vertieft« mehrmals vor ihnen auf und ab. »Was ist das, Robert?« »Das ist ein Zebra.« »Oh, und was ist das, Robert?« »Das ist ein Topi.«

Einige Stunden später fuhren Mark und ich zurück nach Nairobi, um zu meiner Safarigruppe zu stoßen, während Robert bei *60 Minutes* blieb. Zwei Abende später verabschiedete ich mich bei einem sehr geselligen Abendessen von allen Teilnehmern. Am nächsten Morgen war ich, Kater inklusive, um 5.30 Uhr bereit, die Rückfahrt in die Loitas anzutreten. Die Crew von *60 Minutes* war am Vorabend in Narotian eingetroffen, und für diesen Tag waren keine Aufnahmen vorgesehen. Janet hatte gemeint, das würde den Massai Gelegenheit geben, sie zu »beschnuppern«, wie sie es nannte. Ich hielt das für eine hervorragende Idee, da sie und die Reporterin auf diese Weise ein wenig warm werden konnten und hoffentlich beginnen würden, die Massai ein wenig zu verstehen. Im Massai-Land ist Eile ein Fremdwort, und schon innerhalb der ersten 24 Stunden mit den Dreharbeiten zu beginnen, wäre sehr unhöflich gewesen. Als ich schließlich später am Nachmittag im Lager bei Narotian eintraf, fiel ich aus allen Wolken, als ich erfuhr, daß Janet bereits an diesem Morgen angefangen hatte zu drehen.

Janet merkte schon bald, daß das, was die Massai sagen, und das, was sie tatsächlich meinen, nicht immer dasselbe ist. Ich will damit nicht sagen, daß sie lügen oder auch nur die Wahrheit beugen. Es ist eine Frage unterschiedlicher Auffassungen. Ich hatte auf die harte Tour gelernt, daß ich erst gründlich über meine Frage nachdenken mußte, wenn ich eine klare und umfassende Antwort von einem Massai bekommen wollte. Ich als Fragender und nicht der Antwortende mußte darauf achten, richtig anzufangen.

Ein Beispiel hierfür war ein Interview mit Mumai, der ersten Frau von Roberts Vater. Janet hatte den Eindruck gewonnen, daß es sich um Roberts Mutter handelte. Ganz so wie meine Mutter befragt worden war, sollte auch Roberts Mutter zu Wort kommen. Nun ist Mumai eine von Roberts Müttern, es handelt sich hier also um einen Fall von Massai-Semantik. Ich meine, woher soll jemand aus der westlichen Welt wissen, daß er sich, anstatt darum zu bitten, die »Mutter« einer bestimmten Person sprechen zu dürfen (hierbei kann es sich um einen Kreis mehrerer Frauen handeln), nach der »Mutter, aus deren Bauch er gekommen ist« erkundigen muß. Ich liebe Mumai, und sie sagte ein paar sehr schöne Sachen über Robert und mich, es gab also keine Probleme mit ihrem Interview. Ich hoffte nur, daß diese Mißverständnisse sich nicht tagtäglich wiederholen würden.

In den fünf Tagen bis zur Hochzeit wurde gedreht. Auch wenn ich gerade einmal nicht vor der Kamera stand, schien es, als gäbe es ständig entweder eine Frage zu beantworten oder irgend etwas in Ordnung zu bringen. Beispielsweise wollte *60 Minutes* die Massai beim Honigsammeln im Wald filmen. Ol Dorobo war der beste Honigsammler unter den Ältesten, aber er war nur als

Wache für das Safaricamp engagiert worden. Um das Honigsammeln zu organisieren, bedurfte es mehrerer langer gedolmetschter Verhandlungen, bis man sich schließlich darauf einigte, daß er für seine Suche nach einem Bienenstock 200 Schilling (10 Dollar) zusätzlich erhalten würde. Ich war fest entschlossen, darauf zu achten, daß die Massai, die das Team unmittelbar in die Dreharbeiten mit einbezog, finanziell nicht über den Tisch gezogen wurden. Hieraus ergab sich, daß ich an sämtlichen Verhandlungen teilnehmen mußte und zum Ende hin sehr müde und gereizt war.

Ndoondo wohnte bei uns im Safaricamp, und glücklicherweise konnte Mark mir dabei helfen, sie zu beaufsichtigen. Sie wurden bald dicke Freunde, und er brachte ihr allerlei Blödsinn auf Englisch bei. Nachdem ihr Schädel für die Trauungszeremonie kahlgeschoren worden war, taufte Mark sie »Kojak«.

Die Massai waren einfach großartig, was die Dreharbeiten betraf, und sie erwiesen sich als begabte Schauspieler. In einer Szene wurde gezeigt, wie ich in mein neues Haus einzog, begleitet von sechs Frauen, die verschiedene Möbelstücke oder Kochtöpfe trugen. Wir mußten in einer Reihe hintereinander plappernd und lachend an der Kamera vorbeimarschieren. Die Frauen schafften acht identische Takes. Ein anderes Mal sollten die Massai-Frauen und ich dabei gefilmt werden, wie wir Wäsche im Fluß wuschen. Der Umstand, daß wir im richtigen Leben nie gemeinsam wuschen, schien keine Rolle zu spielen, obwohl es sich doch um einen Dokumentarfilm handelte. Ein weiteres Beispiel hierfür war, als ich laut Drehbuch mit dem Kriegern in den Wald ging, um wilden Honig zu sammeln. Das würde ich niemals tun; das ist reine Männerarbeit. Tatsächlich hatte, abgesehen von den Aufnahmen des Hochzeitstages nichts in der *60-Minutes*-Reportage große Ähnlichkeit mit meinem wirklichen Alltagsleben bei den Massai.

Der Aufwand für die Hochzeitszeremonie war gigantisch. Über die Hälfte meines Honorars für die Reportage war für den Einkauf riesiger Mengen Lebensmittel für das Fest draufgegangen. Lou Allan (Iains Frau) von Tropical Ice war es, obwohl in ganz Kenia wieder einmal Zuckerknappheit herrschte, gelungen, 300 Kilo Zucker aufzutreiben. Der Zucker wurde hauptsächlich für die Herstellung des traditionellen Honigbieres gebraucht, das in diversen Kalebassen, Wachsbeuteln und Plastikbehältern gebraut wurde. Außerdem hatten wir jeweils 10 Kilo Mehl, Reis und Kartoffeln besorgt, dazu große Mengen Öl, Salz und Zwiebeln. Am Tag der Trauung würden Unmengen von Milchtee ausgeschenkt werden, und wir hatten in der *Duka* in Narosura zusätzlich 700 Flaschen Limonade bestellt.

Am Tag vor der Hochzeit war die Limonade immer noch nicht eingetroffen. Die Getränke sollten an einen Handelsposten etwa 10 Kilometer entfernt in Olngarua geliefert werden. Ein Fahrer von Tropical Ice nahm Robert mit, und gemeinsam machten sie sich auf die Suche. Sie fanden die Lieferung schließlich im 30 Kilometer entfernten Narosura. Robert kehrte triumphierend mit 700 klirrenden Flaschen im Gepäck zurück, gerade noch rechtzeitig zu seinem Hauptinterview.

Derweil waren die Frauen im *Enkang* damit beschäftigt, den Reis aufzuteilen, Hunderte von Chapattis zu braten und Berge von Kartoffeln zu schälen. Alle Frauen unserer Familie waren in die Vorbereitungen einbezogen worden, und ich konnte von Glück sagen, daß Robert, Ndoondo und ich in einem Zelt im Lager schliefen, da der *Enkang* förmlich aus allen Nähten platzte von den zahlreichen Besuchern und angetrunkenen alten Männern, die schon Tage vorher begonnen hatten, das Honigbier zu »kosten«.

Am Tag vor der Hochzeit war mir übel vor Aufregung und von den Bactrim-Tabletten, die ich wegen einer Halsentzündung eingenommen hatte. Da ich mich so elend fühlte, ließ Janet mich in Frieden schlafen. Das war für mich die erste und einzige Ruhepause in diesen sechs Tagen. Am Abend trafen unsere Freunde Susan und Martin ein. Susan schlief bei Ndoondo und mir im Zelt. Martin kam bei Davis unter, dem Repräsentanten des Kulturministeriums, der den Dreharbeiten beiwohnte.

Im Laufe der Tage hatte sich das anfangs kooperative und rücksichtsvolle Team von *60 Minutes* zu einer wahren Plage entwickelt. Die Zusammenarbeit mit den beiden Männern der Crew, Ben und Paul, war von Anfang bis Ende großartig, und sie legten aufrichtiges Interesse für die Massai an den Tag. Janet wurde jedoch immer aufdringlicher. Die völlig natürliche Reaktion der Massai auf ihr Verhalten bestand darin, sich von ihr zu distanzieren. Dies frustrierte Janet, die nicht begriff, was vor sich ging. Der Fairneß halber muß ich erklärend anführen, daß sie unter Druck stand, »ihre Arbeit zu tun« und sich ihrer Wirkung auf die Menschen nicht bewußt war. Anstatt Kontakte zu knüpfen und sich Zeit zu nehmen, sich mit den Massai zu unterhalten, zog sie sich abends mit der Reporterin Jennifer Byrne zurück. Abends am Lagerfeuer hatten alle den Eindruck, als bildeten die beiden eine Gruppe für sich.

Es ist niemandem gestattet, bei einem *60-Minutes*-Interview zuzusehen. Das soll es demjenigen, der interviewt wird, diese fremde und ungewohnte Situation leichter machen. Ich war also bei keinem der Interviews mit den Massai zugegen. Das Interview mit Robert verlief reibungslos, außer als Jennifer ihn direkt nach unserem Intimleben fragte. Obwohl ich ihn gewarnt hatte, daß man ihn zu diesem Thema befragen könnte, war er schokkiert, daß eine Frau, die er kaum kannte, ihm mit solcher Dreistigkeit so intime Fragen stellte. Das Team von *60 Minutes* wußte inzwischen, daß die Massai in sexueller Hinsicht eine sehr konservative Gesellschaft sind und nicht über intime Beziehungen sprechen. Robert weigerte sich, auf die Frage zu antworten.

Auch eine weitere Szene erwiesen sich als äußerst schwierig zu filmen. Janet wollte eine Sequenz, in der Robert und ich unser Haus betraten und die Tür hinter uns schlossen. Eigentlich wäre es ihr lieber gewesen, wenn wir gemeinsam Hand in Hand in den Sonnenuntergang hineinspaziert wären, aber das war natürlich unmöglich. Als die Szene Robert erklärt wurde, weigerte er sich, sie zu spielen. Mir war nicht klar gewesen, daß es undenkbar ist, daß ein Mann sich am hellichten Tag bei geschlossener Tür mit einer Frau (vor allem mit seiner Ehefrau) allein in einer Hütte aufhält. Meine Ahnungslosigkeit mag nach all der Zeit, die ich bei den Massai verbracht hatte, unglaublich klingen, aber da die Haustüren tagsüber grundsätzlich offen standen, hatte sich diese Situation bislang noch nie ergeben. Nun erfuhr ich, daß dies als grobe Unhöflichkeit galt. Robert und Janet kamen nicht weiter, bis Robert schließlich eine Lösung vorschlug: Im Haus sollten drei Männer sitzen, so daß wir nicht allein wären. Die Männer wurden hereingebeten, und Robert und ich spielten die Szene. Wir mußten durch unser Tor gehen, dann stach Robert seinen Speer vor dem Haus in den Boden, wir gingen hinein, und er schloß die Tür hinter uns. Wir wiederholten das Ganze an die achtmal, was Robert sehr verlegen machte, während ich die Szene als ganz harmlos empfand. Unglücklicherweise wurde in der fertigen Version der Reportage behauptet, Robert demonstriere dadurch, daß er seinen Speer in den Boden stach und die Tür schloß, seinen Besitzanspruch an seiner Frau. Robert konnte nicht verstehen, warum im Begleittext unerwähnt blieb, daß im Haus drei ältere Männer anwesend waren, die gewissermaßen als »Anstandsdamen« fungierten.

Was die ganze Sache noch verschlimmerte, war die Tatsache, daß Jennifer Byrne in einer vorangehenden Sequenz vor der Kamera erklärte, daß ein Massai, wenn er mit der Frau eines seiner Altersgenossen schlafen wollte, nur seinen Speer auf diese Weise (es folgte eine Demonstration) vor dem Haus in den Boden zu rammen brauchte, und die Frau gehöre für diese Nacht ihm.

Diese frei erfundene Geschichte hat sich zu einer Legende über die Massai entwickelt; leider wurde diese unzutreffende Behauptung in einigen Büchern aufgegriffen. Die Wahrheit ist dem westlichen Verständnis nach weit weniger spektakulär. Innerhalb der von strengen Regeln geprägten Massai-Gesellschaft ist es Brauch, daß ein Mann seinen Speer vor dem Haus, das er besucht, in den Boden steckt, um Kindern zu signalisieren, sich fernzuhalten, und Freunde aufzufordern, sich zu ihm zu gesellen, weil es Kindern verboten ist, Männern beim Essen zuzusehen. Jeder Massai mußte diesen Teil der *60 Minutes* als Affront empfinden, vor allem jedoch die Iloibonok. Da die hellseherischen Fähigkeiten an die männlichen Nachkommen weitergegeben werden, spielt die Reinheit des Blutes in der Nkidongi-Familie eine sehr große Rolle. Ein Mann muß absolut sicher sein können, daß ein Kind auch wirklich von ihm ist. Einfach ausgedrückt heißt das, daß sie grundsätzlich nicht fremdgehen. Daß *60 Minutes* das Gegenteil behauptet hatte, war eine schwere Beleidigung.

Am Tag vor der Hochzeit trafen auch die Reporterin und der Fotograf von *Woman's Day* ein, Bunty Avieson und Neil Holbrook. Ein Fotoapparat ist etwas weitaus Angenehmeres als eine Filmkamera. Das Wunderbare an einem Presseinterview ist, daß man Gelegenheit hat, sich wirklich ausführlich zu äußern. Gute Interviews sind echte Unterhaltungen, bei denen man Zeit hat, nachzudenken und mit Ideen zu experimentieren. Es mag die (schlechte) Schauspielerin in mir gewesen sein, aber vor einer Kamera hatte ich immer den unwiderstehlichen Drang, so zu tun als ob. Janet hatte mich ständig ermahnt, »locker« und vor allem »charmant« zu sein. Dies führte dazu, daß ich während des *60-Minutes*-Interviews einen Haufen unbedachten Unsinns von mir gab.

Am Abend vor der Trauung begann ich die Anwesenheit der Fernsehleute als unerträglich lästig zu empfinden. Der einzige Augenblick, da bei einer Massai-Hochzeit etwas Ähnliches erfolgt wie der Austausch des Jawortes, ist der, wenn der Bräutigam mit der Familie der Braut spricht. In meinem Fall fand das Gespräch zwischen Robert, meinem Bruder und mir am Abend vor der Hochzeit in Mumais Hütte statt. Nach Massai-Gesetz ist es Angehörigen desselben Clans nicht gestattet zu heiraten. Robert gehört dem Ilaiser-Clan an, und so wurden Mark und ich in den Olmolelian-Clan aufgenommen. Ein Ältester und guter Freund von Daniel, Samwell ole Nkwo, wurde zu unserem Clan-Vater bestimmt; er sollte Mark am folgenden Tag durch die Zeremonie führen. In der kleinen Hütte drängten sich zahllose Älteste. Ich wurde gefragt, ob ich Robert heiraten wolle. Ich bejahte. Nur die Frau wird gefragt, das Einverständnis des Bräutigams wird als selbstverständlich vorausgesetzt. Dann wurde mein Bruder aufgefordert, ein paar Worte an Robert zu richten und ihn vor allem zu ermahnen, mich gut zu behandeln, mich nicht zu schlagen und dergleichen. Auch forderte er von Robert eine Reihe von Geschenken, darunter eine Kuh, einen Speer und ein *Rungu.*

Leider wurde diese wichtige und ernste Unterhaltung zu einer Show degradiert. Diese Sequenz war schwierig zu filmen, nicht zuletzt, weil wir uns wirklich bemühten, eine ernste Angelegenheit abzuschließen. Mumais kleine Hütte war sehr verräuchert, und dieser Umstand und das Gedränge machten Ben und Paul, denen vom Rauch die Augen tränten, die Arbeit schwer. Jennifer Byrne gab ständig irgendwelche Anweisungen und unterbrach andauernd. Es gilt als ausgesprochen unhöflich, wenn eine Frau einen Massai-Ältesten unterbricht. Absolut untragbar wird dies jedoch, wenn es im grellen Scheinwerferlicht und mit einem Mikrophon vor dem Gesicht geschieht. Die feierliche Atmosphäre war rasch dahin. Nachdem die Crew die gewünschten Aufnahmen im Kasten hatte und gegangen war, gingen auch wir mit einem unbehaglichen Gefühl auseinander.

Es dauerte lange, bis ich an diesem Abend endlich einschlief. Ich war nicht nervös, weil ich Robert heiraten würde, sondern wegen des traditionellen Ablaufs der Zeremonie. Ganz besonders fürchtete ich, in Tränen auszubrechen, wenn die Frauen mich verhöhnten. Tränen sind bei den Massai außer bei kleinen Kindern völlig inakzeptabel. Und natürlich trug das Bewußtsein, daß alles, was ich tat, gefilmt werden würde, auch nicht eben dazu bei, mich zu beruhigen. Robert war mit dem Wagen losgefahren, um einige zusätzliche Kochtöpfe zu organisieren. Ein Detail von Tausenden, um die er sich kümmern mußte.

Am nächsten Morgen stand ich um 6.30 Uhr auf und nutzte die Zeltdusche. Meine Kleider und der Schmuck lagen bereit. Als erstes kam ein langer, seidiger blauer Rock, den eine Freundin in Melbourne für mich genäht hatte. Über die Schultern wurden lange Stoffbahnen gelegt, die eine orange, die andere weiß, und das Ganze anschließend von einem Perlengürtel zusammengehalten. Eine meiner Massai-Mütter, Interekei, und ihre Mutter hatten meinen traditionellen Schmuck angefertigt. Gewöhnlich tragen Massai-Frauen vier Perlenketten, ich hatte mich jedoch für nur drei entschieden. Die prächtigste dieser Ketten war das Hochzeitscollier, das sogenannte *Entende* mit langen Strängen bunter Perlen, die mir bis zu den Knien reichten, um die Schultern schlang ich ein weiteres Tuch, das *Kanga,* weiß, grün und dunkelorange gemustert. Das war erst das zweite Mal, daß ich mich als Massai-Frau »herausputzte«, und ich hatte befürchtet, mir in dieser Aufmachung ein wenig fremd vorzukommen, aber tatsächlich fühlte ich mich sehr wohl und exotisch in meinem Hochzeitsstaat. Das war etwas anderes als weißer Satin und ein Brautstrauß!

Kurz nachdem ich mich angekleidet hatte, kamen Narygunkishon und Nolmemeri ins Lager, um mich zurück zu Mumais Haus zu begleiten, wo ich auf Robert und seinen Trauzeugen Seketo warten sollte. Wir hatten vereinbart, daß Noronkula, ein Massai-Freund, der fließend Englisch sprach, mir an diesem Tag zur Seite stehen und mir als kultureller Führer dienen sollte. Alle Frauen machten sich sogleich an meiner Aufmachung zu schaffen; sie knoteten meinen Gürtel neu und nähten die Stoffbahnen an den Schultern zusammen, damit sie nicht während der Zeremonie herabrutschten. Mein Haar stellte ein Problem dar. Der wunderschöne Kopfschmuck, den ich geschenkt bekam, war zu klein, so daß ich ihn Ndoondo aufsetzte und selbst ein einfaches Perlenstirnband anlegte. Ich probierte verschiedene Frisuren, entschied mich aber letztendlich für einen einfachen Pferdeschwanz. Vermutlich hätte ich kahlköpfig wie die Massai-Frauen prächtiger ausgesehen, aber diese Maßnahme erschien mir dann doch ein wenig zu drastisch.

Mark meinte, ich sähe aus wie ein gealterter Hippie. Als wir am folgenden Abend in Nairobi eintrafen und endlich allein waren, sagte Robert, ich hätte wunderschön ausgesehen. Ich hatte bis dahin auf das Kompliment warten müssen, da der Bräutigam am Tag der Hochzeit überhaupt nicht mit der Braut spricht.

Ndoondo alberte vor der Kamera herum, und die Frauen taten, als würden sie mich abermals einkleiden. Ndoondo sah sehr hübsch aus in einem blauen Rock und rotem *Kanga*. Sie trug sogar noch mehr Perlenschmuck als ich und kam sich offensichtlich schrecklich wichtig vor.

Als genügend Hochzeitsvorbereitungen gefilmt waren, durfte ich zurück ins Haus, um auf Robert zu warten. Ich hatte einen ganzen Schwarm Schmetterlinge im Bauch. Ich bekam ein Glas Milch zu trinken. Gewöhnlich mochte ich keine Milch, aber diese schmeckte süß und erfrischend. Der Lärm draußen nahm zu, und gegen elf konnte ich aus dem Stimmengewirr schließen, daß sich draußen eine beträchtliche Menschenmenge versammelt hatte. Ich saß still im Haus, während über dem Feuer weiter unzählige Chapattis gebacken wurden. Seketo schaute herein. »Bist du traurig?« fragte er. »Massai-Mädchen sind an ihrem Hochzeitstag immer traurig, du solltest also besser so tun, als wärst du es.«

Als nächstes kam Robert herein, aber es war zu dunkel, um erkennen zu können, wie er aussah. Außerdem tat ich mein Bestes, unglücklich auszusehen und hielt den Blick gesenkt. Seketo und Robert tranken beide etwas Milch und gingen dann wieder hinaus. Draußen waren deutlich erregte Stimmen und Gesang zu hören. Eine Kalebasse mit Milch wurde mir unter die Kleider auf den Rücken geschnallt. Das war die Milch, die eine Braut traditionsgemäß von ihrem alten zu ihrem neuen Zuhause trug. Es gibt eine spezielle Technik, die Kalebasse auf dem Rücken zu befestigen, oberhalb des Gürtels, was ihr einen ziemlich sicheren Halt verleiht.

Für mich klang es, als stünden draußen tausend Leute, die nur darauf warteten, mich zu sehen. Dann wurde ich zur Tür geführt und angewiesen, still auf der Schwelle stehenzubleiben, bis ich gesegnet worden war. Samwell ole Nkwo steckte mir als erster etwas Gras seitlich in den rechten und dann in den linken Schuh. Dann war mein Bruder an der Reihe, mich anzuspucken. Es mangelte ihm entschieden an Samwells Finesse, und er tränkte meine Schuhe förmlich mit Milch und Bier. Unser Gelächter lockerte die Spannung.

Dann trat ich hinaus in die Morgensonne. Robert stand mit Seketo etwas abseits; sie sahen beide großartig aus in ihren neuen blauen Capes und mit dem leuchtend roten Ocker im Haar. Robert hatte darüber hinaus mit Ocker Muster auf seine Beine gemalt. Ich wollte mit ihm sprechen, aber das war unmöglich. Wie gewöhnlich wirkte er sehr ernst, während Seketo über das ganze Gesicht strahlte. Wir standen beisammen, von der Menge abgeschirmt, die an diesem Vormittag an die 500 Menschen umfaßte.

Neben Robert und Seketo begleiteten mich vier Frauen auf meinem »Hochzeitsmarsch«: Nolmemeri, meine liebste »Massai-Mutter« und Roberts Schwägerin, Nolmunai, eine Halbschwester von Robert, Meiyoki, eine weitere Schwägerin, und eine Großmutter aus einem Nachbar-*Enkang*, Nolkisortoo. Nolmemeri hatte sich zu Ehren der Zeremonie »ihrer Tochter«, als die sie mich bezeichnet, den Kopf kahlgeschoren. Sie alle hatten ihre besten *Kangas* und ihren schönsten Schmuck angelegt.

Gewöhnlich lebt eine Massai-Braut weit entfernt vom Heimat-*Enkang* ihres neuen Ehemannes, und der Marsch dorthin kann Tage dauern, mindestens aber einige Stunden. Da Robert und ich jedoch bereits zusammenlebten, mußten wir diesen Marsch symbolisch unternehmen, indem wir von einem Haus des *Enkangs* aufbrachen, das Safarilager und ein Wäldchen am Fuß des Hügels durchquerten und den Hügel über einen anderen Pfad wieder hinaufstiegen, zu einem anderen Haus am anderen Ende des *Enkangs*. Wir gingen hintereinander, wobei ich das Schlußlicht bildete und sehr langsam und vorsichtig einen Fuß vor den anderen setzte. Eine Massai-Frau darf weder zurückblicken noch stolpern, da dies als schlechtes Omen für die Ehe betrachtet wird. Wenn ihr auf dem Marsch irgendwelche Hindernisse den Weg versperren, muß der Trauzeuge diese beiseiteräumen und die Braut gegebenenfalls sogar von einem Flußufer zum anderen tragen. Seketo hatte Glück, daß wir uns an einen vielbegangenen Pfad hielten, ihm somit Heldentaten erspart blieben und er keinen Leistenbruch zu riskieren brauchte. Ich hielt den Blick auf den Boden gerichtet und machte nur winzige Schritte. Als wir das Safaricamp erreichten, riefen einige aus der Crew scherzhafte Kommentare, die ich jedoch ignorierte. Es mochte zwar ihre

»Story« sein, aber es war mein Hochzeitstag, und den nahm ich sehr ernst. Außerdem machte mir das Ganze Spaß.

Im Safarilager legten wir eine kurze Pause ein, damit Neil, der Fotograf von *Woman's Day,* einige Bilder schießen konnte. Im Hintergrund belichtete unser Freund Clive Ward diskret wie immer mehrere Schwarzweißfilme. Wie sich später herausstellte, gelangen ihm dank seines künstlerischen Auges und seines Respekts für die Massai-Kultur die besten Aufnahmen des Tages. Neil hatte Mühe, Robert dazu zu bewegen, sich für gemeinsame Fotos neben mich zu stellen. Massai-Männer stehen nur selten dicht bei ihren Frauen, und Robert war sichtlich verärgert, daß man dies von ihm verlangte. Er ging immer wieder aus dem Bild oder rückte zähneknirschend von mir ab. Selbstverständlich waren romantische Bilder von uns beiden undenkbar.

Schließlich war der Fototermin vorüber, und wir konnten unseren Weg zum Dorf und der wartenden Hochzeitsgesellschaft hinauf fortsetzen. Seketo forderte mich auf, von der Milch in der Kalebasse auf meinem Rücken zu trinken. Ich wußte von Seketos eigenem Hochzeitsmarsch, daß ich mich weigern mußte, bis er mir ein Kalb versprach. Nach einer Weile nahm ich einen Schluck, und Seketo war um ein Kalb ärmer. Wir setzten unseren Weg im Gänsemarsch fort.

Der Gesang wurde lauter, als wir uns dem *Enkang* näherten. Das ganze Dorf war ein Meer leuchtender Farben, wobei Rot deutlich hervorstach. Der Augenblick, den ich am meisten fürchtete, rückte näher. Ich hatte bei den anderen Hochzeiten gesehen, wie die Braut von den Frauen verhöhnt und angepöbelt wurde, und diese Prozedur machte mir angst. Wir hatten das Dorf fast erreicht, als ich eine Gruppe von Frauen aus Morijo auf uns zukommen sah. Paul, Clive und Neil tanzten filmend und fotografierend um mich herum. Plötzlich begriff ich, daß die

Frauen auf Suaheli *Karibuni* sangen, was willkommen bedeutet. Meine Freundin Nasha aus Morijo legte mir eine wunderschöne Halskette um und sagte nur ein Wort: »*Maendeleo*«. Ich wußte, daß dies bedeutete, daß es sich um ein Geschenk der Maendeleo (oder Fortschritt)-Gruppe aus Morijo handelte. Ich war zutiefst gerührt von diesem liebevollen Empfang, hatte ich doch Spott und Hohn erwartet. Die Geste kam so überraschend, war so überwältigend und großzügig, daß ich doch noch mit den Tränen zu kämpfen hatte!

Es war ein wunderbarer Anblick – Hunderte von Massai-Frauen und -Kindern in ihren bunten Festtagskleidern hoben sich oben auf der Hügelkuppe vom strahlendblauen Himmel ab. Ich hob den Kopf und nahm durch die Perlen, die mir vom Stirnband ins Gesicht fielen, das Farbenmeer in mich auf. Ich lächelte, um für die Kameras zu demonstrieren, daß ich glücklich war, und setzte dann wieder meine gespielt ernste Miene auf. Nachdem ich durch die Menge bis zu Daniels Haus gegangen war, mußte ich mich, wie ich wußte, weigern einzutreten. Jetzt war der Augenblick gekommen, da Roberts Familie und seine Freunde mir nacheinander kundtun mußten, was sie mir zur Hochzeit schenkten. Die Umstehenden rempelten mich an, als Freunde und Fremde gleichermaßen die Hälse reckten, um die als Massai-Braut gekleidete weiße Frau zu sehen.

Roberts älteste Schwester ging an mir vorbei ins Haus und sang: »Ich schenke dir eine Ziege.« Narygunkishon tat es ihr nach und rief: »Ich schenke dir eine Kuh.« Als nächster war Ilampala an der Reihe: Er schenkte mir eine Kuh und acht Ziegen. Einer nach dem anderen gingen die Familienmitglieder an mir vorbei und riefen mir zu, was sie mir zum Geschenk machten. Daniel sagte: »Ich schenke dir eine Kuh und ein Kind.« Es wäre wohl kaum angebracht gewesen, ihn darauf hinzuweisen, daß er mir diese beiden Geschenke schon vor zwei Jahren gemacht hatte.

Noronkula stand neben mir und notierte eifrig jedes Geschenk in einem Notizbuch. Die Familie rief mich ins Haus, aber ich war noch nicht zufrieden mit den Geschenken. Ich überlegte fieberhaft, wer mir noch kein Geschenk gemacht hatte.

»*Koree Asae?*« (Wo ist Asae?) rief ich.

Die Menge nahm den Ruf auf. »*Koree Asae?*«

Asae trat vor und schenkte mir eine Ziege.

»*Koree Julius?*« Seine Mutter trat vor und erklärte, ich könne von Julius haben, was immer ich mir wünsche. Ich bat um einen Esel. Ich rief noch einige Namen, und dann fiel mir Moses ein, ein wohlhabender Vetter von Robert. Er trat vor, nahm Noronkula das Notizbuch aus der Hand und trug demonstrativ »vier Schafe« ein, anstatt sein Geschenk wie die anderen mündlich zu verkünden. Moses hatte einige Jahre die Schule besucht und demonstrierte gern seine Bildung. Ilampala warf einen Blick auf die Liste und sagte: »*Paashe,* ich glaube, du kannst jetzt hineingehen.« Ich hatte über 40 Schafe, Ziegen und Rinder sowie einen Esel geschenkt bekommen.

Ich wurde ins Haus geführt und aufgefordert, auf einem Bett aus Kuhhäuten Platz zu nehmen, auf dem Mama mich erwartete. Sie drückte mir einen dicken, feuchten Kuß auf die Wange und versprach mir eine Kuh. Der Brauch besagt, daß die Braut erst Milch aus ihrer Kalebasse trinken darf, wenn ihre Schwiegermutter ihr eine Kuh versprochen hat. Ich nahm einen Schluck, um den Handel zu besiegeln. Nachdem ich die letzte zeremonielle Handlung dieses Tages hinter mich gebracht hatte, konnte ich mich im Inneren der Hütte ausruhen.

Draußen setzte sich das Vergnügen für alle anderen fort. Man hat mir erzählt, meine Hochzeit wäre großartig gewesen – die größte und schönste, die je in den Loita-Bergen gefeiert worden wäre – aber ich selbst bekam nur Bruchstücke von der Feier mit. Ich wußte, daß an diesem Morgen im Wald zwei Ochsen und zehn Ziegen geschlachtet und gebraten worden waren. Meine Hochzeit wurde als »Zwei-Ochsen-Fest« berühmt; gewöhnlich wurde nur ein Rind geschlachtet. Noronkula brachte mir eine Cola, und ich lauschte dem tiefen Baß der *Moran*-Gesänge und den dumpfen Geräuschen ihrer Tänze. Die anderen Frauen hatten alle Hände voll damit zu tun, die Gäste zu versorgen und Tee zu kochen, und so wurde ich einfach vergessen. Ich schloß die Augen und döste auf dem Bett aus Kuhhäuten.

Gegen zwei Uhr am Nachmittag führte Noronkula mich aus der Hütte und aus dem *Enkang*, damit ich mich erleichtern konnte. Die nächsten zwei Stunden blieb ich draußen, um die Aufnahmen für *Woman's Day* zu koordinieren. Ich hatte zu viele Verwandte, als daß sie auf ein Bild gepaßt hätten, so daß wir mehrere große Familienfotos machten. Dutzende junger *Moran* waren aus dem Wald gekommen, um an der Hochzeit teilzunehmen. Sie wirkten alle so jung und gefährlich mit ihren langen, rotgefärbten Zöpfen im Haar und den knappen Togen. Die noch unbeschnittenen Mädchen, darunter auch Ndoondo, umringten sie singend und tanzend wie bunte Blumen. Ältere Männer lagen im Gras oder saßen in Gruppen beisammen und tranken Honigbier. In den Hütten kochten die Frauen und verteilten Essen und Getränke. Das Ganze war einer australischen Hochzeit im Grunde gar nicht so unähnlich.

Roberts Altersgruppe, *Ilkishili,* war ebenfalls zahlreich vertreten. Mehrere Gruppen Senior*moran* sangen und sprangen hoch in die Luft. Schließlich entdeckte ich meinen Bruder. Er war völlig betrunken und konnte kaum noch geradeaussehen. Mark erklärte mir, daß Samwell darauf beharrt hatte, daß man von ihm erwartete, daß er in einer Hütte saß und Honigbier trank, was sie beide ganz offensichtlich auch ausgiebig getan hatten. Marks Gesicht war mit getrocknetem Ochsenblut gesprenkelt. Früher am Tag war Mark zum Schlachtplatz im Wald geführt worden, wo die Ochsen ein blutiges Ende genommen hatten. Als man ihn aufgefordert hatte, Blut direkt aus der Keule eines der frisch geschlachteten Ochsen zu trinken, hatte er die Herausforderung angenommen, sich hingekniet und einen großen Schluck genommen. Das Problem, erzählte er mir später, war nur, daß das meiste Blut bereits getrunken worden war, so daß er das ganze Gesicht tief in die Wamme hineinstecken mußte, die als natürliche Schale fungierte. Er sagte, das Blut habe geschmeckt wie salziger Steaksaft.

Derweil setzte sich die Feier den Nachmittag über fort. Erschöpft machte ich mich mit Noronkula klammheimlich davon und ging zum Safarilager, um etwas zu trinken und die Honorare jener Massai auszurechnen, die von *60 Minutes* engagiert worden waren. Ich hatte immer noch nichts gegessen. Es war eine Wohltat, den schweren Halsschmuck abzulegen. Meine Ohrläppchen waren rot und geschwollen von den zwei Paar Ohrringen.

Um sieben Uhr abends wurde ich zurück zu Daniels Haus gebracht, wo ich einen neuen Namen erhalten sollte. Mark, der hoffnungslos betrunken war, wurde entschuldigt. In der Hütte drängten sich Massai-Älteste, aber es gelang mir, mir einen Weg zum Frauenbett zu bahnen. Es klang, als würde hitzig gestritten, und die betrunkenen Männer schrien alle durcheinander. Ich bemerkte, daß Robert auf der anderen Seite des Feuers saß. Dann wurde mir von dem gewobenen Vorhang vor dem Bett die Sicht versperrt. Eine Stimme rief: »Nasha, Nasha.« Norokula raunte mir zu: »Du heißt jetzt Nasha.« Dann begann die Segnung. Einer nach dem anderen riefen die anwesenden Senioraltesten viermal meinen neuen Namen, worauf ich: »Eeo« entgegnete.

»Nasha!« »Eeo.« »Nasha!« »Eeo.« »Nasha!« »Eeo.« »Nasha!« »Eeo.«

Es folgten mehrere Gebete, in denen *Enkai* angerufen

wurde, mich mit Rindern, Kindern, Gesundheit, Glück und dergleichen zu segnen. Ich war entzückt von meinem neuen Namen. Ich konnte ihn nicht nur mühelos aussprechen und buchstabieren, sondern darüber hinaus bedeutete er »Regen« – im Massai-Land der kostbarste Segen *Enkais*.

Hiernach kehrte ich müde, aber sehr zufrieden mit mir, daß ich diesen emotionsgeladenen Tag gut überstanden hatte, zum Abendessen hinunter ins Lager. Es war eine dunkle Nacht, und im Camp brannte ein loderndes Feuer. Ich hatte den ganzen Tag kein Wort mit Robert gewechselt und wollte wissen, wie er sich fühlte, ob er zufrieden war mit der Feier. Der Koch hatte eine köstliche gebratene Gans mit Röstkartoffeln, grünen Bohnen und Soße zubereitet. Ich häufte mir eine große Portion auf den Teller und setzte mich ans Feuer, um zu essen, aber ich kam nicht dazu, da Janet mich sofort bestürmte.

Ilampala hatte ihr versprochen, daß ihnen erlaubt werden würde, heimlich am nächsten Tag bei Morgengrauen die Beschneidung eines Jungen zu filmen. Das Filmen heiliger Riten wie die der Beschneidung ist verboten, obwohl es, wie ich weiß, in anderen Teilen des Massai-Landes gelungen ist, trotzdem einige solcher Zeremonien auf Zelluloid zu bannen. Ilampala riskierte Kopf und Kragen, und ich hatte das ungute Gefühl, daß er das Versprechen aus irregeleiteter Loyalität mir gegenüber gegeben hatte. Ich wollte nicht, daß *60 Minutes* eine Beschneidung filmte – immerhin handelt es sich hierbei um ein heiliges Ritual. Außerdem hätten sich hieraus Unannehmlichkeiten für mich und die ganze Gemeinschaft ergeben können, falls die kenianische Regierung Wind davon bekam. Alle Verhandlungen das Filmen der Beschneidung betreffend waren zwischen Ilampala und Janet geführt worden, außer Hörweite von Davis vom Kulturministerium.

Aber an diesem Abend war die Diskussion über dieses Thema ohnehin müßig, da der Beschneider noch nicht aus

Narotian eingetroffen war. Leider legte Ilampala das klassische Verhalten der Massai-Männer im Umgang mit Problemen an den Tag: Er lief davon. Anstatt Janet mitzuteilen, daß er es sich anders überlegt hatte, zog er es vor, das Problem einfach zu ignorieren.

Ich war fix und fertig am Ende dieses ereignisreichen Tages, als Janet begann, mich mit Fragen zu bombardieren. Warum war Ilampala verschwunden? Warum würde die Beschneidung allem Anschein nach nicht stattfinden? Was gedachte ich, in dieser Sache zu unternehmen? Ich stöhnte innerlich; das hatte mir gerade noch gefehlt.

Während unserer Diskussion im Eßzelt kam Jennifer Byrne herein und erfaßte die Situation sofort. Sie hatte ihrem Executive Producer gesagt, daß sie die Zeremonie filmen würden, und sie war nicht gewillt, ohne die Aufnahmen nach Hause zu fahren. Jennifer fuhr mich an und meinte, daß »ich die Augen vor dem Problem verschließen würde«.

An diesem Punkt hätte Janet eingreifen und einen Konflikt zwischen Jennifer und mir vermeiden können. Dieses Problem zu lösen, war Sache des Regisseurs. Janet hätte sich selbst auf die Suche nach Ilampala machen können, anstatt mich unter Druck zu setzen. Clive hätte ihr dabei helfen können, immerhin waren Wagen vorhanden. Statt dessen hielt sie sich einfach aus allem raus und ließ zu, daß Jennifer mich mit Vorwürfen überhäufte. Das war ebenso kontraproduktiv wie unnötig. Erst viel später ging mir auf, daß Janet es vermutlich deshalb nicht für nötig gehalten hatte, mir den Rücken zu stärken, weil die Dreharbeiten abgeschlossen waren. In die Enge getrieben mit einem Problem, das mich nichts anging, fühlte ich, wie sich mir die Nackenhaare sträubten. Ich verlor die Beherrschung und startete einen Gegenangriff.

»Was soll das heißen, ich verschließe die Augen davor!« schrie ich. »Ich bin bei diesem ganzen Projekt in jeder Hinsicht kooperativ gewesen. Ich weiß, daß es eure

Scheiß*story* ist, aber zufällig ist es verdammt noch mal mein *Leben*!«

Ich nahm Noronkula, die der Szene schweigend beigewohnt hatte, bei der Hand und stürmte zum Wagen, wo Clive darauf wartete, Noronkula nach Hause zu fahren. Falls Davis bislang von den heimlichen Verhandlungen bezüglich des Filmens der Beschneidung nichts gewußt hatte, war er spätestens jetzt im Bilde. Wir stiegen alle in den Wagen, einschließlich Daniel und Robert, die zwischenzeitlich im Lager eingetroffen waren. Ich holte tief Luft und brach in Tränen aus. Während meine Reaktion vom westlichen Standpunkt aus nur zu verständlich war, waren Daniel und Robert zutiefst schockiert davon, mich weinen zu sehen. Daniels Reaktion war typisch – er ergriff die Flucht. Robert blieb, halb verärgert, halb verwirrt. Ich versuchte, ihm klarzumachen, warum ich weinte, aber wie sollte er verstehen, was es bedeutete, im Anschluß an seine Hochzeit massiv verbal angegriffen zu werden.

Während ich schluchzend im Wagen saß, inmitten des Scherbenhaufens meines glorreichen Hochzeitstages, kam Jennifer Byrne herüber, um sich zu entschuldigen. Sie gab zu, daß ihre Arbeit sie hart gemacht habe und sie dazu neige, den Hals nicht voll zu kriegen. Ich hatte ihr bereits eine wunderbare Story geliefert, und es sei falsch von ihr gewesen, noch mehr von mir zu verlangen. Es war eine ehrliche und aufrichtige Entschuldigung, die ich akzeptierte. Wenn ich heute auf meine Hochzeitsnacht zurückblicke, erinnere ich mich vor allem daran, soweit getrieben worden zu sein, die Fassung zu verlieren, meinen frisch angetrauten Ehemann verärgert zu haben und nie einen Bissen dieser köstlichen, goldbraun gebratenen Gans probiert zu haben, die mit so viel Mühe mitten im afrikanischen Busch zubereitet worden war.

In der Massai-Tradition gibt es keine Hochzeitsnacht im westlichen Sinne. Gewöhnlich vollzieht der Bräutigam die Ehe erst vier Nächte nach der Zeremonie, aber bei uns lagen die Dinge ohnehin anders, da wir seit geraumer Zeit zusammenlebten. Außerdem war ich überzeugt, daß Robert nach meinem tränenreichen Ausbruch im Wagen nicht einmal mit mir sprechen würde. Und so rollte ich mich statt dessen unglücklich in dem Zelt zusammen, das ich mit Susan und Ndoondo teilte.

Am nächsten Tag standen wir früh auf, da wir nach Nairobi fahren wollten. Die Crew von *60 Minutes* flog von einem kleinen Flugfeld aus zurück, das einige Fahrtstunden entfernt lag, aber ich zog eine achtstündige Fahrt über holprige Straßen ihrer Gesellschaft vor. Robert war ebenfalls wütend, und ich konnte sehen, daß die Grenzen seiner Geduld erreicht waren. Ich wußte, daß wir beide Abstand von unseren Befragern brauchten, und so verabschiedete ich mich und stieg in unseren Wagen. Wir trafen am Abend in Nairobi ein und bezogen ein Zimmer im Norfolk Hotel, ein Hochzeitsgeschenk der Redaktion. Ich war nicht sicher, warum *60 Minutes* uns in Nairobi haben wollte, da sehr bald deutlich wurde, daß sie nichts Besonderes mehr mit uns vorhatten. Ich hätte meine »Flitterwochen« lieber in den Loitas verbracht, aber wir nutzten den Aufenthalt in Nairobi, um noch einmal zu heiraten, diesmal standesamtlich.

Nach der Ausstrahlung der Reportage habe ich mir immer wieder die 5 000-Dollar-Frage gestellt: Warum habe ich das getan? Warum habe ich, nachdem ich gerade ein einfacheres Leben schätzen gelernt hatte, einem der gefährlichsten Instrumente der westlichen Kultur den roten Teppich ausgerollt? 5 000 Dollar waren nur eine geringe Entschädigung für den zerstörten Frieden und den Schmerz, die die Dreharbeiten nach sich zogen. Es ist eine billige Entschuldigung, darauf zu verweisen, daß ich das Geld damals dringend brauchte. Die Wahrheit ist, daß ich ein kurzsichtiger Idiot der übelsten Sorte war. Im Laufe der Zeit wurde mir das ganze Ausmaß meiner Dummheit bewußt. Ich hatte meiner neuen Welt einen Schaden zugefügt, der sich niemals wieder vollständig beheben lassen würde.

XI
Enkiyama — Hochzeit II
August bis Dezember 1992

Mimun enkashe olekipa.

Kneif die Färse nie in die Vagina (was soviel bedeutet wie: »Streite nie mit einer frisch angetrauten Braut«).

Massai-Sprichwort

Mark sollte als Trauzeuge für Robert »einspringen«, und Bunty Avieson hatte sich freundlicherweise bereiterklärt, auf dem Standesamt als meine »Brautjungfer« zu fungieren. Zusammen mit Neil, dem Fotografen, fuhren wir zum Standesamt im Sheria House in der Haile-Selassie-Avenue. Wir nahmen ein braunes Taxi, das von Jimmy chauffiert wurde, meinem Lieblingsfahrer vom Fairview Hotel. Seither bezeichnet Jimmy seinen Wagen nur noch als »Brautwagen«. Wir hatten uns zu dieser zusätzlichen Zeremonie entschieden, um Visaprobleme in der Zukunft zu vermeiden. Als offiziell mit einem Kenianer verheiratete Ausländerin durfte ich als Hausfrau im Land bleiben — zu arbeiten war mir auch weiterhin verboten. Den meisten *Wazungu* und auch Kenianern aus der Stadt fiel es schwer zu glauben, daß Robert und ich wirklich verheiratet waren, so daß das offizielle »Stück Papier« als Beweis unserer Ehe dienen würde. Ich war verblüfft (obwohl Freunde meinte, daß es mich nicht hätte verwundern dürfen), daß einige Leute tatsächlich glaubten, die ganze Hochzeit wäre nur ein Publicity-Gag gewesen.

Nach einem Hochzeitsessen im Norfolk Hotel brach Robert auf, um mit dem Bus nach Narok zu fahren. Er würde die nächsten vier Wochen für die National Outdoor Leadership School in der Massai-Mara und den Loita-Wäldern arbeiten. Ich wollte derweil meinem Bruder etwas von Kenia zeigen. Am Nachmittag stiegen wir in einen Zug nach Mombasa. Es ist viel über diese berühmte Bahnstrecke geschrieben worden, die in der Zeit von 1896 bis 1901 von insgesamt 31 983 indischen Gastarbeitern gebaut worden ist. Die Eisenbahn von Mombasa nach Uganda trug in erheblichem Maße dazu bei, den blühenden Sklavenhandel entlang der ostafrikanischen Küste abzuschaffen. Sie öffnete die Region dem Rest der Welt und veränderte das Leben der dort ansässigen Menschen für immer.

Die Massai waren ebenfalls stark betroffen – sie verloren durch die Eisenbahn und die Veränderungen, die diese mit sich brachte, mehr Land als irgendein anderer Stamm. Der ehrwürdige Oloiboni Mbatiany ole Supet sagte die Eisenbahn voraus, die er als schwarzes Nashorn beschrieb, das von merkwürdigen rosafarbenen Menschen geritten würde. Und er beschrieb auch präzise das Unglück, das mit der Ankunft des »Rhinos« über die Massai hereinbrechen würde. Er sagte: »Ich sehe das Ende meiner Kinder und unseres Landes.« Er sollte recht behalten, starb jedoch 1881, lange bevor seine Prophezeiung sich erfüllte.

Während wir Limonade schlürften und aus der Bequemlichkeit unseres Erste-Klasse-Abteils heraus die häßlichen vorbeihuschenden Vororte Nairobis betrachteten, ratterten wir durch das Land. Nach knapp einstündiger Fahrt blieb der Zug kurz vor Athi River mit einem technischen Defekt liegen. Erst um drei Uhr nachts setzte er sich ruckend und bebend wieder in Bewegung. Dies bedeutete, daß wir in aller Ruhe zu Abend essen und ungestört schlafen konnten. Und das beste war, daß wir auf diese Weise den Tsavo Nationalpark bei Tageslicht durchquerten.

Wir trafen nachmittags in Mombasa ein und fuhren von dort aus zum Shimba-Hills-Nationalpark. Hierbei handelt es sich um ein Kleinod von einem Park direkt an der Küste. Smaragdgrüne Berge, von denen aus man ab und an einen Blick auf den fernen Indischen Ozean erhaschen kann, machen diesen Park zu einer der schönsten Gegenden Kenias. Die Parkverwaltung war gerade dabei, den Wildbestand zu vergrößern, und zu den kürzlich erst hier angesiedelten Neuzugängen gehörten auch vier Giraffen. Des weiteren lebten in diesem Park Elefanten, Warzenschweine, Büffel, Impalas und die seltenen Zobelantilopen. Während unserer Rundfahrt stießen wir auf einen hervorragenden Lagerplatz oben auf einem Hügel, mit Hütten, die sogar mit Betten ausgestattet waren, und einem traumhaft schönen Blick auf das Meer. Das war die ideale Unterkunft in Shimba, wenn man mit dem eigenen Wagen, Lebensmitteln und Bettzeug anreiste. Da dies auf uns nicht zutraf, stiegen Mark und ich in der Shimba-Lodge ab.

Die Lodge ist um ein angestrahltes Wasserloch herum errichtet worden, damit die Touristen nachts die Wildtiere beobachten können, die hier ihren Durst stillen. An den meisten Tagen kommen Elefanten zum Wasserloch, wir bekamen jedoch keine zu Gesicht. Die Lodge ist wunderbar angelegt, wie ein überdimensionales Baumhaus mit Verbindungsbrücken zu Aussichtsplattformen hoch oben in den Bäumen. Die Zimmer 23 und 16 wurden sogar um einen lebenden Baum herum gebaut und bieten einen hervorragenden Blick auf das Wasserloch.

Nachdem wir zwei Tage damit verbracht hatten, zu lesen und uns von den Anstrengungen der Dreharbeiten zu erholen, kehrten wir nach Nairobi zurück und mieteten ein voll ausgestattetes Apartment in Heron Court, am äußeren Rand der Innenstadt von Nairobi. Nach Narok ist Heron Court bestimmt der eigentümlichste Ort in Kenia. Das Restaurant und die Bar – Buffalo Bill's – im Erdgeschoß sind ein Mikrokosmos der anzüglicheren Seite des Nachtlebens in Nairobi – haufenweise exotische Barmädchen und *Wazungus* mittleren Alters, die vollauf damit beschäftigt sind, sich lächerlich zu machen. Wir wohnten im Obergeschoß, wo auch eine Judoschule und Ricardo's Tanzschule untergebracht waren. Am frühen Abend konnten wir Salsa- und Rumbarhythmen hören, vermischt mit dem dumpfen Aufprall von Körpern, die auf Turnmatten krachten. Unser Apartment wurde als »das Penthouse« bezeichnet, aus einem mir unerfindlichen Grund, vielleicht abgesehen davon, daß alle Teppichfliesen vorhanden waren.

Mark und ich benutzten Heron Court als Basislager bei unseren Erkundungstouren in die Stadt und die weitere Umgebung. Wir fuhren zum Naivasha-See im Great-Rift-Tal und stiegen im entzückenden La Belle Inn ab. Das La Belle ist ein Gasthaus mit typisch ländlichem Flair und hervorragender französischer Küche. Die Croissants dort waren die besten, die ich je gegessen habe.

Ein anderes Mal fuhren wir den ganzen weiten Weg nach Norden bis Isiolo am Rand des Northern Frontier Districts und nahmen an einer viertägigen Kamelsafari teil. Der Ort an sich setzt sich aus einer bunten Mischung verschiedener Stämme zusammen, einschließlich der Samburu und zahlreicher Somali-Händler. Wir stießen zu unserem Kamelsafariveranstalter Malcolm Destro und den anderen Teilnehmern der Gruppe: ein australisches

Mädchen und ein junges englisches Paar. Von Isiolo ritten wir nach Nordwesten ins Samburuland. Um den Ewaso-Ngiro-Fluß herum war die Erde knochentrocken und rissig. Es hatte seit über zwei Jahren nicht mehr geregnet, und die Samburu-Hirten liefen Gefahr, ihre Rinder- und Ziegenherden zu verlieren. Wir kamen an einer Ansammlung schäbiger, verlassener Pferche und Blechhütten vorbei. Malcolm erklärte, daß dies ein Hilfsprojekt wäre, dessen Ziel es wäre, die rinderliebenden Laikipia-Massai in Kamelzüchter zu verwandeln. In Anbetracht des ständigen Regenmangels und der Zähigkeit von Kamelen ist dies ein sehr praktischer Gedanke, wenn man die beinahe mystische Beziehung zwischen den Massai und ihrem Vieh einmal außer acht läßt. Ich hoffte, daß die Verwalter des Projektes bis zur Umsetzung der Umstellung von Rinder- auf Kamelzucht ein paar Dollar für Zusatzfutter für die bestehenden Viehherden springen lassen würden, damit nicht noch ein weiterer Hirtenstamm in Kenia seine Lebensgrundlage verlor.

Malcolms Basislager, von dem aus er seine Safaris organisiert, befindet sich am Ufer des Ewaso-Ngiro-Flusses. In diesem Gebiet leben an die 300 übriggebliebene Laikipia-Massai. Einige der Männer sind inzwischen als Camppersonal oder Kamelpfleger bei Malcolm angestellt. Sie waren erst verblüfft, jedoch bald entzückt davon, daß ich ein wenig Massai sprach.

Kamele sind wie geschaffen für diese karge Region und ein ideales Transportmittel. Sie reißen beim Grasen nicht die Wurzeln heraus wie Rinder. Auch richten ihre weichen Füße keinerlei Schaden an, während Geländewagen die oberste Erdschicht aufreißen würden. In den vier Tagen der Safari gingen wir entweder zu Fuß oder ritten auf Kamelen. Es war das erste Mal, daß ich die mystische Schönheit der Wüste kennenlernte – friedlich, sehr lebendig und ein wenig unheimlich. Das heißt, eigentlich befanden wir uns nicht in einer richtigen Wüste, sondern in einer halbtrockenen Zone. Die Wildtierarten, die hier lebten, waren ganz anders als die, die ich aus dem Süden kannte. Zum ersten Mal sah ich netzartig gemusterte Giraffen, die hellere Grantgazelle aus den nördlichen Regionen, langhalsige Gerenukgazellen und Grevy-Zebras.

Am zweiten Nachmittag ritten wir an einem ausgetrockneten Flußbett entlang zum Lager zurück. Seitlich des Flußbettes gruben Gruppen von Samburu-Hirten und ihre Familien tiefe Löcher, bis sie auf Wasser stießen, um ihr Vieh zu tränken. Wenn sich in einem Loch genügend Wasser gesammelt hatte, trieben die Familien ihr Vieh dorthin, weibliche Tiere und Jungtiere zuerst, dann die Heranwachsenden und schließlich die ausgewachsenen männlichen Tiere. Diese Samburu besaßen zusätzlich zu ihren zahlenmäßig stärker vertretenen Ziegen und Rindern auch einige Kamele. Ich beobachtete, wie ein Mädchen, das nicht älter sein konnte als zehn, ganz allein mit einem Stock und der ihm in die Wiege gelegten Erfahrung eine Herde durstiger Kamele in Schach hielt.

Das war meine erste Begegnung mit den Samburu. Sie haben viele Namen; sie selbst nennen sich *Iloikop,* in den Touristenbroschüren werden sie als »Wüstenschmetterlinge« bezeichnet, aber die Massai rufen ihre Maa-sprechenden Vettern Loibor Kineji (die Menschen mit den weißen Ziegen) und Isampur, nach einem ganz typischen Lederbeutel, den sie benutzen.

Die Samburu sind eng mit den Massai verwandt. Tatsächlich wäre es nicht falsch, sie als eigenständigen *Olosho* der Hirten-Massai zu bezeichnen. Als die meisten Massai im 17. Jahrhundert aus dem Niltal nach Süden zogen, wandten die Samburu sich nach Osten und besiedelten die karge Region im Norden des Mount Kenya. Sie sprechen, von einigen lokalen Abweichungen abgesehen, dieselbe Sprache und praktizieren weitestgehend dieselben Bräuche wie die anderen Massai-*iloshon.*

Nach vier Tagen in der Wüste fuhren wir zurück nach

Nairobi. Mein Bruder flog wieder nach Australien, und Robert holte mich in Nairobi ab, um mich nach Hause zu bringen. Wir waren über einen Monat getrennt gewesen. Ich hatte ihn in dieser Zeit sehr vermißt und hatte Nairobi inzwischen gründlich satt. Wie mein Freund Iain Allan es formulierte, »ich sehnte mich zurück in die wirkliche Welt« – Massai-Land. Wir hatten ein Fahrzeug gemietet, um in die Loitas zurückzufahren. Das bedeutete, daß ich einen großen Vorrat an getrockneten Lebensmitteln mitnehmen konnte, der für mehrere Monate reichen würde.

Es machte mir riesigen Spaß, im Hurlingham Centre gewaltige Mengen Reis, Zucker, Eier, haltbare Milch (es war Trockenzeit, und frische Milch würde knapp sein), Tomaten- und Obstkonserven, Öl, Sirup, Kartoffeln, Zwiebeln, Trockenkekse, Seife, Shampoo, insektenabweisende Mittel, Schreibutensilien und Kerzen einzukaufen. Außerdem kaufte ich einen kleinen Wasserfilter, Decken, Stoff und Wolle zum Stricken (ich war nicht sehr gut im Stricken, aber ich sagte mir, daß ich auf diese Weise etwas zu tun hätte, wenn ich mit den Frauen zusammensaß und diese Perlenschmuck anfertigten. Obwohl ich diese Kunst liebend gern erlernt hätte, nahm mir jedesmal, wenn ich es versuchte, eine der Frauen hilfsbereit Faden und Perlen weg, damit ich schneller fertig wurde, so daß dieser Zeitvertreib, der eigentlich der Entspannung dienen sollte, immer ein wenig stressig war. Stricken wäre sicher geeigneter).

Zwei Nächte vor unserer Abfahrt besuchte uns ein Freund von Robert – Patrick Mores ole Loolpapit – im Heron Court und aß mit uns zu Abend. Er war der erste Massai aus den Loitas, der Medizin studierte, und absolvierte gerade sein drittes Jahr am Krankenhaus von Nairobi. Ich hatte ihn über die Nomadic Health Unit ausfindig gemacht, der er bei der Erforschung der Aids-Infektionsrate bei den Massai im Kajiado-Distrikt geholfen hatte.

Ich hatte mir gedacht, daß die Loita-Massai vielleicht gerne mehr über Aids erfahren würden sowie über die Möglichkeiten, sich vor dieser Krankheit zu schützen. Mir schwebte vor, zwei Massai oder massaisprechende Gesundheitsberater (seltene Vögel, wie ich zugeben muß) zu engagieren, die jeden *Enkang* aufsuchten, um mit den Repräsentanten jeder Altersgruppe über Aids-Vorsorge zu sprechen. Die Durchführung dieses Vorhabens würde mindestens zwei Jahre in Anspruch nehmen. Ganz schlicht und ohne technisches Brimborium. Die Berater sollten einfach das tun, worin die Massai so bewandert sind – reden. Ich wollte mit Patrick darüber sprechen, und er meinte, es könnte funktionieren. Soweit wir wußten, war der Aids-Virus noch nicht bis ins Massai-Land vorgedrungen. So wie die meisten abgelegenen ländlichen Gegenden Kenias war es bislang verschont geblieben.

Es war erfrischend, Patrick zuzuhören, der mit solcher Leidenschaft und solchem Engagement von seinen Leuten sprach. Die meisten kenianischen Medizinstudenten würden ihren Arztberuf als Eintrittskarte in die Kreise der städtischen Elite sehen. In einer Stadt, in der ein brandneuer Mercedes mehr gilt als alle gute Taten, ist Idealismus eine Seltenheit. Das letzte, was ein junger Arzt sich wünscht, ist in irgendeinem abgeschiedenen Kuhdorf zu praktizieren. Zum Glück für die Loita-Massai ist Patrick Loolpapit aus anderem Holz geschnitzt. Wie schon sein Vater vor ihm möchte er zurück in seine Heimat, um seinem Volk zu helfen. Major Raphael Loolpapit diente in den sechziger Jahren als ADC (Aid to Dependent Children;) Mzee Jomo Kenyattas. Nach seiner Pensionierung kehrte er in seine Heimat, die Loita-Berge, zurück, wo seine Bildung, seine Führungsqualitäten und natürlich seine gutgehenden Handelsniederlassungen der Gemeinschaft sehr zugute kamen.

Die meisten Mediziner schlagen die Hände über dem

Kopf zusammen, wenn man die Massai und Aids-Bewußtsein erwähnt. Zu dickköpfig, rufen sie aus, nicht gewillt, sich zu ändern. Jedoch wußte ich von Robert, daß seine Generation neuen Ideen aufgeschlossener gegenüberstand als die Älteren. Ich fand, wir sollten zumindest versuchen, sie zu erreichen, um ihnen die Möglichkeit zur Vorsorge zu geben. Ich glaube nicht, daß die Massai in irgendeinem Punkt besonders dickköpfig sind; sie besitzen nur eine bemerkenswerte Fähigkeit, Mist als solchen zu erkennen. Spricht man sie jedoch auf eine wirklich gute Idee an, sind sie sehr wohl in der Lage, diese rasch umzusetzen.

Ein Beispiel hierfür ergab sich, als ich den Vorschlag machte, Konten für die von den Safariveranstaltern entrichteten Gebühren einzurichten. Dieses Geld geht an die Familien, die in der Nähe der Lagerplätze leben, die Touristen ertragen müssen und die Lagerplätze in Ordnung halten. Gewöhnlich war es so, daß das älteste und mächtigste Familienmitglied das Geld entgegennahm und für Honigbier ausgab.

Ich schlug vor, daß das Geld auf ein Bankkonto eingezahlt und am Ende des Jahres an jene Familien weitergeleitet werden sollte, die ein Anrecht auf einen Anteil hatten. Auf diese Weise würde es sich um einen größeren Betrag handeln, der die Männer hoffentlich veranlaßte, das Geld für Sinnvolleres auszugeben, beispielsweise für den Kauf einer Ziege. Mein Vorschlag wurde besprochen, und die ältesten waren sich rasch einig. Und so kommt es, daß wir inzwischen über zwei Bankkonten verfügen und es weniger Auseinandersetzung wegen dieser Einnahmen gibt.

Ein anderes Mal bekam ich über ein amerikanisches Hilfsprojekt 16 000 Kondome in die Hände. Das klingt nach einer gewaltigen Menge, aber sie werden in Kartons zu jeweils 8 000 verschifft, und ich nahm mir zwei. Die älteren Männer wollen nichts von Präservativen wissen, aber die jüngeren Männer fangen an, sich für Familienplanung und den gesundheitlichen Schutz ihrer selbst und ihrer Familien zu interessieren. Ironischerweise ist das Konzept des Schutzes vor Geschlechtskrankheiten für jemanden aus dem Westen viel leichter zu akzeptieren als die Frage der Geburtenkontrolle für die Massai. Einer Frau, die sich offen für Verhütung ausspricht, wird vorgeworfen, daß sie nicht kinderlieb sei, und sie wird lächerlich gemacht.

Einmal suchte mich eine verzweifelte Massai-Frau auf. Sie war in den Dreißigern, Mutter von sieben Kindern, hatte zwei Fehlgeburten hinter sich und kränkelte seit zwei Jahren. Sie hatte von einer aufgeklärteren Freundin einen Pillenvorrat bekommen, der inzwischen jedoch aufgebraucht war. Die Distrikt-Krankenschwester hatte sie gewarnt, daß eine weitere Schwangerschaft sehr riskant wäre. »Ich brauche einfach noch ein Jahr Ruhe«, sagte die Frau. Ihr kleines Kind, ein Mädchen, war noch keine drei Jahre alt, und sie machte sich Sorgen, wie sie ihre große Familie ernähren und erziehen sollte. Als sie ihren Mann darauf angesprochen hatte, hatte er sich rundheraus geweigert, darüber zu diskutieren, und erklärt, er wünsche sich noch mehr Kinder. Letztendlich schmuggelte ich ihr in einem Kartoffelsack eine Pillenration für sechs Monate zu. Ihr Mann wäre sehr wütend geworden, wenn er davon erfahren hätte.

Glücklicherweise sind die jüngeren Männer aufgeschlossener für neue Ideen. Viele von ihnen sagen ganz offen, daß sie nur eine Frau und zwei oder drei Kinder haben wollen, damit sie es sich leisten können, alle in die Schule zu schicken. Die staatliche Klinik vor Ort verfügt nicht über orale Verhütungsmittel, und so überließ ich ihr einen der Kartons Kondome. Den zweiten Karton teilten wir an mehrere Mitglieder von Roberts Altersgruppe aus, die sie an Freunde weitergeben sollten. Dazu bekamen sie bebilderte Broschüren, die die richtige Anwendung veranschaulichten. Meine bildhaften Erklärungen machten

Robert oft verlegen. Eine der Versorgungsstellen für Kondome war das »Junggesellenhaus« gleich hinter meiner Hütte. Spätabends hörte ich, wie junge Männer dorthin kamen und nach einem gemurmelten Wortwechsel mit einem Kondomvorrat wieder gingen.

Zwei Tage später, am Sonntagmorgen, waren wir abfahrbereit. Unser gemieteter Landrover war vollgestopft mit meinem Gepäck und den Einkäufen. Robert reiste wie gewöhnlich mit leichtem Gepäck und hatte nur zwei Sätze Speere, die er für Kameraden seiner Altersgruppe gekauft hatte. Wir fuhren sehr früh los, um bis zum Spätnachmittag den *Enkang* zu erreichen. Patrick hatte beschlossen, sich uns anzuschließen. Ich freute mich darauf, Ndoondo wiederzusehen und mein neues Haus zu beziehen. Ich hatte seit der Hochzeit niemanden aus dem *Enkang* gesehen, da ich so sehr mit der Safari und *60 Minutes* beschäftigt gewesen war, und jetzt brannte ich darauf, meine Familie wiederzusehen und mir und meinem Mann ein gemütliches »Nest« zu schaffen.

Als wir zwei Stunden die gewundene Kijabe-Road ins Great-Rift-Tal hinabfuhren, versagten in einer scharfen Kurve die Bremsen. Der Wagen kam rechts von der Straße ab und raste in den Graben. Wir waren so schnell, daß wir auf der anderen Seite wieder aus dem Graben herausschossen, einen Zaun durchbrachen und auf einem verlassenen Schulhof landeten.

Ich hatte sofort begriffen, daß der Wagen außer Kontrolle geraten war, und in Sekundenbruchteilen beschlossen, daß ich nicht wollte, daß mein schlimmster Alptraum wahr wurde. Ich saß hinten neben Robert in der Mitte des Rücksitzes. Ich verschränkte die Arme vor der Brust und verbarg mein Gesicht an seiner Schulter – eine instinktive Reaktion, die mich vor ernsthaften Verletzungen bewahrte. Als wir im Graben aufkamen, fühlte ich die Wucht des Aufpralls in den Knien und dachte: »Nicht meine Beine.« Eine Sekunde später stürzten die Kisten und Tüten mit Vorräten auf meinen Nacken und Rücken herab. »Bitte nicht mein Genick.« Als der Wagen schließlich auf dem Schulhof zum Stehen kam, saßen wir drei Sekunden da wie gelähmt.

Ich fragte, ob alle in Ordnung wären, und erhielt drei Antworten. Wir lebten also alle noch, aber das war auch alles, was ich wußte. Als nächstes sagte ich, daß wir versuchen sollten, aus dem Wagen zu steigen. Ich sah Robert an. Wir waren beide durch das Gewicht der Ladung eingeklemmt, die auf uns herabgefallen war. Patrick und der Fahrer kamen uns zu Hilfe und zogen uns aus dem Chaos im Wageninneren auf das Gras. Wir hatten alle einen Schock erlitten. Ich hatte in Australien an mehreren Erste-Hilfe-Kursen teilgenommen, und Patrick war Medizinstudent, aber wir konnten nur keuchend atmen und einander anstarren.

Dann sagte Robert, er glaube, sein Arm sei gebrochen. Auf seiner Hose war Blut, und ich versuchte mich an das zu erinnern, was ich gelernt hatte. Inzwischen waren mindestens 50 Leute aus den umliegenden Häusern herbeigeeilt, um uns zu helfen.

Eine Krankenschwester auf dem Weg zur Arbeit hatte den Unfall gesehen und Hilfe geholt. Es dauerte nicht lange, bis zwei Rettungsfahrzeuge eintrafen.

»Seht nach, ob Robert an den Beinen blutet«, rief ich.

»Nein«, entgegnete Patrick, »das Blut ist von seinem Arm.«

Großartig, eine komplizierte Fraktur. Erst dann sah ich die Platzwunde an Roberts linkem Arm. Mehrere Leute wollten Robert hochheben und in einen Wagen setzen. »Nicht seinen Arm bewegen«, rief ich ihnen zu, aber es war bereits zu spät. Ich sah den Schmerz auf seinem Gesicht, als er davongetragen wurde. Dann war ich an der Reihe. Ich konnte einigermaßen gehen, so daß ich wußte, daß meine Kniescheiben nicht gebrochen waren. Gott sei

Dank befanden wir uns in der Nähe des Krankenhauses von Kijabe, das von amerikanischen Sieben-Tage-Adventisten geleitet wurde. Es dauerte nicht lange, und der Arzt nahm sich unserer an.

Röntgenaufnahmen bestätigten, daß ich mir nichts gebrochen, sondern nur starke Prellungen an den Beinen zugezogen hatte. Dennoch hatte ich beim Gehen Schmerzen, und so setzte man mich in einen Rollstuhl. Patrick hatte sich eine glatte Knöchelfraktur zugezogen und bekam einen Gips. Robert hatte zwei komplizierte Brüche am linken Arm; die Knochenenden waren zertrümmert. Der amerikanische Chirurg sagte, daß er operieren könne, empfahl uns jedoch, Robert zu einem Spezialisten im Nairobi Hospital zu bringen.

Kijabe ist nur zwei Fahrtstunden von Nairobi entfernt, aber an jenem Tag kam es uns vor, als wären wir eine Million Meilen von Hilfe entfernt. Die Telefonleitungen waren ausgefallen, so daß ich weder meine Freunde noch die Autovermietung verständigen und bitten konnte, uns abzuholen. So etwas wie Krankentransporte gab es nicht. Wieder wurde der Amerikaner aktiv und fand eine Kollegin, Veronica, die bereit war, uns nach Nairobi zu fahren. (Gott segne dich, Veronica, wo immer du auch bist.)

Der Unfall hatte sich um acht Uhr früh ereignet. Um vier an diesem Nachmittag, also ganze acht Stunden später, traf ich mit Robert im Nairobi Hospital ein, wo er sofort in den OP gebracht wurde. Das Nairobi Hospital ist eine Privatklinik, und ein Patient wird nur gegen Vorkasse aufgenommen. Gott sei Dank akzeptierten sie meine Kreditkarte, da ich kein Bargeld bei mir hatte. Dieser ganze Tag lehrte mich eine Menge darüber, wie die Massai mit Schmerzen umgehen. Robert beklagte sich während dieser ganzen Prozedur kein einziges Mal. Kein »Au« und kein Schmerzensschrei. Das einzige Anzeichen, das mich das Ausmaß seiner Schmerzen erahnen ließ, war, daß ihm mehrmals der kalte Schweiß ausbrach.

Die Massai und vor allem die Männer lernen schon sehr früh, Schmerzen auszuhalten. Für einen Massai ist Schmerz mit Kälte vergleichbar, sie stellen sich einfach völlig darauf ein. Ich meinerseits bin von Natur aus vorsichtig und habe mein ganzes Leben Schmerzen und Unwohlsein nach Möglichkeit vermieden, schon als Kleinkind, als ich die Treppe langsam auf dem Po herunterrutschte, um ja keinen Sturz zu riskieren.

Während einer zweistündigen Operation implantierte der Chirurg zwei Metallplatten in Roberts Arm. Er war sehr zufrieden mit dem Verlauf der Operation (»Ich habe gute Arbeit geleistet«). Er teilte mir mit, daß die Nerven nur geringfügig geschädigt worden wären. Die Metallplatten würden dazu beitragen, daß die zertrümmerten Knochenenden wieder zusammenwuchsen. Robert war noch nicht ganz bei sich, als ich in sein Zimmer geschoben wurde. Es gelang ihm gerade noch zu fragen: »Bist du okay, *Siangiki*?«, bevor er in tiefen Schlaf fiel. Ich fuhr zurück zum Fairview Hotel und bestellte eine Portion Spaghetti Bolognese und eine halbe Flasche Weißwein. Immer noch unter Schock stehend, schaute ich eine Weile CNN, weinte mich aus und schlief dann ebenfalls ein.

Robert blieb eine Woche im Nairobi Hospital. Während dieser ganzen Zeit ging er bemerkenswert vorsichtig mit sich selber um. Ich hatte befürchtet, daß er versuchen könnte, die Dinge zu beschleunigen, aber offenbar kannte er seine Grenzen und gönnte sich völlige Ruhe. Die Schwestern stellten uns viele Fragen über die Massai-Kultur, da es nur selten vorkam, daß in ihrem Krankenhaus ein Massai aufgenommen wurde.

Wir erholten uns noch eine Woche im Fairview Hotel, und Robert frönte seiner Fernsehleidenschaft. Wie viele junge Männer seiner Altersgruppe ist er ein ganz verrückt auf Nachrichten und hört sich jede Nachrichtensendung im nationalen Radio und im BBC African Service an. Für ihn war es göttlich, sich zweimal am Abend im

Fernsehen die Lokalnachrichten ansehen zu können: die Suaheli-Nachrichten um acht und die englische Version um halb zehn.

Sein Gips war sehr schwer, und die tiefen Schnitte an seinem Arm begannen erst zu heilen. Er beeindruckte mich auch weiterhin mit seiner Geduld und der Gelassenheit, mit der er die Situation akzeptierte. Ich hatte Krieger mit schrecklichen Wunden gesehen, die aus Stolz medizinische Versorgung abgelehnt hatten. Auch erinnerte ich mich noch daran, wie Robert im Wald verschwunden war, als diese Schwellung in der Leistengegend aufgetreten war.

Dann konnten wir endlich die Heimreise in die Loita-Berge antreten. Diesmal war ich vorsichtiger und mietete bei Tropical Ice einen Wagen mit Fahrer, so daß ich sicher sein konnte, daß wir in guten Händen waren. Dennoch schloß ich die Augen und betete, als wir ins Tal hinabfuhren. Den ersten Stop legten wir im *Enkang* in Morijo ein. Eine Frau begann zu schreien und zu weinen, sobald sie Roberts Gips sah. Wir versuchten, ihr klarzumachen, daß es nur vorübergehend war, aber sie war überzeugt davon, daß der Arm für immer eingegipst bleiben würde. Sie machte eine schreckliche Szene und weinte, als wäre Robert gestorben. Die christliche Ehefrau eines anderen Vetters forderte die Versammelten zum Gebet auf, dann setzten wir die Fahrt nach Narotian fort.

Ich war erleichtert, als sich herausstellte, daß in unserem *Enkang* alle viel vernünftiger waren. Die Mitglieder unserer Familie kamen herbei, um uns zu begrüßen, und viele blickten gen Himmel und dankten *Enkai,* daß er uns sicher heimgebracht hatte, aber hysterische Ausbrüche blieben aus. Mama begann zu hyperventilieren, und eine Sekunde wurde ihr ganz schwindlig, bis Kokoo ihr auf die Schulter klopfte und sagte, sie solle das lassen.

Am Tag unserer Hochzeit hatte ich ein neues Haus geschenkt bekommen. Jetzt hatte ich endlich Gelegenheit, auszupacken und mich für die nächsten vier Monate in meinem neuen Heim einzurichten. Genau genommen war es kein neues Haus, sondern das alte Kinderhaus, in dem Roberts ältere Schwester früher geschlafen hatte. Sie wohnte jetzt in Morijo, und so hatte Robert umfassende Renovierungsarbeiten durchführen lassen. Von außen hatte sich nicht viel verändert; der Kuhdung war verblichen und rissig. Jedoch hatten alle Frauen des *Enkang* geholfen, das Innere zu erneuern, das jetzt wunderschön aussah. Sie hatten neue Matten gewoben und als Abtrennungen vor beiden Schlafräumen angebracht und die Wand von innen neu »verputzt«.

Das Haus war viel größer als mein erstes. Es bestand aus einem Hauptraum mit einer Feuerstelle in der Mitte und zwei halb abgetrennten Schlafplattformen und einem zweiten Raum an der Vorderseite der Hütte. Dieses zweite Zimmer nutzte ich als Lager. Die Tür war so ausgerichtet, daß möglichst viel Sonnenlicht hereinfiel, und das Dach war mit Stroh gedeckt. Außerdem war eine Art Vorgarten eingezäunt worden. Ein Zaun aus senkrecht in den Boden gesteckten Ästen und dazwischen verkeiltem Dornengestrüpp verlief kreisförmig von der hinteren rechten Ecke des Hauses zur vorderen linken Ecke. Es gab noch kein Eingangstor, und so gingen die Kinder und meine persönlichen Lieblingsfeinde, die Ziegen, immer noch nach Gutdünken ein und aus. Dennoch schuf die Einzäunung ein wenig Privatsphäre. Am Ende des Dornenzauns befand sich eine Wäscheleine aus drei Pfosten, zwischen die ein Draht gespannt war.

Ich beauftragte Baba Hannah, mir einige Möbel zu zimmern. Das erste Möbelstück, das im *Enkang* abgeliefert wurde, war ein Doppelbett im westlichen Stil. Ich weiß, daß einige Leute mir vorwerfen werden, daß ich mogele, indem ich in einem Bett mit Matratze, Kopfkissen und Laken schlafe. Ich habe schon in Massai-Betten geschlafen und werde es zweifellos auch wieder tun, aber mein Rükken empfindet ein solides Bettgestell und eine dicke Matratze eben als bequemer.

Das Bett war sehr hoch, und darunter waren Regalböden eingesetzt worden, auf denen ich meinen Koffer und meine *Sandukus* unterbringen konnte. *Sandukus* sind unterschiedlich große Kästen aus dünnem Blech, in denen die Massai ihre Kleider und andere persönliche Gegenstände verstauen – sie werden auch scherzhaft »Massai-Koffer« genannt, weil man häufig Massai mit kleinen Blechkisten umherlaufen sieht, die sie an seinem Griff mit sich herumtragen. Wenn eine Braut ihr Zuhause verläßt, um in den *Enkang* ihres Mannes zu ziehen, trägt sie gewöhnlich ihre ganze weltliche Habe in einem neuen *Sanduku* bei sich. Robert und ich besaßen gemeinsam sechs *Sandukus.* Sie halten Staub ab und sind ziemlich praktisch in der Handhabung. Sie waren unter dem Bett untergebracht und dienten uns als Kleiderschrank, Kommode und Schatzkiste. Ndoondo schlief auf dem traditionellen Massai-Bett auf der anderen Seite der Feuerstelle. Ich versuchte ein paar Nächte, sie daran zu gewöhnen, allein zu schlafen, aber sie wachte immer mitten in der Nacht auf und kroch zu uns ins Bett. Massai-Kinder schlafen nie allein, und so luden wir ihre Schwester Gunisai ein, bei uns zu schlafen.

Als nächstes schickte mir Baba Hannah einen kleinen Tisch sowie zwei lange, niedrige Bänke. Die Bänke stellte ich parallel zueinander auf beiden Seiten der Feuerstelle auf. Der Tisch war ebenfalls unten mit einem Regalboden versehen, auf dem ich Teller, Töpfe und andere Utensilien unterbrachte. In einem sehr großen schwarzen *Sanduku,* der etwa 1,5 Meter breit und 60 Zentimeter tief war, bewahrte ich meine Lebensmittelvorräte auf wie Reis, Mehl, Nudeln, haltbare Milch und Karamelsirup (letzteres für die Zubereitung von Karamelpudding). Außerdem hatte ich einen ansehnlichen Vorrat an Seife, Taschentüchern,

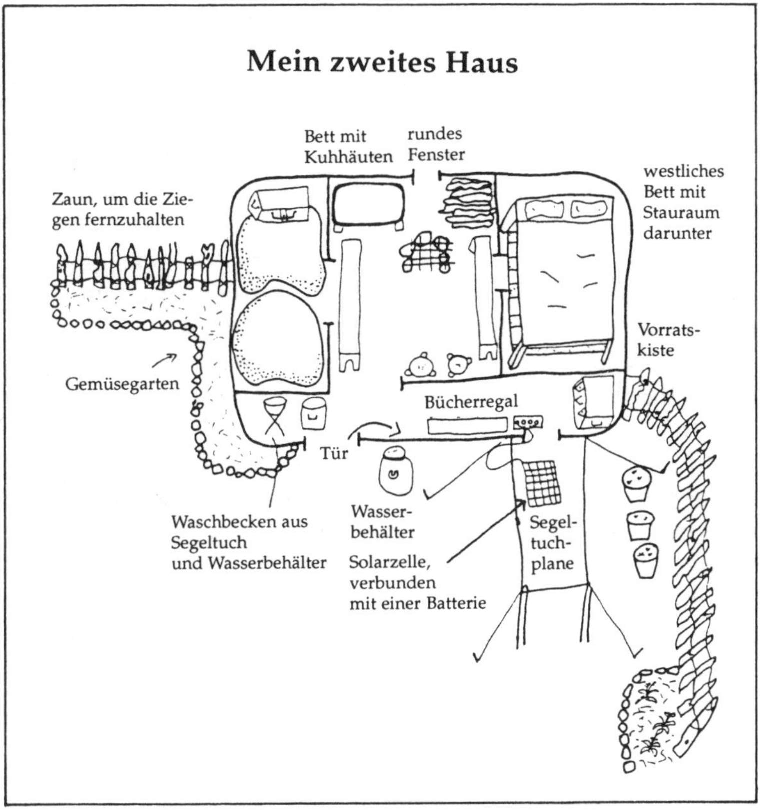

Shampoo und Waschpulver sowie einen Zehnliterkanister Paraffin zum Auffüllen meiner neuen Laterne.

Ndoondo besuchte seit Anfang des Jahres die Vorschule. Für mich bedeutete das, jeden Morgen um halb sieben aufzustehen und sie um sieben zur Schule zu schicken. Die Schule war zwei Kilometer entfernt und begann um acht. Ndoondo legte den Weg gemeinsam mit ihrem Bruder Leseamon, Momposhe und dessen zwei Schwestern, den Zwillingen Hannah und Napalell, zurück, die zur gleichen Zeit in die Vorschule gekommen waren wie Ndoondo, obwohl sie ein Jahr älter waren als sie. In der Vorschule waren 40 Kinder, so daß der Lehrer sie in zwei

Gruppen teilte. Es war üblich, daß jedes Kind zwei Jahre die Vorschule besuchte, bevor es schließlich in die erste Klasse aufgenommen wurde.

Die Schule schien Ndoondo zu gefallen, und als ich nach dem Unfall wieder in den *Enkang* zurückkehrte, war sie bereits fest in die Schulroutine eingebunden. Dies bedeutete, daß es jetzt für uns ein erkennbares Wochenende gab — die Tage gingen nicht mehr gleichförmig ineinander über. In Abständen bat Ndoondo mich um eine leere Flasche, und schließlich kam ich dahinter, wozu sie diese benötigte: Alle Klassenzimmer hatten Fußböden aus gestampfter Erde, in denen Flöhe und Jigger hausten, die in die meist nackten Sohlen der Kinder stachen. Um Staub und Jiggerplage ein wenig entgegenzuwirken, gingen die Kinder jeden Morgen zum nahe gelegenen Fluß hinunter und füllten ihre Flaschen mit Wasser, um den Fußboden zu befeuchten.

Während ich mich wieder an das Leben im *Enkang* gewöhnte, trat ein neuer Freund in unser Leben. Er war ein stämmiger Seniorkrieger aus Tansania, dem ich sofort den Spitznamen *Morani Sapuk* gab, was »Großer Krieger« bedeutet. Er gehörte derselben Altersgruppe an wie mein Mann, *Ilkishili.* Da er zu den ältesten dieser Altersgruppe gehörte, wurde er gewöhnlich respektvoll mit Olngetiai angesprochen sowie manchmal von den alten Frauen mit Ol Salei, da er aus dieser Gegend in Tansania stammte. Er zeigte mir einmal seinen richtigen Namen in seinem Ausweis, aber ich kann mich nicht an ihn erinnern, da Morani Sapuk so gut zu ihm paßte.

Wir hatten uns vor einem Jahr bei einer Hochzeitszeremonie in Morijo kennengelernt. Wie viele *Moran* aus Tansania hatte er seine langen Kriegerzöpfe beibehalten, die mit rotem Ocker gefärbt waren. Er und einer seiner Brüder trugen knappe Togen, die nur eine Seite ihres Oberkörpers bedeckten, und prächtige Speere. Die Krieger aus Morijo hatten sich das Haar abrasiert, und die jungen

Krieger, die *Ilmarjeshi,* nahmen nicht an der Hochzeitsfeier teil, so daß die tansanischen Besucher bei weitem den prächtigsten Anblick boten. Ich erinnere mich, wie stolz und arrogant sie waren und daß sie sich abseits hielten wie zwei Pfauen auf einem Hühnerhof. Ich hatte Roberts Kamera bei mir, mit der er Bilder von Braut und Bräutigam geschossen hatte. Ich konnte nicht widerstehen, die »Pfauen« um ein Foto zu bitten. Sie erteilten mir gnädig die Erlaubnis und drehten sich zuvorkommend herum, damit ich ihre langen roten Zöpfe fotografieren konnte, die auf halber Rückenhöhe von einem spitzzulaufenden Stück weichen Leders zusammengehalten wurden.

Diesmal wurde Morani Sapuk Teil unseres Lebens und half Robert nach dem Autounfall. Ist ein *Morani* verletzt oder krank, hält er sich vom heimatlichen *Enkang* fern und baut sich eine provisorische Unterkunft im Wald. Dort bleibt er mit einigen ausgewählten Kameraden seiner Altersgruppe und ernährt sich von frisch geschlachtetem Vieh und selbstgebrauter Medizin. Auf diese Weise ist sichergestellt, daß der kranke Krieger reichlich mit stärkender Nahrung versorgt wird und sich die notwendige Ruhe gönnen kann. Auch kehrt er an den Ort seiner größten spirituellen Kraft zurück – den Wald. Robert besaß noch einige Ziegen und Schafe in einem anderen, ziemlich weit entfernten *Enkang* in der Nähe von Narosura. Robert wollte diese Tiere in den Wald mitnehmen, aber es war ihm mit seinem eingegipsten Arm nicht möglich, sie selbst zu holen. Morani Sapuk erbot sich einzuspringen.

Während Robert sich im Wald aufhielt, blieb Morani Sapuk in unserem *Enkang* und fand sich zu den Mahlzeiten in meinem Haus ein. Ich hatte nicht das geringste dagegen einzuwenden, da er ausgesprochen unterhaltsam war, obwohl er kein Wort Englisch sprach. Ich betrachtete ihn bald als Mitglied der Familie und freute mich auf seine Besuche. Er war im Haus nützlicher als Robert, und das nicht nur, weil er zwei gesunde Arme hatte. Er spielte mit Ndoondo und ihrer Schwester Gunisai und neckte sie damit, daß er laut überlegte, welche von beiden er heiraten solle. Die Mädchen kreischten in gespieltem Entsetzen und weigerten sich, mit ihm auf einer Bank zu sitzen. Ich glaube, wir alle verliebten uns in jenem Frühling ein wenig in ihn. Ich wäre nicht klargekommen ohne seine Hilfe, die unter anderem darin bestand, daß er alle zwei Tage die vier Kilometer zu den Handels*dukas* und zurück ging, um Lebensmittel und andere Dinge des täglichen Gebrauchs zu besorgen.

Auch half er, mein Feuerholz in handliche Stücke zu hacken und holte sogar mehrmals kanisterweise Wasser vom Fluß. An manchen Tagen war ich zu müde, etwas zum Mittagessen zu kochen. Dann bat Morani Sapuk um Mehl und Fett und buk Chapattis. Er kochte und aß im Junggesellenhaus, das gleich hinter meiner Hütte gelegen war, und bereitete dann eine Extramahlzeit für Ndoondo und mich, die wir gemeinsam in unserer Hütte einnahmen. Später entdeckte ich, daß er *Mandazi* zubereiten konnte, eine Art süßer Krapfen. Er buk große Mengen davon für mich, so auch an meinem Geburtstag im November. Die Kinder und ich waren begeistert, und wir schaufelten Unmengen der kleinen frittierten süßen Teigdreiecke in uns hinein. Ndoondo ging mit einer Schale *Mandazi* von Haus zu Haus und verteilte sie an die anderen Frauen.

Als Wecker diente mir morgens das kehlige Krächzen der Colobus-Affen, die in den Bäumen am Fuß unseres Hügels lebten. Punkt halb sieben begannen sie, einander eine halbe Stunde lang zu rufen; den Rest des Tages waren sie verhältnismäßig ruhig. Ich konnte von meinem Haus aus ihr auffälliges schwarz-weißes Fell sehen, da sie gern oben in den Baumwipfeln hockten, von wo aus sie ihr Territorium überwachen konnten. Außerdem lebten dort schwarzgesichtige Meerkatzen, die ich in der goldenen Nachmittagssonne oft bei der Futtersuche am Boden in der Nähe des Flusses überraschte.

Auch die Büffel kamen zum Trinken an unseren Fluß, jedoch glücklicherweise nur nachts. Tagsüber grasten sie im Wald oder davor. Olivfarbene Paviane plünderten liebend gern die *shambas,* und so wurden kleine Kinder dort postiert, um sie zu verscheuchen. Ich wußte immer, wann ein Leopard in der Nähe des *Enkang* umherstrich, da die Paviane zuverlässig kreischend und rufend Alarm schlugen.

Papas Hund, der Simba hieß wie 99 Prozent aller Hunde in Kenia, legte sich regelmäßig mit den Pavianmännchen an. Zahlreiche Narben überall an seinem Körper erinnerten an seine Kämpfe. Simba war ein alter Hund; die meisten Zähne waren ihm ausgefallen, so daß es ihm schwerfiel, genügend Nahrung zu finden. In guten Zeiten lebte er von überschüssiger Milch, den Abfällen aus den saubergekratzten Töpfen und einer gelegentlichen Portion *Ugali.* In mageren Zeiten litt er Hunger wie alle anderen auch. Er sah aus wie ein Dingo. Er war klein und kompakt gebaut, mit tiefer Brust und einer langen labradorähnlichen Rute. Er war von gleichmäßiger goldgelber Farbe mit hellbraunen Augen. Wenn er lauschte, stellte er die Ohren auf; wenn er sich bettelnd vor einem wand, legte er sie hingegen an und grinste scheu. Seine Stirn war vielleicht ein wenig breit für einen Dingo und der Unterkiefer zu schwer. Er war unser *Askari,* und es war Simbas Aufgabe, das Vieh nachts vor Hyänen und Löwen zu schützen. Wenn die Hyänen zu dicht am *Enkang* ihr »Uuuup-Uuuup« erklingen ließen, bellte der wachsame Simba anhaltend, bis jemand herauskam, um nachzusehen. Er war Menschen gegenüber extrem scheu und sanft. Wenn sich eine blutrünstige Raubkatze näherte, rührte Simba sich nicht, aber er ließ keine Hyäne kampflos näher als 20 Meter an den *Enkang* heran.

Neben den 60 Ziegen und 80 Rindern gehörte noch Mumais Katze zu den Arbeitstieren des Dorfes. Sie war ein blaßgrauer Mäusefänger mit runden Zitronenaugen, vorzeitig gealtert aus Nahrungsmangel und weil sie zu viele Kätzchen geboren hatte. Sie hatte keine Zeit für Menschen, vermutlich, weil diese für sie keine Zeit hatten. Es gab kleine Nager und Insekten zuhauf, und sie lebte von der Jagd und einer Schale Milch ab und an.

Ich hatte Ratten im Haus. Nachts hörte ich sie unter dem Bett umherlaufen, und manchmal sah ich sie im Dunkeln vom Feuerholzstapel unter den Tisch flitzen. Ich hasse Ratten, und welche im Haus zu haben, erfüllte mich mit Abscheu. Mumai erbot sich, mir ihre Katze zu leihen, damit sie die ungebetenen Gäste fing. Aber es gefiel dem Stubentiger nicht in einer Umgebung, die ihm nicht vertraut war. Mumai brachte also statt dessen ein kleines Kätzchen und band es an einem Stück Schnur an einen Pfosten meines Hauses. Das mag bei Rindern funktionieren, aber nicht bei Katzen. Die Katzenmutter ließ sich nicht zwingen und hätte ihr Junges qualvoll den Erstickungstod sterben lassen, wenn ich es nicht von der Schlinge um seinen Hals befreit hätte. In den folgenden Tagen fiel mir auf, daß das Kätzchen zu verhungern drohte. Seine Mutter hatte keine Milch, und es war noch zu klein, sich durch Jagen selbst zu versorgen.

Eines Tages fand ich das Kätzchen unter einem Busch in der Nähe meines Hauses. Es atmete kaum noch. Ich holte es ins Haus und versuchte, ihm Wasser und Milch einzuflößen, die es sich jedoch weigerte zu schlucken. Die nächsten zwölf Stunden schlief das Tierchen auf einem Stuhl. In Abständen stupste ich es an, um zu sehen, ob es noch lebte. Am nächsten Tag trank es ein wenig Milch. Langsam päppelte ich das Kätzchen hoch und kaufte ihm sogar Fleisch; für die Massai eine Ungeheuerlichkeit. Der kleine Kater war ganz wild auf das Fleisch, und Morani Sapuk mußte ihn festhalten, während ich es in kleine Stücke schnitt. Wenn es ihm gelang, sich zu befreien, stürzte er sich auf das Fleisch und konnte einen Brocken vom Tisch zerren, der doppelt soviel wog wie er selbst. Der Massai-Name für Hauskatze ist *Embuss* und so taufte ich ihn auf diesen Namen. Er wurde so zahm und sanft, daß alle Kinder sehr gern mit ihm spielten. Nachts schlief er am Fußende von Ndoondos Bett, und allein seine Anwesenheit im Haus genügte, alle Ratten zu vertreiben. Er entwickelte sich zu einem schlanken grauen Kater, und fortan nannten wir ihn Bwana Buss.

Am Abend, wenn die Arbeit mit der Kocherei beendet ist, gibt es wohl wenige Orte auf der Welt, die so heimelig und gemütlich sind wie ein Massai-Haus. Wenn die Mädchen eingeschlafen waren, strickte oder las ich im warmen Feuerschein, während Morani Sapuk Radio hörte. Wir liebten beide afrikanische Musik, und er suchte so lange auf den Kurzwellenfrequenzen, bis er einen Sender gefunden hatte, der gute Musik spielte. Wir saßen in kameradschaftlichem Schweigen beisammen, jeder in seine eigenen Gedanken vertieft, Embuss auf meinem oder Sapuks Schoß schlummernd. Manchmal lehrte er mich ein wenig Massai, und ich brachte ihm englische Vokabeln bei. Er blätterte gern in meinen Büchern, und so erfuhr ich, daß er sehr gut Suaheli und Massai lesen und schreiben konnte. Seine Handschrift war die schönste, die ich bislang gesehen hatte. Er machte sich daran, englische Wörter und ihre Massai-Übersetzung aus meinem Wörterbuch in ein kleines Notizbüchlein abzuschreiben.

An manchen Abenden gesellte sich Loldudula (den ich jetzt mit Paashe anreden mußte, da er mir ein Kalb geschenkt hatte) zu uns, und da er Englisch sprach, führten wir einige sehr witzige Dreiecksgespräche. Morani Sapuk beharrte darauf, Christ zu sein, erklärte jedoch im selben Atemzug, daß er nur ein beschnittenes Mädchen zur Frau nehmen würde (ein Brauch, der von den Missionaren abgelehnt wurde). Er und Loldudula waren fasziniert von meinen Beschreibungen westlichen Werbens und westlicher Hochzeitsbräuche. Einmal begleiteten sie mich beide zu einem Gottesdienst in der Mission. Nach der Messe (die selbstverständlich in Massai abgehalten worden war), fragte ich sie, was sie von der Predigt hielten. Loldudula entgegnete nachdenklich, daß die Lehren des Christentums gut wären, er jedoch nicht mit dem einverstanden wäre, was der Missionar bezüglich nur einer Frau gesagt habe. Er betrachtet dies als falsche Lehre.

Ich sah in Morani Sapuk einen anständigen Menschen und hart arbeitenden Krieger. Leider genoß er bei anderen nicht so großes Ansehen. Das verwirrte mich, da er meiner westlichen Einstellung nach arbeitswilliger und hilfsbereiter war als andere Männer. Er trank kein Honigbier, und sein einziges Laster schien darin zu bestehen, daß er ab und an Tabak schnupfte. Daniel kommandierte ihn viel herum und hackte besonders dann auf ihm herum, wenn er betrunken war. Ich erkannte, daß die anderen auf ihn herabsahen, weil er arm war. Die Massai sind schreckliche Snobs, wenn es um Rinder geht, und offenbar besaß Morani Sapuk nur eine sehr kleine Herde. Als armer Mann war er auf der Suche nach Arbeit gegen Bargeld oder Vieh über die Grenze aus Tansania gekommen. Robert beauftragte ihn, ein großes Maisfeld anzulegen, und bezahlte ihn mit Ziegen. Eines Abends fragte ich Nolmemeri, warum sie nicht eine ihrer Töchter mit Morani Sapuk verheirate. Sie lachte und erklärte mir, daß man eine Tochter nie einem armen Mann zur Frau geben dürfe!

Inzwischen war Nolmemeri (Memi) meine engste Freundin im *Enkang* geworden. Ich begann, sie als meine »Massai-Mutter« zu betrachten. Ich weiß, daß sie mich sehr liebt und ich wie eine Tochter für sie bin. Sie ist in vieler Hinsicht eine bemerkenswerte Frau, aber ich kann unmöglich davon absehen zu erwähnen, wie schön sie ist. Inzwischen Anfang vierzig sieht Nolmemeri einfach umwerfend aus. Und das liegt nicht allein an ihren wunderschönen Augen, den ebenmäßigen Zähnen, der makellosen Haut und den hohen Wangenknochen. Ich sehe sie deshalb so gerne an, weil ihre innere Kraft, ihr Stolz und ihre Sanftmut sie so strahlend umgeben wie goldener Sonnenschein.

Memi kam Anfang der 60er Jahre als junge Braut eines Halbbruders von Robert in die Familie, in eben dem Jahr, als Robert geboren wurde. Ihr Mann war der einzige Sohn Kokoos, der Lieblingsfrau von Roberts Vater. Früh in Memis Ehe, nach der Geburt ihrer ersten drei Kinder, traf sie ein schlimmer Schicksalsschlag. Ihr Mann wurde von einem Speer getötet, der eigentlich ein angreifendes Nashorn hatte treffen sollen. Robert war damals noch ein kleiner Junge. Ich weiß über diesen Unfall nur das, was er mir im Vertrauen erzählt hat, da es, wenn ein junger Mensch auf tragische Weise ums Leben gekommen ist, verboten ist, über ihn zu reden oder auch nur seinen Namen auszusprechen. Robert erklärte mir all dies, als ich versuchte, seinen Familienstammbaum zusammenzustellen, und er warnte mich davor, den Namen des Verstorbenen aufzuschreiben oder ihn je seiner Familie gegenüber zu erwähnen.

Die Massai haben eine sehr natürliche, von Akzeptanz geprägte Einstellung zum Tod, denn sie verstehen ihn als Teil des Lebens. Robert hat mir erklärt, daß niemand weint, wenn ein alter Mann oder eine alte Frau stirbt, weil es nicht wirklich traurig ist. Früher haben die Massai ihre Toten nicht begraben, sondern in den Busch gebracht und dort zurückgelassen. Der Leichnam wurde in Richtung der untergehenden Sonne plaziert und von den Hyänen gefressen. Sehr bedeutende alte Männer wie die höchsten Oloibonok waren die einzige Ausnahme. Sie wurden in flachen Gräbern bestattet, die mit einem Steinhaufen markiert wurden. Heute begraben die Loita-Massai all ihre Toten, einschließlich der Babys.

Robert erzählte mir später, daß er bei seiner Mutter in

Morijo gewesen war, als er erfahren hatte, daß der Zustand seines Vaters sich verschlechtert hatte. Er war sofort zum *Enkang* seines Vaters in Narotian geeilt. Eine Woche vor seinem Tod hatte Papa seine sieben Söhne zu sich gerufen, um seinen Nachlaß zu regeln. Als erstes hatte er ihnen mitgeteilt, daß er innerhalb einer Woche sterben werde. Wenn ein alter Mann stirbt, wird ein Ochse geschlachtet, aber Papa ordnete an, daß der Ochse anstatt nach seinem Tod sofort geschlachtet werden sollte, damit sie das Fleisch mit ungetrübtem Genuß essen konnten. Er wollte nicht, daß irgend jemand traurig war, wenn er starb.

Dem Brauch nach darf es sich nicht um einen weißen Ochsen handeln. Außerdem muß er große Hörner haben und dem ältesten Sohn gehören. Ol Morijo, der Älteste, besaß kein Tier, das in Frage gekommen wäre, und so kaufte er einem seiner Brüder einen entsprechenden Ochsen ab. Auch teilte Papa sein Vieh weise unter seinen Söhnen auf. Ol Morijo, sein ältester und blinder Sohn, erhielt vier Rinder, während die restlichen sechs Brüder jeweils zwei Stück Vieh bekamen. Robert erbte als Lieblingssohn seines Vaters die zwei besten Kühe: eine schwarzbunte und eine rote. Wenn sie ihre nächsten Kälber zur Welt bringen, werden sie einen neuen Namen bekommen. Robert will ihre alten Namen, die sein Vater ihnen gegeben hat, nicht benutzen, aus Angst, sie traurig zu machen. Die Massai glauben, daß die Rinder um ihren Besitzer trauern, wenn dieser stirbt.

Eine Woche später starb Papa am frühen Abend friedlich im Schlaf. Daniel und Ilampala wachten die ganze Nacht bei dem Leichnam und flößten ihm in Abständen Milch ein. Die Verantwortung, den Toten auf die Bestattung vorzubereiten, obliegt ausschließlich den Söhnen. Enkel, Neffen, Frauen und Töchter blieben zu Hause; dies war nicht ihre Aufgabe. Am Morgen, als alle Söhne eingetroffen waren, wurde Papa mit zurückbehaltenem Fett des

Ochsen eingerieben. Jeder der Söhne half dabei, einer nach dem anderen, vom Ältesten bis hin zum Jüngsten. Derweil versammelten sich Freunde der Familie, um dabei zu helfen, das Grab hinter seinem Haus auszuheben. Als erstes wurde die Grabstätte mit Blättern des *Olmisigiyoi*-Baumes eingefaßt.

Papas Leichnam wurde mit einer brandneuen Decke bekleidet und anschließend in eine weiche Ochsenhaut gewickelt. Schließlich wurde der Tote in sein Grab gelegt und mit Erde bedeckt. Bis dahin hatten die Söhne sich um alles gekümmert. Jetzt konnten sie die anderen Männer herbeirufen, die in ihren Häusern gewartet hatten. Sie kamen und stellten sich zu den Brüdern auf die linke Seite des Grabes. Bei den Massai gibt es weder Gebete noch Segnungen für den Toten, und gibt ist auch keine bestimmte Kleiderordnung. Es wird wie gewohnt Schmuck getragen. Auch wenn man nach der Beerdigung am Grab vorbeigeht, sind keine speziellen Formalitäten vorgeschrieben. Frauen haben formell keinen Anteil an der Beerdigung eines Mannes. Wenn eine Frau stirbt, führen ihre weiblichen Verwandten die Rituale aus, und die Männer halten sich fern.

Zwei Tage nach der Beerdigung trafen Älteste zu einer zweiten Zeremonie ein. Als erstes tranken sie das speziell für sie gebraute Honigbier. Als nächstes fegten Papas Frauen das Haus, in dem ihr Mann gestorben war. Als es gründlich gesäubert war, wurde es von den Ältesten gesegnet. Diese kleine Zeremonie heißt *Iatoropil enkaji,* was bedeutet »Sie fegen das Haus«. Von Papas Tod an war es allen Mitgliedern der Familie verboten, reines Wasser zu trinken. Dies galt ausnahmslos für jeden in der Familie, einschließlich der Kinder. Wenn sie Wasser trinken wollten, mußten sie einige Tropfen Milch hinzugeben, damit es trübe wurde. Dies setzte sich einige Wochen fort, bis zu einer weiteren Zeremonie namens *Aook enkare,* was bedeutet »Sie trinken Wasser«. Für diese Zeremonie wurde im Wald ein schwarzer Ochse geschlachtet. Der Ochse muß irgendeine einheitliche Farbe haben, nur braun darf er nicht sein. Diesen Ochsen muß der zweite Sohn zur Verfügung stellen, in diesem Fall Daniel.

Die sieben Söhne aßen als erste von dem Fleisch, wieder nacheinander, vom Ältesten bis zum Jüngsten. Dann erst begannen die anderen versammelten Männer zu essen. Als kein Fleisch mehr übrig war, kehrten die Männer zurück zum *Enkang*. Dann bekamen alle – Männer, Frauen und Kinder – aus einer speziellen Kalebasse frisches Wasser zu trinken, wobei auch diesmal die sieben Söhne Vorrang hatten. Anschließend tranken die Ältesten Honigbier. Einige von ihnen übernachteten im *Enkang*. Sehr früh am nächsten Morgen, bevor das Vieh zum Grasen auf die Weide getrieben wurde, versammelten sich die sieben Brüder in Anwesenheit der Ältesten, um die Habe ihres verstorbenen Vaters untereinander aufzuteilen. Nach Massai-Brauch erhält der älteste Sohn den *Enkidong*, den Schemel, den Tabaksbeutel und den Wanderstab seines Vaters. Die restlichen Söhne teilen sich, was übrig ist. Jeder Sohn hat das Recht, als Andenken den Gegenstand zu wählen, der ihm am meisten bedeutet. Robert suchte sich ein Silberarmband aus. Diese Prozedur wird als *Apika ilkatari* bezeichnet, was bedeutet »die Armbänder anlegen«.

Diese Segnung und das Austeilen von Andenken beschließen den offiziellen Teil, der auf den Tod aller bedeutenden Männer folgt. Eine letzte Aufgabe blieb jedoch noch. Beim Tod des Familienoberhauptes müssen alle Söhne ihr Heim, und sei es nur um 45 Meter, nach links versetzen. Dies schien nicht an eine festgelegte Frist gebunden und symbolisiert einen neuen Anfang und das offizielle Ende der Trauer der Familie und der Rinder. Als Zeichen des Respekts für das trauernde Vieh würde Roberts Familie die Rinder weder verkaufen noch eintauschen, bis der Umzug vollzogen war. Alle Söhne mußten ihr Heim in etwa zur gleichen Zeit verlegen.

Die Massai glauben nicht an ein Leben nach dem Tod, aber sie sind dennoch der Überzeugung, daß manchmal ganz besonders wichtige Männer in Schlangengestalt zurückkehren. Robert glaubt nicht daran, weiß jedoch auch keine Antwort auf die Frage, was nach dem Tod mit einem Menschen geschieht. Wenn man auf einer Antwort beharrt, sagt er, daß der Tod das Ende ist. Manchmal sagen wir jedoch, daß Papa uns beobachtet oder daß Papa weiß, was geschieht, ein Eingeständnis, daß der Geist weiterlebt.

Aufgrund der Tradition, die vorschreibt, daß man den Namen eines jungen Mannes, der eines tragischen Todes gestorben ist, nicht aussprechen darf, war ich stets sehr vorsichtig, wenn ich jemandem Fragen zu seiner Familie stellte, für den Fall, daß ein junger Angehöriger gewaltsam ums Leben gekommen war. Ich lernte, daß wenn man eine Frau ohne Mann sieht, es besser ist, sie nicht nach ihm zu fragen. Wenn man einen Dritten diskret nach seinem Verbleib fragt, entgegnet dieser schlicht *eshomo,* »er ist fortgegangen« – einer der rücksichtsvollsten Euphemismen, die ich kenne. Roberts Familie muß schon früh erfahren haben, daß mein Vater als junger Mann gestorben war, die schlimmste Tragödie für die Massai, denn es fragte mich nie jemand nach ihm.

Robert blieb etwas über einen Monat um Wald, um Leib und Seele zu heilen. Er sagt, er hätte seine Abwesenheit um meinetwillen eingeschränkt. Robert und ich sind ein klassischer Fall von »Gegensätze ziehen sich an«. Während ich impulsiv und aufbrausend bin, ist Robert überlegt und geduldig. Ich handle aus dem Bauch heraus, während er seinen Kopf benutzt. Wir können beide viel voneinander lernen, aber das bedeutete nicht, daß es uns deshalb leichter gefallen wäre, uns an die Ehe zu gewöhnen. Wir hatten in dieser Zeit einen schlimmen Streit, die

Art von Auseinandersetzung, die damit endete, daß Robert aus dem Haus stürmte. Würden Sie mir glauben, wenn ich behaupten würde, daß ich über Tränen hinaus war? Ich hatte mich den ganzen Tag müde und unglücklich gefühlt und war darum ein bißchen weinerlich. Anstatt mich zu trösten, reagierte Robert schockiert und angewidert, daß ich weinte »wie ein Kind«. Er weigerte sich, meinen Standpunkt zu verstehen, woraufhin ich um so bitterlicher weinte, bis er ging, um mit Morani Sapuk in einem anderen Haus zu schlafen.

Ich fühlte mich, als hätte ich meinen besten Freund verloren. Ich meine, wenn Robert mich nicht trösten konnte, wenn ich mich elend fühlte, wer sollte es dann können? Meine Tränen versiegten, und ich bereitete mich darauf vor, zu Bett zu gehen, überzeugt davon, daß ich einen schrecklichen Fehler gemacht hatte und unsere Beziehung niemals funktionieren würde. Kurze Zeit später kam Robert zurück. Er hatte auf die für ihn typische methodische Art nachgedacht und war zu dem Schluß gekommen, daß meine Tränen auf meine Kultur zurückzuführen wären. Ja! Das war die Antwort: Ich weinte, weil meine Kultur es gestattete.

Dies sollte die Grundlage werden, auf der wir unsere Differenzen bereinigen konnten. Es wurde unser Schlagwort dafür, daß wir übereinstimmten, nicht übereinzustimmen. Ich war keine Massai, und ich wollte keine Massai sein. Man kann nur das sein, was man ist, und wir beide akzeptierten gegenseitig unsere Andersartigkeit.

Ich gewöhnte mich daran, meine Zuneigung für Robert am Tage nicht zeigen zu dürfen, aber das heißt nicht, daß mir das immer gefallen hätte. Sogar wenn wir allein waren, fühlte er sich unwohl dabei, mich tagsüber anzufassen, aus Angst, es könnte uns jemand »überraschen«. Langsam, nach und nach, schraubte ich meine Erwartungen herunter. Ich erfand ein Spiel, das mir einiges erleichterte. Wenn wir tagsüber allein waren, fragte ich Robert, ob er mich küssen wolle, worauf er schüchtern lachte und sanft entgegnete: »Ich will.« Ich war beruhigt, und er behielt seine eigene Auffassung von Anstand bei. Es war ein guter Kompromiß.

Anfangs war es mir sehr schwer gefallen, Robert in der Öffentlichkeit nicht berühren, ja nicht einmal mit ihm zusammen sein zu können. Das widersprach allem, was ich unter romantischer Liebe und ihrem Ausdruck verstand. Für mich bedeutete, ein Paar zu sein, die meiste Zeit – in der Öffentlichkeit und privat – zusammen zu sein. Und wenn man nicht zusammen sein konnte, sollte man es sich zumindest wünschen. Inzwischen ist mir bewußt geworden, daß ich mich nach und nach an die Art der Massai gewöhnt habe und sie sogar vorziehe. Ich vermisse Händchenhalten und Begrüßungs- oder Abschiedsküsse in der Öffentlichkeit nicht mehr.

Auch gewöhnte ich mich daran, nicht alle Mahlzeiten mit Robert einzunehmen. Essen und Eßrituale sind nicht mehr Teil meiner romantischen Konventionen. Ich esse gern früh mit Ndoondo und den anderen Kindern. Mahlzeiten mit anderen Frauen und Kindern gemeinsam zu organisieren und einzunehmen war irgendwie anders, interessanter, nahrhafter. Es hatte allein mit mir selbst zu tun und nichts mehr damit, »meinen Mann zu versorgen«. Manchmal kochte ich später abends für Robert, aber oft gab ich ihm und Morani Sapuk auch die Zutaten, und sie bereiteten sich ihre Mahlzeit selbst zu. Ich genoß die Unabhängigkeit und Freiheit in meiner Beziehung zu Robert. Es gefiel mir, daß ich genügend Raum hatte, mit anderen Frauen und Kindern zusammen zu sein. Und mir gefielen die Privatsphäre, die Robert mir zugestand, und der Respekt, den er mir entgegenbrachte. Anfangs war es mir allzu förmlich und steif erschienen, aber inzwischen hatte ich dies zu schätzen gelernt. Ohne die erstickende Nähe romantischer Intimität war ich frei, ich selbst zu sein und mir meinen eigenen Freiraum zu schaffen. Ich begann, meine Vorstellung davon, wie eine Beziehung aussehen sollte, neu zu definieren.

Obwohl unsere Trauungszeremonie im Juli 1992 stattfand, wurde ich von der Loita-Gemeinschaft schon seit 1990 als Roberts Frau angesehen. Roberts andere Frau war ein junges Massai-Mädchen namens Enoolomala aus dem Kajiado-Distrikt. Entsprechend unserer Übereinkunft hatte er sie in aller Stille im März vor meiner Rückkehr nach Kenia geheiratet. Unsere erste Begegnung war wenig spektakulär. Sie traf eines Tages aus Morijo, wo sie bei Roberts Mutter lebte, in Narotian ein, um bei den Vorbereitungen zu unserer Hochzeit mitzuhelfen. Robert zeigte sie mir, und ich sagte, daß wir uns kennenlernen sollten. Wie alle jungen Mädchen war sie sehr schüchtern und zurückhaltend, was ihre Person betraf. Sie war sehr hübsch.

Das zweite Mal begegneten wir einander zwei Monate später, als sie kam, um mir ein paar Tage bei der Hausarbeit zu helfen, als Robert sich nach dem Autounfall in den Wald zurückgezogen hatte. Er hatte sich Sorgen gemacht, daß ich mich überanstrengen könnte, und Enoolomala angewiesen, herzukommen. Es war eine unbeschreiblich merkwürdige Situation. Da war dieses 15jährige Mädchen, so still und liebenswert. Sie arbeitete hart und blieb fünf Tage bei mir. Aber sie war mit meinem Mann verheiratete und würde ganz sicher (obwohl ich versuchte, nicht darüber nachzudenken) eines Tages Kinder von ihm bekommen. Das war eine sehr schwierige Zeit für mich. Eine Massai-Frau an meiner Stelle hätte das Mädchen wie eine Tochter aufgenommen. Nun, wie ich schon sagte, ich bin keine Massai, und so mußte ich mich zwingen, meine spontane, unreife Ablehnung zu überwinden und mein ganzes Verständnis und Mitgefühl aufzubringen. Dies gelang mir, indem ich gewissermaßen den Autopiloten einschaltete, mich schlichtweg weigerte, der Eifersucht nachzugeben, und mich darauf konzentrierte, sie als eine junge Frau zu respektieren, die nun zur Familie gehörte.

Robert sind meine ambivalenten Gefühle in dieser Sache natürlich bis heute unbegreiflich. Er wünscht sich, daß Enoolomala und ich Freundinnen sind, wie das sonst unter Ehefrauen eines Mannes üblich ist. Er versteht nicht, warum ich in ihr nicht einfach eine Massai-Frau wie alle anderen sehen kann. Enoolomala fragt ständig, wann sie mich besuchen kann, worauf Robert ihr mit allerlei erfundenen Ausreden antwortet. Er könnte ihr nie begreiflich machen, daß ich sie nicht von Herzen liebe, da es ein schlechtes Licht auf ihn und mich werfen würde. Um wirklich zu verstehen, wie die Massai die Ehe sehen, muß man alles, was man mit Romantik und Liebe im westlichen Stil verbindet, beiseitelassen. Bei den Massai ist eine Ehe eine rein geschäftliche Angelegenheit.

Enoolomala wurde von Roberts drittältestem Bruder Langisa ausgewählt. Robert hatte die Wahl so wie die meisten respektvollen Massai-Männer ganz seinen älteren Brüdern überlassen. Ihre Familie war früher sehr wohlhabend gewesen und besaß eine große Rinderherde, so daß ihre Fähigkeiten im Umgang mit den Tieren sehr wertvoll waren. Massai-Männer wissen ihre kostbare Herde gern in guten Händen, wenn sie fort müssen. Das Aushandeln des Brautpreises zwischen beiden Familien ist der wichtigste Teil des Eheprozederes, man könnte es mit den christlichen Eheversprechen vergleichen.

Der Brautpreis ist einer der Hauptgründe für eine Neuverteilung von Rinderreichtum bei den Hirtenstämmen der Massai. An den Verhandlungen nehmen die Väter oder Onkel und die älteren Brüder der Brautleute in spe teil, selten jedoch der Bräutigam selbst. Die Rinder werden an die Familie der Braut bezahlt, um diese für den Verlust einer arbeitenden Tochter zu entschädigen und das Mädchen an ihre Schwiegereltern zu binden. Fühlt sich beispielsweise ein Massai-Mädchen in seiner Ehe unglücklich, zögert es, zu ihren Eltern zurückzukehren, da diese bereits den Brautpreis für sie erhalten haben. Fünf, zehn oder gar 15 Stück Vieh zurückzugeben ist undenkbar, und so wird das unglückliche Mädchen eher dazu neigen, bei seinem Mann zu bleiben und ihre Probleme zu lösen, anstatt seine Eltern zu kompromittieren.

Die Massai sagen, daß, wenn eine Tochter besonders geliebt wird, die Eltern nur eine Kuh als Brautpreis verlangen. Sollte sie irgendwann in der Zukunft »in Schwierigkeiten geraten«, stellt es kein großes Problem dar, die einzelne Kuh wieder gegen das Mädchen einzutauschen. Robert sagt, daß er dies bei Ndoondo vorhat. (Ich habe aber den Verdacht, daß Ndoondo in dieser Sache ganz eigene Pläne hat . . .) Junge Mädchen werden oft verheiratet, um das Band zwischen den älteren Männern zweier Familien zu stärken. Eine Ehe festigt eine Freundschaft und bedeutet eine potentielle neue Weidegemeinschaft. Die Tage, in denen ein Mann viele Frauen hatte, sind beinahe vorbei, sogar in der konservativen Nkidongi-Familie. Um die Jahrhundertwende war es nicht selten, daß ein wohlhabender Mann ein Dutzend Frauen hatte, vor allem die Iloibonok. Roberts Vater hatte vier Frauen; seine eigenen Söhne haben zwei und deren Kinder werden sich wahrscheinlich mit einer einzigen begnügen. Dies ist ebenso auf wirtschaftliche Gründe zurückzuführen wie auf den Einfluß der westlichen und christlichen Missionare.

In dieser Zeit wurden noch zwei weitere Menschen zu einem Teil meines Lebens. Einmal die Woche kam Kikuyan, um unsere Wäsche zu waschen. (Kikuyan war die erste Frau, die ich bei meiner Ankunft in Narotian kennengelernt hatte.) Auch brachte sie mir in Abständen eine Ladung Feuerholz. Es hatte einiger Überredungskunst bedurft, Robert davon zu überzeugen, daß ich sie für ihre Dienste bezahlen sollte. In seinen Augen war es eine

Selbstverständlichkeit, daß die Frauen seiner Familie mir halfen, und er meinte, Bezahlung könnte neue Probleme nach sich ziehen. Letztendlich erklärte er sich aber doch einverstanden, und ich bezahlte Kikuyan für ihre Arbeit. Sie war Witwe, die jüngste Frau eines sehr alten Mannes, eines Onkels von Robert. Sie hatte mindestens acht Kinder und besaß nur einige wenige dürre Rinder. Sie wollte einen kleinen Schnupftabakhandel eröffnen und brauchte die Schillinge als Startkapital. Der zweite Mensch, der Einfluß auf mein Leben nahm, war Regina. Sie kam alle zwei Tage, um mir Unterricht in Massai zu geben. Sie war ein gebildetes Mädchen und unterrichte Ndoondos Vorschulklasse. Ihr Englisch war sehr gut, und wir arbeiteten an Vokabeln und einfachen Sätzen. Auf diese Weise erweiterte ich meine Kenntnisse und meine Verwendung der Sprache, auch wenn ich immer noch blutige Anfängerin war.

Es ist Brauch, daß die Braut nach der Hochzeit die Angehörigen ihres neuen Mannes besucht und dabei das Vieh abholt, das ihr geschenkt wurde. Ich folgte diesem Brauch und blieb eine Woche in Ilampalas *Enkang* in Empurpitia. Empurpitia liegt am Rande eines großen Waldes, der von den Massai Naimina Enkiyio genannt wird. Es heißt, vor langer Zeit hätte sich ein kleines Mädchen im Wald verirrt, daher *naimina,* was verirrt bedeutet, und *enkiyio,* die Bezeichnung der Massai für ein totes Kind. Nur ein lebendes Kind ist *enkerai.* Der Naimina-Enkiyio-Wald ist einer der letzten intakten Wälder Kenias.

Der Wald bedeckt Hunderte von Quadratkilometern, und die alten, unangetasteten Bäume beherbergen eine reiche und vielseitige Fauna, beinahe alle in Südkenia vorkommenden Spezies, einschließlich Elefanten. Neben den zahlreichen Tieren stellt die Flora den Massai eine wahre Apotheke. Wilder Honig und verschiedene Beerenarten werden gesammelt, und der Wald spielt offensichtlich auch eine bedeutende Rolle als Wasserspeicher für die ganze Region.

Die Loita-Massai verehren den Wald als heilige Stätte. Die Nkidongi sind die Hüter dieses speziellen Waldes, eine Aufgabe, die seit der Zeit Mbatianys weitergegeben wurde, an Senteu, Simal und schließlich den heutigen großen Oloiboni Makompo ole Simel. Er ist der oberste Hüter des Waldes.

In der Umgebung finden sich zahlreiche heilige Kultstätten sowie der Loitokitok-River, in dem die geistigen Führer aller Altersgruppen baden müssen, bevor sie zur Beschneidung in ihren *Enkang* zurückkehren.

Ilampalas *Enkang* liegt auf einer kleinen Anhöhe am Rand der Naimina-Enkiyio-Wälder. Hier lebt er mit seiner wunderschönen Frau Nosotua und ihren beiden Kindern. In der Abenddämmerung kann man hinter dem schützenden grünen Wall des Waldes die Elefanten grollen und trompeten hören. Ilampala hat einen *Enkang* errichtet, der sich von allen anderen unterscheidet, die ich den Loitas gesehen habe. Der auffälligste Unterschied besteht in den vielen Bäumen, da er seinen *Enkang* unmittelbar am Waldrand gebaut und Bäume und Gras um seine drei Häuser herum stehengelassen hat. Eine der Hütten ist für die Ziegen; die beiden anderen beherbergen Menschen. Ein weitere Auffälligkeit ist der Umstand, daß es dort kaum Fliegen gibt. Das Vieh wird in einem Pferch etwa zehn Meter von den Häusern entfernt gehalten, und das ist ein Riesenunterschied. Die Einzäunung besteht nicht aus den traditionellen Dornenbüschen, sondern aus über vier Meter hohen Zedernpfosten. Das Resultat ist ein stabilerer Zaun, der einen geringeren Instandhaltungsaufwand erfordert. Es gibt zwei kleine Gemüsegärten, einen für die Trockenzeit, der dichter am Fluß liegt, und einen zweiten für die Regenzeit näher am Haus. Puristen würden sagen, daß Ilampala sich von den Traditionen seines Volkes abgewandt hat und in Richtung der Kikuyu tendiert. Ich hingegen sehe es so, daß er sich ein komfortables Zuhause geschaffen hat, die Basis für eine solide und sichere Zukunft für seine Familie.

Während meines Aufenthaltes im November 1992 wohnte ich einer kleinen Zeremonie bei, die mir neu war. Sie wird *Eokutu kule* genannt, was soviel bedeutet wie »Zeremonie des Milchtrinkens«, und symbolisiert den Übergang eines Jungen vom Initiierten, *Olaibartani,* zum Junior*morani* oder *Olbarnoti* (»Der Kahlgeschorene«). Risee war im Juli 1992 beschnitten worden. Er war ein Waise aus einer armen Familie von jenseits der Grenze zu Tansania. Ilampala hatte sich erboten, die Beschneidungszeremonie auszurichten und die Kosten zu tragen, wenn Risee im Gegenzug half, das Vieh unserer Familie zu versorgen. Initiierte dürfen nur schwarze oder dunkle Kleidung tragen. In dieser Phase ihres Lebens ist es ihnen nicht gestattet, sich zu waschen oder sich das Haar zu schneiden. Sie tragen keinerlei Schmuck, abgesehen vom traditionellen Kopfputz in Form eines ausgestopften Vogels oder einer Kette um den Kopf, an der weitere Ketten befestigt sind, die ihnen über die Augen herabbaumeln.

Risee trug wie alle Männer unserer Familie nur eine schlichte Silberkette mit blauen Perlen um den Kopf. Alle Initiierten werden am Tag vor der Zeremonie einer symbolischen Reinigung unterzogen. Ihre Köpfe werden kahlgeschoren, und sie legen auch ihren Kopfschmuck ab.

Risee, Nosotua, Mama und ich versammelten uns neben Nosotuas Haus. Das Vieh war in den *Enkang* getrieben worden. Risee setzte sich auf eine Kuhhaut – dieselbe Haut, auf der er fünf Monate zuvor beschnitten worden war. Nosotua befeuchtete seinen langen Haarschopf mit einer Handvoll Milch und schor ihm dann geschickt mit einer Rasierklinge den Kopf. Anschließend rasierte sie auch seine Augenbrauen ab. Das neue Gesicht Risees war sauber und stolz. Mama sagte, ich könne Risees Kopfschmuck behalten, vorausgesetzt, daß ich ihn in meiner

Hütte aufbewahrte und nicht mit nach Australien nehme. Gewöhnlich wird der Kopfschmuck in den Kälberpferch im Inneren des Hauses geworfen.

Ich sah Risee später am Abend wieder, frisch gewaschen und in brandneuen Kleidern. In seiner roten Decke und mit dem neuen Schmuck, den er von Nosotua bekommen hatte, sah er aus wie ein richtiger *Morani*. Inzwischen waren drei bedeutende Älteste eingetroffen: der Olaigwanani oder Sprecher von Ilampalas Altersgruppe, John, der von der Regierung bestellte Unterhäuptling der »location« und ein rangniederer Oloiboni. Wir versammelten uns alle in Nosotuas Haus. Die Männer tranken Honigbier. Mama wurde ebenfalls eine Tasse des Gebräus angeboten, aber danach wurden die Vorräte streng rationiert. Nosotua und ich tranken nicht, die Ältesten segneten Risee wortreich, wünschten ihm Vieh und forderten ihn auf, sein ganzes Leben lang den Ältesten mit Respekt zu begegnen.

Am nächsten Tag hatten wir mit Vorbereitungen für das Fest alle Hände voll zu tun. Im Wald gleich neben dem *Enkang* überwachten Robert und Morani Sapuk das Schlachten und Braten der Ziege. Ich blieb im Haus, um Nosotua zu helfen, und verbrachte fast den ganzen Vormittag damit, Kartoffeln zu schälen. Das Honigbier begann zu fließen, als weitere Älteste eintrafen. John, der Unterhäuptling, trug als einziger westliche Kleidung. Regierungsämter sind weitgehend politischer Natur und haben nichts mit der wahren Führung der Ältesten zu tun. Mit John als Unterhäuptling schienen jedoch alle einverstanden zu sein.

Am Nachmittag, als die Ältesten sich im *Enkang* verteilt schlafen gelegt hatten, führte Risee mich an den Waldrand und brachte mir ein Stück Fleisch. Er schnitt mit seinem neuen Messer kleine Bissen ab, die er mir reichte. Auf diese Art gegessen schmeckt das Fleisch am mildesten. Da es sich um eine richtige Zeremonie handelte und nicht einfach um ein kleines Familiengrillfest, war mir der Zutritt zum eigentlichen Fleischcamp verwehrt. Früher hatte ich mich an diesen Kleinigkeiten gestört, aber inzwischen dachte ich mehr wie eine Massai und war entschlossen, Respekt für ihre Bräuche an den Tag zu legen. Es wäre für mich undenkbar gewesen, das den Männern vorbehaltene Fleischcamp zu betreten, wie ich es 1990 bei Daniels *Olkiteng lorrbaa* getan hatte.

Leider war Risee nicht in der Lage, die weiteren Phasen des Kriegertums durchzumachen, da er Waise war und es somit niemanden gab, der Vieh gestellt hätte, das er schlachten und mit seinen Alterskameraden teilen konnte. Solche Beiträge sind obligatorisch. Da Risee diese Bedingung nicht erfüllen konnte, wurde er, obwohl er erst ein Teenager war, stillschweigend in den Rang eines Juniorältesten erhoben. Als ich Risee ein Jahr später wiedersah (das war 1993), war der Mangel an traditioneller Weiterbildung nur zu deutlich. Ohne den starken Einfluß eines Vaters, der ihn führte, ohne die Chance, reifer zu werden, seine Fähigkeiten zu entwickeln und sich als würdiger *Morani* zu beweisen, wirkte er bedauernswert orientierungslos. Der sanfte Junge, den ich damals kennengelernt hatte, war laut und derb geworden. Er kommandierte oft die Kinder herum und machte ihnen angst. Er spielte seine Macht aus, ohne die Verantwortung zu begreifen, die damit einherging. Als er sich einer Gruppe Nichtsnutze anschloß und zu trinken anfing, verbot ich ihm, mein Haus zu betreten.

Bei den Massai werden Geburtstage nicht gefeiert, und so hatte ich erwartet, daß mein Geburtstag im November ereignislos verlaufen würde. Robert wußte, daß er gefordert war, und gab sich wirklich große Mühe, ein passendes Geschenk für mich zu finden. Ich hatte ihn um die Schenkelglocken gebeten, die er als junger Krieger getragen hatte. Das waren die Glocken, die um seine Schenkel geschnallt waren, als er den Löwen erlegte. Gewöhnlich werden die Glocken, wenn eine Generation Krieger die *Eunoto*-Zeremonie begeht, an einen jüngeren *Moran* weitergegeben. So waren die Glocken von Roberts Brüdern bis zum ihm gelangt, und da er der jüngste Sohn war, hatte er sie einem *Morani* aus einer anderen Familie überlassen. Ich befürchtete, daß sie irgendwann für ein paar Schillinge verkauft oder gegen ein Micky-Maus-T-Shirt eingetauscht werden würden. Robert schloß einen Handel mit dem *Morani*, in dessen Besitz sie sich derzeit befanden ab: die Glocken gegen zwei Ziegen und das Versprechen, daß der *Morani* sie bei seiner *Eunoto*-Zeremonie tragen durfte.

Außerdem besorgte Robert vier kostbare Hühnereier. Die Leute sind oft überrascht, wenn sie erfahren, daß die Massai keine Hühner halten. Im Grunde ist dies leicht zu verstehen, wenn man an ihre ehemaliges Nomadendasein zurückdenkt, an die Tage, da sie nicht mit ihren Rinder- und Ziegenherden durch das Great-Rift-Tal zogen. Hühner hätten da kaum mithalten können! Robert kaufte die Eier von einem Kikuyu. Ich benutzte sie, um einen goldgelben Pudding zu kochen. In meiner sehr schlichten Küche waren Puddings denkbar einfach zuzubereiten, sofern man über Eier verfügte. Dann saß Robert entgegen seiner sonstigen Gewohnheit den ganzen Tag bei mir im Haus. Er muß gespürt haben, daß ich in Depressionen verfallen wäre, wenn er mich an jenem Tag allein gelassen hätte!

Wenn der Wald die spirituelle Seele der Loita-Massai darstellt, steht der Rinderpferch für die spirituelle Seele eines jeden *Enkang*. Im Leben der Massai dreht sich alles um das Vieh, und auch wenn ich nicht so viel mit den Tieren zu tun habe wie die anderen Frauen, wird auch mein Leben von der täglichen Routine des Melkens, Tränkens, Grasens, Kalbens und Sterbens beeinflußt. Gegen Ende 1992 erlebte ich die Geburt eines Kalbes. Es war früh am Abend, und die Kühe wurden gerade gemolken. Eine junge schwarze Färse stand abseits der Herde. Sie hielt den Kopf gesenkt und schien sich elend zu fühlen. Memi rief mich herbei, damit ich zusehen konnte.

Die Geburt entsprach ziemlich genau dem, was ich unzählige Male in Tierfilmen im Fernsehen gesehen hatte. Erst kamen die winzigen Hufe, gefolgt vom Kopf des Kälbchens. Die Kuh muhte sich die Seele aus dem Leib, und die Frauen sahen aufmerksam zu, bis es schien, als hätte die Kuh Schwierigkeiten, das Kalb auf die Welt zu bringen. Meiyoki, Memi und ihre Tochter Nataiya packten die Beine des Kälbchens und zogen es heraus. Sie gönnten ihm nur einen kurzen Augenblick Ruhe. Dann richtete Meiyoki es auf und trug es zu dem kleineren Pferch neben Memis Haus. Dort nahm sie eine Kelle Wasser und schüttete es dem Kalb über Maul und Nase, um den Schleim abzuwaschen. Schließlich folgte die Kuh, um nach ihrem Kälbchen zu sehen. Als die Dämmerung hereinbrach, trank das Neugeborene zum erstenmal; dann wurde es ins Haus gebracht, in den *Olale* neben dem Feuer.

Mein erstes Zicklein zeigte sich weniger geschickt. Es war bei der Geburt sehr schwach, da die Mutter gegen Ende der Trächtigkeit am sogenannten Ostküstenfieber erkrankt war. Sie hatte eine Spritze bekommen und sich erholt, aber das Junge hatte die Strapaze offenbar nicht ganz unbeschadet überstanden. Die Mutterziege war mir im Alter von nur sechs Monaten vom damals zehnjährigen Momposhe geschenkt worden, einem unserer Schuljungen. Sie hatte sich zu einer kräftigen Ziegenamme entwickelt, die selber trächtig war. Diese Ziegenamme hatte keinen speziellen Namen. Um ehrlich zu sein, konnte ich sie kaum von den anderen weißen Ziegen mit den kleinen Hörnern unterscheiden. Dies ist für die Massai schwer zu verstehen, da sie alle ihre Tiere sofort erkennen und beim Namen nennen können. Sie brachte ihr Zicklein eines nachmittags unten am Fluß zur Welt. Ich erfuhr von Kokoo von dem Ereignis.

Die Ziege wurde an einem Lederriemen den Hügel hinaufgeführt oder besser gezerrt. Das Zicklein wurde von einem der Kinder getragen. Wir banden das Muttertier an einen Pfosten vor meinem Haus, und ich sah zu, wie das Zicklein sich in seine neue Umgebung hineinfand. Anfangs war es nur ein kleines schleim- und blutverschmiertes weißes Knäuel. Ich säuberte der kleinen Ziege Maul und Nüstern und überließ es dann der Sonne, sie sanft zu trocknen. Nach einer halben Stunde war das Zicklein strahlendweiß und flauschig. Die Hufe, die bei der Geburt durchscheinend und rosa gewesen waren, färbten sich langsam cremefarben.

Als das Baby, nachdem es fast eine Stunde in der Sonne geschlafen hatte, schließlich aufwachte, sah ich, daß es hellblaue Augen hatte. Narygunkishon versicherte mir, daß dies nichts Besonderes wäre; die meisten Ziegen würden mit blauen Augen geboren, die später braun wurden. Ich konnte es kaum erwarten, das Zicklein seine ersten Schritte machen zu sehen, aber die kleine Ziege schien es nicht eilig zu haben. Sie blökte ein wenig, und die Mutter, für die das alles auch neu war, hörte schließlich auf, nach ihren Herdenkameraden zu rufen, und wandte sich mit sanften mütterlichen Lauten ihrem Nachwuchs zu. Nach einer Zeit, die mir vorkam wie eine Ewigkeit, versuchte das Zicklein aufzustehen. Es dauerte etwas, bis es ihm gelang, seine Glieder zu koordinieren, und erst knapp drei Stunden später trank es seinen ersten Schluck Milch.

Die Mutterziege zeigte sich wenig hilfreich, da sie übernervös war und jedesmal trat und auswich, wenn das Baby gerade begonnen hatte, an einer Zitze zu saugen. Der ganze kräftezehrende Prozeß des Aufstehens und Ausbalancierens, um an eine der Zitzen zu gelangen, wiederholte sich immer und immer wieder.

Die Massai trennen Mütter und ihre Jungen nachts, die erwachsenen Tiere schlafen im größeren *Olale* und die Jungen im kleineren Pferch im Hauptraum des Hauses.

Dies schützt die Jungen nicht nur davor, erdrückt oder zertrampelt zu werden, sondern außerdem vor den krankheitenübertragenden Flöhen und Zecken, von denen die älteren Tiere befallen sind. Neugeborene Ziegen und Kälber werden gewöhnlich in den ersten Nächten an das Massai-Bett dicht am Feuer gebunden. Sie trinken am Vormittag, bevor die Ziegenherde auf die Weide getrieben wird, und am Abend, wenn die Herde in den *Enkang* zurückkehrt. Und so wurde mein Zicklein nach nur wenigen Stunden bei seiner Mutter von dieser getrennt und auf ein dickes Strohlager in einer Ecke meines Hauses gebettet. Ich hatte das Glück, Stroh zu haben, ein Luxus, den nur die wenigsten Zicklein kennenlernen. Als es sich von den Anstrengungen der Geburt und des Trinkens erholt hatte und begann, umherzuwandern, errichteten wir aus zwei umgekippten Stühlen, die wir gegen eine Wand rückten, einen improvisierten Pferch. Bevor ich zu Bett ging, desinfizierte ich den Nabel mit Betadin und legte eine Wärmflasche unter das Stroh, damit das Zicklein es schön warm hatte. Keine Ziege hat bei den Massai je eine so bequeme Nacht verbracht. Ich war enttäuscht, als das Zicklein nach drei Tagen, in denen es immer schwächer und schwächer geworden war, schließlich starb. Robert war verblüfft, mich weinen zu sehen, als offensichtlich wurde, daß das Tier sterben würde. Er verabreichte ihm oral eine Dosis Medizin, wohl mehr, um mich zu trösten, als in der Hoffnung, es zu retten, wie ich vermute. Das Ziegenbaby starb draußen in der warmen Sonne, und der winzige weiße Leib wurde Simba zum Fressen überlassen. Kokoo tröstete mich und sagte, *Enkai* wäre groß und würde mir weitere Ziegen und vielleicht sogar einen Stier schenken.

Anfang Dezember, kurze Zeit nachdem das Zicklein gestorben war, veranstaltete Tropical Ice eine kleine Wandersafari in den Loitas und lud mich ein, an dem viertägigen Trek teilzunehmen. Robert wurde als Führer engagiert, ebenso wie Ilampala, Murrianga und der puckhafte

Ol Dorobo. Ich war entzückt, die Gruppe begleiten zu dürfen, teils, weil es mir Spaß machte, als »Brücke« zwischen verschiedenen Kulturen zu fungieren, teils, weil ich in Roberts Nähe sein wollte, jedoch hauptsächlich wegen des Essens. Es gibt kein Restaurant und keine Lodge in Kenia (und nur wenige in Australien), die sich mit der herausragenden Küche der Tropical-Ice-Köche messen könnte.

Auf einem schlichten Campingherd – einer Blechkiste, die auf ein Kohlenbett gestellt wird – bereiten sie die köstlichsten Gerichte zu. Die Mahlzeiten waren zumeist tröstlich altmodisch wie beispielsweise Truthahn mit goldbraunen Kartoffeln und Kürbis, gebratene Nilbarsche mit dicken Kartoffelscheiben und ganze Rinderfilets mit Gemüsesoufflé. Weitere Köstlichkeiten waren original indische Gerichte, selbstgemachte Pizza, Minestrone mit reichlich Gemüse, traditionelle kenianische Gerichte, frisches Obst, Puddings sowie täglich frischer Kuchen und selbstgebackenes Brot. Vorräte für fünf Tage wurden in eine riesige Kühlbox gepackt, die anschließend mit Trockeneis gefüllt wurde. Auf diese Weise bleiben auch Bier und Limonade kalt. Ich hatte seit unserer Maasai Culture & Wildlife Safari im Juli nicht mehr so gut gegessen, und so nahm ich die Einladung an, ohne auch nur eine Sekunde zu zögern.

Am dritten Wandertag in den Loitas wurde die Gruppe eingeladen, an einer *Emorata* (Beschneidung)-Zeremonie teilzunehmen, die in einem *Enkang* in Ongarua, in der Nähe von Morijo, abgehalten werden würde. Es handelte sich um eine Doppelzeremonie für Bruder und Schwester. Ich hatte keiner Beschneidung mehr beigewohnt, seit Loldudula vor über zwei Jahren in unserem eigenen *Enkang* »unters Messer« gekommen war. Ich war nicht sicher, ob ich noch einmal die Beschneidung eines Mädchens sehen wollte. Ich fragte mich, ob ich jetzt, da ich die Massai besser verstand, bei einer solchen Zeremonie anders empfinden würde. Aber ich wußte, daß den Amerikanerinnen in unserer Gruppe ein schlimmer Schock bevorstand, und ich wollte dabei sein, um ihnen zu helfen, zu verstehen, was vor sich ging und warum. Am Abend vor der Zeremonie erklärte ich, so gut ich konnte, die verschiedenen Elemente der *Emorata* und ihre Bedeutung. Es ist eine sehr intime und streng genommen heilige Angelegenheit, und es war eine Ehre für uns, daß wir eingeladen worden waren, an der Zeremonie teilzunehmen.

Sehr früh am nächsten Morgen fuhren wir zum *Enkang*. Über dem Morijo-Tal lag dichter Nebel, und es war sehr kalt. Es war ein komisches Gefühl, zu diesem Fest zu fahren; die Fahrzeuge wirkten irgendwie fehl am Platz vor dem Massai-*Enkang*; zu Fuß die Ebene zu durchqueren, wäre passender gewesen. Als wir eintrafen, drängten sich Älteste, Kinder und Vieh im Rinderpferch. Die heiligen Olivenbaumäste waren um die Kuhhaut herum in den Boden gesteckt worden. Zusätzlich hatten die Männer weitere Häute wie einen Windschutz zwischen die Äste gespannt.

Frauen standen in den Hauseingängen und unterhielten sich leise. Die Mutter der beiden Initiierten ging demonstrativ ihren Pflichten nach und täuschte Desinteresse vor, aber ihre gerunzelte Stirn verriet ihre Sorge. Ein Trio ehrwürdiger Ältester in ihren Decken lehnte bereits an der Hauswand und trank zufrieden Honigbier aus Flaschen.

Plötzlich erschien der Junge am Pfercheingang seiner Familie, tropfnaß und schnaubend wie ein wilder Stier. Er hatte vom ersten Augenblick an die Kontrolle über seine Initiierung. Er war in Trance, jedoch aktiver und bewußter als die anderen Jungen, deren Beschneidung ich beigewohnt hatte. Die Macht, die er ausstrahlte, war beinahe überwältigend. Er schritt zu der von den Ästen umgebenen Kuhhaut und ließ sich abrupt schwungvoll nach hinten fallen. Ich mußte einen Satz zurück machen, damit er nicht mit mir zusammenprallte. Er setzte sich mit dem Rücken zu seinem Paten, die Beine gespreizt, einen wilden Glanz in den Augen und den Blick unverwandt auf die Hände des Beschneiders geheftet.

Die Männer drängten vor, als plötzlich einer der Amerikaner in Ohnmacht fiel. Glücklicherweise reagierten zwei Massai prompt und fingen ihn auf. Die Operation hatte noch nicht einmal begonnen. Die Massai fanden dies natürlich ausgesprochen komisch, aber in Anbetracht der gespannten Atmosphäre ist leicht zu verstehen, wie peinlich es dem armen Kerl war. Er erholte sich rasch und es gelang ihm, den Rest der Zeremonie tapfer durchzustehen. Der Junge zuckte nicht mit der Wimper und wurde in die Hütte eines Verwandten gebracht, wo seine Angehörigen ihm nacheinander Vieh versprechen würden.

Als nächstes war seine Schwester an der Reihe, und ich beschloß, mich in die allerletzte Reihe zurückzuziehen. Ich beobachtete die gleichen Vorbereitungen wie beim letzten Mal: Die Frauen rissen ein Loch ins das Strohdach des Hauses ihrer Mutter, und die älteren, bereits beschnittenen Mädchen, standen kichernd herum, während die kleineren Kinder weggescheucht wurden, die jedoch immer wieder zur Tür zurückkehrten wie die Fliegen. An einer anderen Stelle des *Enkang* zapften Krieger Blut aus der Halsvene eines jungen Bullen. Die Männer gingen auseinander, desinteressiert, jetzt da der männliche Teil des Ritus beendet war. Zwei der Amerikanerinnen hatten die Einladung der Mutter des Mädchen angenommen, der Zeremonie im Inneren der Hütte beizuwohnen. Zwei weitere sahen von der Tür aus zu, von wo aus sie sich bei Bedarf diskret zurückziehen konnten. Die beiden Frauen in der Hütte würden bis zum bitteren Ende bleiben müssen, da es unmöglich sein würde, an dem Mädchen und den anderen anwesenden Frauen vorbeizukommen, wenn die Beschneidung erst begonnen hatte.

In meinem Magen rumorte es, und ich fragte mich, was ich überhaupt hier machte. Es dauerte nicht lange, und das Mädchen begann zu schreien. Noch unerträglicher war jedoch das grausame Gelächter der älteren, bereits beschnittenen Mädchen an der Tür. Sie schienen das Schreien der Initiierten ausgesprochen komisch zu finden. Vielleicht diente dies dem Zweck, das Mädchen wütend zu machen, um es von den Schmerzen abzulenken. Vielleicht aber auch nicht.

Als es vorbei war, versammelten sich die Amerikaner und die Massai-Führer wieder draußen bei den Wagen. Die Frauen waren alle blaß und erschüttert, verhielten sich jedoch bis zum Ende höflich und respektvoll. Eine der Frauen im Inneren der Hütte hatte angefangen zu weinen, aber ihre Freundin hatte sie barsch angefahren, damit aufzuhören. Sie sagte, Tränen wären unpassend und sie hätte nicht das Recht, mit ihren Gefühlen eine Zeremonie zu stören, die für die Massai so wichtig und feierlich war. Sie sprachen über das, was sie gesehen hatten, und am beeindruckendsten war für sie der immense Unterschied zwischen der Beschneidung des Jungen und der des Mädchens.

Der Junge hatte Würde und Selbstkontrolle ausgestrahlt und Achtung eingeflößt. Seine Beschneidung war beinahe schön gewesen, beeindruckend und interessant. Was die Beschneidung des Mädchens betraf, hatte das Ganze hingegen sehr desorganisiert gewirkt. Die rituelle Atmosphäre hatte gänzlich gefehlt; statt dessen war es auf den ersten Blick nicht mehr als eine grausame Verstümmelung gewesen. Eine der Amerikanerinnen, die aus der Nähe zugesehen hatten, war Medizinstudentin im letzten Jahr — sie hatte auf alle klinischen Details geachtet.

Ich hatte insgeheim gehofft, daß die Loita-Massai »nur« eine Klitorektomie vornahmen. Jetzt erfuhr ich von der amerikanischen Studentin, daß nicht nur die Klitoris, sondern außerdem die großen und kleinen Schamlippen entfernt wurden. Auf der Skala genitaler Verstümmelungen, die weltweit an Frauen vorgenommen werden, steht diese Operation viel weiter oben als »nur« eine Klitorektomie, sie ist jedoch bei weitem nicht so schlimm wie Infibulation, bei der die Genitalien bis auf eine winzigen Öffnung für Urin und Menstruationsblut zusammengenäht werden. Dieser Brauch ist den Massai fremd, wird jedoch bis heute im Norden Kenias, in einigen Gegenden Somalias, im Sudan und einigen Teilen Westafrikas praktiziert.

Als der Schnitt ausgeführt wurde, wurden die Frauen, die dieses Mädchen festhielten, nervös. Sie wandten den Blick ab und lockerten ihren Griff im entscheidenden Augenblick. Das Mädchen strampelte und bewegte sich, so daß die Prozedur unterbrochen und das Mädchen erneut gepackt werden mußte, um die Operation fortsetzen zu können. Dies wiederholte sich endlos. Am Ende hatte die Beschneiderin zahlreiche Schnitte an den Händen, und durch das viele Blut war nichts mehr zu erkennen. Da die Operation im Laufe der Jahrhunderte an Hunderttausenden von Massai-Frauen durchgeführt worden war, konnten die Amerikaner nicht verstehen, warum die Frauen sich nicht inzwischen besser organisiert hatten. Warum hatten sie kein besseres System entwickelt, wie beispielsweise ein Stück Holz als Unterlage zu benutzen, was einen präziseren und höchstwahrscheinlich rascheren Schnitt ermöglichen würde.

Das war eine berechtigte Frage, die jedoch von Frauen aufgeworfen wurde, die über ihr Schicksal selbst bestimmen und deren Kultur den Austausch intimer Gedanken gestattet. Die Grundbedingung für jede Veränderung ist die, daß die Menschen sich zusammensetzen und reden. Sie müssen sich ihre Unzufriedenheit mitteilen. Massai-Frauen sind hierzu nicht in der Lage. Einige von ihnen haben mir anvertraut, daß sie gegen die Frauenbeschneidung sind, aber was sollen wir tun, wenn die Ältesten darauf bestehen, fragen sie. »Wenn ich meine Tochter nicht beschneiden lasse, wird kein Mann sie heiraten wollen«, sagen sie.

Die Zeiten ändern sich, und sei es auch noch so langsam, sogar im Massai-Land. Massai mit Schulbildung haben mir erzählt, daß sie inzwischen eine weniger radikale Beschneidung an ihren Töchtern vornehmen lassen und die Operation manchmal sogar in einem Krankenhaus durchgeführt wird. Es gibt sogar eine Handvoll christlicher Massai, die in der Stadt leben und ihre Töchter gar nicht mehr beschneiden lassen. Ich maße mir nicht an, darüber zu urteilen, ob dies besser ist oder nicht. Ich bin nicht in der Position, mir ein Urteil über die Massai zu erlauben. Diese Angelegenheit ist Sache insbesondere der kenianischen Frauen allgemein und der Massai-Frauen im Besonderen. Außenstehende sollten weder urteilen, noch in irgendeiner Weise eingreifen. Als abschließende Beobachtung möchte ich anführen, daß Massai-Frauen keine Opfer sind. Sie leben ein ausgefülltes, anerkanntes Leben, ziehen viele gesunde Kinder groß und denken viel weniger über ihre Beschneidung nach als wir.

Etwa einen Monat später, Ende Oktober, hatte Robert ins Krankenhaus fahren müssen, um seinen Arm röntgen zu lassen, und so waren wir von der Gesellschaft, die für den Unfall verantwortlich gewesen war, in einem Minibus nach Nairobi gefahren worden. Auch mußte ich mit Janet Eastman über die geplante Fortsetzung von *60 Minutes* sprechen. Inzwischen war der erste Teil bereits in Australien ausgestrahlt worden, und einige Verwandte und Freunde hatten sich bei mir gemeldet — das Urteil war durchweg negativ ausgefallen. Am aufschlußreichsten waren die Kommentare meines Bruders, der ja bei den Dreharbeiten dabei gewesen war. Er fand, daß die Reportage sich zu sehr auf die Sexualmoral der Massai konzentriere und die wichtigeren Aspekte ihrer Kultur außer acht lasse.

Ursprünglich war mit Janet vereinbart gewesen, daß Robert mich im Dezember nach Australien begleiten sollte. Ich freute mich darauf, mit ihm gemeinsam ein typisch australisches Weihnachten zu feiern. Immerhin war das eine der wenigen großen Zeremonien, die meiner Kultur geblieben waren. Als ich Janet jedoch ein Fax schickte, schien *60 Minutes* umdisponiert zu haben. Die Teams nahmen über Weihnachten sechs Wochen Urlaub und würden erst im Februar wieder für Dreharbeiten verfügbar sein. *60 Minutes* weigerte sich, eine Crew von außerhalb zu engagieren, um noch vor Weihnachten mit den Arbeiten beginnen zu können. Robert sollte im Februar nach Australien kommen. Ich fragte, ob er nicht trotzdem schon im Dezember rüberfliegen und dann bis zu den Dreharbeiten im Februar bleiben könne. Das wurde abgelehnt. Sie wollten seine ersten Eindrücke von Australien filmen und nicht riskieren, daß er sich in der Zwischenzeit zu sehr an die moderne Welt gewöhnte. Ich wies darauf hin, daß mein Ehemann sich nur selten Überraschung oder sonstige Gefühle anmerken ließ. Tatsächlich können die Massai eine völlig undurchdringliche Miene aufsetzen, wenn sie mit einer Situation konfrontiert werden, die ihnen fremd ist. Sie lassen sich nicht in die Karten sehen und verraten nur ungern ihre wahren Gefühle. Janet meinte jedoch, daß, wenn sie *60 Minutes* dies erklärte, sie möglicherweise den ganzen Dreh abblasen würden. Warum eine Reportage über jemanden drehen, der sich weigert, vor der Kamera Emotionen zu zeigen? Ja warum? Aber *60 Minutes* hatte angeboten, für die Fortsetzung weitere 5 000 Dollar zu zahlen, und ich brauchte das Geld wirklich dringend.

Die Terminverlegung von Dezember auf Januar warf all unsere Pläne über den Haufen einschließlich meiner Arbeitsarrangements. Mein Instinkt sagte mir, daß wir auf eine Fortsetzung verzichten sollten. Es hatte keine neue

Entwicklung in unserer Beziehung gegeben; wir hatten nichts Neues zu berichten. Was sollte auf das farbenfrohe Spektakel unserer Hochzeit folgen? In meinen Augen war der einzige Blickwinkel, der etwas hergeben würde, der des »dummen Afrikaners«, dem in der »modernen Welt« die Augen übergehen, und das war ganz und gar nicht in meinem Sinne.

Ich schickte Janet von Nairobi aus ein Fax nach Amsterdam und erklärte ihr, daß das Leben zu kurz sei und wir das Ganze vergessen sollten. Ich war bereit, auf das Honorar zu verzichten und meinen Kredit aufzustocken, um Roberts Flugticket nach Australien zu bezahlen, wo er dann ungestört Urlaub machen könnte. Zwei Dinge hielten mich davon ab, diesen Kurs beizubehalten. Das erste war ein sehr diplomatisches Fax von Janet, in dem sie mich darauf hinwies, daß sie Zeit und Geld in das Dokumentarfilmprojekt gesteckt habe und mit leeren Händen dastehen würde, wenn wir jetzt einen Rückzieher machten. Das ließ sich nicht leugnen. Der zweite Punkt war, daß Robert zwar gern nach Australien reisen und meine Familie kennenlernen wollte, es jedoch ablehnte, daß ich für die Kosten aufkam. Auch meinte er, er fände es nicht korrekt von uns, unsere Absprache nicht einzuhalten. Wir hatten mit Janet eine Vereinbarung getroffen, und es wäre unfair, jetzt auszusteigen.

Nach typischer Massai-Manier meinte Robert, daß diese Entscheidung (die Stornierung der Fortsetzung) zu ernst wäre, als daß wir sie allein treffen könnten. Er wollte, daß wir einen der Ältesten hierzu befragten. Da wir in Nairobi waren, wandten wir uns an Iain Allan. Iain riet uns, die Terminänderung hinzunehmen und von dem kostenlosen Flug für Robert und der Gratiswerbung für unsere Maasai Culture and Wildlife Tours zu profitieren. Robert schloß sich dem an, so daß ich überstimmt war, und wir machten uns gleich daran, Roberts erste Reise ins Ausland zu planen.

Zu den Reisevorbereitungen gehörte auch die Beantragung eines Reisepasses, was in Kenia kein verbrieftes Recht ist wie in Australien. Aber bevor wir diesen Antrag stellen konnten, brauchte Robert eine Geburtsurkunde. Die Massai führen kein Geburtenregister, belasten sich schon gar nicht mit administrativen Details wie Geburtsurkunden. Nur sehr wenige Massai-Frauen bringen ihre Kinder in einem Krankenhaus zur Welt. In den Loitas gibt es kein System der Geburtenerfassung außer dem Gedächtnis der alten Frauen, eine Verfahrensweise, die sich bislang bestens bewährt hat. Da sogar noch weniger Massai je einen Reisepaß beantragen, spielt es im Grunde auch keine Rolle. Nachdem wir bei diversen Ämtern vorstellig geworden waren und in unzähligen Schlangen angestanden hatten, bekamen wir zwei Formulare, die in zweifacher Ausführung ausgefüllt, von einem Regierungsbeamten unterzeichnet und von einem Distrikt Commissioner gegengezeichnet werden mußten.

Das ist nicht so einfach, wie es sich anhört. Die unterzeichneten Formulare wurden schließlich zu einem kleinen Büro im Untergeschoß des Krankenhauses von Narok geschickt, wo wir eine Gebühr entrichteten und eine halbe Stunde darauf warteten, daß die Sekretärin von der Teepause zurückkam, um Roberts Geburtsurkunde zu tippen. Anschließend mußten wir den Paß und das australische Visum beantragen und unsere Reisepläne Roberts Familie unterbreiten, die keine Vorstellung davon hatte, was es bedeutete, in einem 14stündigen Flug den Ozean zu überqueren. Mama fand sich in stiller Resignation damit ab, daß sie ihren Sohn wohl niemals wiedersehen würde.

Ich flog in der dritten Dezemberwoche allein aus Kenia ab. Robert, Ndoondo und ich hatten die vergegangene Woche gemeinsam in Nairobi und das Wochenende am Naivasha-See verbracht, ein großes Abenteuer für Ndoondo, die bis dahin nie weiter als zwei Kilometer von ihrem Heimat-*Enkang* entfernt gewesen war. Auch nutzten wir die Gelegenheit für einen Ausflug zum Flughafen, damit Robert sich ein wenig auskannte, wenn er Ende Januar die Maschine nach Australien bestieg. Die Sicherheitsbeamten waren sehr nett und erklärten ihm die recht komplizierte Eincheckprozedur geduldig. Dann gingen wir hinauf zur Aussichtsplattform und sahen eine Weile den startenden und landenden Flugzeugen zu. Robert sah zum ersten Mal ein Flugzeug aus der Nähe. Ich fragte ihn, was für einen Eindruck er von alledem hatte. »Ich finde es verrückt«, entgegnete er.

In dieser Zeit bekam Robert auch von seinem Chirurgen Nachricht, daß sein Arm gut verheilt wäre. Es hatte die Gefahr bestanden, daß die Knochenenden nicht ausheilen und eine Knochentransplantation erforderlich werden würde. Wir waren alle erleichtert, daß dem nicht so war.

Am Donnerstag kehrten Robert und Ndoondo zurück nach Loita, und ich fuhr später am Morgen mit einem Taxi zum Flughafen.

XII
Kennenlernen
Australien, Januar und Februar 1993

Melakua anginchu.

Die Heimat
ist nicht fern, wenn man am Leben ist.

Massai-Sprichwort

Ich verbrachte ein friedliches Weihnachtsfest mit meiner Familie an der New South Wales Central Coast. Auch wenn ich enttäuscht war, daß Robert Weihnachten nicht bei uns sein konnte, machte ich das Beste daraus und lud meine Batterien auf, um fit zu sein und mich ihm ganz widmen zu können, wenn er eintraf.

Roberts Reise nach Australien war ein gewaltiges Ereignis in seinem Leben, und da ich nicht da war, um ihm zur Seite zu stehen, rief ich einige Leute an und bat sie, ihm ein wenig unter die Arme zu greifen. Nach Neujahr hörte ich von Anne Waudo, die von *60 Minutes* engagiert worden war, sich um Robert und alle erforderlichen Formalitäten in Nairobi zu kümmern, daß Robert seinen Reisepaß erhalten hatte. Sie sorgte dafür, daß er die notwendigen Impfungen erhielt, und half ihm durch das Minenfeld der Eincheckprozedur. Ich rief Robert in Nairobi an; er schien mit allem glücklich und zufrieden. Er mußte einen Tag und eine Nacht in Harare verbringen, wo er von Mitarbeitern der Reiseveranstalter Abercrombie und Kent betreut wurde. Es ist für jeden schwer, sich auf dem Flughafen von Harare zurechtzufinden. Ich wußte, daß es eine Feuertaufe für Robert sein würde, durch den Zoll und wieder zurück zu gehen. Ich rief ihn zweimal in Harare an. Er war sehr beeindruckt vom Fliegen, obwohl es von Nairobi bis Harare nur ein Katzensprung gewesen war. Ich fragte mich, wie fasziniert er nach dem Langstreckenflug nach Australien sein würde. Am Telefon sprachen wir auch über die Kleiderfrage. *60 Minutes* würde seine Ankunft auf dem Flughafen von Sydney filmen und wollte, daß er in traditioneller Massai-Aufmachung durch den Zoll ging. Im Flugzeug würde Robert selbstverständlich westliche Kleidung tragen; das tat er, seit er die Loita-Berge verlassen hatte. Ich sagte Robert, daß die Entscheidung bei ihm läge, daß er sich jedoch, falls er sich entschied, als Massai aufzutreten, im Terminalgebäude umziehen könne.

Der Qantas-Flug aus Harare trifft jeweils freitagabends ein. An jenem Freitagabend Ende Januar begleitete Mark mich zum Flughafen. Seine Freude, Robert wiederzusehen, wurde von seiner Abneigung dagegen überschattet, gefilmt zu werden. Wie sich herausstellte, hatte *60 Minutes* doch eine fremde, freischaffende Crew beauftragt. Warum hatten sie sich nicht bereits im Dezember dazu durchringen können? Schließlich entdeckte Mark Robert.

»Er trägt Massai-Kleidung«, sagte er. Im harten, grellen Licht der Kameras schüttelte ich Robert die Hand. »*Supa*«, grüßten wir einander. Tausend Leute starrten uns an. Robert sah müde aus und fühlte sich sichtlich unbehaglich. Ich erkannte, daß er nicht glücklich war über den Kleiderwechsel. Später erzählte er mir, daß man ihn im Terminal in einen Raum geführt hatte und er sich genötigt gefühlt habe, sich umzuziehen. Noch schlimmer war, daß einige Kenianer am Flughafen waren und herüberkamen, um Robert und mich zu begrüßen. Einer von ihnen ließ sich auf Suaheli über seine Massai-Kleidung aus und warf ihm vor, Kenia durch seine Aufmachung lächerlich zu machen. Das gab ihm den Rest. Als die Dreherei ein Ende hatte, machten wir uns davon. *60 Minutes* hatte uns ein Apartment in Milsons Point gemietet. Die Stadtlichter auf der anderen Hafenseite boten einen herrlichen Anblick. Eine große Stadt, sagte Robert immer wieder. Es war schön, meinen *Morani* wieder bei mir zu haben.

Der nächste Tag, Samstag, war mit Dreharbeiten ausgefüllt. Das Team von *60 Minutes* wollte unbedingt Roberts erste Eindrücke von der Großstadt festhalten. Wie ich Janet schon wiederholt gesagt hatte, zeigen die Massai nicht gern Überraschung, und ich erwartete nicht zu viele Oooohs und Aaaaahs nach dem langen Flug. Robert war nach 15 Stunden in der Luft erschöpft und desorientiert. Die erste Sequenz wurde im Just Jeans im Queen Victoria Building gefilmt. Hier konnte der »afrikanische Krieger« in Kleider des »weißen Mannes« schlüpfen. Wenigstens bekam Robert auf diese Weise etwas Vernünftiges zum Anziehen: eine Levis 501, ein Cambric-Hemd, Socken und Shorts. Er sah cool aus, aber eigentlich sieht er immer cool aus, egal, was er anhat. Wir drehten eine Sequenz nach der anderen: die Pitt Street Mall, das Straßentheater, die Einschienenbahn, Darling Harbour, ein Wassertaxi, das mit uns vor dem Opernhaus von Sydney kreuzte. (Robert: »Was ist Oper?« Ich: »Na ja, das ist eine lange Geschichte.«) Wir fuhren zurück zu Milsons Point, wo Robert zu seinen ersten Eindrücken befragt wurde. Dann wurden wir endlich entlassen.

Wir aßen mit meiner Tante Denise und ihrer Familie zu Abend. Robert staunte über den Hafen und war sehr beeindruckt von den Straßen, den Verkehrsampeln und den vielen Neuwagen. Während ich mich mit Denise unterhielt, ging mein Cousin Charlie mit Robert ins Fernsehzimmer, wo sie sich die erste Folge der *60-Minutes*-Reportage ansahen. Sie müssen sie sich mindestens viermal angesehen haben. Roberts einziger Kommentar an diesem Abend war, daß er wünschte, er könne sich den Film ohne das ständige Geplapper der Reporterin ansehen.

Am nächsten Tag drehten wir bei meiner Mutter an der Central Coast. Es war schrecklich, daß die erste Begegnung zwischen meiner Mutter, die ebenso schüchtern ist wie Robert, und ihrem Schwiegersohn vor laufenden Kameras stattfinden mußte. Den ganzen Tag war die Atmosphäre gestelzt und gespannt. Ich wollte nur, daß die Filmerei endlich ein Ende hatte, damit wir uns entspannen und Robert beginnen konnte, seinen Aufenthalt zu genießen. Weitere Sequenzen: erste Begegnung zwischen Mum und Robert, gemeinsames Mittagessen, Robert unten am Strand mit Schnitten auf Mädchen in Bikinis, Robert und Mark beim Speerwerfen am Strand. Während Janet anderweitig beschäftigt war, nahm Mark Paul, dem Kameramann, das Versprechen ab, nicht zu filmen, wie er Robert bis zu den Hüften ins Meer führte. Paul stand zu seinem Wort und ließ Robert bei seinem ersten Bad im Meer in Frieden. Er konnte natürlich nicht schwimmen, und so nahm Mark seine Hand, und sie sprangen gemeinsam in Strandnähe über kleine Wellen. Das war der einzige ungekünstelte Augenblick des Tages. Wir gingen zurück zum Haus und wurden oben einer nach dem anderen interviewt, während die anderen unten warteten und sich bemühten, meinen Hund am Bellen zu hindern. Während gerade Mum interviewt wurde, trat mein Onkel Tim ein.

»Das ist ja wie auf einem Begräbnis«, sagte er nach einem Blick auf unsere Gesichter.

»Ja«, sagten Mark und ich nur. Dann war es vorbei. *60 Minutes* verschwand fürs erste aus unserem Leben und ließ uns zwei Wochen in Ruhe. Dann wurden wir in Alice Springs erwartet.

Wir verbrachten wunderbare zwei Wochen am Strand. Wir schliefen lange, unternahmen Ausflüge mit dem Wagen und sahen uns Videos an, während Mum kulinarische Meisterwerke für uns zauberte und Robert nach Strich und Faden verwöhnte. Er lernte alle meine Verwandten kennen und mußte sich sah alle meine Babyfotos anschauen. Er lernte Schwimmen und die australischen Verkehrsregeln. Wir gingen viel mit Raa spazieren. Mum war beeindruckt davon, daß der Hund Robert sofort akzeptierte, was vermutlich daran lag, daß Robert der erste Mensch war, der Raa je behandelt hat wie einen Hund. Wir besuchten ein Einkaufszentrum, wo Robert ganz deprimiert wurde angesichts der unzähligen Konsumgüter, die er gern gekauft hätte. Danach gingen wir nicht mehr einkaufen. Wir hatten beide kein Geld.

Es war für uns beide eine wichtige Zeit. Robert lernte meine Kultur kennen und diesmal war er es, der von Menschen umgeben war, die eine fremde Sprache sprachen. Diesmal war er allein auf sich gestellt, ohne den Rückhalt der vertrauten Kultur und seiner Freunde. Nun konnte er anfangen, zu verstehen, warum ich bin wie ich bin. Robert gestand mir, daß er sich Australien so vorgestellt hatte wie Nairobi, nur größer. Der Reichtum des Landes, die Ordnung und die Schönheit des ländlichen und städtischen Australiens überraschten und begeisterten ihn. Er bekam einen völlig neuen Eindruck davon, wieviel Kraft für jemanden wie mich dazugehörte, in einer Lehmhütte zu leben. »Du hast Mumm«, sagte er des öfteren.

Zwei Wochen später ließen wir die Idylle hinter uns und stießen in Sydney zur Crew von *60 Minutes,* um von dort aus nach Alice Springs weiterzufliegen. Von dort aus fuhren wir vier Stunden in nordwestliche Richtung zum

Watarrka-Nationalpark (ehemals Kings Canyon). Dies war mehr als nur eine malerische Location für die Story. Robert und ich interessierten uns ganz besonders für diese Gegend, weil die traditionsreichen Aborigine-Eigentümer, die Loritdja, versuchten, auf ihrem Territorium kulturellen Tourismus zu betreiben. Ihre Touristikgesellschaft, Kurkarah Tours, führte seit über einem Jahr Wanderungen im Canyon durch.

Eine neuerbaute Lodge holte mehr Fremde in diese Gegend. Die Aborigines hatten in die Lodge investiert. Auch gab es eine Kulturstätte, wo die Aborigines, Männer wie Frauen, den Touristen zeigten, was der Busch an Nahrung hergab und wie die traditionellen Behausungen aussahen, und ihnen die Gesetze der Jagd und ihrer Gesellschaft erklärten. Ich hoffte, daß die *60-Minutes*-Fortsetzung an dieser Stelle auch unsere Maasai Culture & Wildlife Safari erwähnen würde. Die Diskussion mit den Loritdja aus Watarrka über Kulturtourismus war eine gute Gelegenheit, unsere eigene Arbeit in die Reportage einfließen zu lassen. Wir stimmten alle überein, daß dies der Story eine Note verleihen würde, die über den Aspekt der persönlichen Beziehung hinausging.

In der Frontier Lodge, wo wir die nächsten vier Tage verbrachten, bereitete man uns einen herzlichen Empfang. Abgesehen von einem bunten Schild mit der Benzinwerbung war die Lodge kunstvoll an die karge Landschaft angepaßt worden. Die niedrigen Backsteingebäude schienen förmlich mit den roten Felsen und dem graugrünen Busch zu verschmelzen, in dem kleine Wallabies lebten. Trotz der wunderschönen Umgebung herrschte düstere Stimmung. Robert hatte schließlich eingestanden, wie sehr ihn die erste *60-Minutes*-Reportage über unsere Hochzeit verärgert und verwirrt hatte. Vor allem durch das Ammenmärchen über den Speer vor dem Haus fühlte er sich vor den Kopf gestoßen. Er empfand es so, daß *60 Minutes* sein Vertrauen mißbraucht hatte. Ich fühlte dasselbe. Janet versprach Robert, daß in der Fortsetzung Fehler aus dem ersten Teil der Reportage richtiggestellt werden würden, vor allem die Geschichte mit dem Speer.

Der Höhepunkt unseres Aufenthaltes in Watarrka war die Begegnung mit den einheimischen Eigentümern. Bei Pulverkaffee und köstlichem hausgemachtem Teegebäck erklärten uns Mitglieder der Gemeinschaft die Ziele, die sie über den Kulturtourismus zu erreichen hofften. Ihr ehrgeizigstes und interessantestes Vorhaben war die Organisation einer dreitägigen Wanderung durch den Canyon. Die Gegend war unbeschreiblich schön, und es gab zahlreiche Kultstätten der Aborigines. Die derzeit übliche zweistündige Wanderung hatte uns Appetit auf mehr gemacht. Wir stimmten zu, daß eine dreitägige Wandersafari großartig wäre. Die Regierung hatte in ihrer grenzenlosen Weisheit die Organisation nur für ein Jahr finanziell unterstützt, und so bestand die größte Herausforderung darin, die finanziellen Mittel für drei Jahre aufzutun. Wir wünschten ihnen viel Glück und versprachen, zurückzukommen und an dem dreitägigen Marsch teilzunehmen. Alle zeigten großes Interesse an der Massai-Kultur, und so kehrte Robert am Abend mit einem Video einer Massai-Zeremonie (nicht unsere Hochzeit) aus der Frontier Lodge zurück und sprach über seine Kultur.

Wir lernten Old Ben, Aunty Nora, Coral und weitere Mitglieder ihrer großen Familie kennen, die den Dreharbeiten für die *60-Minutes*-Reportage viel Zeit und Energie opferten. Zweifellos hegten sie ganz so wie ich die Hoffnung, auf diese Weise für ihre Wanderungen durch den Canyon werben zu können. Wir drehten einige Sequenzen mit ihnen. Ich fürchtete erst, daß dies herablassend aussehen könnte, aber die bodenständige Art und stille Würde der Loritdja zerstreute meine Bedenken. Ich vergaß die Kamera und konzentrierte mich auf das, was die Frauen mich über die Nahrungsquellen im Busch und andere Frauenangelegenheiten lehrten. Auf der anderen

Seite der Kulturstätte, wo sich die Männer versammelt hatten, sorgte Robert mit Speeren und Woomera (von den Aborigines verwendete Speerschleuder, A. d. Ü.) für einiges Aufsehen. Hunderte von Leuten mußten sich schon in der Kunst geübt haben, einen der langen, dünnen Loritdja-Speere zu werfen, aber ich bin sicher, daß niemand sich dabei so geschickt angestellt hatte wie Robert, dessen weite, saubere Würfe ihm anerkennendes Nicken und Jubel der Einheimischen einbrachten.

Am letzten Tag unseres Aufenthaltes machten wir bei den Loritdja halt, um uns zu verabschieden. Sie hatten Robert eine Büchse roten Ocker und einige handgefertigte Schmuckstücke geschenkt, und er hatte ihnen im Gegenzug einige Perlenarbeiten überreicht. Jetzt übergaben sie Robert und mir im Namen aller ein ganz besonderes Hochzeitsgeschenk, ein großes, künstlerisches Gemälde. Linda, eine Angehörige der Gemeinschaft, hatte es gemalt. Das Bild war nicht nur großartig; das Geschenk kam für uns völlig unerwartet. Ich war so überwältigt von der Herzlichkeit und Großzügigkeit dieser Menschen, daß mir Tränen in die Augen traten. Wieder fühlte ich Demut, weil eine Gruppe von Menschen, die nicht das geringste von mir wußte, mir soviel Herzlichkeit entgegenbrachte, nur daß es diesmal in Australien geschah und nicht in Kenia.

Am nächsten Morgen traten wir schon sehr früh die vierstündige Rückfahrt nach Alice Springs an. Es war ein wundervoller Tag, denn die gräßlichen Dreharbeiten waren beendet. Ich fühlte mich wie befreit und winkte der Crew leichten Herzens zum Abschied. Robert und ich blieben noch ein paar Tage in Alice Springs, um liebe Freunde zu besuchen.

Wieder in Sydney verbrachten wir die nächsten zwei Wochen mit Freunden und Verwandten. Ich ging mit Robert an einen der Lieblingsorte meiner Kindheit, den Taronga-Park-Zoo. Ein weißer Tiger war leihweise dort untergebracht, aber das Tier, das Robert am meisten interessierte, war die einsame Kuh im Streichelzoo. Wir fuhren mit dem Zug die Küste von New South Wales entlang, an Ulladulla vorbei. Dieses grüne Zentrum der Milchwirtschaft war wohl Roberts Lieblingsgegend von Australien. Wir scherzen oft, daß er sich in Australien niederlassen sollte und wir eine Molkerei an der Südküste gründen würden. Als nächstes flogen wir nach Melbourne, wo Robert noch mehr Freunde von mir kennenlernte und einen flüchtigen Eindruck davon gewann, wie ich früher gelebt hatte. Wir unternahmen einen Ausflug auf die Mornington-Halbinsel, nach Fish Creek, wo meine Freunde für Robert die Besichtigung einer modernen Molkerei organisierten. Am nächsten Tag fuhren wir zum Pferderennen nach Stony Creek. Er bekam in Australien wirklich etwas geboten!

Fünf Wochen Australien genügten Robert bei seinem ersten Besuch. In der *60-Minutes*-Reportage, die zwei Monate später ausgestrahlt wurde, wurde behauptet, sein Besuch wäre ein Reinfall gewesen, was jedoch nicht der Wahrheit entsprach. Robert hat es sehr gut gefallen, und wir sind in diesen Wochen sehr glücklich gewesen (abgesehen von den Dreharbeiten natürlich). Mum und Robert sind bestens miteinander ausgekommen. Mum kennenzulernen war der eigentliche Grund gewesen, weshalb Robert nach Australien hatte kommen wollen. In der Massai-Kultur ist die Beziehung zwischen Schwiegersohn und Schwiegermutter sehr wichtig.

Gewöhnlich war ich diejenige, die ins Flugzeug stieg und in eine andere Welt davonflog. Und so war es ein unerwarteter Schock für mich, wie unglücklich ich war, als Robert Ende Februar nach Kenia abreiste. Inzwischen vertraut mit der Kunst internationalen Flugreisens trat mein *Morani* allein die lange Reise in die Heimat an. Ich fühlte mich in den ersten Tagen ohne ihn ganz verloren und war kreuzunglücklich. Und so setzte ich mich hin und begann zu schreiben, um die Lücke auszufüllen, die Robert hinterlassen hatte.

Wenn ich in Australien bin, werde ich ständig gefragt, ob ich Robert vermisse. Das muß hart sein, sagen die Leute und nicken mitfühlend. In der ersten Zeit nach seiner Abreise fehlte er mir entsetzlich, aber im allgemeinen leide ich nicht allzu sehr unter den Trennungen. In Kenia, wo Eheleute oft getrennt sind, betrachtet man es als selbstverständlich, daß wir nicht die ganze Zeit zusammen sein können. Ich vermisse Ndoondo sehr und hätte sie gern immer bei mir, aber Robert fehlt mir nicht ständig. Am Ende eines schlechten Tages, wenn ich müde und deprimiert bin, fände ich es schön, bei ihm zu sein und mit ihm zu reden. Die meiste Zeit bin ich jedoch auch allein ganz zufrieden.

Wenn ich mich konzentriere, gelingt es mir manchmal, mentalen Kontakt zu ihm aufzunehmen, und wenn ich einen besonders deutlichen Traum von Robert hatte, weiß ich, daß er an mich gedacht hat. Ich stelle mir gern vor, was er gerade tut. Ich hoffe, er bekommt anständig zu essen, hat einen bequemen Schlafplatz und keine größeren Sorgen innerhalb der Familie. Ich hoffe, daß es genug geregnet hat und seine Rinder reichlich Gras zu fressen haben. Ich weiß, daß Robert allein zurechtkommt und daß er, auch wenn er gern mit mir zusammen ist, vieles zu erledigen hat und sich seinen Angelegenheiten besser widmen kann, wenn ich nicht ständig dort bin. Ich glaube, ich kann sagen, daß unsere Beziehung für uns beide einen feste Basis ist, von der aus wir uns individuell und als Team weiterentwickeln können.

Ich habe viel Freude daran, in Australien zu sein und in meiner Kultur etwas zu leisten und mich ausdrücken zu können. Ich genieße den Abstand von der wichtigsten Beziehung in meinem Leben. Und ich genieße es, jedes Jahr für einige Zeit Single zu sein und meine Energie in meine eigene Kreativität und Spiritualität einfließen zu lassen. Je reifer ich in Kenia werde und je mehr ich dort lerne, desto wohler fühle ich mich im Westen. Ich schätze, das hat viel mit Selbstvertrauen und Erwachsenwerden zu tun.

Die Liebe macht nicht an der Küste halt, und so nährt und stützt mich Roberts Liebe auch über den Indischen Ozean hinweg. Ich brauche ihn nicht zu sehen oder mit ihm zu telefonieren, um dies zu spüren. Ich habe für mich allein noch vieles zu entdecken und zu erreichen, ganz so wie Robert. Aber wir wissen, daß darüber hinaus ein gemeinsamer Weg vor uns liegt.

Die regelmäßigen Trennungen sind für uns beide der Schlüssel zum Erfolg unserer Beziehung. In einer perfekten Welt ohne finanzielle Einschränkungen würde ich die meiste Zeit im Massai-Land bei meiner kenianischen Familie verbringen und jedes Jahr für eine Weile nach Australien kommen. Derzeit sieht es allerdings noch so aus, daß ich etwa sechs Monate jeweils in Kenia und in Australien verbringe.

Wenn Sie jetzt den Eindruck haben, daß ich es mir zu leicht mache, indem ich das beste beider Welten vereine und in beiden glücklich bin, dann können Sie das natürlich so sehen. Ich empfinde es so, daß das, was ich in beiden Kulturen und Ländern lerne, sich ergänzt und mir hilft, die Welt als Ganzes zu begreifen, und mich in seiner Gesamtheit ausfüllt. *Aserian.*

Nachwort

Einige Leser werden wissen, daß Robert in Begleitung seines Cousins nach Australien kam, dessen Namen ich im letzten Kapitel nicht erwähnt habe. Dieser Cousin fühlte sich ebenfalls von der *60-Minutes*-Reportage in seiner Ehre beleidigt, sah Robert und mich jedoch nicht als Opfer, sondern als Urheber der Falschinformationen. Besagter Cousin reiste mit einer Videokopie zurück in die Loita-Berge, beschaffte sich einen Generator und zog von *Enkang* zu *Enkang*, um den Film der Gemeinschaft vorzuführen und Robert und mir zu schaden. Tatsächlich gibt es in den Loitas drei oder vier Videogeräte, die mit Generatoren oder Solarenergie betrieben werden. Es wurden Kopien des Videos gezogen, und sie werden oft vorgeführt, so daß ich damit rechnen muß, daß diese Geschichte mich noch lange verfolgen wird. Diese Umtriebe haben zu einem Bruch innerhalb der Familie geführt. Aus diesem Grund habe ich auch Roberts Wunsch respektiert, dies alles im letzten Kapitel nicht zu erwähnen. Eine Episode, die in Australien als kindisch angesehen worden wäre, hat innerhalb der eng verknüpften Massai-Gemeinschaft für große Unruhe gesorgt.

Die beste Neuigkeit ist im Massai-Land immer die Geburt eines Babys. In unserem *Enkang* brachte Roberts Schwägerin Meiyoki Anfang 1993 und gegen neun Uhr abends am Sonntag, dem 26 September 1993, jeweils einen Jungen zur Welt. Nolmemeri bekam ebenfalls einen Jungen, ihr neuntes Kind. Zu der Zeit, da ich dies schreibe (Dezember 1993) ist in den Loita-Bergen seit zwei Jahren kaum Regen gefallen. Die Dürre macht dem Vieh ebenso wie den Menschen zu schaffen, die von der Milch abhängig sind. Viele ältere Menschen leiden ständig Hunger, und inzwischen sind auch die ersten Rinder verendet. Ilampala hat in Empurpitia noch Gras und Wasser, so daß Robert unser gesamtes Vieh dorthin getrieben hat. Er hat vor, seine Zeit künftig zwischen der Versorgung seines Viehs, der Errichtung unseres neuen *Enkang* und der Arbeit als Führer der einen oder anderen Safari aufzuteilen. Wir möchten einen neuen *Enkang* hoch oben auf einem Hügel oberhalb von Narotian gründen.

Unsere Ziegen hat Robert in Morijo gelassen, in Mamas Obhut. Memis Tochter Toonga ist in den *Enkang* ihres frisch angetrauten Ehemannes in der Nähe der Massai Mara gezogen. Roberts Schwester Nasango hat schließlich doch noch geheiratet und lebt jetzt in Olmesutye. Sie hat ihr drittes Kind zur Welt gebracht, einen Jungen.

Die drei größeren Schulkinder Momposhe, Leseamon und Sitaiyo besuchen inzwischen bessere Schulen außerhalb der Loita-Berge. Leseamon und Sitaiyo leben bei Verwandten ihrer Mutter, und Momposhe ist im Internat der Olololunga Primary School. Die Kinder aus den Loitas wegzuschicken ist jedoch keine zufriedenstellende Lösung. Diese Möglichkeit steht nur den wohlhabenden Familien offen und reißt die Kinder in einem entscheidenden Alter aus ihren Familien heraus. Zu den wenigen positiven Dingen, die sich aus der *60-Minutes*-Reportage ergeben haben, gehört eine Spende, die wir dafür verwendeten, Momposhes Schulgeld für dieses Jahr zu bezahlen. Robert stellte den Gegenwert an Lebensmitteln für die anderen Familienmitglieder. Memi wäre es niemals möglich, genügend Geld aufzubringen, um Momposhe die Schulbildung zu ermöglichen, die er sich so sehr wünscht, und so habe ich diese Verantwortung auf mich genommen. Jetzt, wo er eine bessere Grundschule besucht, möchte ich eine gute Highschool finden, die ihn in zwei Jahren aufnimmt.

1993 hatte ich Schwierigkeiten, finanziell über die Runden zu kommen, da ich versucht habe, unserer Familie während der Dürre unter die Arme zu greifen. Ein vergleichbar sorgloses Leben zu führen, während so viele Mitglieder meiner Familie so vieles entbehren müssen, ist ein Dilemma, mit dem ich ständig zu kämpfen habe.

Die katholischen Missionare haben begonnen, im Entasekera Centre ein Gesundheitszentrum einzurichten, Morani Sapuk hat beim Bau geholfen, indem er schwere Steinblöcke für einen Schilling das Stück aus dem Weg geräumt hat. Das Zentrum wird über einen Arzt, eine Wöchnerinnenstation und einen OP verfügen und der Gemeinschaft sehr zugutekommen. Wir alle können die Fertigstellung irgendwann im Jahre 1994 kaum erwarten.

Während ich in Australien bin und Robert mit unserem Vieh umherzieht, wohnt Morani Sapuk in unserem Haus und hat auch ein Auge auf Ndoondo. Ich konnte über Tropical Ice Lebensmittel und haltbare Milch für Morani Sapuk und Ndoondo in die Loitas schicken. Diese Lebensmittel waren dringend erforderlich, nachdem er eines abends auf der Suche nach fehlenden Rindern von einem Büffel angegriffen wurde. Der Büffel hat ihn zwar nicht erwischt, aber Morani Sapuk hatte sich bei seiner Flucht durch den Busch Schnitte an den Beinen zugezogen, die sich böse entzündet haben, so daß er einige Zeit außer Gefecht war. Ndoondo ist selbstverständlich wieder nach nebenan gezogen, zu Narygunkishon und ihren Geschwistern. Das zweite Vorschuljahr an der Entasekera Primary School hat ihr gut gefallen, und 1994 wird sie in die erste Klasse aufgenommen. Wenn sie nicht in der Schule ist, hilft Ndoondo beim Hüten der Kälber und Ziegen und hält Affen aus Narygunkishons Garten fern. Sie wird im kommenden Mai sieben.

Was mich betrifft, ist mir nach den Jahren, in denen ich zwischen Kenia und Australien hin- und hergependelt bin, klargeworden, daß ich einen Weg finden muß, mich dauerhafter in Kenia niederzulassen. Ich muß Momposhe und bald auch Ndoondo bei ihrer Schulbildung helfen und möchte mehr Zeit mit ihnen und Robert verbringen. Ich weiß nicht, was sich als nächstes ereignen wird, aber was immer es ist, ich bin überzeugt davon, daß es wunderbar sein wird.

Wörterverzeichnis

Adumu spektakulärer Sprungtanz der Moran
Alamoratani Beschneider
Apa vor langer Zeit
Aserian Ich habe meinen Seelenfrieden gefunden.
Askari (Suaheli) Wache oder Nachtwächter

Boma (Suaheli) wortwörtlich ein Fort, aber heute eine Rinderpfercheinzäunung aus Dornenbüschen
Boo die Fläche innerhalb des *Enkang* unmittelbar um ein Haus herum

Duka (Suaheli) Geschäft

Emorata Beschneidungszeremonie
Ene Tochter von . . .
Enhorit Freund
Enkai Gott
Enkaiyoni kleiner Junge (Die weiblichen Präfixe »enk« und »ink« werden verwendet, um kleine Gegenstände zu bezeichnen sowie solche, die mit Frauen assoziiert werden. »Ol« und »il« sind die maskulinen Formen. Ein Berg wird beispielsweise als *ol-doinyo* bezeichnet, ein Hügel als *en-doinyo.*)
Enkang bezeichnet bei den Massai ein Dorf, das von einer Familie bewohnt wird.

Enkarna Name

Enkarna enkerai Namensgebungszeremonie

Enkashumpai weiße Frau

Enkidong (Singular), **Inkidongi** (Plural) besonderes Ochsenhorn, in dem die Oloibonok die Steine aufbewahren, aus denen sie die Zukunft lesen. Es werden nur schwarze oder weiße Hörner verwendet. Der Ochse wird in einem speziellen *Olpul* geschlachtet, wo auch das Horn ausgehöhlt wird und aus der nassen Brusthaut des geschlachteten Tieres Griff und Deckel gefertigt werden.

Entende Aufwendiges Perlenhalsband, das die Braut bei der Hochzeit trägt.

Entito Mädchen

Esita Einzäunung aus Dornenbüschen

Eunoto Wortwörtlich pflanzen oder festlegen. Übergangszeremonie, die die Erhebung von Juniorkriegern in den Rang von Seniorkriegern markiert.

Githeri Gericht aus Bohnen und Maismehl, die zusammen gekocht werden.

Ilaiser Einer der fünf ersten Massai-Clans, der angeblich von Aiser abstammt, einem der fünf Söhne von *Naiteru-kop*.

Ilasho Kälber

Ilkisaiyia Die Rechte-Hand-Gruppe der *Ilkitoip*-Generation, derzeit die Junioraltesten. Der Name nimmt bezug auf »jene, die im Wald allein sein wollen«.

Ilkishili Name von Roberts Altersgruppe, derzeit die Rechte-Hand-Seniorkrieger. Der Name bedeutet: »jene, die ausziehen, Neues zu sehen«, was möglicherweise die Verwirrung der Ältesten angesichts einer Generation widerspiegelt, die sich nicht mehr an die traditionellen Bräuche hält.

Ilkitoip Die Generation der derzeitigen Junioraltesten

Ilmarjeshi Die derzeitige Altersgruppe der Linke-Hand-Krieger

Ilmauya Die Linke-Hand-Altersgruppe der Iseuri-Generation, derzeit auf dem Höhepunkt ihrer Macht. Daniels Altersgruppe.

Ilmolelian Einer der fünf ersten Massai-Clans, der angeblich von Lelian abstammt, dem erstgeborenen Sohn *Naiteru-kops.*

Iloshon siehe **Olosho**

Ilrandai Die Linke-Hand-Altersgruppe der Ilkitoip-Generation, derzeit die Juniorältesten. Der Name impliziert »jene, die restlos zufrieden sind«. Ilampalas Altersgruppe.

Ilterito Die Generation von Roberts Vater, also jener Männer, die zwischen 1926 und 1948 Krieger waren. Der Name bedeutet »jene, die reich sind«.

Impala Bücher

Inaishi Honigbier

Kalebasse aus einem Flaschenkürbis hergestelltes Trinkgefäß

Kanga (Suaheli) buntgemusterter Stoff, der in ganz Kenia von Frauen getragen wird.

Kidongoi Der mündlichen Überlieferung zufolge war er der erste Gottgesandte Oloiboni der Massai. Er wird auch als Lemuya Kidongoi oder ole Mweyia bezeichnet. Nicht alle Massai-Ältesten und westlichen Gelehrten stimmen zu, daß Kodongoi der erste Oloiboni gewesen ist.

Kule Milch

Kyondo (Kikamba) gewebte Tasche aus Sisal, Wolle oder sogar Plastiktütenstreifen

Laibon/s anglisierte Form für Oloiboni und Iloibonok

Laiyoni unbeschnittener Junge

Langata Stadtviertel von Nairobi, vom Massai-Wort *elangata* »Furt« abgeleitet.

Mandazi süßes frittiertes Gebäck

Manyatta Spezielle provisorische zeremonielle Niederlassung, die für verschiedene wichtige kulturelle und spirituelle Anlässe benutzt wird, einschließlich der Fruchtbarkeitszeremonie der Frauen. Das Wort wird meist mit der gesellschaftlichen und Trainingsbasis der *Moran* in Verbindung gebracht. Fälschlicherweise auch als Sammelbegriff für alle Massai-Niederlassungen benutzt.

Memsahib kolonialistische Form der Anrede für Europäerinnen

Moran Krieger (Plural)

Morani Krieger (Singular)

Motonyi **Vogel**

Mzungu (Suaheli) Europäer

Nairobi Hauptstadt von Kenia. Abgeleitet von *Engare nairobi* (Massai): das kalte Wasser.

Naiteru-kop wortwörtlich Gründer der Erde, der Schöpfer

Ndorobo anglisierte Form des Massai-Begriffes *Torobo,* bezeichnet die Okiek, die ursprünglichen Jäger und Sammler Ostafrikas. Das Wort war einstmals abwertend, was heute jedoch weniger der Fall zu sein scheint.

Ngong Distrikt außerhalb von Nairobi. Aus dem Massai *Enkongu e muny,* »das Auge des Nashorns«, eine Bezeichnung für ein kleines, augenförmiges Wasserloch oder einen Brunnen. Heute noch eine Massai-Hochburg, obwohl weite Flächen des Landes an die Landwirtschaft betreibenden Stämme und die Stadtplaner verlorengegangen sind.

Ngoto Mutter von

Nkidongi Elitedynastie oder Unterclan des Ilaiser-Clans. Alle Iloibonok entstammen dieser Familie. Die Nkidongi leben isoliert, und ihre Lebensweise unterscheidet sich in vieler Hinsicht von der der säkularen Massai. Um nur zwei Beispiele anzuführen leben Väter, Söhne und Brüder häufig im selben *Enkang*, während die säkularen Massai es vorziehen, in einiger Entfernung ihrer direkten Verwandten zu leben. Die Macht der Prophezeiung und der Interpretation von *Enkais* Willen wird an die männlichen Nachkommen weitergegeben; Blutreinheit ist oberstes Gebot. Auch wenn angeblich in anderen Massai-Sektionen Polyandrie praktiziert wird (wofür ich keinerlei Anhaltspunkt finden konnte), ist sie den Nkidongi völlig fremd. Die beste Studie über die Nkidongi ist von John L. Berntsen, zu dessen zahlreichen Quellen auch Roberts Vater gehörte.

Berntsen hat vier verschiedene Nkidongi-Gemeinschaften angeführt: zwei Gruppen, die von Olonana abstammen (die eine ist in Ngong ansässig, die andere in Meto, an der Grenze zwischen Kenia und Tansania), und die Nachkommen Nelians, eines Bruders Mbatianys, der die sich am Fuß der Ngong-Berge in der Nähe von Ol Ariak niedergelassen haben. Um Berntsen zu zitieren: »Die größte und bedeutendste Gemeinschaft von Inkidongi-Propheten des 20. Jahrhunderts war die Senteu ole Mbatianys in Kosokon in den Loita-Bergen. Heute erstreckt sich die *emurua oo Nkidongi* (die von den Inkidongi besiedelte Fläche) von Morijo Loita bis Entasekera und von der Hauptstraße bis zum Rift-Tal (Nguruman)-Steilabbruch. Innerhalb dieser Grenzen sind die meisten unabhängigen Vieheigentümer Inkidongi, und nur sehr wenige Angehörige der Senteu-Familie leben außerhalb dieses Gebietes. Darüber hinaus leben mehrere Inkidongi immer noch in der Sikirari-Region um den Mount Nmeru herum, aber die bedeutendsten Propheten sind, vermutlich wegen des Drucks seitens der Zentralregierung, in entlegenere Gebiete gezogen, die Regierungsbeamten nicht zugänglich sind.«

Olaibartani kürzlich beschnittener Junge, der die schwarze Initiiertenkleidung trägt und sich weder waschen noch das Haar scheren darf

Olaigwanani Sprecher, offizielles Oberhaupt einer Altersgruppe

Olale Kälberpferch im Inneren des Hauses

Olashumpai wortwörtlich der Geschorene. Bezeichnung für Juniorkrieger, die die Heilungsphase *(Oloibartani)* hinter sich haben, deren Haar jedoch noch nicht nachgewachsen ist.

Olchani Medizin; wortwörtlich Baum

Ole Sohn von

Olgilata (Singular), **Ilgilat** (Plural) Clan/s. Ursprünglich gab es fünf Clans der Hirten-Massai: die Ilmolelian, die Ilmakesen, die Iltaarrosero, die Ilaiser und die Ilkumai. Traditionsgemäß heirateten die Massai außerhalb ihres eigenen Clans, auch wenn dieser Brauch sich verliert und das Tabu sich heute nur noch auf die Unterclanebene bezieht. In diesem Fall wird ein Bußgeld in Höhe eines Kalbes entrichtet, um das Fehlverhalten zu sühnen.

Olkiteng lorrbaa wortwörtlich »Ochse der Verwundungen«. Reinigungszeremonie, die individuell von Seniorältesten vorgenommen wird. Durch die rituelle Schlachtung eines Ochsen werden alle »Sünden« der Vergangenheit fortgewaschen, und der Älteste gilt wieder als »rein«. Diese Zeremonie muß stattgefunden haben, bevor ein Mann die Beschneidung eines seiner Kinder vornehmen lassen kann. Eine Variation ist die *Olkine-Lorrbenig*-Zeremonie, bei der anstatt eines Ochsen eine Ziege geschlachtet wird. Ein Mann muß das gleiche Tier schlachten wie sein Vater vor ihm.

Olkurkurto Trinkgefäß aus einem getrockneten Flaschenkürbis (Kalebasse)

Olngesherr Zeremonie, bei der die Rechte-Hand- und Linke-Hand-Altersgruppen von Kriegern zusammengeschlossen werden. Sie erhalten einen Generationsnamen und werden offiziell zu Junioraltesten.

Oloiboni (Singular), **Iloibonok** (Plural) Ritualexperte, Prophet, Heiler, Seher und spiritueller Führer der Hirtennation der Massai.

Olorien Olivenbaum

Olosho (Singular), **Iloshon** (Plural) Dieses Wort wurde verschiedentlich übersetzt als Stamm, Unterstamm, Stammessektion und Nation. Heute gibt es mindestens 15 geographisch erfaßte, autonome, politisch unabhängige **Iloshon** von Hirten-Massai in Kenia und Tansania: Uasinkishu, Moitanik, Siria, Purko, Damat, Keekonyokie, Loita, Loodokilani, Kaputiei, Dalelekutuk, Matapato, Loitokitoki, Salei, Serenget und Kisonko. Es sind noch mehr, wenn man die Hirtenstämme der Samburu und die Maa-sprechenden Gruppen wie die Baraguya, Ilarusa und Ilkurman hinzuzählt, die Viehzucht und Ackerbau betreiben. Es ist nützlich, sich zu merken, daß während der Clan *(Olgilat)* bestimmt, woher man kommt und wen man heiraten darf, die Sektion *(Olosho)* darüber entscheidet, wo man lebt, wo man sein Vieh grasen läßt, wie man sich kleidet, spricht etc. Massai-Männer werden nicht nach ihrem *Olgilat*, sondern nach ihrem *Olosho* beschnitten.

Olpayian Ältester, Ehemann

Olpiron Wortwörtlich Feuerstock. Die *Olpiron*-Ältesten sind Männer, die für eine neue Altersgruppe von Kriegern »das Feuer schüren«. Die *Olpiron*-Ältesten eines Mannes sind gewöhnlich seiner Altersgruppe um zwei Generationen voraus. Diese Ältesten sind Lehrer und Bewahrer der jüngeren Altersgruppe, bei der sie traditionell großen Respekt genießen.

Olporror Eine vollständige Generation, d. h. zwei Altersgruppen, die vereint werden, bilden eine Generation.

Olpul Provisorisches Lager im Wald, wo die Männer sich

versammeln, um Fleisch zu essen und mit *Enkai* und dem Wald, ihrem spirituellen Heim, zu kommunizieren.

Oltirpe runder Perlenkragen, den die Massai-Frauen um den Hals tragen

Orinka Holzkeule der Männer. Ohne *Orinka* und Wanderstab fühlt ein Massai-Mann sich nicht anständig gekleidet. Wird zum Schutz gegen Wildtiere und als Werkzeug beim Viehtreiben eingesetzt.

Paashe Wenn ein Freund oder Verwandter einem ein Kalb *(Olashe)* schenkt oder umgekehrt, spricht man diese Person von da an in Anerkennung dieses Geschenks mit *Paashe* an. Weitere spezielle Namen für diese »Viehbeziehung« sind *Pakiteng* (der Ochse), *Pakishu* (die Kuh), *Pakwuo* (die Ziege) und *Pantawou* (die Färse).

Papa Vater

Papatee kleiner Vater. Kosename Mesiantos und der anderen Kinder für Robert.

Sandukus Blechkisten zum Aufbewahren und Transportieren der verschiedensten Dinge

Shamba (Suaheli) Gemüsegarten

Shuka (Suaheli) Baumwollstoff, der als Cape oder Schal getragen oder um den Körper gelegt und an den Schultern verknotet wird. Das Massai-Äquivalent lautet *karasha.*

Siangiki junge Frau, Braut

Sidai nett, schön, gut

Soiyaan gräuliche Färbung bei Rindern (auch *Suyaan*)

Suguru »Wurstfrucht«baum

Supa Begrüßungswort bei den Massai

Syce Pferdepfleger oder berittener Diener (von dem hindustanischen Wort *Sais* abgeleitet)

Toto *mtoto* (Suaheli) Kind

Ugali in heißem Wasser gekochtes Maismehl

Wazungu (Suaheli) Europäer (Plural)

Yeiyio Mutter

Dank

Es gelingt mir, in zwei Welten zu leben, weil viele Leute mich ermutigen und unterstützen. Finanziell ist es immer ein schwieriger Balanceakt gewesen, und ich möchte den im folgenden aufgeführten Freunden und Kollegen dafür danken, daß sie dies alles erst möglich gemacht haben. Carolyn Logan, Andrew Penney, Nanette Fox, Nadine Coleman, Helen Simondson, Lisa Logan und meiner Tante Denise Dank dafür, daß sie ihr Zuhause (und vieles mehr) mit mir geteilt haben, sowie Elena Martinez, David Foster, Greg Hocking, Tim Woods, Glenn Elston, Zane Trow, Linda Sproul, Miranda Brown, Colin Lane, Scott Casley, Frank Wood, den Melody Lords, Mark und Cath Little, Liz Beillie, Mary, Nick und Con, die mich während meiner Aufenthalte in Australien gegen gute Bezahlung beschäftigt haben.

Lorraine Islaubm, Caroline Smith und dem Team von Apple Macintosh in Australien Dank für die erforderlichen Mittel zum Schreiben dieses Buches. Richard Potter von Elante und Simon Tan von Showa Sola danke für das Solarmodul, das den Mac mit Strom versorgt hat. In Nairobi möchte ich Robert Anyango von Mayfield International meinen Dank aussprechen, der mich beraten und mir beim Druck und mit einem Notaggregat für den Apple Mac geholfen hat. Ken Groves und Qantas Airways danke ich dafür, daß sie großzügig ganze Säcke mit Schulkleidung für die Massai-Kinder kostenlos befördert haben.

Auch bin ich Linda Tellington-Jones zu Dank verpflichtet, der ich meine erste Keniareise zu verdanken habe und die mich gelehrt hat, furchtlos meinem Herzen zu folgen, meinen Freunden Sorrel Wilby und Chris Ciantar für ihre Anregungen und die wunderschönen Aufnahmen, die sie mir freundlicherweise für dieses Buch überlassen haben, sowie Selwa Anthony für seinen praktischen Beistand.

Dank auch an die drei Künstler, die über die Jahre mehreren Projekten von mir ihre Zeit und Energie geopfert haben: Robert Gilbert, Andrew Hoyne und Ian Stokol. Außerdem danke ich Wiggy Brennan für die wunderschönen Kleider, Jim Cathcart, der im Büro das Unmögliche möglich macht, und meinen alten Freunden Bronwyn Morgan und Moonyeen Atkinson dafür, daß sie ein Stück Afrika in Australien sind.

Nicht unerwähnt lassen will ich natürlich meine Rettungsleinen in Kenia: Ohne Iain Allan von Tropical Ice könnte ich dort nicht überleben. Ich stehe tief in der Schuld Iains und seiner Frau Lou, ihrer Mitarbeiterinnen Joyce und Lucy im Büro sowie der besten Fahrer und der besten Safaricrew Kenias. Dank an den weißesten Afrikaner Afrikas, Clive Ward, und an Mitch Reardon für seinen brüderlichen Rat. Außerdem danke ich Susan und Martin Murage und ihren Familien, Jogoo, Richard Nzomo, dem Personal des Fairview Hotels und von Heron Court in Nairobi und den Angestellten des Spear Hotels in Narok. *Asante sana* an alle, die dazu beigetragen haben, daß ich mich in Kenia zu Hause fühle.

Dank an meine Mum Marie Oddie und meinen Bruder

Mark Oddie unter anderem dafür, daß sie es überhaupt mit mir aushalten.

Meinen Freunden und meiner Familie bei den Massai Dank dafür, daß sie ihre Welt und ihre Weisheit mit dieser *Mzungu toto* teilen.

Abschließend möchte ich nicht unerwähnt lassen, daß ich niemals in der Lage gewesen wäre, diesen Traum zu verwirklichen, wenn es nicht Menschen gegeben hätte, die bereit waren, sich um ein weiteres Familienmitglied zu kümmern — meine Stute Siska. Dank an Jaqui Baker und Robyn Pettifer und Familie sowie an alle vom Lysterfield Equestrian Centre, die sich Zeit genommen haben, Siska zu striegeln, zu reiten oder einfach nur zu tätscheln. Ich danke euch von ganzem Herzen.

Kontaktadressen

Australien

Maasai Culture & Wildlife
Safari and Trust
PO Box 224
Kincumber NSW 2251

Kurkarah Tours
Watarrka National Park
Private Mail Bag 136
Alice Springs NT 0870

Kenia

Tropical Ice Safaris
(Wander- und Bergsteige-
safaris der Extraklasse)
Iain Allan
PO Box 57341
Nairobi
Kenia

Safaris Unlimited
(Safaris zu Pferde)
Tony Church
PO Box 24181
Nairobi
Kenia

Henry Wermuth:

Atme, mein Sohn, Atme tief

285 Seiten, Format 13,5 x 21,5 cm,
gebunden
Best.-Nr. 775 148
ISBN 3-8289-0131-X
Sonderausgabe nur DM 15,–

Robert Muller:

Die Welt in jenem Sommer

288 Seiten, Format 12,5 x 18,7 cm,
gebunden
Best.-Nr. 481 903
ISBN 3-8289-6646-2
Sonderausgabe nur DM 15,–

John Quigley:

Rauch überm Hochland

416 Seiten, Format 13,5 x 21,5 cm,
gebunden
Best.-Nr. 767 681
ISBN 3-8289-0206-5
Sonderausgabe nur DM 16,90

Inge Schubart:

Ich wünsch dir die Sterne vom Himmel herunter

332 Seiten, Format 12,5 x 20,5 cm,
gebunden
Best.-Nr. 757 948
ISBN 3-8289-0226-X
Sonderausgabe nur DM 18,–